utb 5437

Eine Arbeitsgemeinschaft der Verlage

Böhlau Verlag · Wien · Köln · Weimar
Verlag Barbara Budrich · Opladen · Toronto
facultas · Wien
Wilhelm Fink · Paderborn
Narr Francke Attempto Verlag / expert verlag · Tübingen
Haupt Verlag · Bern
Verlag Julius Klinkhardt · Bad Heilbrunn
Mohr Siebeck · Tübingen
Ernst Reinhardt Verlag · München
Ferdinand Schöningh · Paderborn
transcript Verlag · Bielefeld
Eugen Ulmer Verlag · Stuttgart
UVK Verlag · München
Vandenhoeck & Ruprecht · Göttingen
Waxmann · Münster · New York
wbv Publikation · Bielefeld
Wochenschau Verlag · Frankfurt am Main

Liane Schüller, Björn Bulizek, Manuel Fiedler

Digitale Medien und Inklusion im Deutschunterricht

Grundlagen und Hilfen zur Planung und Vorbereitung

Waxmann
Münster • New York

Online-Angebote oder elektronische Ausgaben sind erhältlich
unter www.utb-shop.de

Bibliografische Informationen der Deutschen Nationalbibliothek
Die Deutsche Nationalbibliothek verzeichnet diese Publikation in der Deutschen Nationalbibliografie; detaillierte bibliografische Daten sind im Internet über http://dnb.dnb.de abrufbar.

utb 5437
ISBN 978-3-8252-5437-7

www.waxmann.com
info@waxmann.com

Umschlaggestaltung: Atelier Reichert, Stuttgart
Umschlagfoto: © Optimarc – shutterstock.com
Satz: MTS. Satz & Layout, Münster
Druck: Elanders, Waiblingen

Gedruckt auf alterungsbeständigem Papier,
säurefrei gemäß ISO 9706

Printed in Germany

Vorbemerkung

Im Rahmen des vom Stifterverband und dem Ministerium für Kultur und Wissenschaft geförderten Fellowshipprojekts „Digitale Lehr-Lern-Module für die inklusionsbezogene Lehramtsausbildung im Fach Deutsch“ sind seit dem Sommersemester 2019 an der Universität Duisburg-Essen verschiedene Lehrveranstaltungen durchgeführt worden, in denen sich Lehramtsstudierende im Fach Deutsch intensiv mit den Themen „Digitale Medien“ und „Inklusion“ auseinandergesetzt und mit verschiedenen digitalen Formaten für den inklusiven Unterricht experimentiert haben. Hieraus sind Ideen entstanden, von denen in diesem Band einige als Beispiele für die Unterrichtspraxis vorgestellt werden. Auch werden Anwendungsszenarien und digitale Lösungen zum Einsatz digitaler Medien in heterogenen Lerngruppen im Deutschunterricht dargestellt. Diese entsprechen dem aktuellen Stand der Technik und wurden sorgfältig recherchiert und zusammengetragen. Uns ist bewusst, dass die Technologien stetig modifiziert und aktualisiert werden und somit einem dynamischen Prozess unterliegen. Um auf künftige Änderungen im Umgang mit (mobilen) Endgeräten und Apps reagieren und die in diesem Zusammenhang erstellten Materialien anpassen zu können, wurden weitergehende praxisbezogene Leitfäden und Checklisten als Onlinematerial konzipiert, auf das im Buch an den entsprechenden Stellen verwiesen wird. Grundlegende Hilfen zur Planung und Vorbereitung des Unterrichts werden ebenfalls als ergänzende Onlineressource bereitgestellt, um eine möglichst flexible Nutzung gewährleisten zu können.

Dieser Band ist während der „COVID-19-Pandemie“ unter ungewöhnlichen Umständen entstanden. In wesentlichen Phasen der Erstellung spielten digitale Technologien eine entscheidende Rolle und ohne zahlreiche Videokonferenzen und Onlinekollaborationen wäre die Fertigstellung des Buches zum geplanten Zeitpunkt kaum möglich gewesen. Mit Blick auf die Situation an Schulen und Hochschulen sowie die Umstellung auf digitale Lehr-Lern-Formate und „Homeschooling“ hat die aktuelle Situation Möglichkeiten und Grenzen der Digitalisierung aufgezeigt. Es bleibt zu hoffen, dass die Aktualität des Themas auch mittel- und langfristig dazu führen wird, an geeigneten Stellen ausreichend finanzielle und personelle Ressourcen zur Verfügung zu stellen und zu reflektieren, wo und in welcher Form digitale Medien in Bildungseinrichtungen fach- und mediendidaktisch sinnvoll eingesetzt werden sollten.

Liane Schüller, Björn Bulizek, Manuel Fiedler

Inhalt

Legende

wichtige Information oder Zusammenfassung

Frage- oder Problemstellung

ergänzende Online-Ressource

weiterführende Literatur

Hinweis auf empfohlene Apps/Tools/Software

Fachdidaktische/thematische Zuordnung und Anknüpfungsmöglichkeiten

Online-Material

Klassenstufe

Zeitbedarf

Kompetenzen

Lernvoraussetzungen/Diagnostik

Methoden

Differenzierung/Lernzielkontrolle

Anschluss/Weiterführung

Arbeitsmaterialien/Aufgaben

Literatur

1 Einleitung

Aus bildungspolitischer Perspektive hochaktuell sind die Themen „Digitalisierung“ und „Inklusion“, die durchaus auch kritisch beleuchtet und kontrovers diskutiert werden. Im Jahr 2009 wurde mit der Ratifizierung der Behindertenrechtskonvention ein Paradigmenwechsel im deutschen Schulsystem eingeleitet sowie die volle und gleichberechtigte Teilhabe von Menschen mit Behinderungen an der Gesellschaft festgeschrieben. Seitdem gibt es eine rege Diskussion um Bildungsprozesse, die versuchen, die Heterogenität an Schulen mitzudenken. Darauf, dass nun Schülerinnen und Schüler mit Beeinträchtigungen nicht mehr in erster Linie in Förderschulen, sondern auch in allgemeinen Schulen unterrichtet werden, hat u. a. die Kultusministerkonferenz (KMK) mit entsprechenden Vorgaben reagiert mit dem Ziel, gleichberechtigte Teilhabe und Bildungserfolge für alle zu sichern:

> Die Entwicklung eines inklusiven Bildungsangebotes in der allgemeinen Schule verfolgt die Ziele, den bestmöglichen Bildungserfolg für alle Schülerinnen und Schüler zu ermöglichen, die soziale Zugehörigkeit und Teilhabe zu fördern und jedwede Diskriminierung zu vermeiden. Diversität in einem umfassenden Sinne ist Realität und Aufgabe jeder Schule. Dabei gilt es, die verschiedenen Dimensionen von Diversität zu berücksichtigen. Das schließt sowohl Behinderungen im Sinne der Behindertenrechtskonvention ein, [sic!] als auch besondere Ausgangsbedingungen z. B. Sprache, soziale Lebensbedingungen, kulturelle und religiöse Orientierungen, Geschlecht sowie besondere Begabungen und Talente. (KMK 2015a)

Die Realität bildet die Vorgaben und Erwartungen bislang nicht ab und zeigt, dass es bei der Umsetzung inklusiven Unterrichts bestimmter Rahmenbedingungen bedarf, die noch nicht verwirklicht sind: Schulen haben noch nicht die nötigen – auch finanziellen – Ressourcen, um angemessen auf die zunehmende Heterogenität der Schülerschaft zu reagieren, obgleich sie sich teilweise mit großem Engagement der Herausforderung stellen, inklusive Lehre zu gestalten (vgl. Schmid/Goertz/Behrens 2017). Das sieht im Kontext der Digitalisierung kaum anders aus. Auch hier fehlen nach wie vor finanzielle und vor allem personelle Ressourcen.

Da Schülerinnen und Schüler heute ganz selbstverständlich unter dem Einfluss einer Vielzahl von digitalen Medien aufwachsen und um eine reflektierte und verantwortungsvolle Teilhabe der Schülerinnen und Schüler an einer von Digitalisierung geprägten Gesellschaft zu gewährleisten, sollten digitale Medien auch im Unterricht mehr Berücksichtigung finden.

Auf Basis der jeweiligen Lehrpläne und in Bezug auf die Anforderungen kompetenzorientierten Unterrichts müssen Ideen entwickelt bzw. optimiert werden, wie Schülerinnen und Schüler darauf vorbereitet werden können, digitale Medien sinnvoll als Lern*gegenstand* und *-medium* zu verstehen und zu nutzen. Darauf muss die Ausbildung an Universitäten sowie in der zweiten und dritten Phase der Lehrerbildung mit bedarfsorientierten neuen Konzepten reagieren, und es müssen Fortbildungsmöglichkeiten geschaffen werden, um digitalisierungsbezogene Kompetenzen der angehenden Lehrerinnen und Lehrer sowie der Schülerinnen und Schüler auszubilden und zu fördern. Auch hier gibt es inzwischen verschiedene Vorgaben der KMK mit Hinweisen zur Förderung digitalisierungsbezogener Kompetenzen an Schulen. Nach der Erklärung der KMK zur „Medienbildung in der Schule“ aus dem Jahr 2012 (vgl. KMK 2012) haben im Jahr 2016 alle Bundesländer auf der Grundlage eines gemeinsamen Kompetenzmodells die Strategie „Bildung in der digitalen Welt“ entwickelt und sich verpflichtet, verschiedene Aspekte digitaler Bildung in ihre Bildungssysteme zu implementieren (vgl. MSB 2019a; MB NRW 2018). Auch wurde als Orientierungsrahmen von der Landesregierung NRW der sogenannte Medienkompetenzrahmen eingeführt, der Lehrkräfte bei der Vermittlung verschiedener Aspekte von Medienkompetenz unterstützen soll.

Lehrkräfte müssen sich auch der Herausforderung stellen, Schülerinnen und Schüler mit unterschiedlichen Voraussetzungen – körperlich, sprachlich und kognitiv – zu unterrichten, und hier entsprechende methodische wie didaktische Angebote entwickeln. Oft können Schülerinnen und Schüler aufgrund ihrer Beeinträchtigungen am Unterricht nicht zufriedenstellend teilhaben, weil sie Schwierigkeiten beim Lesen oder Schreiben, Sehen oder Hören oder eingeschränkte motorische Fähigkeiten haben. Hier können digitale Medien zur individuellen Unterstützung und Förderung eingesetzt werden. Darüber hinaus können digitale Medien generell sowohl das gemeinsame als auch das individuelle Lernen unterstützen und verbessern, wenn Lernende orts- und zeitunabhängig an Lernformen partizipieren und auf Lernangebote zurückgreifen können, die ansonsten nur schwer zugänglich wären.

Durch inklusive Medienbildung ergeben sich zahlreiche konkrete Möglichkeiten im Unterricht, z. B. durch barrierefreie Lernsoftware, Apps und Differenzierungsmöglichkeiten, Benachteiligungen zu vermeiden und Chancen- und Barrierefreiheit zu ermöglichen. Digitale Lernumgebungen können innovative Wege in Hinblick auf individualisierte Lernarrangements im inklusiven Unterricht schaffen. Auch ermöglichen digitale Technologien ein multiperspektivisches Lernen auf mehreren Ebenen, bieten die Chance unterstützter Kommunikation, ermöglichen ein zeit- und ortsunabhängiges Feedback und tragen zur Vernetzung bei. Was den Einsatz von Lernsoftware, Onlinetools und Apps im Unterricht betrifft, gibt es bislang noch wenig empirische Studien (vgl. Becker 2018: 86). Aus diesem Grund muss das bereits bestehende Angebot digital unterstützter Materialien sorgfältig in den Blick genommen und in Hinblick auf Nachhaltigkeit sowie Praktikabilität überprüft werden.

Im Rahmen des Einsatzes und Nutzen digitaler Medien in der Lehre gibt es inzwischen zahlreiche Förderprogramme und Initiativen, die entsprechende Ideen und Projekte unterstützen. Hierzu gehört die vom Stifterverband und dem Ministerium für Kultur und Wissenschaft NRW initiierte Programmlinie der „Fellowships für Innovationen in der digitalen Hochschullehre", die digital gestützte Lehrinnovationen fördert (Stifterverband 2019). Eines dieser geförderten Fellowshipprojekte – „Digitale Lehr-Lern-Module für die inklusionsbezogene Lehramtsausbildung im Fach Deutsch" – wird derzeit an der Universität Duisburg-Essen umgesetzt und dient als Ausgangspunkt für den vorliegenden Band (vgl. UDE 2020; Stifterverband 2018).

Das Projekt, das im zweiten Kapitel detaillierter beschrieben wird, zielt auf die Stärkung der digitalen Lehre in der inklusionsbezogenen Lehramtsausbildung im Fach Deutsch und leistet einen Beitrag zu einer barrierefreien Partizipation an Lerninhalten und -formen der Hochschule, indem es die Ausbildung digitaler Kompetenzen als zentrale Aufgabe des Deutschunterrichts ernst nimmt (vgl. Frederking/Albrecht 2016: 19), das Potenzial digitaler Medien für inklusive Kontexte im Fach Deutsch in der Lehramtsausbildung an Universitäten mitdenkt und die Entwicklung einer zeitgemäßen Form der inklusionsbezogenen Lehre vorantreibt.

Aufbau des Bandes

Im ersten Teil dieses Buches werden das oben genannte Projekt und sein Bezug zur inklusiven Medienbildung erläutert. Die Darlegung des Projekts und seiner Ergebnisse versteht sich als Anregung, weitere Vorhaben zu initiieren, die sich mit der Gestaltung von inklusivem Unterricht beschäftigen, der die Vielfalt und Heterogenität mitdenkt und zugleich digitale Medien pädagogisch sinnvoll implementiert, um langfristig eine gesellschaftliche Teilhabe aller Menschen zu gewährleisten. Dies ist nur umzusetzen, wenn für alle ein gleichberechtigter Zugang zu Bildung gewährleistet wird. Barrieren müssen erkannt und überwunden werden, damit sich alle Beteiligten aktiv in das gemeinsame Leben und Lernen einbringen können. Barrierefreiheit bezieht sich dabei besonders auch auf den Bereich der Sprache. Hier haben die Schule und der Deutschunterricht eine Schlüsselfunktion, denn Sprache ist im Deutschunterricht Medium und Gegenstand zugleich, und die dort zu erwerbenden Kompetenzen stellen Grundlagen für das Lernen in jedem Fach bereit (vgl. von Brand 2015: 30 f.). Durch den Einsatz digitaler Medien im Deutschunterricht entsteht dabei ein ambivalentes Verhältnis zur Barrierefreiheit: Mögliche zusätzlich entstehende technische Hindernisse müssen verstärkt in den Blick genommen werden, der Einsatz digitaler Medien und Technologien kann aber gleichzeitig auch Lösungen zur Überwindung von Barrieren und zur Unterstützung der Schülerinnen und Schüler bieten (vgl. Kapitel 4.2).

Vor dem Hintergrund der aktuellen Debatte um das bildungspolitische Paradigma der Inklusion werden in Kapitel 2 auch curriculare Vorgaben und Kompetenzbereiche des Faches Deutsch in den Blick genommen und reflektiert, wie inklusive Bildung und mediale Mehrsprachigkeit im Deutschunterricht zusammengeführt werden können.

Im Kapitel 3 werden zunächst Begrifflichkeiten wie „Medienbildung" und „Medienkompetenz" fokussiert und anhand gängiger Kompetenzmodelle und Orientierungsrahmen sowie einschlägiger Studien der aktuelle Stand der Herausforderungen rund um den Erwerb digitalisierungsbezogener Kompetenzen in Universität und Schule abgebildet. Hier stellt sich vor dem Hintergrund der zu diskutierenden Teildimensionen die Frage, welche Kompetenzen angehende Lehrerinnen und Lehrer benötigen und wie diese Kompetenzen in allen Phasen der Lehrerbildung vermittelt und gefördert werden können, um Schülerinnen und Schüler mit und ohne Einschränkungen den Lehr- und Unterrichtsstoff zu vermitteln und sie darin zu unterstützen, auch neue Lernwege zu beschreiten. Unbestritten ist hierbei, dass analoge und digitale Lernformen Hand in Hand gehen müssen. Im Anschluss wird anhand konkreter Projekte und Entwicklungen am Beispiel des Bundeslandes Nordrhein-Westfalen aufgezeigt, wie den angeführten Herausforderungen adäquat und zielführend begegnet werden kann. Eine abschließende Sammlung von online zur Verfügung gestellten Unterstützungs- und Materialangeboten im Kontext der thematischen Ausrichtung des Bandes soll Studierenden und Lehrenden die Möglichkeit bieten, bezüglich ihrer jeweiligen Fach- und Themeninteressen Hilfestellungen und Beispiele guter Praxis zu finden.

In Kapitel 4 werden Potenziale digitaler Medien im Deutschunterricht ausgelotet, die das Lernen aller Schülerinnen und Schüler unterstützen können. Es werden Hinweise auf bereits vorhandene oder in der Entstehung befindliche Möglichkeiten des barrierefreien Zugangs zu Lerninhalten und Möglichkeiten assistiver technischer Unterstützung für Schülerinnen und Schüler mit und ohne Beeinträchtigungen zusammengetragen, die nach Ansicht der Verfasserin und der Verfasser des vorliegenden Bandes pädagogisch und didaktisch sinnvoll in den inklusiven Deutschunterricht implementiert werden können. Schließlich werden in einer Ideensammlung für den Unterricht konkrete mediale Umsetzungsmöglichkeiten durch Apps und Lernsoftware für Schülerinnen und Schüler mit verschiedenen Beeinträchtigungen zusammengeführt. Darüber hinaus werden Apps, Tools und Programme vorgestellt, die Lehrerinnen und Lehrer bei der Vorbereitung ihres Unterrichts – vor allem in Bezug auf inklusive Themen – unterstützen können.

Weitere Anregungen für den Deutschunterricht finden sich in Kapitel 5. Dort werden Lernformen und Unterrichtsmethoden thematisiert, die für den inklusiven Unterricht geeignet sind. Die im Anschluss vorgestellten Konzepte wurden von Studierenden im Rahmen des oben genannten Fellowshipprojekts in kooperativen Teams konzipiert. Hier wurde der Versuch unternommen, inklusive Themen mit der Nutzung digitaler Medien zu verbinden. Die vorgestellten Konzepte können im Unterricht umgesetzt werden oder als Anregung dienen, eigene Unterrichtsideen zu initiieren, die durch den Einbezug digitaler Medien verschiedene Teildimensionen der Medienkompetenz bei Schülerinnen und Schülern mit und ohne Einschränkungen schulen.

Ziel dieses Bandes ist es, Studierende in der Lehramtsausbildung und Lehrkräfte für den konstruktiven Umgang mit der Heterogenität der Lernvoraussetzungen zu sensibilisieren und darin zu unterstützen, digitale Unterstützungs- und Fördermöglichkeiten sinnvoll in ihren Unterricht zu implementieren.

2 Digitale Lehr- und Lernzusammenhänge im inklusiven Deutschunterricht

2.1 Inklusive Bildung, mediale Mehrsprachigkeit und digitalisierungsbezogene Kompetenzen

Hinweise zum Inklusionsverständnis

Die UN-Behindertenrechtskonvention beinhaltet neben der Bekräftigung allgemeiner Menschenrechte auch für Menschen mit Beeinträchtigungen eine Vielzahl spezieller, auf die Lebenssituation behinderter Menschen abgestimmter Regelungen.[1] International wurden in diesem Zusammenhang verschiedene Indikatoren entwickelt, um inklusive Bildung beobachten, bewerten und vergleichen zu können (vgl. Dirim/Mecheril 2018: 108). Dass Inklusion über die Teilhabe von Menschen mit Behinderungen hinausgehen sollte, ist mittlerweile im bildungspolitischen Diskurs vielfach Konsens (vgl. Budde/Humrich 2013) und meint

> die wertschätzende Perspektive einer Institution, die unterschiedliche Leistungsfähigkeiten, geschlechtsspezifische Stärken bzw. Schwächen, sexuelle Orientierung, ethnische, kulturelle und sprachliche Vielfalt, soziale Milieus, Religionen und Weltanschauungen als Bestandteile von Diversität betrachtet und die damit verbundenen Ressourcen und Bedürfnisse anerkennt. (Vgl. www.inklusionaktuell.de)

Begrifflich orientiert sich die Programmatik der Inklusion demnach am Begriff der Vielfalt bzw. der Diversität (vgl. Katzenbach/Börner 2016: 13). In den vergangenen Jahrzehnten hat ein programmatischer Wechsel von der „Integration" zur „Inklusion" stattgefunden, der auf den Verzicht von kategorialen Zuschreibungen zielt, sodass an die Stelle dichotomer Unterscheidungen, „von denen behindert *versus* nicht behindert nur eine ist", die Anerkennung menschlicher Vielfalt tritt:

> Unverkennbar wird hier eine Gedankenfigur aufgegriffen, die aus anderen Differenzdiskursen (*race*, *class*, *gender* und *culture*) seit langem bekannt ist: Die Fokussierung der Differenz, oder auch nur deren ständige Thematisierung, trägt zur Reifizierung genau jener Unterschiede bei, um deren Hinterfragung es eigentlich geht (Katzenbach/Börner 2016: 15; Hervorh. im Orig.).

---

1 Vgl. www.behindertenrechtskonvention.info.

Im Kontext von didaktischen Fragestellungen ist es allerdings nötig, dass die Lehrkräfte möglichst tiefgehend über die Besonderheiten unterrichtet sind, die mit verschiedenen Beeinträchtigungen einhergehen können. Anders ist die Entwicklung einer angemessenen Didaktik nicht denkbar. Dem begann bereits Feuser (1988) in den 1980er-Jahren Rechnung zu tragen, indem er über Ideen zu Differenzierung und Individualisierung im Unterricht hinaus (vgl. Kap. 5.1) forderte, dass „alle Kinder in Kooperation miteinander auf ihrem jeweiligen Entwicklungsniveau und mittels ihrer momentanen Denk- und Handlungskompetenzen an und mit einem gemeinsamen Gegenstand lernen und arbeiten" (177).

Der von Tony Booth und Mel Ainscow entwickelte „Index für Inklusion – Lernen und Teilhabe in der Schule der Vielfalt" (Vaughan 2003), der auf deutschsprachige Verhältnisse übertragen wurde, „geht [nun] über die Thematisierung von Behinderung bzw. Nicht-Behinderung hinaus und arbeitet mit einem ‚weiten' Inklusionsbegriff, der die kritische Reflexion von Differenzverhältnissen, die Bildungskontexte prägen sowie Ungleichheit re-/produzieren" (Dirim/Mecheril 2018: 108) als zentralen Aspekt herausstellt. In Bezug auf Bildungseinrichtungen soll das Bildungssystem, ausgehend „von der Wertschätzung und Anerkennung der ganz individuellen Stärken jedes Einzelnen", Vorkehrungen schaffen,

> um den gleichberechtigten Zugang zu einer qualitativ hochwertigen Bildung und Erziehung zu gewährleisten. Dazu gehört es, Kulturen, Strukturen und Praktiken mit dem Ziel des besseren Eingehens auf die Vielfalt der Kinder und Jugendlichen sowie ihres Umfelds zu etablieren sowie die Organisation und Gestaltung eines in hohem Maße individualisierenden Lernprozesses zu unterstützen (Hermann 2019: 208).

In diesem Kontext führten die Anpassungen des Lehrerausbildungsgesetzes der vergangenen Jahre zu einer intensiven Auseinandersetzung mit dem gemeinsamen Unterricht von Schülerinnen und Schülern mit und ohne sonderpädagogischen Förderbedarf. So wurden verschiedene schulische Modifikationen entwickelt, die teils einem engen, teils einem weit gefassten Inklusionsverständnis verpflichtet sind. Die Debatte um Inklusion als „gut gemachte Integration" bzw. „gemäßigte Inklusion" (Brodkorb 2013: 33) ist noch längst nicht abgeschlossen, sodass Projekte und Initiativen, ob an Schulen oder Hochschulen, sich auch in Zukunft bezüglich ihres Inklusionsverständnisses positionieren müssen.

Dem an der Universität Duisburg-Essen durchgeführten Fellowshipprojekt „Digitale Lehr-Lern-Module für die inklusionsbezogene Lehramtsausbildung im Fach Deutsch" (vgl. Kap. 2.2.) und dem darauf rekurrierenden vorliegenden Band liegt ein weit gefasstes Verständnis von Inklusion zugrunde, indem unterschiedliche Dimensionen von Vielfalt wie sprachliche Kompetenzen, Behinderung, Geschlecht, sozialer Status und kultureller Hintergrund mitgedacht werden. Dieses Verständnis schulischer Inklusion beruht auf der Grundidee der gleichberechtigten „Partizipation aller […] Schülerinnen und Schüler an Schule und Unterricht im Sinne einer umfassenden Barrierefreiheit" (Frohn/Moser 2018: 64) und berücksichtigt die Definition der deutschen UNESCO-Kommission, die besagt, dass inklusive Bildung auf die verschiedenen Bedürfnisse von Kindern, Jugendlichen und Erwachsenen eingehen müsse, was u. a. durch verstärkte Partizipation an Lernprozessen erreicht werden solle. Dazu bedürfe es im Bildungswesen nicht nur Änderungen struktureller und strategischer Art, sondern diese Veränderungen „müssen von einer gemeinsamen Vision getragen werden, die alle Menschen einbezieht und die von der Überzeugung getragen wird, dass es in der Verantwortung des regulären Systems liegt, alle Lernenden angemessen zu unterrichten" (UNESCO 2014: 9).

Nichtsdestoweniger werden im vorliegenden Band sowie in den in Kapitel 5.2 vorgestellten Unterrichtsideen – mit Fokus auf den Möglichkeiten eines inklusiven Deutschunterrichts – vor allem Dimensionen von Beeinträchtigungen als Hintergrund genutzt, mit denen Lehramtsstudierende in ihrer Ausbildung an Universitäten und Lehrkräfte in Schulen, die gemeinsames Lernen praktizieren, häufig konfrontiert werden. Die Relevanz für weitere Benachteiligungsdimensionen, etwa sozialer Status und kultureller Hintergrund, und deren Thematisierung sollte jedoch bei der Planung und Gestaltung gemeinsamen Lernens ebenfalls immer mitgedacht und Unterrichtsideen dahingehend geprüft werden (vgl. Bosse/Schluchter/Zorn 2019: 10).

Die in Kapitel 5.2 vorgestellten Unterrichtsideen, die im Rahmen des o. g. Projekts entstanden sind, verfolgen das Ziel der Teilhabe aller Schülerinnen und Schüler an einem gemeinsamen Lerngegenstand, wozu es einer Didaktik und Methodik bedarf, die dieser Vielfalt Rechnung trägt:

> Die Bildungsbedingungen müssen deshalb auch für Schülerinnen und Schüler mit Förderbedarfen so angepasst werden, dass sie in den Unterricht inhaltlich, zielorientiert und kommunikativ unter Berücksichtigung ihrer Individualität eingebunden werden (Düsing/Köller 2019: 49).

Inklusive Bildung als Querschnittsthema

Seit der Ratifizierung der UN-Behindertenrechtskonvention[2] im Jahr 2009 ist Inklusion ein zentraler Aspekt der Schullandschaft und des Unterrichtslebens

---

2 Vgl. www.institut-fuer-menschenrechte.de/menschenrechtsinstrumente/vereinte-nationen/menschenrechtsabkommen/behindertenrechtskonvention-crpd.

und damit auch Aufgabenbereich der universitären Forschung und Lehre. Die auf die Ratifizierung folgenden Gesetzesänderungen führten in vielen Bundesländern zu Anpassungen der Schulgesetze.[3] So wurde in Nordrhein-Westfalen u. a. folgender Passus in Artikel 1 des Gesetzestextes ergänzt:

> (5) Die Schule fördert die vorurteilsfreie Begegnung von Menschen mit und ohne Behinderung. In der Schule werden sie in der Regel gemeinsam unterrichtet und erzogen (inklusive Bildung). Schülerinnen und Schüler, die auf sonderpädagogische Unterstützung angewiesen sind, werden nach ihrem individuellen Bedarf besonders gefördert, um ihnen ein möglichst hohes Maß an schulischer und beruflicher Eingliederung, gesellschaftlicher Teilhabe und selbständiger Lebensgestaltung zu ermöglichen. (Erstes Gesetz zur Umsetzung der UN-Behindertenrechtskonvention in den Schulen, Artikel 1, Änderung des Schulgesetzes NRW)[4]

Inzwischen ist inklusive Bildung ein Querschnittsthema in der gesamten Ausbildung der Lehrkräfte und muss in den Bildungswissenschaften, Fachwissenschaften und Fachdidaktiken sowie in den Praxisphasen umgesetzt werden, damit „allen Menschen die gleichen Möglichkeiten offenstehen, an qualitativ hochwertiger Bildung teilzuhaben und ihre Potenziale zu entwickeln, unabhängig von besonderen Lernbedürfnissen, Geschlecht, sozialen und ökonomischen Voraussetzungen" (UNESCO 2014: 9).

Die für Bildung und Forschung zuständigen Ministerien haben die Hochschulen der Länder zur Implementierung inklusionsbezogener Inhalte in die Lehre der Lehramtsstudiengänge verpflichtet. Seitdem setzen sich nicht nur Bildungswissenschaftlerinnen und -wissenschaftler, sondern auch zahlreiche Akteurinnen und Akteure der Deutschdidaktik mit inklusionsbezogenen Fragestellungen auseinander und überprüfen die etablierten fachdidaktischen Konzepte der vergangenen Jahrzehnte hinsichtlich ihres Transferpotenzials auf inklusive Fragestellungen. In der Folge gab es eine Reihe sowohl allgemein deutschdidaktischer als auch spezifisch literatur- und sprachdidaktischer Auseinandersetzungen rund um das Thema Inklusion, die zu einem großen Teil das Spannungsfeld des aktuellen deutschdidaktischen Inklusionsdiskurses abbilden (vgl. Hochstadt/Olsen 2019: 8).[5]

---

3 Vgl. beispielsweise die neunte Schulrechtsänderung in Nordrhein-Westfalen (2013) und die Schulgesetzänderung in Niedersachsen (2018).

4 Unter https://recht.nrw.de/lmi/owa/br_vbl_detail_text?anw_nr=6&vd_id=14080.

5 So beispielsweise Frickel/Kagelmann 2016; Lipkowski/Schüller 2017; Lipkowski/Schüller 2019; Standke 2017; Gebele/Zepter 2016.

Aus der Dokumentation der Kultusministerkonferenz zur sonderpädagogischen Förderung an Schulen geht hervor, dass im Jahr 2018 in allgemeinen Schulen rund 235.300 Schülerinnen und Schüler mit sonderpädagogischer Förderung gezählt wurden:

> Das waren 12.800 (5,8%) mehr als im Vorjahr. Seit 2009 hat damit deren Anteil an allen Schülerinnen und Schülern mit sonderpädagogischer Förderung von 19,8% auf 42,3% im Jahr 2018 um 22,5 Prozentpunkte zugenommen. Von diesen besuchten gut 92.800 (39,5%) die Grundschule, 59.900 (25,5%) die Integrierte Gesamtschule, etwa 23.200 (9,9%) die Hauptschule und rund 28.600 (12,2%) Schularten mit mehreren Bildungsgängen. (Dokumentation 223: Sonderpädagogische Förderung in Schulen 2009 bis 2018)[6]

Während jedoch beispielsweise Schülerinnen und Schüler mit dem Förderschwerpunkt geistige Entwicklung nur verhältnismäßig selten in allgemeinen Schulen unterrichtet werden, da in diesem Bereich weiterhin überwiegend auf die Unterstützung in Förderschulen gesetzt wird, sind Schülerinnen und Schüler mit dem Förderschwerpunkt emotionale und soziale Entwicklung und dem Förderschwerpunkt Sprache immer stärker auch in den allgemeinen Schulen vertreten.[7]

Trotz der nun seit mehr als zehn Jahren intensiven – und inzwischen auch interdisziplinär angelegten – Auseinandersetzung mit dem Thema Inklusion „als Kernaufgabe des Bildungswesens" (Hochstadt/Olsen 2019: 9) bleibt die Umsetzung der Vorgaben eine enorme Herausforderung auch für die Ausbildung von Lehrerinnen und Lehrern.

In der Qualifizierung der Lehrkräfte besteht nach wie vor großer Nachholbedarf in Bezug auf den Umgang mit der Heterogenität der Lerngruppen und der Idee des gemeinsamen Lernens in Regelschulen. Das betrifft nicht nur Schülerinnen und Schüler mit, sondern auch ohne Förderbedarf. „Kinder mit höherem Assistenzbedarf […] brauchen fachlich gut ausgebildete Lehrerinnen und Lehrer, denen es in Kooperation mit anderen an Bildungsprozessen Beteiligten gelingt, die ‚Barrieren für Lernen und Teilhabe' abzubauen" (Baurmann/Müller 2016: 6 f.). Dieser Forderung können die Hochschulen nur nachkommen, wenn es gelingt, die Lehramtsstudierenden für selbstständiges und lebenslanges Lernen zu gewinnen und zur Kooperation untereinander zu befähigen, um die Herausforderung zu bewältigen, Kinder mit sonderpädagogischem Förderbedarf, mehrsprachige Schülerinnen und Schüler, aber auch hochbegabte

---

6 Unter www.kmk.org/dokumentation-statistik/statistik/schulstatistik/sonderpaedagogische-foerderung-an-schulen.html [S. XIX].

7 Ebd. [S. XXI].

Kinder zu unterrichten, um neben „soziokulturellen, weltanschaulichen und ethnischen Aspekten“ (Hochstadt/Olsen 2019: 9) nur einige weitere zu nennen.

Mediale Mehrsprachigkeit – digitale Medien im Deutschunterricht

In diesem Kontext das innovative Potenzial digitaler Medien mitzudenken, ist eine wichtige Aufgabe, um zwei aktuelle Entwicklungsziele – Inklusion und Digitalisierung – in der Lehramtsausbildung zusammenzuführen. Dabei müssen infrastrukturelle Fragen in Bezug auf die räumliche und technische Ausstattung sowie personelle Ressourcen geklärt werden, vor allem aber gut nachvollziehbare und für Lehrkräfte sowie Schülerinnen und Schüler motivierende fachdidaktische Konzepte entwickelt werden, also der Blick auf assistive Unterstützung und sinnvolle Implementierung digitaler Formate im Unterricht gelenkt werden.

> Für inklusive Kontexte an Schulen, aber auch in der Lehramtsausbildung im Fach Deutsch an Universitäten müssen angehende Lehrerinnen und Lehrer vor allem in Hinblick auf ihre spätere Tätigkeit in Schulen digitale Medien praktisch nutzbar machen können
>
> (1) als Form der Unterstützung kooperativer Lern- und Arbeitsformen, die die Ausbildung von Teamfähigkeit unterstützen,
> (2) in Bezug auf Individualisierung und Kompetenzorientierung sowie
> (3) auf sprachliches, literarisches und mediales Lernen (vgl. Müller 2019: 445).

Nur so werden sie in die Lage versetzt, auch inklusiven Unterricht, der in Bezug auf heterogene Lernsituationen und Binnendifferenzierung zusätzliche Anforderungen stellt, fachlich fundiert und reflektiert auszugestalten.

Nach wie vor fehlt es nicht nur vielen Schülerinnen und Schülern an medien- und digitalisierungsbezogenen Kompetenzen, sondern auch Lehrkräften fehlt es an „grundlegende[n] Wissensbausteine[n] bzw. medienadäquate[n] Rezeptionshaltungen“:

> Gerade Lehrer(innen) müssen daher über „mediale Mehrsprachigkeit“ (Wermke 1997: 61) verfügen, d. h. sie müssen die Medienwelten der Jugendlichen verstehen, um überhaupt als Dialogpartner ernst genommen zu werden. […] Die mediale Mehrsprachigkeit ist eine wesentliche Voraussetzung dafür, dass der Lehrer didaktisch reflektierte Entscheidungen darüber treffen kann, ob bzw. in welcher Weise Medium X im Deutschunterricht überhaupt sinnvoll einsetzbar ist. Und zu diesem Zweck ist es in der Regel geboten, eigene Erfahrungen mit den Medien zu sammeln […]. (Krommer/Dreier 2010: 672)

Der Deutschunterricht war immer schon medial geprägt und spielt bei der Vermittlung digitalisierungsbezogener Kompetenzen insofern eine zentrale Rolle, als die primären fachlichen Gegenstände „Sprache und Literatur" selbst in ihrer nicht elektronischen Form medial konstituiert sind (vgl. Frederking/Krommer/Maiwald 2018: 80). In diesem Zusammenhang müssen immer auch Fragen nach den Lernvoraussetzungen der Schülerinnen und Schüler sowie nach den Zielsetzungen, Gegenständen und Methoden des Deutschunterrichts im Blick gehalten werden, die sich „unter den Bedingungen einer ‚Mediengesellschaft' [verändern]" (Garbe 2010: 24):

> Lesekompetenz, literarische Kompetenz und Medienkompetenz sind Konstrukte, die explizieren müssen, über welche Fähigkeiten und Handlungsbereitschaften (Dispositionen) Schulabgänger verfügen sollten, um an der Schriftkultur sowie den vielfältig medial vermittelten Formen der Kommunikation umfassend teilnehmen zu können. (Ebd.)

Da im Fach Deutsch Sprache als Unterrichtsgegenstand und Kommunikationsmedium dient, kommt dem Deutschunterricht also eine Sonderstellung zu: Er ist der traditionelle Ort der schulischen Reflexion über Medien und ihre Effekte auf Sprache, Kommunikation, Literatur, Kultur, Individuum und Gesellschaft. Lese- und Schreibkompetenzen sind basale, für alle zu erwerbende Fähigkeiten, die für die Teilhabe an Bildung und Gesellschaft von fundamentaler Bedeutung sind. Aus diesem Grund gehört die Vermittlung dieser Kompetenzen zu den wichtigsten Themen einer inklusiven Fachdidaktik Deutsch (vgl. Becker-Mrotzek/Linnemann 2016: 111 f.). Zudem ist die Beherrschung der Schriftsprache einerseits ein wichtiger Schlüssel zum Umgang mit Medien, andererseits kann die mediale Schriftsprachverwendung so gestaltet werden, dass auch diesbezüglich eingeschränkte Schülerinnen und Schüler Zugänge finden.

Eine wichtige Voraussetzung, Lehrkräfte über fachdidaktische Inhalte hinaus auch auf digitalgestützten Unterricht in heterogenen Klassenzusammensetzungen vorzubereiten, ist die Ausbildung und Erweiterung der verschiedenen Teilbereiche von Medienkompetenz und digitalisierungsbezogenen Kompetenzen, die inzwischen fester Bestandteil der Lehrpläne für alle Schulformen sind und im späteren Lehrberuf kompetent an die Schülerinnen und Schüler vermittelt werden müssen (vgl. Kap. 3). Das erfordert Lehrkräfte, die der Digitalisierung in der Schule gegenüber aufgeschlossen sind, sich zutrauen, neue Konzepte umzusetzen, und die Schülerinnen und Schüler ermutigen, ihr – technisches und kreatives – Potenzial zu entfalten. Auch sollten digitale Werkzeuge sowohl den Unterricht der Lehrkräfte erleichtern als auch „den fachbezogenen Lernertrag der Schülerinnen und Schüler erhöhen" (Kern 2019: 4).

Dimensionen von Medienkompetenz – digitalisierungsbezogene Kompetenzen im Deutschunterricht

Es gibt eine Vielzahl von Medienkompetenzbegriffen und -definitionen (vgl. hierzu Kap. 3), von denen einige den deutschdidaktischen Diskurs stark beeinflusst haben, u. a. die Konzepte von Dieter Baacke, Gerhard Tulodziecki, Bernd Schorb und Norbert Groeben.

Baacke, Tulodziecki und Schorb sind Vertreter einer handlungsorientierten Medienpädagogik. Für Tulodziecki ist Mediennutzung „idealiter stets eine Handlung" (Frederking/Krommer/Maiwald 2018: 71) eines Individuums, wenn es eine „bedürfnis- und situationsbedingte psychische oder physische Aktivität bewußt [durchführt], um einen befriedigenden und bedeutsamen Zustand zu erreichen" (Tulodziecki 1997: 117). Somit ist Handlungsorientierung für ihn zugleich pädagogisches Ziel und methodisches Prinzip, woraus er folgende Aufgabenfelder der schulischen Medienpädagogik ableitet:

- Auswählen und Nutzen von Medienangeboten,
- Eigenes Gestalten und Verbreiten von Medienbeiträgen,
- Verstehen und Bewerten von Mediengestaltungen,
- Erkennen und Aufarbeiten von Medieneinflüssen,
- Durchschauen und Beurteilen von Bedingungen der Medienproduktion und -verbreitung (Frederking/Krommer/Maiwald 2018: 72).

Groeben hat die von Baacke entwickelten Teilaspekte von Medienkompetenz, nämlich Medienkunde, Medienkritik, Mediennutzung und Mediengestaltung, als medienbezogene Handlungskompetenz beleuchtet und „aus literatur- und medienwissenschaftlicher und medienpädagogischer Perspektive hinterfragt und systematisch ausdifferenziert" (Frederking/Krommer 2018: 151). Bei ihm steht das gesellschaftlich handlungsfähige Subjekt im Mittelpunkt, das mit Medien umgehen und sie sich auch zunutze machen kann. Er formuliert sieben nicht hierarchisch angeordnete Prozessdimensionen:

- Medienwissen und Medialitätsbewusstsein
- Medienspezifische Rezeptionsmuster
- Medienbezogene Genussfähigkeit
- Medienbezogene Kritikfähigkeit
- Selektion/Kombination von Mediennutzung
- Produktive Partizipationsmuster
- Anschlusskommunikation.[8]

---

8 Vgl.: https://portal.hogrefe.com/dorsch/medienkompetenz; vgl. auch Groeben/Hurrelmann 2002 sowie Krommer/Dreier 2010.

Im Anschluss an die genannten Vertreter, aber auch im Zusammenhang mit Jutta Wermkes viel diskutierten Ideen zu einer integrierten Medienerziehung im Fachunterricht (Wermke 1997) reflektiert und konzipiert die Deutschdidaktik – wie auch die Didaktiken der übrigen Fächer – „Bildungsziele, Kompetenzen, Gegenstände und Methoden medienbezogen“ (Frederking/Krommer/Maiwald 2018: 76) und betrachtet Mediendidaktik als autonome Disziplin (vgl. ebd.: 79) neben der Sprach- und Literaturdidaktik.

Nun haben Schülerinnen und Schüler durch digitale Medien nicht nur die Möglichkeit der zeit- und ortsunabhängigen Nutzung von Aufzeichnungen bei längerer Krankheit und des Aufrechterhaltens von sozialen Kontakten, sondern auch die Chance, verschiedene und neue Lehr-Lern-Wege kennenzulernen und zu beschreiten. Vor diesem Hintergrund sollte bei angehenden Lehrkräften durch die Arbeit mit digitalen Formaten Aufgeschlossenheit gegenüber dem Einsatz digitaler Medien erzeugt werden. Sie müssen in die Lage versetzt werden, diese in ihren eigenen späteren Berufsalltag sinnvoll und sicher zu integrieren, um Schülerinnen und Schülern hier Orientierung zu geben und ihnen digitale Kommunikationswege zu eröffnen (vgl. Kobe 2017: 49 ff.). Hierzu müssen Lehrkräfte den Umgang mit unterschiedlichen Szenarien des digital gestützten Lehrens und Lernens erlernen. Insbesondere die Erfahrung, auch gemeinsam mit anderen unter Einsatz digitaler Werkzeuge Lern- und Arbeitsprozesse zu gestalten, bildet einen wichtigen und grundlegenden Baustein dafür, im eigenen Unterricht digitale Medien zu verwenden.

Sollen angehende Deutschlehrerinnen und -lehrer immer mehr auch auditive, audio-visuelle und multimediale Medien sowie z. B. mediale Bearbeitungen von Texten im Unterricht nutzen, setzt das ein „verändertes, medial reflektiertes fachliches Selbstverständnis, eine Erweiterung der didaktischen Zielsetzungen und eine Anpassung der methodischen Zugriffe voraus“ (Frederking 2010: 522). Dies gilt besonders im inklusiven Deutschunterricht, der die große Heterogenität von Lerngruppen im Blick haben muss. Dabei müssen die Lehrkräfte nicht nur ihre eigenen Erfahrungen umsetzen, sondern diese später im Unterricht einsetzen und an die Schülerinnen und Schüler weitergeben.[9]

> Es ist eine Kernaufgabe der Deutschdidaktik, sich aktiv damit auseinanderzusetzen, dass „das Lernen über Medien, im Sinne reflexiver Me-

9 „Lern- und Arbeitsprozesse, Lehrenden- und Lernendenrollen sowie Verantwortlichkeiten verändern sich, wenn Lernen unterstützt durch digitale Technologien organisiert wird. Um diese Veränderungen sowie die daraus resultierenden Anforderungen an die Gestaltung lernförderlicher Settings einschätzen zu können, muss man selbst über Erfahrungen mit entsprechenden Settings aus Lernendenperspektive verfügen“ (Beißwenger/Schüller/Burovikhina 2020).

dienkompetenz […] zum schulischen Bildungskanon gehört und dass Medienbildung als weitere Möglichkeit des Lernens bei heterogenen Ausgangslagen dazu beitragen kann, Inklusionsprozesse zu gestalten" (Bosse 2016b: 197), denn „[d]igitale Kultur gehört zum Kern des ästhetischen Sprach- und Literaturfaches Deutsch, das u. a. durch einen erweiterten Textbegriff bereits seit längerer Zeit audiovisuelle Medien in den Blick genommen hat und gesellschaftliche Kommunikation ohnehin zu seinen zentralen Themen und Anliegen zählt" (Kern 2019: 5).

2.2 Digitale Lehr-Lern-Module für die inklusionsbezogene Lehramtsausbildung im Fach Deutsch

Das Projekt „Digitale Lehr-Lern-Module für die inklusionsbezogene Lehramtsausbildung im Fach Deutsch", dessen Konzeption und Ergebnisse dem vorliegenden Band als Basis dienen, wurde im Rahmen eines vom Stifterverband und Ministerium für Bildung und Wissenschaft NRW geförderten „Fellowships für Innovationen in der digitalen Hochschullehre" an der Universität Duisburg-Essen umgesetzt.[10] Es wurde in drei aufeinander folgenden Semestern (SoSe 2019, WiSe 2019/20 und SoSe 2020) mit sechs Gruppen zu jeweils 35 Teilnehmerinnen und Teilnehmern in literaturdidaktischen Lehrveranstaltungen im ersten Fachsemester des Lehramtsmasters mit Schnittstellen sowohl zur Medien- als auch zur Sprachdidaktik realisiert.[11]

Bildung in der digitalen Welt – Lehre für eine Schule der Vielfalt (KMK)

Das Projekt orientiert sich inhaltlich an dem Strategiepapier der KMK „Bildung in der digitalen Welt" (2017) und den Vorgaben der „Lehrerbildung für eine Schule der Vielfalt" (2015) und setzt dort an, wo das Potenzial digitaler Medien für inklusive Kontexte im Fach Deutsch in der Lehramtsausbildung an Universitäten bislang wenig praxisorientiert und für Unterricht und Lehre gewinnbringend mitgedacht wurde, indem es beginnt, digitale Lehr-Lern-Module in Pflichtveranstaltungen im Masterbereich zu implementieren und die Chancen digitaler Lehr-Lern-Zusammenhänge im Fach Deutsch auszuloten. So trägt es dem hohen Bedarf an innovativen didaktischen Konzepten und ei-

---

10 Das Projekt wurde in Kooperation mit dem Zentrum für Lehrerbildung (ZLB) und der geisteswissenschaftlichen Fakultät der Universität Duisburg-Essen durchgeführt.

11 Weitere Informationen zum Projekt und Programm unter Stifterverband 2018 und UDE 2020.

ner sich verändernden Lernkultur Rechnung, die inklusionsbezogene Themen mit Aspekten von Digitalisierung zusammendenken.

Die Ausgangslage, Themen, Projektrahmung und Ziele des Projekts lassen sich folgendermaßen zusammenfassen:

Ausgangslage und Themen

- Thematisierung von Inklusion in der Lehramtsausbildung
- Erwerb von ECTS im Themengebiet Inklusion
- Digitale Medien und Inklusion
- Chancen digitaler Lehr- und Lernzusammenhänge im Fach Deutsch
- Sprache, Sprechen und Einschränkungen des Sprechens im inklusiven Deutschunterricht
- Vermittlung grundlegender Kenntnisse für das Wesen von Kommunikation, für die Produktion von Sprache sowie die Bedingungen und Ursachen von Beeinträchtigungen des Sprechens

Projektrahmung und Ziele

Produzieren und Präsentieren

- Erarbeitung von themenbezogenen Lehr-Lernmaterialien
- Digitale Aufbereitung als interaktive Lernmodule
- Erprobung neuer Lehr-Lernwege für beeinträchtigte Schülerinnen und Schüler

Analysieren und Reflektieren

- Stärkung der digitalen Lehre in der inklusionsbezogenen Lehramtsausbildung
- Curriculare Implementierung digitaler Lehr-Lern-Module im Masterbereich
- Erwerb von Schlüsselqualifikationen im Bereich digitale Medien und Inklusion

Kommunizieren und Kooperieren

- Kooperative Gestaltung digitaler Unterrichtskonzepte von Studierenden
- Förderung digitalisierungsbezogener Kompetenzen
- Barrierefreie Partizipation an Lerninhalten und -formen der Hochschule

Abb. 1: Projektskizze „Digitale Lehr-Lern-Module für die inklusionsbezogene Lehramtsausbildung im Fach Deutsch"

In Zusammenhang mit den Projektzielen ergab sich bei der Konzeptionierung die Frage nach der curricularen Einbettung in den Studienverlauf. In diesem Fall wurden die Studienphasen der Universität Duisburg-Essen zugrunde gelegt. Da die Lehramtsstudiengänge anderer Universitäten bei zwar unterschiedlichen Schwerpunktbildungen trotzdem ähnliche Inhalte aufweisen, ist davon auszugehen, dass die Projekterfahrungen weitgehend übertragbar sind.

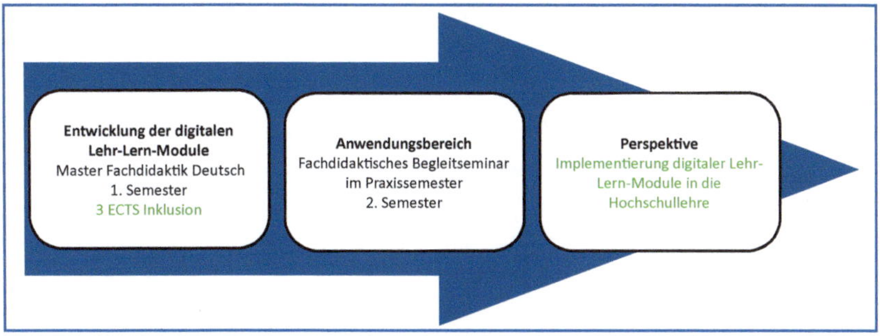

Abb. 2: Curriculare Einbettung – Studienfach Deutsch im Masterstudiengang exemplarisch für das Lehramt an Gymnasien und Gesamtschulen

Curriculare Einbettung im Studienverlauf

Die im Rahmen des Fellowshipprojekts entwickelten digitalen Lehr-Lern-Module sollen mittelfristig in Pflichtveranstaltungen der Lehramtsmaster-Studiengänge im Modul Fachdidaktik Deutsch (HRSGe, GyGe, BK) eingebunden werden, wo alle Studierenden im ersten Semester im Bereich Literatur- oder Sprachdidaktik drei ECTS mit dem Schwerpunkt Inklusion erwerben müssen. Nach dem Studienverlaufsplan belegen die Studierenden im sich anschließenden Praxissemester das „Fachdidaktische Begleitseminar". Hier können sie ihr im Projekt erworbenes und in kooperativen Teams erprobtes Wissen unmittelbar an ihren jeweiligen Praktikumsschulen anwenden, sofern die Schule ihnen dazu entsprechende, auch infrastrukturelle, Möglichkeiten bietet. Die Lehr-Lern-Module sollen stetig durch weitere inklusionsbezogene Themengebiete angereichert werden und sich so in einem iterativen Prozess mit jedem Jahrgang weiterentwickeln.

Teildimensionen von Medienkompetenz

In der fachdidaktischen Ausbildung von angehenden Lehrkräften müssen die Studierenden nicht nur lernen, sich eigenständig und reflexionsbezogen mit Texten auseinanderzusetzen, sondern auch beginnen, auf Grundlage des wissenschaftlichen Diskurses der studierten Fachdomäne, methodisch-didaktische Überlegungen in Hinblick auf ihren späteren Unterricht in Form von Unterrichtskonzepten zu entwickeln. Die verstehens- und reflexionsgerichtete Auseinandersetzung mit Gegenständen,

> die Lektüre von Fachtexten zum Nachvollzug fachlicher Diskursauschnitte wie auch die analysevorbereitende Lektüre [von Texten] beherrscht man nicht ‚einfach so'. Die dafür benötigten Fähigkeiten und Fertigkeiten müssen eingeübt wer-

den; ihre Vermittlung und Förderung bildet einen wichtigen Teil der fachlichen und fachmethodischen Kompetenzvermittlung. (Beißwenger/Schüller/Burovikhina 2020)

Darüber hinaus müssen Studierende verschiedene digitalisierungsbezogene Kompetenzen entwickeln. Dabei genügt es selbstverständlich nicht, Lehrräume in Universitäten (und Schulen) mit mobilen Geräten auszustatten: „Medienbildung muss ebenfalls einen Platz [in der Lehre und] im Unterricht finden, und fächerübergreifenden Themen sowie domänenspezifischen Grundlagen von Medienpädagogik muss Raum gegeben werden“ (Bastian 2017: 157).

Das Fellowshipprojekt bezieht sich auf der Basis der von Gerhard Tulodziecki formulierten Handlungs- und Inhaltsbereiche im Zusammenhang mit der Nutzung vorhandener Medienangebote auf einen Begriff von Medienkompetenz, der darauf abzielt,

- Medienangebote sinnvoll auszuwählen und zu nutzen,
- eigene Medien zu gestalten und zu verbreiten,
- Mediengestaltungen zu verstehen und zu bewerten,
- Medieneinflüsse zu erkennen und aufzuarbeiten und
- Bedingungen der Medienproduktion und -verbreitung analysierend zu erfassen und Einfluss auf die Entwicklung der Medienlandschaft zu nehmen.[12]

Vor diesem Hintergrund werden insbesondere die Ausbildung und Förderung folgender vier Teildimensionen der Medienkompetenz angestrebt, die Gerhard Rupp (2016: 52) modellhaft gebündelt hat:

- Instrumentelle Medienkompetenz: aktive Nutzung der Lernplattform, indem exemplarische Themenbereiche zum Inhaltsfeld Inklusion digital aufbereitet werden,
- Interaktive Medienkompetenz: Kommunikation und Kooperation mittels digitaler Medien,
- Analytische Medienkompetenz: Kritische Sichtung, Analyse und Bewertung ausgewählter Materialien (z. B. Quellentexte, Fragebögen),
- Produktive Medienkompetenz: Erstellen eigener digitalgestützter Informationsformate (z. B. Podcasts, Lernvideos).

Als Ergebnisse der Arbeits- und Lernprozesse innerhalb der projektbezogenen Veranstaltungen wurden Unterrichtskonzepte für den inklusiven Deutschunterricht entwickelt (vgl. ausgewählte Unterrichtskonzepte, Kap. 5.2).

12 Unter www.info-sozial.de/data/Tulodzie.htm.

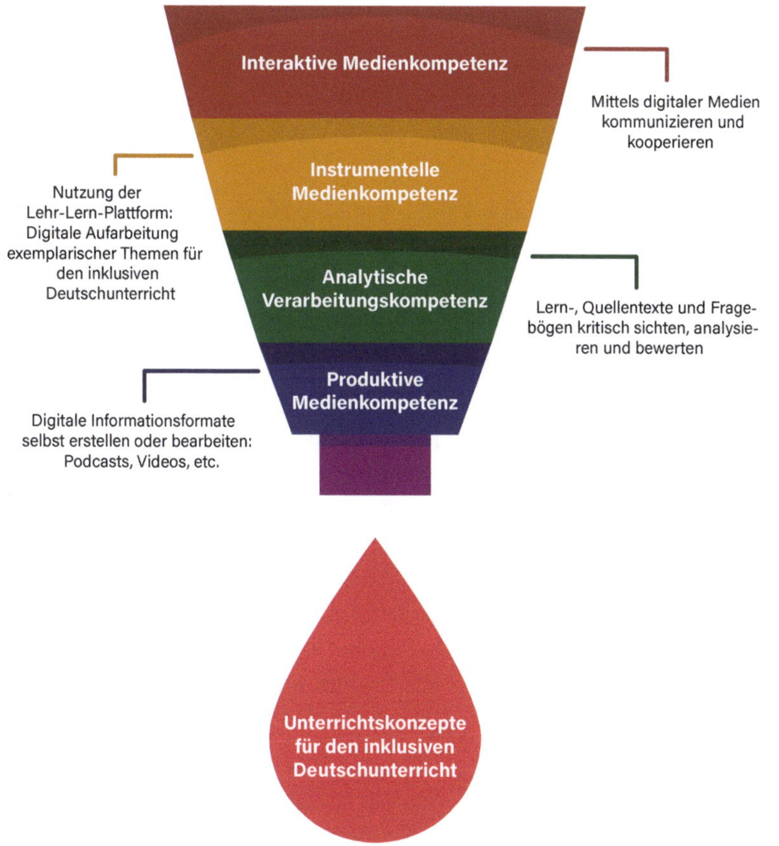

Abb. 3: Nutzung der Teildimensionen von Medienkompetenz

Die obige Grafik verdeutlicht, dass digitale Medien im Projekt bewusst als *Lehr*- und *Lern*medium entwickelt, reflektiert und genutzt wurden, um (1) mehrdimensional zur Vermittlung von Unterrichtsgegenständen und (2) zur Ausbildung verschiedener Kompetenzen bei den angehenden Lehrkräften und bei den Schülerinnen und Schülern beizutragen, denn Lehrpersonen müssen

> zum Lehren mit digitalen Medien umfangreiche Medien- und Fachkompetenzen besitzen, um Schüler zum medialen, sprachlichen und literarischen Lernen anleiten zu können. Desweiteren [sic!] ist die Rolle der Lehrperson bezüglich des didaktisch-methodischen und pädagogischen Handelns für einen Lernerfolg von Bedeutung (Müller 2019: 448).

Dabei war zunächst die Perspektive der Medienerziehung und Medienbildung im Blick zu behalten. Digitalisierung und ihre Effekte sollten als Gegenstand des Unterrichts von den Studierenden analysiert und reflektiert werden, um Schülerinnen und Schülern Kompetenzen zu vermitteln, die für die Orientierung und Handlungsfähigkeit in der durch Digitalisierung geprägten Gesellschaft benötigt werden: Lernen über digitale Medien.

Darüber hinaus sollten – als mediendidaktische Perspektive – digitale Medien als Instrumente didaktischen Handels den Unterricht bei der Erreichung seiner Vermittlungs- und Förderziele bereichern: Lernen *mit* digitalen Medien.

Dabei ist es relevant, Mediendidaktik nicht ausschließlich vom Medium her zu denken, sondern von der Didaktik:

> Es geht der Mediendidaktik nicht um die technische oder ästhetische Qualität von Medien, sondern um ihren Beitrag zur Lösung bestimmter pädagogischer Anliegen. Die Qualität eines mediengestützten Lernangebots kann – aus didaktischer Sicht – letztlich nur daran gemessen werden, ob und inwieweit es gelingt, ein bestimmtes Bildungsproblem oder -anliegen zu lösen. (Kerres 2018: 117)

Die damit verbundenen Konsequenzen liegen demnach in der „Förderung der Kompetenzbildung bei Lehrkräften für die pädagogische Arbeit in der digitalen Welt als integrale Aufgabe der Ausbildung in allen Unterrichtsfächern sowie in den Bildungswissenschaften über alle Phasen der Lehrerbildung" (Bildung in der digitalen Welt, KMK 2017).

Fragestellungen, Methodik und didaktisches Design des Projekts

Damit die Studierenden als angehende Lehrkräfte erfahren, dass und wie digitale Medien im inklusiven Unterricht sinnvoll genutzt werden können, sollten sie in den projektbezogenen Veranstaltungen Praxisbeispiele entwickeln, in denen digitale Medien in konkreten, heterogenen Unterrichtssettings für bestimmte Vermittlungsziele eingesetzt werden. Hierbei mussten sie mitdenken, welche Lern- und Arbeitsformen angemessen sind, und konnten in ihren kooperativen Teams eigene Erfahrungen mit Szenarien des digital gestützten Lernens machen, um einschätzen zu können, wie sich Lernprozesse und die Rolle als Lehrende dadurch verändern.

Die leitenden Fragestellungen, denen die Studierenden in den projektbezogenen Veranstaltungen nachgingen, lauteten:

- Wie können die beiden aktuellen Entwicklungsziele in der Lehramtsausbildung – *Inklusion* und *Digitalisierung* – verbunden werden, um die digitale Lehre in der inklusionsbezogenen Lehramtsausbildung

im Fach Deutsch zu stärken und zu einer barrierefreien Partizipation an Lerninhalten und -formen der Hochschule beizutragen?
- Welche Chancen bieten inklusionsbezogene digitale Lehr-Lern-Zusammenhänge im Fach Deutsch?

Methodisch wurden auf dieser Basis das Konzept des forschenden Lernens mit Ideen des problemorientierten Lernens verknüpft, indem die Studierenden untereinander über ihre Forschungs- und Projektthemen in Austausch traten und auf der Grundlage ihrer in den Veranstaltungen erworbenen und in kooperativen Teams diskutierten Kenntnisse sowie unter Einbezug digitaler Medien innovative Unterrichtskonzepte konzipierten.

Vorab erhielten die Studierenden in den projektbezogenen Veranstaltungen, die als Blended-Learning-Szenario konzipiert wurden, Basisinformationen zu aktuellen Förderansätzen, zu therapiebegleitender Förderung von Schülerinnen und Schülern mit Einschränkungen in der Regelklasse sowie zu methodisch-didaktischen Möglichkeiten im Unterricht. Auf diese Weise erwarben sie Sachkenntnisse zu den Auswirkungen von verschiedenen Beeinträchtigungen auf die Kommunikationsfähigkeit der betroffenen Schülergruppen, wurden für die Belange von Schülerinnen und Schülern mit Einschränkungen sensibilisiert und befähigt, deren individuelle Potenziale zu erkennen und zu fördern.

Im Vordergrund der Seminararbeit standen zunächst das Auffinden, Auswerten und Diskutieren von

- Sachinformationen zu Beeinträchtigungen, deren Folgen für schulisches Leben und Lernen, zu Förderverfahren sowie zu Therapieformen und -begleitung im Unterricht,
- literarischen Texten und medialen Aufbereitungen, die bei der Thematisierung von Beeinträchtigungen und Behinderungen im Unterricht eingesetzt werden können,
- geeigneten didaktischen Wegen und methodischen Verfahren für den inklusiven Deutschunterricht und
- Kenntnissen über Assistive Technologien, die sich für spezielle Problemlagen eignen.

Parallel dazu wurden unterschiedliche Materialien zu den Themen „Sprache, Sprechen und Einschränkungen der Sprechfähigkeit“ digital aufbereitet und in interaktive Lehr-Lern-Settings (*Moodle* und *H5P*) überführt (vgl. Abb. 4): Lehrtexte, Arbeits- und Kontrollblätter, literarische und mediale Quellen, medizinische, logopädische und psychologische Informationen, Hinweise zu Selbstzeugnissen und Stellungnahmen von Familienangehörigen Betroffener sowie Literaturlisten zu ausgewählten Einschränkungen. Diese konnten von den Studierenden ausgewertet und seminarbezogen genutzt werden.

Der Schwerpunkt lag auf Bereichen aus dem Förderschwerpunkt Sprache, und folgende Beeinträchtigungen und ihre Auswirkungen auf die Sprache und das Sprechen wurden fokussiert: Autismus, Hörbeeinträchtigung, Lernbeeinträchtigung, LRS, Mutismus und Stottern. Diese Beeinträchtigungen wurden gewählt, um ein breites Spektrum möglicher Einschränkungen aufzuzeigen, da diese sich in Ursachen, Folgen und Entwicklungsprognosen stark unterscheiden. So konnte ein grundlegendes Wissen zur praktischen Anwendung bereitgestellt und den Studierenden Basisinformationen für den professionellen Umgang mit Vielfalt in der Schule vermittelt werden (siehe Abb. 4).

Studierende werden vielfach als „digital natives" (vgl. Bischof/Stuckrad 2013: 5)[13] bezeichnet, da sie mit verschiedenen Formen digitaler Medien aufgewachsen sind. Regelmäßige und routinierte Mediennutzung zur Kommunikation in Social Media sagen jedoch über basale Kenntnisse zur Nutzung digitaler Medien wenig aus. Häufig können Studierende digitale Medien noch immer zu wenig gewinnbringend in – nicht nur inklusionsbezogenen – universitären Veranstaltungen im Fach Deutsch nutzen. Aus diesem Grund konnten die Studierenden, auch um verschiedene der genannten Teildimensionen von Medienkompetenz zu schulen, im Laufe des Projekts:

- im Rahmen von Blended-Learning-Veranstaltungen die digitale Aufarbeitung des exemplarischen Themas „Sprache, Sprechen und Beeinträchtigungen des Sprechens" kennenlernen und erweitern,
- ein allen Teilnehmenden zur Verfügung stehendes Glossar zu verschiedenen Formen der oben genannten Einschränkungen (mit-)erstellen und nutzen,
- in kooperativen und kollaborativen Teams multimediale Elemente wie Bild, Ton und Video nutzen und selbst digitale Informationsformate erstellen und/oder bearbeiten: Podcasts, Lehr-Lern-Videos, Hörspiele, Digital Story Telling mit Smartphones, mediale Transformationen von literarischen Texten (vgl. hierzu Schüller/Weber 2017; Kasparek 2017), u. a. mittels interaktiver Whiteboards/Smartboards, Videokameras oder Tablets,
- als mögliche Studienleistung eigene oder in Teams entwickelte innovative Formate und Konzepte für den inklusiven Deutschunterricht erstellen, die den Gebrauch digitaler Medien miteinbeziehen,

13 „Eine neue Generation von ‚digital' natives ist es gewohnt, über das Internet weltweit zu kommunizieren und ‚on demand' jederzeit Zugriff zu Informationen zu beinahe jedem Thema zu haben", formulieren Bischof/von Stuckrad (2013: 5).

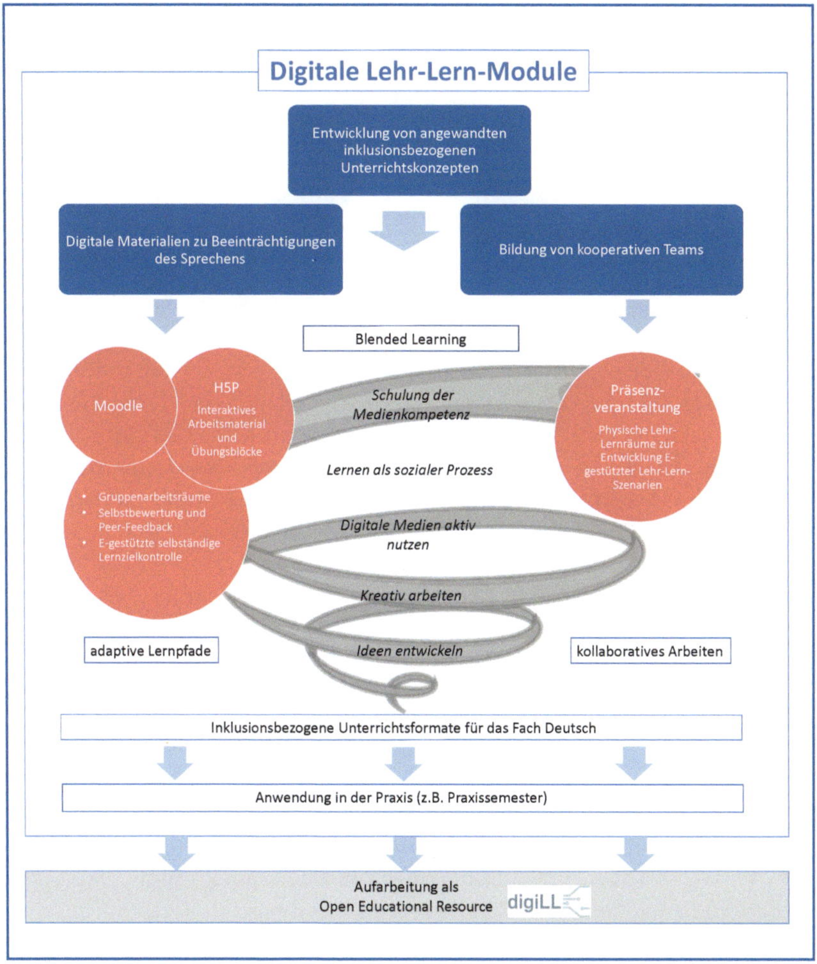

Abb. 4: Projekt „Digitale Lehr-Lern-Module für die inklusionsbezogene Lehramtsausbildung im Fach Deutsch“

- bei Bedarf Unterstützungsmöglichkeiten für Studierende mit Einschränkungen erarbeiten, etwa auditive und visuelle Tools (z. B. Untertitelung, Übertragung in Gebärdensprache, Erstellung barrierefreier Dokumente) und
- Lehrtexte, Quellentexte, Literaturlisten, Fragebögen zur Lernkontrolle und anwendungsbezogene Arbeitsaufträge zu den ausgewählten Themenbereichen, Selbstzeugnisse, Fundorte für medizinische, logopädische, psychologische und pädagogische Informationen auffinden, kritisch sichten und in digitale Lehr-Lern-Settings überführen.

Das Lernmanagementsystem *Moodle* wurde ausgewählt, da inzwischen viele Schulen auf *Moodle* als freie Ressource zurückgreifen und und beispielsweise das vom Ministerium für Schule und Bildung des Landes Nordrhein-Westfalen neu eingeführte Lernmanagementsystem für NRW – „LOGINEO NRW LMS" – auf *Moodle* basiert.[14]

So werden die angehenden Lehrkräfte praktisch darauf vorbereitet, mit ihren späteren Klassen in virtuellen Kursräumen zu arbeiten, in denen den Schülerinnen und Schülern verschiedene Arbeitsmaterialien zur Verfügung stehen:

> Einmal ins Netz gestellt, spart [die Lehrkraft] von da ab viel Zeit bei der Unterrichtsvorbereitung, allein schon, weil das lästige Kopieren in der Schule entfällt. Zudem kann der Lehrer gezielt bewerten und fördern, weil er nun zu jeder Zeit darüber im Bilde ist, welcher Schüler seinem individuellen Lerntempo entsprechend wann die Materialien abruft und wie bearbeitet. Die Leistungen werden transparenter, ebenso auch die Unterrichtsinhalte und -ziele, die im Archiv gespeichert und jederzeit einsehbar sind. Im Gegenzug werden die Schüler dazu angehalten, selbstständig, vorausschauend und eigenverantwortlich zu lernen. Zudem sind sie durch die Technik gezwungen, ihre Anfragen an den Lehrer auszuformulieren, was neben der Disziplin auch die Schreibqualität schult.[15]

Moodle wurde im Projekt anwendungsorientiert für die inklusionsbezogene Lehramtsausbildung im Fach Deutsch genutzt, indem Lerninhalte sinnvoll implementiert, von den Studierenden in kooperativen und kollaborativen Lernformen bearbeitet und um selbst erstellte digitale Formate ergänzt wurden. So konnten Wissensinhalte kreativ aufgearbeitet werden und standen in Hinblick auf die Schulung (1) der eigenen digitalisierungsbezogenen Kompetenzen und (2) auf den zukünftigen Unterricht in inklusiven Klassen im produktiven Wechsel zueinander. Dadurch wurde die Lernmotivation erhöht und die bei Studierenden nicht selten „konsumierend-passive Rezeption in eine kreativ-aktive Produktion [verwandelt]" (Eilmann 2015: 50). Unterstützend wurden – insbesondere durch *H5P* (vgl. Kap. 4) – e-gestützte Elemente und Aktivitäten in die *Moodle*-Umgebung implementiert, die von den Studierenden zur selbstständigen Wissensüberprüfung und kontinuierlichen Lernzielkontrolle genutzt werden konnten.

---

14 Vgl. www.schulministerium.nrw.de/docs/Schulsystem/Medien/moodle/index.html und www.logineo.nrw.de.

15 Vgl. www.schulministerium.nrw.de/docs/Schulsystem/Medien/moodle/index.html.

Partizipation an Lerninhalten

Alle Studierenden erhielten durch das digitale Angebot verbesserte Zugänge zu den Lerninhalten, indem sie in räumlicher und zeitlicher Unabhängigkeit von den Präsenzveranstaltungen im Selbststudium Seminarinhalte auf- und nachbereiten und sich aktiv mit Kommilitoninnen und Kommilitonen über Inhalte austauschen konnten. Dies ermöglichte einen wesentlichen Beitrag zu einer barrierefreien Partizipation an den Lerninhalten und schulte die Fähigkeit, in multiprofessionellen Teams zu arbeiten. Durch die Nutzung adaptiver Lernpfade konnten Lernweg, Lerngeschwindigkeit und Lernfortschritt individuell an die Kompetenzen der Studierenden angepasst werden (vgl. Bischof/von Stuckrad 2013: 3). Darüber hinaus konnten Studierende mit Beeinträchtigungen von den in den Veranstaltungen initiierten und von den Studierenden in Projekten erarbeiteten Unterstützungsmöglichkeiten (z. B. auditive und visuelle Tools) durch die digitale Aufbereitung unmittelbar profitieren, beispielsweise durch Untertitelung, Übertragung in Gebärdensprache und die Erstellung barrierefreier Dokumente. Auch bestand bei Bedarf die Möglichkeit, Gebärdendolmetscherinnen und Gebärdendolmetscher, Sonderpädagoginnen und Sonderpädagogen, Expertinnen und Experten für die barrierefreie Aufarbeitung von Dokumenten oder Coaches für digitale Film- und Videotechnik einzuladen, um die Studierenden für die Erstellung etwa einer filmischen Präsentation, die gebärdensprachlich begleitet wird, zu schulen.

Interaktion und Kooperation – Selbstbewertung und Peer-Feedback

Um Lernen als sozialen Prozess zu erfahren, in dem durch Austausch mit anderen Wissen und Kompetenz erworben werden, gab es in mehreren Phasen innerhalb der Seminarveranstaltungen als Studienleistung verwertbare Formen der Selbstbewertung und des Peer-Feedbacks mit dem Ziel, auf Basis der Austausch- und Kommunikationsmöglichkeiten von *Moodle* einen Ideen-Entwicklungspool zu etablieren. Hier konnten in einem ersten Schritt Selbstbewertungen stattfinden, um die Selbstreflexion, die Selbststeuerungskompetenz sowie die Selbstregulation des Wissenserwerbs anzuregen. Im zweiten Schritt konnten sich die Studierenden in den Peer-Feedbacks austauschen, um weitere kooperative Formen des Arbeitens zu erproben, aber auch die Prozess- und Transferorientierung von Lernen zu erleben (vgl. hierzu Rieke 2010: 50).

Ein Ziel dieser Arbeiten lag darin, auf Basis der Feedback-Prozesse die Lehr-Lern-Module in einem iterativen Prozess mit jedem Studienjahrgang zu erweitern, auch, indem die von den Studierenden entwickelten inklusionsbezogenen

Unterrichtsformate durch Themenschwerpunkte zu weiteren Beeinträchtigungen in kommenden Semestern modifiziert bzw. angereichert werden.

In den Peer-Feedbacks konnten

- studentische Rezensionen einschlägiger Fachbücher, Rechercheergebnisse zu wenig bearbeiteten Gegenständen zum Thema „Sprechen, Sprache und Einschränkungen des Sprechens" aus der Didaktik und Methodik des inklusiven Deutschunterrichts oder Kritiken zu einschlägigen themenbezogenen literarischen Werken und Filmen eingestellt und von Peers begutachtet werden,
- sich die Studierenden in einem in *Moodle* realisierten digitalen Ideenportal (dies konnte entweder über einfache Foren, aber auch über die Nutzung der Lernaktivitäten *Datenbank* oder *Wiki* umgesetzt werden) vernetzen, sich über inklusive Lehrmethoden austauschen, ihre Ergebnisse gegenseitig bewerten und somit kooperative und diskursive Lernformen erproben,
- die Studierenden eigene Konzepte entwickeln, digitale Medien für ihren zukünftigen Unterricht zu nutzen und diese zur Diskussion stellen und
- die Studierenden durch die Nutzung der Freiheit, den eigenen Bedürfnissen angepasst zu arbeiten, eigenverantwortliches Lernen erproben.

Eine Auswahl der in den kooperativ arbeitenden Teams erstellten Unterrichtskonzepte findet sich in Kapitel 5.2.

2.3 Inklusion in der Schule – Heterogenität im Deutschunterricht

Neuausrichtung der Inklusion in der Schule

Grundsätzlich ist es nicht neu, dass Lehrkräfte sich mit heterogenen (Lern-) Voraussetzungen in den Klassen auseinandersetzen müssen. Unterrichten bedeutet immer, sich der Heterogenität von Lernenden zu stellen sowie Ideen und Konzepte zu entwickeln, verschiedene Lerntypen und individuelle Voraussetzungen methodisch und didaktisch aufzufangen. Mit der oben genannten Ratifizierung der Behindertenrechtskonvention haben sich die Bundesländer verpflichtet, die UN-Konvention umzusetzen. Schülerinnen und Schüler mit Beeinträchtigungen sollen nicht mehr in erster Linie in Förderschulen, sondern auch in allgemeinen Schulen unterrichtet werden.

Laut §13 der deutschen Verordnung über sonderpädagogische Förderung können folgende Einschränkungen einen Bedarf an sonderpädagogischer Unterstützung begründen:

- Lern- und Entwicklungsstörungen (Lernbehinderung, Sprachbehinderung, Erziehungsschwierigkeit)
- Geistige Behinderung
- Körperbehinderung
- Hörschädigungen (Gehörlosigkeit, Schwerhörigkeit)
- Sehschädigungen (Blindheit, Sehbehinderung)
- Autismus-Spektrum-Störungen.[16]

Im Rahmen des Bildungs- und Erziehungsauftrags der Schulen hat die sonderpädagogische Förderung das Ziel, Schülerinnen und Schüler mit Bedarf an sonderpädagogischer Unterstützung zu den Abschlüssen zu führen, die dieses Gesetz vorsieht (vgl. §19 Sonderpädagogische Förderung, Schul- und Bildungsgesetzte des Landes Nordrhein-Westfalen vom 15. Februar 2005). Hier hat sich in der Bildungspolitik ein Perspektivwechsel vollzogen von der Betrachtung des Schweregrads einer Behinderung (Behinderungsorientierung) zum Bedarf an sonderpädagogischer Unterstützung (Förderorientierung). Dadurch muss sich die sonderpädagogische Diagnostik zu einer Förderdiagnostik wandeln (vgl. Heimlich 2020: 17 f.).

Die verschiedenen Schulen begegnen dem „gesellschaftliche[n] Mammutvorhaben“ (Brodkorb 2013: 23) der Inklusion auf je unterschiedliche Weise. Inzwischen gibt es viele Beispiele gelingender Inklusionskonzepte an Schulen, die zum Teil ausgezeichnet und prämiert wurden.[17] Dabei meint Heterogenität immer auch lern- und leistungsbezogene Differenzen, etwa zwischen Lernenden mit Förderbedarf und hochbegabten Schülerinnen und Schülern. Intersektionalität beschäftigt sich dabei mit der Vernetzung unterschiedlicher Differenzkategorien wie beispielsweise Herkunft und Geschlecht. Eine wesentliche Entwicklungsaufgabe identifiziert Heimlich (2020: 247) in der Gestaltung eines inklusiven Schulkonzepts, bei der die interne und externe Kooperation „zu den unabdingbaren Voraussetzungen gelingender Entwicklungsprozesse auf der Ebene des Unterrichts und auf der Ebene der Schule als System zählen“.

Ab dem Schuljahr 2019/20 wurde in einem „Runderlass zur Neuausrichtung der Inklusion in der Schule“ festgelegt, dass Formen des gemeinsamen Lernens nur noch an ausgewählten Haupt-, Real-, Gesamt-, Gemeinschafts-, Sekundar-

16 Vgl. Verordnung über die sonderpädagogische Förderung, den Hausunterricht und die Schule für Kranke (Ausbildungsordnung sonderpädagogische Förderung – AO – SF), unter www.schulministerium.nrw.de/docs/Recht/Schulrecht/APOen/SF/AO_SF.PDF.

17 Vgl. Jakob-Muth-Preisträgerschulen unter www.jakobmuthpreis.de.

und Primusschulen angeboten werden sollen.[18] Diese Schulen werden von der Schulaufsicht mit Zustimmung des Schulträgers als Schulen des gemeinsamen Lernens bestimmt und müssen bestimmte Qualitätsstandards inhaltlicher, konzeptioneller und personeller Art erfüllen, u. a., dass

- die Schule über ein pädagogisches Konzept zur inklusiven Bildung verfügt bzw. dieses mit Unterstützung der Schulaufsicht erarbeitet,
- Lehrkräfte für sonderpädagogische Förderung an der Schule unterrichten und die pädagogische Kontinuität gewährleistet wird,
- das Kollegium systematisch fortgebildet wurde bzw. vorauslaufend und begleitend fortgebildet wird und
- die räumlichen Voraussetzungen der Schule gemeinsames Lernen ermöglichen (MSB 2020).

An den Gymnasien wird aktuell in der Regel nicht mehr zieldifferent beschult bzw. zieldifferenter Unterricht erfolgt nur noch auf der Grundlage eines entsprechenden eigenen Schulkonzeptes. Somit werden individuelle Förderpläne nur noch in Einzelfällen von Lehrkräften sowie Sonderpädagoginnen und -pädagogen erstellt. Förderschulen sollen zukünftig die allgemeinen Schulen unterstützen, die – obgleich keine Schulen des gemeinsamen Lernens – Schülerinnen und Schüler mit Bedarf an sonderpädagogischer Förderung unterrichten: „Diese Unterstützung kann in Form von Beratung z. B. in den Bereichen *Autismus* oder *Unterstützte Kommunikation (UK)* und *assistive Technologien* erfolgen" (ebd.; Hervorh. im Orig.).

Aufgrund des hohen Bedarfs an ausgebildeten sonderpädagogischen Lehrkräften wird es auch weiterhin die Aufgabe aller Lehrkräfte sein, Schülerinnen und Schüler mit Beeinträchtigungen und heterogenen Lernvoraussetzungen zu unterrichten. Aus diesem Grund ist es auch in Zukunft ein Schwerpunkt der universitären Lehre, angehende Lehrkräfte adäquat in Bezug auf die Heterogenität der Schülerinnen und Schüler auszubilden. In dem Beschluss der KMK „Schule der Vielfalt" heißt es hierzu:

> Alle Lehrkräfte sollten so aus-, fort- und weitergebildet werden, dass sie anschlussfähige allgemeinpädagogische und sonderpädagogische Basiskompetenzen für den professionellen Umgang mit Vielfalt in der Schule, vor allem im Bereich der pädagogischen Diagnostik und der speziellen Förder- und

18 Im Herbst 2019 wurde beschlossen, die Primusschulen, die jahrgangsgemischte Lerngruppen, schulstufenübergreifende Lernkonzeptionen, multiprofessionelle Teamarbeit und alternative Formen der Leistungsbewertung erprobt und in diesem Sinne die Inklusionsentwicklung in NRW vorangetrieben haben, nicht weiterzuführen (Schumann 2019).

> Unterstützungsangebote entwickeln können. Diese Kompetenzen erfahren im Studium der Fachdidaktiken und Fachwissenschaften eine Konkretisierung und Vertiefung und werden in Praxisabschnitten analytisch und handlungsorientiert erprobt und reflektiert. Zudem spielen die Fachdidaktiken für die Entwicklung und Implementierung von Konzepten differenzierenden Unterrichts eine zentrale Rolle. Eine vertiefende, über die genannten Basiskompetenzen hinausgehende, sonderpädagogische Expertise von Lehrkräften ist weiterhin unverzichtbar. (KMK 2015b)

Sowohl in den Bildungswissenschaften als auch in den Fachdidaktiken gibt es bislang noch immer kein kohärentes Programm in Bezug auf die unterschiedlichen für den Unterricht relevanten Heterogenitätsdimensionen, wie z. B. den ethnischen, kulturellen und religiösen Hintergrund, besonderen Förderbedarf, Lernstrategiewissen u. a., die zum Teil korrelativ und intersektional sind (vgl. von Brand 2017: 18 ff.).

Einige empirische Studien haben die Vorteile des gemeinsamen Unterrichts herausgearbeitet, da Kinder mit sonderpädagogischem Förderbedarf in einem gemeinsamen Unterricht an Regelschulen mehr lernen als an Förderschulen. Es wird angenommen, dass „in Regelklassen typischerweise eine insgesamt kognitiv anregendere Lernumgebung vorhanden ist, die u. a. durch anspruchsvollere Curricula und die Gemeinschaft mit leistungsstärkeren Klassenkamerad_innen entsteht“ (Vock/Grooostaj 2017; vgl. auch Ruijs/Peetsma 2009: 35; Kocaj et al. 2014; Wocken/Gröhlich 2009). Allerdings gibt es auch Hinweise darauf, dass Schülerinnen und Schüler mit Förderbedarf durch das gemeinsame Lernen in Regelklassen Einbußen in ihrem Selbstkonzept erleben, da der Vergleich mit leistungsstärkeren Mitschülerinnen und -schülern dazu führen kann, dass sie ihre eigenen Fähigkeiten geringer einschätzen (vgl. Bear/Minke/Manning 2002; Kocaj et al. 2017).

Sprache als Gegenstand und Medium im Fach Deutsch

Besonders der Deutschunterricht nimmt eine Schlüsselfunktion im schulischen Bildungsprozess ein, da seine Gegenstände eine wesentliche Basis auch für den Erfolg in anderen Fächern bedeuten. Ein Bedarf an sonderpädagogischer Unterstützung im Förderschwerpunkt Sprache besteht dann, wenn der Gebrauch der Sprache nachhaltig gestört und mit erheblichem subjektivem Störungsbewusstsein sowie Beeinträchtigungen in der Kommunikation verbunden ist und dies nicht allein durch außerschulische Maßnahmen behoben werden kann.

Der Sprache, dem Sprechen und der Kommunikation kommt in der Schule insofern eine Schlüsselfunktion zu, als dass Sprache in allen Unterrichtsfächern einen zentralen Stellenwert hat und Sprachbildung fächerübergreifend erfolgen muss. Mitgedacht werden sollte, dass sich Sprachbildung nicht nur „auf Schülerinnen und Schüler bezieht, die hinter den Leistungserwartungen zurückbleiben, sondern auch auf diejenigen, die sich sprachlich im mittleren und oberen Leistungsspektrum bewegen“ (Lütke 2014: 203). Darüber hinaus ist Deutsch das (Schul-)Fach, „das sich besonders mit der (kritischen) Reflexion von Medien über deren Informationswert hinaus befasst, in dem Sprache gleichermaßen als Unterrichtsgegenstand und Kommunikationsmedium fungiert“ (Lecke 2014: 47).

Im Deutschunterricht können verschiedene Handlungsfelder medialen Lernens unterschieden werden:

1. Lernen mit und über Schreib- bzw. Produktionsmedien
2. Lernen mit und über Lese- bzw. Rezeptionsmedien
3. Lernen mit und über Präsentations- und Visualisierungsmedien
4. Lernen mit und über Kommunikations- und Kooperationsmedien
5. Lernen mit und über symmediale(n) Analyse und Interpretationsmedien
6. Lernen mit und über symmediale(n) Handlungs- und Gestaltungsmedien
7. Lernen mit und über Lehr- und Lernmedien (vgl. Frederking/Krommer/Maiwald 2018: 107 ff.)

Für die Bedingungen inklusiver Unterrichtsentwicklung, die digitale Medien gezielt einbezieht, können als Ergänzung zu diesen Handlungsfeldern folgende Parameter genannt werden:

- die Erstellung und Nutzung von differenzierten Lehr- und Lernmaterialien
- die Förderung des aktiven, kooperativen und eigenständigen Lernens auf der Basis von differenziertem Aufgabenmaterial
- die Kooperation aller beteiligten Akteurinnen und Akteure (Lehrkräfte, Eltern, Schülerinnen und Schüler)
- in Kooperation mit sonderpädagogischem Personal die diagnostisch fundierte und individuelle Förderung bei (Lern-)Beeinträchtigungen (vgl. Bosse 2016: 196; Wember 2013: 380).

Im Zusammenhang mit Unterstützungsmöglichkeiten für Schülerinnen und Schüler mit Beeinträchtigungen wird in Kapitel 4.3 näher auf die o. g. Handlungsfelder eingegangen und dargestellt, wie Schülerinnen und Schüler mit und ohne Beeinträchtigungen digitale Medien auf unterschiedliche Art und Weise nutzen können, um beispielsweise ihre Kommunikationsmöglichkeiten in Hinblick auf (1) zu bearbeitende Aufgaben und (2) kooperatives Lernen und Arbeiten zu erweitern.

2.4 Barrierefreiheit, Nachteilsausgleich, curriculare Einbettung und Kompetenzbereiche

Barrierefreiheit und Elementarisierung von (literarischen) Texten

Der Begriff Barrierefreiheit meint zunächst den gleichberechtigten Zugang zu Bildung für alle Menschen. Von der UN-Behindertenrechtskonvention werden als Barrieren genannt: physikalische und kommunikative (= Zugang zu Information und Kommunikation) sowie soziale Barrieren,[19] die sich um ökonomische Barrieren (Schulze 2011) erweitern lassen. Der Konvention liegt ein multidimensionales Verständnis von Barrierefreiheit zugrunde, das insbesondere die Bedeutung sozialer Barrieren, wie Stereotype und Vorurteile, betont (vgl. ebd.). Auch wird festgehalten, dass das Verständnis von Behinderung einem ständigen Wandel unterliegt und

> dass Behinderung aus der Wechselwirkung zwischen Menschen mit Beeinträchtigungen und einstellungs- und umweltbedingten Barrieren entsteht, die sie an der vollen, wirksamen und gleichberechtigten Teilhabe an der Gesellschaft hindern (Behindertenrechtskonvention, Präambel).[20]

Mit dem Begriff der Barrierefreiheit wird also auch das Partizipationspotenzial aller beteiligter Akteurinnen und Akteure umschrieben. Für die Schul- und Unterrichtsentwicklung gilt im Zusammenhang mit digitalen Medien, dass „inklusiv-digitale Bildung nur gelingen [kann], sofern wir diese zu einer Aufgabe der persönlichen respektive institutionellen Haltung machen und diese Prozesse bewusst fördern" (Filk 2019: 64). Sowohl die Digitalisierung als auch die Inklusion als „unterrichtliche Innovationsprozesse" (ebd.: 65) bedürfen einer Kopplung, wie Filk in seiner Programmatik einer inklusiv-digitalen Bildung für Schule und Unterricht darlegt. Dies gilt nicht nur auf struktureller Ebene, sondern bis in das Feld didaktisch-methodischer Fragestellungen der Differenzierung und Individualisierung. Für Schülerinnen und Schüler mit einer Sinnesbeeinträchtigung, etwa im Sehen oder Hören, treten Barrieren vor allem im Bereich der Kommunikation auf. Hier stehen verschiedene Möglichkeiten der assistiven Unterstützung wie Screenreader oder Höranlagen (vgl. Kap. 4.2) und alternative Formate zur Verfügung, um Barrieren in der Rezeption von Texten

19 Zit. n. www.behindertenrechtskonvention.info/barrierefreiheit-3881.

20 Zit. n. www.behindertenrechtskonvention.info/uebereinkommen-ueber-die-rechte-von-menschen-mit-behinderungen-3101.

und in der Kommunikation zu überwinden, etwa Hörbücher, Brailleschrift, Untertitelung von Filmen oder Sendungen, Einsatz von Gebärdensprache und Einbezug von Gebärdendolmetscherinnen und -dolmetschern.

Spezifischer auf die Gegenstände des Deutschunterrichts bezogen: Texte als zentrale Gegenstände können und sollen hier selbstverständlich nicht „barrierefrei" sein. Vor allem literarische Texte und ihre medialen Adaptionen, die im Sinne eines erweiterten Textbegriffs inzwischen wichtiger Bestandteil im Unterricht sind, bereichern den Unterricht durch ihre Vieldeutigkeit und Mehrdimensionalität in inhaltlicher und formaler Hinsicht, weisen jedoch aus demselben Grund auch eine Vielzahl von „Barrieren" auf. Insofern ist „Literatur immer exklusiv und inklusiv zugleich. Als gedruckter Text verschließt sie sich denjenigen, die nicht in der Lage sind, zu lesen oder das, was sie lesen, mit Sinn zu füllen" (von Brand 2018: 4). Der Deutschunterricht sollte jedoch allen Schülerinnen und Schülern gemeinsame ästhetische Erfahrungen ermöglichen.

> Formen und Inhalte ästhetischen Lernens [sind] vor allem deshalb in hohem Maße kongruent mit den Erfordernissen inklusiven Unterrichts, weil sie nicht von vornherein die Sozialität der heterogenen Lerngruppe gegen die Aneignungsmöglichkeiten von Lerngegenständen ausspielen. (Kruse 2016: 7)

Texte und deren ästhetische Vielfalt stellen Schülerinnen und Schüler immer wieder vor neue Herausforderungen. Bearbeitungen und Elementarisierungen ermöglichen hier „sehr unterschiedliche und auch individuelle Zugänge und Gratifikationen. Sie biete[n] die Chance vielfältiger Erfahrungen und Erkenntnisse und behandel[n] dabei sämtliche anthropologischen Grundfragen" (von Brand 2018: 4). Der Sprach- und Literaturunterricht muss aus diesem Grund Formen finden, allen Schülerinnen und Schülern mit ihren heterogenen Voraussetzungen Zugänge zu Lerngegenständen und ihren unterschiedlichen Formen zu ermöglichen. Das ist in didaktischer und methodischer Hinsicht für Lehrkräfte eine große Herausforderung, unabhängig von der konkreten Klassenzusammensetzung und davon, ob zielgleich oder zieldifferent unterrichtet werden soll.

> Die Fokussierung literarischen Lernens in inklusiven Lerngruppen bedeutet damit immer zweierlei: eine pragmatische Perspektive auf die Möglichkeiten der Umsetzung innerhalb der – vielleicht zweifelhaften – vorgegebenen Rahmen einerseits und eine Perspektive auf ein Ideal eines inklusiven Literaturunterrichts, dessen Rahmung gleichfalls zur Disposition steht, andererseits. (Schubert-Felmy 2014: 113)

Vor diesem Hintergrund wird die Elementarisierung literarischer Texte durch „Leichte Sprache“[21] diskutiert (vgl. hierzu Kap. 4). Sofern allen Schülerinnen und Schülern der Zugang zum Originaltext weiterhin erhalten bleibt, „um das Ermöglichen bestimmter ästhetischer Erfahrungen und ‚Stimmungen‘, das in der Regel [...] nur durch eine Konfrontation mit literarischen Originaltexten in Gang gesetzt werden kann“ (Olsen 2016: 70), zu gewährleisten, ist eine Transformation literarischer Texte als Differenzierungsangebot für Schülerinnen und Schüler durchaus angebracht. Des Weiteren ist auf die Textauswahl zu achten, indem Texte genutzt werden, die „Sinnpotentiale auf unterschiedlichen Ebenen enthalten und somit Lernenden ein vielfältiges Gratifikationspotential bieten“ (von Brand 2019: 232). Darüber hinaus können durch Bilder unterstützte Texte sowie Textadaptionen und mediale Repräsentationen von Texten Schülerinnen und Schüler mit Beeinträchtigungen dabei unterstützen, Literatur zu erschließen (vgl. ebd.: 233).

Sprache und Sprechen im Deutschunterricht

Das Sprechen und die Sprache spielen im Deutschunterricht eine zentrale Rolle, was die Bildungsstandards aller Schulstufen in ihren curricularen Vorgaben kenntlich machen und, insbesondere in dem Kompetenzbereich „Sprechen und Zuhören“, mit den dort aufgeführten Teilkompetenzen abbilden. Die Ausbildung von Kompetenzen im Bereich „Sprache und Sprechen“ leistet nicht nur einen „wesentlichen Beitrag zu den Basisqualifikationen in unserer Informations- und Mediengesellschaft“ (Pabst-Weinschenk 2004: 15). Durch Sprache werden im Unterricht auch Gedanken und Meinungen zum Ausdruck gebracht, die wiederum sprachlich, sei es in mündlicher oder schriftlicher Form, reflektiert werden (sollen). Hier müssen im Unterricht Aufgaben modelliert werden, die sich an den jeweiligen Aufgabenschwerpunkten und -typen orientieren. So sind die Aufgabenschwerpunkte für die Gesamtschule NRW „Sprechen“, „Gestaltend sprechen/inszenieren“ und „Gespräche führen“. In der Jahrgangsstufe 5 und 6 gibt es als Typ 1 „anschaulich vortragen“, als Typ 2 „gestaltend vortragen“ und als Typ 3 „in Gruppengespräch vereinbarte Gesprächsregeln einhalten, sich zielorientiert einbringen und das Gespräch reflektieren“. In den höheren Stufen werden diese Hinweise ergänzt und modifiziert, z. B. sollen Schülerinnen und Schüler in der Jahrgangsstufe 9 „sachgerecht und folgerichtig, auch mediengestützt, präsentieren“ können,[22] was also den Erwerb digitalisierungsbezogener Kompetenzen einbezieht.

---

21 Vgl. Netzwerk Leichte Sprache, unter www.leichte-sprache.org/die-regeln.

22 Zit. n. www.schulentwicklung.nrw.de/lehrplaene/lehrplannavigator-s-i/gesamtschule/deutsch/deutsch-klp/aufgabentypen/index.html.

Sprache bietet die Möglichkeit, „an den Erfahrungs- und Erkenntnismöglichkeiten eines anderen Menschen teilzuhaben und so die eigene Lebenswirklichkeit zu erweitern" (Lösener 2010: 83). Auch trägt die Kommunikation im Unterricht – neben der Kommunikation in der Familie und innerhalb der Peergroups – in erheblichem Maße zur Sprachentwicklung von Schülerinnen und Schülern bei (vgl. Hochstadt/Krafft/Olsen 2015: 19).

Bezogen auf Inklusion und die Möglichkeiten, anhand von Texten und ihren medialen Repräsentationen *durch* Sprache *über* Spracheinschränkungen *zu sprechen*, eröffnet der Deutschunterricht vielfältige Möglichkeiten, an die Erfahrungswelt und die unterschiedlichen Voraussetzungen aller Schülerinnen und Schüler anzuknüpfen. So können Kompetenzen erarbeitet werden, die im gesellschaftlichen Diskurs stehen und auch für Schülerinnen und Schüler Aktualität haben. Andererseits ergeben sich Anknüpfungspunkte für innovative Gegenstände, die sich besonders dazu anbieten, handlungs- und produktionsorientiert behandelt zu werden (vgl. Lipkowski/Schüller 2019: 19; vgl. auch Kap. 5.1). Schülerinnen und Schülern muss jedoch zunächst die Möglichkeit gegeben werden, im Unterricht die eigenen kommunikativen Fähigkeiten zu schulen, was nicht immer gut mit den institutionellen Bedingungen, unter denen Unterrichtsgespräche stattfinden, kompatibel ist, denn:

- Die Zahl der (potentiellen) Sprecher ist [im Unterricht] um ein Vielfaches höher.
- Es bestehen deutliche hierarchische Unterschiede zwischen Schülern und Lehrperson.
- Alles, was von Schülern zum Gespräch beigetragen wird, kann als Grundlage einer Bewertung durch die Lehrperson genutzt werden (Hochstadt/Krafft/Olsen 2015: 19 f.).

Besonders in inklusiven Unterrichtskontexten, in denen Schülerinnen und Schüler mit und ohne Beeinträchtigungen im Sprechen gemeinsam lernen, muss hier der Umgang vonseiten der Lehrkraft sensibel sein. Literarische Unterrichtsgespräche, die ja nicht nur eine Unterrichtsmethode, „sondern auch eine zu erwerbende Kompetenz [sind]" (Spinner 2014: 192), bieten sich hier als eine Kommunikationsform an, in der sich alle Schülerinnen und Schüler über ästhetische Erfahrungen austauschen und zugleich verschiedene Arten des Miteinandersprechens in unterschiedlichen Sozial- und Lernformen ausprobieren können. „Die bereits im Lerngegenstand angelegte Vielfalt und der ganzheitliche Zugang gewährleisten allen Schülerinnen und Schülern authentische Teilhabeerfahrungen, die zu einem individuellen (sprachlich-literarischen) Lernzuwachs führen können" (Düsing/Köller 2019: 49).

Im Sprechen über Literatur können heterogene Lesarten entwickelt, verglichen und – in der Auseinandersetzung mit verschiedenen Formen der Textrezeption – bewertet werden (Abraham/Kepser 2009: 34). Das literarische Gespräch ist dabei beides: Lern*form* und Lern*medium*. Hieraus lassen sich „bestimmte reife Gesprächsformen" (Zabka 2006: 171; vgl. auch Pohl/Steinhoff 2010: 6), aber auch weitere Rezeptionskompetenzen ableiten. Literarische Gespräche im Unterricht schulen die Teilhabe am Diskurs über ästhetische Gegenstände und über Belange sozialer, moralischer und politischer Art und können auch ästhetische Urteilskompetenz im Sinne von Interpretations- und Wertungskompetenz befördern (Zabka 2006: 169; vgl. auch Spinner 2016: 192). Nicht zuletzt üben Studierende auch in Seminaren des Fachs Deutsch, die zukünftige Lehrkräfte auf ihren Unterricht vorbereiten, verschiedene Formen des (Miteinander-)Sprechens ein, indem

> Texte und Materialien […] in Seminarsitzungen besprochen und diskutiert [werden]; die Besprechung soll als Korrektiv für das individuelle Textverständnis bzw. für den individuellen interpretierenden Zugang zum Text fungieren und zugleich diskursiv eine (oder mehrere) gemeinsame Lesart(en) der Texte als Grundlage für den weiteren Seminarverlauf sichern. (Beißwenger/Schüller/Burovikhina 2020)

In universitären Seminaren der Literatur- und Sprachdidaktik oder Linguistik werden zahlreiche Formen des Sprechens thematisiert. Hier bietet sich eine Verknüpfung zu inklusiven Themen an, wenn beispielsweise in Seminaren zu Semantik bei der Behandlung semantischer Hierarchien und Netze auf die lexikalischen Probleme von Menschen mit Lernbeeinträchtigungen, in Seminaren zu mündlicher Sprache auf die Bedeutung von Stottern für kommunikative Situationen und in Seminaren zur Pragmatik auf autistisches Sprachverhalten eingegangen wird (vgl. Lipkowski/Schüller 2019: 20).

In Seminaren der Sprachdidaktik lassen sich methodische Erfordernisse bei verschiedenen Beeinträchtigungen thematisieren, Lernbeeinträchtigungen, wenn es um Wortschatzarbeit geht, beim Thema Förderung der mündlichen Kommunikation die Bedeutung der Sprechflüssigkeit und die Einbindung von Stotternden in den Unterricht und beim Thema Sprachbetrachtung und Grammatik syntaktische und textliche Hilfen für dysgrammatische Schülerinnen und Schüler und/oder Schülerinnen und Schüler mit Lernbeeinträchtigungen oder Autismus (vgl. ebd.).

In didaktischen Seminaren zur Schriftsprache kann die Bedeutung von Schrift für eingeschränkt oder nicht sprechende Menschen thematisiert und kritisch analysiert werden. So kann die Leistungsfähigkeit von Kommunikationssystemen und Medien hinsichtlich der Sprachfunktionen verdeutlicht werden. Dies ist auch in der Gegenüberstellung von verbaler Kommunikation, Bild- und Gebärdenkommunikation möglich (vgl. ebd.).

Möglichkeiten des literarischen Lernens lassen sich in literaturdidaktischen Seminaren erproben und ausloten. Es bietet sich an, hier rezeptive sowie handlungs- und produktionsorientierte Methoden im Unterricht sowie heterogene Lernformen zu besprechen (vgl. Kap. 5.2). Auch können Grundkenntnisse über (mediale) assistive Möglichkeiten thematisiert werden, die Schülerinnen und Schüler mit Einschränkungen des Sprechens unterstützen können (vgl. Kap. 4). Da audiovisuelle Medien viele Handlungs-, Erfahrungs- und Kommunikationsräume insbesondere für Schülerinnen und Schüler mit zusätzlichem Förderbedarf eröffnen, sollten auch Lehr- und Lernkonzepte besprochen werden, die mediale Formen einbeziehen. Hier lassen sich Schwerpunkte auf folgende Aspekte, die bei der Umsetzung inklusiven Literaturunterrichts relevant sind, legen:

- Planung und Modellierung inklusiven Literaturunterrichts
- Texte und Bilder: Vieldeutigkeit von Medien erkunden
- Literarisches Lernen
- Materialauswahl für den Deutschunterricht (Texte, Filme, Hörmedien etc.)
- Filme verstehen
- Unterstützungsangebote für die Textlektüre (Vereinfachungen, Reduktion, Leichte Sprache, Arbeit mit Adaptionen) (vgl. Lipkowski/Schüller 2019: 20).

Für die Förderung kommunikativer Kompetenzen ist es schließlich ebenfalls wichtig, dass mündliche Formen im Unterricht auch gezielt als Lerngegenstand thematisiert und eingeübt werden (vgl. Hochstedt/Krafft/Olsen 2014: 21).

Nachteilsausgleich im Deutschunterricht

In § 1 des Schulgesetzes NRW (2005) wird darauf hingewiesen, dass alle Schülerinnen und Schüler einen grundsätzlichen Anspruch auf eine – ihren Stärken und Begabungen sowie ihren persönlichen Bedarfen entsprechende – individuelle Förderung haben und bei Behinderungen, Beeinträchtigungen, bei Bedarf an sonderpädagogischer Unterstützung sowie bei akuten und chronischen Erkrankungen einen entsprechenden Nachteilsausgleich erhalten. Nachteilsausgleiche beziehen sich in der Regel auf die Veränderung äußerer Bedingungen des Lernens und Arbeitens:

- Zeitlich: Ausweitung/Anpassung der Vorbereitungs- und/oder Arbeitszeit
- Technisch: Bereitstellung technischer Hilfsmittel, z. B. Lesegeräte, Audioabspielgeräte

- Räumlich: spezifische Arbeitsplatzorganisation, z.B. blendungsarmer Sitzplatz und ablenkungsarme Umgebung
- Personell: assistive Unterstützung, z.B. bei der Arbeitsorganisation.

Die verschiedenen Formen des Nachteilsausgleichs sind für Schülerinnen und Schüler mit Beeinträchtigungen, die Regelschulen besuchen, von den Ministerien für Schule und Bildung geregelt. In der Orientierungshilfe zur Gewährung von Nachteilsausgleichen für Schülerinnen und Schüler der Sek. I/NRW heißt es in der einleitenden Erläuterung:

> Nachteilsausgleiche zielen darauf ab, Schülerinnen und Schüler mit Behinderungen, chronischen Erkrankungen und/oder Bedarf an sonderpädagogischer Unterstützung durch gezielte Hilfestellungen in die Lage zu versetzen, ihre Fähigkeiten im Hinblick auf die gestellten Anforderungen nachzuweisen. Diese Hilfen und Unterstützungsmaßnahmen werden als Nachteilsausgleiche bezeichnet. (MSB 2017; vgl. auch Bezirksregierung Köln 2015)

Besonders in heterogenen Lerngruppen ist darauf zu achten, dass neben Assistiven Technologien und Möglichkeiten verschiedener Lernzugänge durch digitale Medien (vgl. Kap. 4) „die Potentiale des gesetzlich festgeschriebenen *Nachteilsausgleichs* [...] [ausgeschöpft werden], um allen Lernenden zu ermöglichen, ihre Kompetenzen in vollem Ausmaß unter Beweis zu stellen. Hier ist Kreativität seitens der Lehrenden gefordert und insgesamt sehr viel mehr möglich als üblich" (Berkemeier/Wilmes 2016: 73; Hervorh. im Orig.).

Im Unterricht bieten sich verschiedene Formen des Nachteilsausgleichs an. So kann die Anpassung der räumlichen Bedingungen beispielsweise durch die geeignete Wahl des Sitzplatzes und ein gesondertes Raumangebot bei Klassenarbeiten, durch die Schaffung eines ablenkungsarmen Umfelds und Rückzugsmöglichkeiten sowie die Bereitstellung eines Einzelarbeitsplatzes erfolgen. Ergänzend bieten sich verschiedene Möglichkeiten zur Organisation des Unterrichts und der Präsentation von Lerninhalten an:

- Gebrauch von Gesprächsregeln
- Einsatz von Mentorinnen und Mentoren, z.B. Mitschülerinnen und Mitschüler und/oder Integrationshelferinnen und -helfer
- Strukturierungshilfen (Hausaufgaben-/Merkheft, individueller Zeit- und Stundenplan)
- Zeitzugaben
- Wechsel der Lernform, ggf. Befreiung von Gruppen- oder Partnerarbeit
- Klare Strukturierung der Aufgaben
- Bereitstellung von Visualierungen (z.B. Tafelbild, Smartboard); Visualisierung lautsprachlicher Inhalte; verstärkter Einsatz von Anschauungsmitteln

- Erklärung von Schlüsselbegriffen und differenzierte Aufgabenstellung
- Erbringung mündlicher Leistung: Transformationen von Aufgabenstellungen, z. B. schriftliche Ausarbeitung eines mündlichen Referats
- Zulassen von medialer Unterstützung, z. B. durch Aufnahmegeräte.[23]

Curriculare Einbettung

Bildungspolitische Vorgaben für den Unterricht werden auf Bundesebene in übergreifenden Zielsetzungen, Strategien und Empfehlungen der KMK formuliert. Die Kultusministerien der einzelnen Bundesländer organisieren die Umsetzung über konkrete Bildungs- und Lehrpläne. Auch die zu erreichenden Kompetenzen in den Lernbereichen des Deutschunterrichts werden von der KMK als Bildungsstandards für die unterschiedlichen Jahrgangsstufen formuliert, um fachspezifische Kompetenzen in den Mittelpunkt der Unterrichtsplanung und -durchführung zu stellen und dazu zu verhelfen, im Sinne der Qualitätsentwicklung die Einhaltung und das Erreichen der zu vermittelnden Kernkompetenzen zu überprüfen und die Ergebnisse vergleichbar zu machen (vgl. Düsing 2019: 51).

> Bildungsstandards dienen also der Zielorientierung gelingender Bildung, indem sie ausweisen, über welche Kompetenzen Schülerinnen und Schüler am Ende eines bestimmten Zeitraums (‚Standardzeitraum') verfügen. Lehrkräfte sollen sich über diese Zielbestimmtheit vergewissern, um diesen Zielen (Kompetenzerwerb) die jeweils für ihre Schülerinnen und Schüler geeigneten und sachlich gebotenen Inhalte zuzuordnen. Daraus erwachsen unterschiedliche Lernwege bei gleicher Zielperspektive. (Ziener 2008: 43)

Die Bereiche „Sprache und Sprechen" sind in den Curricula für das Fach Deutsch fest verankert. In den Kernlehrplänen (KLP) von 2019 ist „Sprache" eines der vier zentralen Inhaltsfelder. Es umfasst sowohl den mündlichen und schriftlichen Sprachgebrauch, das Reflektieren über Sprache – einschließlich des Aufbaus von Sprachbewusstheit – als auch den (inter-)kulturellen Gebrauch von Sprache und Mehrsprachigkeit. Konkret lautet die Beschreibung des Inhaltsfeldes Sprache im überarbeiteten KLP für das Gymnasium NRW, Sek. I, G9 wie folgt:

> Sprache als strukturiertes System sowie der funktionale Sprachgebrauch stehen im Mittelpunkt dieses Inhaltsfeldes. Aspekte des mündlichen und schriftlichen Sprachgebrauchs rücken in den fachlichen Fokus. Reflexion über Sprache bezieht sich auf den Erwerb von Sprachwissen und die Entfaltung von Sprachbewusstheit

23 Vgl. hierzu www.autismus.de/fileadmin/RECHT_UND_GESELLSCHAFT/StellungnahmeNachteilsausleichApril2016.pdf.

> sowie auf Fragen des normgerechten und funktional adäquaten Umgangs mit Sprache. Daneben sind die (inter-)kulturelle Bedeutung von Sprache, die Bedeutung der Sprachfähigkeit für den Menschen sowie innere und äußere Mehrsprachigkeit bedeutsam für dieses Inhaltsfeld. (MSB 2019b: 14)

Des Weiteren ist das Thema „Kommunikation" explizit als ein Inhaltsfeld festgehalten. Hier geht es vor allem um das eigene kommunikative Handeln und um die Verständigungsprozesse zwischen Kommunikationspartnerinnen und -partnern:

> Im Inhaltsfeld Kommunikation werden das eigene kommunikative Handeln, die Interaktions- und Verständigungsprozesse zwischen Kommunikationspartnerinnen und -partnern sowie die Gelingensbedingungen für erfolgreiche Verständigung in unterschiedlichen Kommunikationssituationen in den Blick genommen. Das kommunikative Handeln in unterschiedlichen Rollen und dessen Funktionen, Intentionen und Wirkungen stehen dabei im Mittelpunkt. (Ebd.: 15)

Die Kern- und Rahmenlehrpläne der Sekundarstufe I lehnen sich an die Bildungsstandards der Kompetenzen der KMK an. Sie sind für den Umgang mit pragmatischen und literarischen Texten jedoch nicht allein maßgeblich:

> Derartige Vorgaben sind auch wegen der Vorbereitung auf den Mittleren Schulabschluss wichtig und hilfreich. Doch ehe sich die Lehrperson die Frage stellt, wie die mit ihnen verbundenen Anforderungen zu erreichen sind, muss sie sich ein Bild von den Schülerinnen und Schülern machen, auf die sich Kompetenzen, Inhalte und Methoden beziehen. (Schubert-Felmy 2014: 112)

Die oben genannten Vorgaben geben keine integrierten Hinweise zu inklusivem Deutschunterricht, was mit den heterogenen Voraussetzungen und besonderen Bedürfnissen zusammenhängt, die Schülerinnen und Schüler haben. Während sich viele beeinträchtigte Lernende etwa in der Gruppensituation gut entfalten können, werden andere von solch lebhaften Kontexten überfordert. In ihrer derzeitigen Konzeption geben Bildungsstandards schwerpunktmäßig an, „welche Kompetenzen SchülerInnen am Ende einer bestimmten Etappe in der Regel erworben haben sollen. Hier gehört es zu den Aufgaben einer inklusiven Fachdidaktik Deutsch, sich an den Diskussionen über diese Standards zu beteiligen" (Becker-Mrotzek/Linnemann 2017: 111f.), um die besonderen Bedürfnisse einer heterogenen Schülerschaft zu berücksichtigen. Hierzu wird derzeit in den Bildungsstandards noch eher allgemein formuliert:

> Die deutsche Sprache ist vom fachlichen Grundverständnis her Medium, Gegenstand und Unterrichtsprinzip zugleich. Von daher sind Darstellung und Erwerb der Kompetenzen im Fach Deutsch integrativ angelegt, werden immer aufeinander bezogen und zusammengeführt. Die Schülerinnen und Schüler erwerben aufgrund der sprachlichen Bezogenheit des Fachunterrichts die Kom-

> petenzen für das Sprachenlernen wie für jede Form fachlichen Arbeitens in den unterschiedlichen Fächern. Dem Deutschunterricht kommt diese orientierende Funktion zu, weil in ihm Sprachfragen aus anderen Fächern aufgegriffen und Kenntnisse und Erfahrungen für die Arbeit in anderen Fächern genutzt werden können. (KMK 2003)

Der Heterogenität der Schülerinnen und Schüler wird hier also vor allem in Bezug auf Mehrsprachigkeit Rechnung getragen:

> In die Arbeit an Sprachfragen bringen Schülerinnen und Schüler mit divergenten Spracherfahrungen wichtige, eigenständige Beiträge ein. Erfahrungen der Mehrsprachigkeit führen zu vertiefter Sprachkompetenz und Sprachbewusstheit. Sie sind Teil der Arbeit in allen Kompetenzbereichen des Faches und unterstützen somit interkulturelles Lernen und soziale Verständigung. Diese Ausbildung sprachlicher Fähigkeiten muss auch in den anderen Fächern bewusst gestärkt und weiterentwickelt werden. Vor allem Schülerinnen und Schüler mit Migrationshintergrund, aber auch die mit Lernschwierigkeiten werden durch ein möglichst breit angelegtes sprachliches Lernen nachhaltig unterstützt, die Standards für den Mittleren Schulabschluss im Fach Deutsch zu erreichen. (Ebd.)

Eine zentrale Aufgabe bezogen auf den Förderschwerpunkt Sprache liegt darin, sprachlich-kommunikative Barrieren für Schülerinnen und Schüler zu identifizieren und sie durch geeignete Lehr-Lern-Formen sowie Unterstützung in Form von Differenzierungsmaßnahmen, assistiver Unterstützung sowie adaptiver Unterrichtsgestaltung abzubauen:

> Schülerinnen und Schüler mit Bedarf an sonderpädagogischer Unterstützung im Förderschwerpunkt Sprache sind in ihrer Kommunikation beeinträchtigt. Der Gebrauch der Sprache ist nachhaltig gestört und mit erheblichem subjektiven Störungsbewusstsein sowie Beeinträchtigungen in der Kommunikation verbunden und kann nicht alleine durch außerschulische Maßnahmen behoben werden. Es fällt den Schülerinnen und Schülern oftmals schwer, mit Anderen sprachlichen Kontakt aufzunehmen und ihre Gedanken, Wünsche und Gefühle zum Ausdruck zu bringen. Die Beeinträchtigungen im sprachlichen Bereich können auch Auswirkungen auf die personale und soziale Entwicklung, das schulische Lernen und das individuelle Erleben haben. Sprache ist dabei als pädagogische Maßnahme abzugrenzen von einer therapeutischen, logopädischen Förderung, die aufgrund einer medizinischen Diagnose erfolgt. (MSB: Art. „Sprache SQ", § 4 Abs. 3 AO-SF)

Die Kernlehrpläne für das Fach Deutsch sowie verschiedene Handreichungen der KMK geben jedoch vor allem allgemeine Auskunft über die Notwendigkeit und Bedingungen einer individualisierenden Lehr-Lern-Kultur für heterogene Lerngruppen (KMK 2011), und die Bildungsstandards für die allgemeine Hochschulreife im Fach Deutsch setzen in Gänze ein beträchtliches Niveau voraus, was beispielsweise in Bezug auf Methodenkompetenz auffällt (vgl. Baurmann et al. 2015: 8).

Die Lehrpläne für die Grundschule gehen explizit auf die Heterogenität der Schülerschaft und die zu leistende individuelle Förderung von Schülerinnen und Schülern mit und ohne Beeinträchtigung ein (KLP/Grundschule, NRW: 12). Im KLP der Hauptschule werden die „unterschiedlichen Lernausgangslagen und Sprachkompetenzen" der Schülerinnen und Schüler, die aus der Grundschule kommen, betont (KLP/Hauptschule, NRW: 18). Dagegen vermerkt die neue Version des KLP für das Gymnasium NRW/Sek. I, dass Schülerinnen und Schüler „ihre Lese- und Schreibkompetenz – auch in Bezug auf normgerechte Rechtschreibung – sowie Kompetenzen im Bereich Sprechen und Zuhören als Voraussetzung für gesellschaftliche Teilhabe" erwerben sollen (KLP/Gymnasium, Sek. I, neue Version ab 2019/20), ohne detaillierter auf Schülerinnen und Schüler mit besonderen Voraussetzungen einzugehen.

Für den Kompetenzbereich Sprechen und Sprache ist allgemein festzuhalten, dass die Lehrpläne

- die Rolle des Zuhörens auf die Vorbereitung des nächsten Sprechakts reduzieren,
- Sprechflüssigkeit und altersadäquate Artikulation voraussetzen,
- lexikalische und grammatische Entwicklungsstufen und Sprechhemmnisse nicht ansprechen,
- grammatische und lexikalische Angemessenheit in Hinblick auf Textsorten und Stilebenen verlangen,
- nur für die Sek II sprachkritische Fähigkeiten einfordern und
- Inhalt und Methoden nicht klar unterscheiden (Lipkowski/Schüller 2019: 31).

Insgesamt werden folgende Leistungen benannt: flüssiges Sprechen, gut artikuliertes Sprechen, grammatisch richtiges und lexikalisch angemessenes Sprechen und Reflexion des Sprechens. Diese Kompetenzen basieren auf einer langen Entwicklung, für die Schülerinnen und Schüler unterschiedliche Voraussetzungen mitbringen und die sie mit unterschiedlichem Erfolg durchlaufen (vgl. ebd.).

> So setzt flüssiges und gut artikuliertes Sprechen eine geringe Sprechangst, intakte Artikulationsorgane und -prozesse voraus. Grammatisch und lexikalisch angemessenes Sprechen basiert auf einem adäquat aufgebauten Formulator und mentalen Lexikon sowie einem schnellen und flexiblen Zugriff auf beide Systeme. Eine kritische Sichtung des Sprechens verlangt eine Einordnung der zu reflektie-

> renden Sprechakte nach ihrer Funktion, ihrem Inhalt und ihrer Form, also ein umfangreiches praktisches und analytisches Textwissen. (Ebd.)

In den Richtlinien fehlen weitgehend Hinweise zu Struktur und Aufbau der genannten Voraussetzungen und Differenzierungen von Methoden und Zielen. Hiermit sollten angehende Lehrerinnen und Lehrer im Rahmen ihrer Hochschulausbildung jedoch unbedingt vertraut gemacht werden.

3 Schule und Lehrerbildung im digitalen Wandel

Das Lehren und Lernen mit und über digitale(n) Medien sowie die Vermittlung und Förderung digitalisierungsbezogener Kompetenzen bei Lehrenden und Lernenden sind zentrale Themen aktueller Diskussionen und Entwicklungen innerhalb aller Phasen der Lehrerbildung. Da es sich hierbei, ähnlich wie bei dem Thema Inklusion, auch um Querschnittsthemen handelt, die phasen- und fächerübergreifend und zudem auch im fachspezifischen Kontext zu betrachten sind, existieren aktuell eine Vielzahl heterogener Begriffs- und Kompetenzdefinitionen zu diesen Themenfeldern.

Im Folgenden sollen zunächst in Kapitel 3.1 einige davon näher betrachtet und konkrete Kompetenzrahmen/-modelle und -empfehlungen, wie z. B. die KMK-Strategie „Bildung in der digitalen Welt", und das „DigCompEdu-Modell" vorgestellt werden.

Exemplarisch wird anschließend in Kapitel 3.2 am Beispiel des Landes NRW anhand von einschlägigen Studien wie z. B. der Studie ICILS 2018-NRW oder dem „Monitor Lehrerbildung – Lehramtsstudium in der digitalen Welt" aufgezeigt, welchen Herausforderungen und Anforderungen Schulen in Bezug auf Digitalisierung hier gegenüberstehen. Kapitel 3.3 führt darauf bezugnehmend aus, welche Entwicklungen und Rahmenbedingungen, wie der Medienkompetenzrahmen NRW und der Orientierungsrahmen für die Lehrerausbildung und Lehrerfortbildung in NRW, dazu beitragen sollen, diesen Herausforderungen und Anforderungen adäquat zu begegnen.

Im Rahmen dieser Ausführungen soll auch vermittelt werden, welche zentrale Rolle die Theorie-Praxis-Verzahnung, also der Austausch und die Kooperation aller Phasen der Lehrerbildung unter- und miteinander, beim sinnvollen Auf- und Ausbau von Unterstützungs- und Förderstrukturen zur Vermittlung digitalisierungsbezogener Kompetenzen bei Lehrenden und Lernenden spielt – sowohl auf technischer als auch auf didaktischer Ebene. Anhand ausgewählter Good-Practice-Beispiele soll darüber hinaus dargestellt werden, welche Entwicklungen an Schulen, Zentren für schulpraktische Lehrerausbildung (ZfsL) und Hochschulen stattfinden, die auch als Anregung für die eigene Institution aufgegriffen werden können.

Um Lehrenden aller Phasen der Lehrerbildung sowie Lehrerinnen und Lehrern im Schuldienst weitere Möglichkeiten an die Hand zu geben, sich umfänglich über ausgewählte – allgemeine und fachspezifische – Möglichkeiten digitalen Lehrens und Lernens zu informieren, werden abschließend in Kapitel 3.4 Projekte und Angebote zu verschiedenen Bereichen des Einsatzes digitaler Medien im Kontext von Schule und Lehrerbildung aufgeführt.

Bei allen nachfolgenden Ausführungen und allgemeinen Überblicksdarstellungen soll stets der Bezug zum Thema „Inklusion und digitale Medien" berücksichtigt bzw. auf entsprechende Angebote und Entwicklungen in diesem Bereich hingewiesen werden.

3.1 Begriffe, Kompetenzmodelle und -rahmen

Wie bereits zu Beginn des Kapitels angeführt, existieren aktuell eine Vielzahl heterogener Begriffs- und Kompetenzdefinitionen im Themenfeld „Lehren und Lernen mit und über digitale(n) Medien" sowie zur Vermittlung und Förderung digitalisierungsbezogener Kompetenzen bei Lehrenden und Lernenden.

Medienkompetenz und Medienbildung

Besonders das Verständnis des Medienkompetenzbegriffes variiert dabei stark (Zorn/Schluchter/Bosse 2017: 24 f.), unter anderem konkurrierend zum Begriff der Medienbildung (Schorb 2017: 68), obgleich etwa Tulodziecki darauf hinweist, dass

> der Begriff der Medienbildung eher aus pragmatischen, denn aus bildungstheoretischen Gründen eingeführt wurde und von seiner Einführung her auch nicht als Gegenbegriff oder als Erweiterungsbegriff zum Begriff der Medienkompetenz entstanden ist, wie es die gegenwärtige Diskussion zum Teil suggeriert. (Tulodziecki 2011: 27 f.)

Der auf die Arbeiten von Baacke zurückgehende Begriff der Medienkompetenz bildete sich erst nach 1980 heraus (Tulodziecki 2011: 21). Baacke gliedert Medienkompetenz in die vier Bereiche Medienkritik, Medienkunde, Mediennutzung und Mediengestaltung auf (Baacke 1997: 98 f.). Der Begriff der Medienbildung hat seine Wurzeln zwar, wie Moser (2011) anführt, schon in den 1990er-Jahren (vgl. Moser 2011: 48), allerdings wird dieser Begriff erst in den letzten Jahren im Rahmen der medienpädagogischen Diskussion häufiger verwendet, worauf Kerres verweist und weiter ausführt, dass dies unter anderem der enggefassten Begrifflichkeit von Medienkompetenz geschuldet sei, da diese „nämlich vielfach reduziert [wird] auf die Fertigkeiten im Umgang mit analogen und digitalen Medien" (Kerres 2017: 93). Nach Brandhofer und Wiesner (2018) ist Medienbildung

> Persönlichkeitsbildung als Prozess und als Ergebnis des Prozesses durch analoge oder digitale Medien und ist eingebettet in das (inhaltszentrierte) vermittelnde Unterrichten und das (personenzentrierte) kompetenzorientierte Lernen zwischen Lehrplan und Lehr-/Lernzielkatalogen sowie Kompetenzmodellen und Can-Do-Statements. (Brandhofer/Wiesner 2018: 4)

Kerres führt mit Blick auf die Begriffe Medienkompetenz und Medienbildung an, dass sich diesbezüglich

> zwei kritische Pole identifizieren [lassen], die bis heute immer wieder unaufgelöst die Diskussion bestimmen: Auf der einen Seite finden wir eine Tendenz, Medienkompetenz oder -bildung auf die Bedienung von Geräten zu reduzieren und damit auf ein vergleichsweise triviales Problem. Auf der anderen Seite wird Medienkompetenz oder -bildung teilweise ganz abstrakt als Fähigkeit betrachtet, sich das Wissen der Kultur über Medien zu erschließen, sich über Medien auszudrücken und am gesellschaftlichen Diskurs teilzuhaben. (Kerres 2017: 95)

Im öffentlichen und bildungspolitischen Diskurs werden neben den Begriffen Medienkompetenz und Medienbildung zunehmend auch die Begriffe digitale Kompetenz und digitale Bildung verwendet (vgl. Kerres 2017; Brandhofer/Wiesner 2018). Für Kerres fehlt bei diesen Begriffen die Abgrenzung gegenüber der „analogen Bildung" oder den „analogen Kompetenzen". Er bemängelt, dass diese Begriffe durch die Fokussierung des Digitalen „dem Gedanken verhaftet [sind], dass es hier im Kern um eine *zusätzliche* Anforderung geht" (2017: 94; Hervorh. im Orig.), und merkt an, dass aufgrund der Durchdringung von Digitalisierung durch alle Bereiche der Gesellschaft und der Welt, es konsequent sein kann, grundsätzlich von „Bildung in einer digital geprägten Welt" zu sprechen und die Begriffe Medienkompetenz und Medienbildung nicht mehr zu nutzen (vgl. Kerres 2017: 95).

Die Ausführung zeigt, dass es in der aktuellen Diskussion zur Abgrenzung respektive Zuordnung der Begriffe keine allgemeingültigen Definitionen und Anwendungsbeispiele gibt. Somit bleibt eine einheitliche Verwendung der Begriffe schwierig. Bezugnehmend auf die zu enge Begrifflichkeit von „digitalen Kompetenzen" und die heterogene Nutzung des Medienkompetenzbegriffes haben sich die Verfasserin und die Verfasser des vorliegenden Bandes für die Nutzung des Begriffes „digitalisierungsbezogene Kompetenzen" entschieden, da dieser Begriff sowohl in der aktuellen Diskussion als auch in einschlägigen Publikationen zur Digitalisierung in der Lehrerbildung (vgl. van Ackeren et al. 2019) inhaltlich deckungsgleich für die Beschreibung der für das Lehren und Lernen mit und über digitale(n) Medien relevanten Kompetenzbereiche eingesetzt wird und die für die Teilhabe in einer durch Digitalisierung geprägten Gesellschaft benötigten Kompetenzen miteinbezieht.

Besonders die Definitionsvarianz und die Nutzung weiterer Bezeichnungen zur Kategorisierung digitalisierungsbezogener Kompetenzen erschweren Lehrenden, die sich mit dem Thema befassen, aber nicht aktiv in diese Diskussion involviert sind, die Auseinandersetzung mit diesem Themenbereich und die Ein- und Zuordnung eigener Lehrinhalte zu Kompetenzbereichen, wie sie u. a. in den nachfolgenden Kompetenzmodellen und -rahmen formuliert sind.

Bildung in der digitalen Welt

Folgende Forderung der KMK im Rahmen des Strategiepapiers „Bildung in der digitalen Welt“ verdeutlicht den Stellenwert eines der zentralen Themen und Herausforderungen im Bildungsbereich der letzten Jahre:

> Wenn sich in der „digitalen Welt“ die Anforderungen an Schule und damit an alle Lehrkräfte nachhaltig verändern, dann wird perspektivisch Medienbildung integraler Bestandteil aller Unterrichtsfächer sein und nicht mehr nur schulische Querschnittsaufgabe. Alle Lehrkräfte müssen selbst über allgemeine Medienkompetenz verfügen und in ihren fachlichen Zuständigkeiten zugleich „Medienexperten“ wer- den [sic!]. [...] Daher ist in der fachspezifischen Lehrerbildung für alle Lehrämter die Entwicklung entsprechender Kompetenzen verbindlich festzulegen. (KMK 2017: 24 f.)

Die Kompetenzen, welche Lehrende benötigen, um dieser Forderung nachzukommen bzw. um Lernende zu befähigen, sich in einer durch Digitalisierung geprägten Gesellschaft zurechtzufinden und aktiv daran teilzuhaben, wurden innerhalb dieser Entwicklung in mehreren Kompetenzmodellen und Orientierungsrahmen dargelegt sowie ihr Vorhandensein bei Lehrenden in der Praxis in umfangreichen Studien (siehe Kap. 3.2) evaluiert. Im Folgenden sollen einige davon genauer betrachtet werden. Dabei wird sich zeigen, dass in den verschiedenen Modellen, Rahmen und Studien jeweils differente Definitionen und Begrifflichkeiten zugrunde gelegt wurden. Die Rahmentexte und konkreten Kompetenzformulierungen der behandelten Beispiele wurden schwerpunktmäßig unter der Prämisse des im vorliegenden Band verwendeten Inklusionsbegriffes (vgl. Kapitel 2.1), insbesondere in Bezug auf Kompetenzbegriffe und allgemeine Formulierungen, über eine systematische Stichwortsuche daraufhin untersucht, ob sie die folgenden Begriffe enthalten: Inklusion, inklusiv, heterogen, Heterogenität, Lernbeeinträchtigung, Teilhabe, Differenzierung, individuelles Lernen bzw. individuelle Förderung, Berücksichtigung individueller Voraussetzungen.

Dabei erheben die hier dargestellten Ergebnisse keinen Anspruch auf Vollständigkeit.

Der Ausgangspunkt aktueller bundesweiter Diskurse und Publikationen zur Darstellung und Formulierung der angeführten Kompetenzziele ist in der Regel das bereits zitierte Strategiepapier zur „Bildung in der digitalen Welt" der KMK (2017).

Der hierin dargestellte Kompetenzrahmen „Kompetenzen in der digitalen Welt" gliedert sich in folgende sechs Bereiche:

1. Suchen, Verarbeiten und Aufbewahren
2. Kommunizieren und Kooperieren
3. Produzieren und Präsentieren
4. Schützen und sicher Agieren
5. Problemlösen und Handeln
6. Analysieren und Reflektieren (vgl. ebd.: 16 ff.).

Er „soll als Grundlage für die künftige Überarbeitung von Bildungs-, Lehr- und Rahmenplänen der Unterrichtsfächer durch die Länder dienen" (ebd.: 15). Des Weiteren werden die mit diesem Kompetenzrahmen verbundenen Anforderungen an Lehrkräfte klar formuliert:

> Die Länder verpflichten sich dazu, dafür Sorge zu tragen, dass alle Schülerinnen und Schüler, die zum Schuljahr 2018/2019 in die Grundschule eingeschult werden oder in die Sek I eintreten, bis zum Ende der Pflichtschulzeit die in diesem Rahmen formulierten Kompetenzen erwerben können. (Ebd.: 19)

Bezüglich der digitalisierungsbezogenen Kompetenzen, die Lehrende im Rahmen ihrer Ausbildung erwerben müssen, um diese wiederum in ihrem Lehrberuf an Schülerinnen und Schüler vermitteln zu können, werden neun „Beschreibungen" (ebd.: 26 ff.) formuliert, die „Aspekte der Mediendidaktik, der Medienethik, der Medienerziehung und der medienbezogenen Schulentwicklung, die als Kompetenzbereiche gleichermaßen zu entwickeln sind" (ebd.: 26), umfassen. Konkrete Bezüge auf die hier im Vordergrund stehende Thematik digitale Medien und Inklusion lassen sich in zwei dieser Beschreibungen finden. Die angehenden Lehrerinnen und Lehrer sollen lernen:

> angesichts veränderter individueller Lernvoraussetzungen und des Kommunikationsverhaltens in der digitalen Welt den adäquaten Einsatz digitaler Medien und Werkzeuge zu planen, durchzuführen und zu reflektieren; dieser kann sich positiv auf individualisierte, selbstgesteuerte sowie kollaborative Lernprozesse und -ergebnisse auswirken und insgesamt neue Gestaltungsmöglichkeiten eröffnen, [und] […] die lerntheoretischen und didaktischen Möglichkeiten der digitalen Medien für die individuelle Förderung Einzelner oder von Gruppen inner- und außerhalb des Unterrichts zu nutzen. (Ebd.: 27)

Die Begriffe „Inklusion“ bzw. „inklusive Bildung“ werden im Kompetenzrahmen und in den Kompetenzbeschreibungen für Lehrende nicht explizit benannt. An den vier Stellen, an denen diese Thematik im Rahmentext aufgegriffen wird, geschieht dies im Sinne eines Ausblicks auf Möglichkeiten, die sich durch die Förderung der aufgelisteten Kompetenzbereiche ergeben können:

> Gerade die zunehmende Heterogenität von Lerngruppen, auch im Hinblick auf die inklusive Bildung, macht es erforderlich, individualisierte Lernarrangements zu entwickeln und verfügbar zu machen. Digitale Lernumgebungen können hier die notwendigen Freiräume schaffen; allerdings bedarf es einer Neuausrichtung der bisherigen Unterrichtskonzepte, um die Potenziale digitaler Lernumgebungen wirksam werden zu lassen. (KMK 2017: 13)
>
> Dabei sollen die Chancen des Lernens in einer digitalen Schulwelt insbesondere für den inklusiven Unterricht und für die individuelle Förderung Beachtung finden. (Ebd.: 25)
>
> Auch unter dem Gesichtspunkt der Inklusion erleichtert eine zeitgemäße Präsentationstechnik die Anpassung an die individuellen Voraussetzungen der einzelnen Schülerinnen und Schüler. (Ebd.: 39)
>
> Das heißt, dass die Berücksichtigung des digitalen Wandels dem Ziel dient, die aktuellen bildungspolitischen Leitlinien zu ergänzen und durch Veränderungen bei der inhaltlichen und formalen Gestaltung von Lernprozessen die Stärkung der Selbstständigkeit zu fördern und individuelle Potenziale innerhalb einer inklusiven Bildung auch durch Nutzung digitaler Lernumgebungen besser zur Entfaltung bringen zu können. (Ebd.: 9)

Die hier angesprochenen Möglichkeiten des Einsatzes digitaler Medien im inklusiven Unterricht sind vielseitig und stellen ein breites Spektrum an Einsatzszenarien in Aussicht, werden aber bezüglich ihrer tatsächlichen Umsetzung nicht weiter ausgeführt. Zwar liegt es in der Sache selbst begründet, dass Orientierungsrahmen und Modelle nicht die primäre Aufgabe haben, individuelle Lösungen und Umsetzungsvorschläge für alle Fächer und Personengruppen anzubieten. Für den Einsatz bzw. die Umsetzung in der Praxis liegen allerdings genau hier die Schwierigkeiten und Herausforderungen. Eine allgemeine Kompetenz zu formulieren, ist dabei die eine Sache. Diese Kompetenzbeschreibungen aber, fachübergreifend und fachspezifisch, mit konkreten Inhalten und Handlungsempfehlungen zu versehen sowie Lehrenden die Antworten auf die Fragen zu geben, auf welche Art und Weise, mit welchen digitalen Medien und Werkzeugen und im Rahmen welcher Lerninhalte, digitalisierungsbezogene Kompetenzen Lernenden vermittelt werden können, ist eine andere Sache.

Ein weiterer wichtiger Aspekt, der im Strategiepapiers der KMK angeführt, dann aber nicht mehr deutlicher herausgearbeitet wird, dabei jedoch einen wichtigen Ansatz für die weitere Beschäftigung mit dem Thema bietet, ist die Formulierung, dass die Auseinandersetzung mit digitalen Medien und Werkzeugen bereits zu Beginn der Schullaufbahn im Rahmen sowohl eines Lernens *mit* als auch eines Lernens *über* digitale(n) Medien und Werkzeuge beginnen muss (vgl. ebd.: 11). Besonders das Lernen über digitale Medien und Werkzeuge hatte in der Vergangenheit häufig nicht den Stellenwert, den es in diesem Bereich grundsätzlich haben sollte.

Dem von der KMK formulierten Kompetenzrahmen liegen drei bestehende Kompetenzmodelle zugrunde (vgl. ebd.: 15):

- das auf EU-Ebene entstandene „Digital Competence Framework for Citizens (DigComp)“ (Ferrari 2013),
- das „Kompetenzorientierte Konzept für die schulische Medienbildung“ der Länderkonferenz MedienBildung (LKM 2015) und
- die in der ICILS-Studie (kurz für International Computer and Information Literacy Study) von 2013 formulierten „Computer- und informationsbezogenen Kompetenzen“ (Eickelmann/Gerick/Bos 2014).

DigComp und DigCompEdu

Mit Blick auf die Lehrerbildung ist insbesondere das DigComp-Modell interessant, welches aktuell in der Version 2.1 (vgl. Carratero/Vuorikari/Punie 2017) vorliegt und die grundlegenden digitalisierungsbezogenen Kompetenzen beschreibt, die jede Bürgerin und jeder Bürger besitzen sollte, da bezugnehmend auf die hierin formulierten Kompetenzen das „Digital Competence Framework for Educators (DigCompEdu)“ (Redecker 2017a) konzipiert wurde. Das DigCompEdu-Modell (siehe Abb. 5) wird von der Europäischen Union als Europäischer Rahmen für die Digitale Kompetenz von Lehrenden eingesetzt und gliedert sich in sechs Kompetenzbereiche, welche diejenigen Kompetenzen beschreiben, über die Lehrende verfügen müssen, um Lernenden die geforderten digitalisierungsbezogenen Kompetenzen zu vermitteln. Die sechs Kompetenzbereiche sind:

- Berufliches Engagement
- Digitale Ressourcen
- Lehren und Lernen
- Evaluation
- Lernerorientierung
- Förderung der Digitalen Kompetenz der Lernenden (vgl. Redecker 2017b: 13).

Für die hier dargestellten Kompetenzbeschreibungen und Ausführungen wurde die deutsche Übersetzung des Goethe-Instituts e. V. von 2019 zugrunde gelegt. Für das Thema dieses Bandes ist besonders der „Bereich 5: Lernerorientierung, Einsatz digitaler Medien zur Differenzierung und Individualisierung sowie zur aktiven Einbindung der Lernenden" (ebd.: 13) einer näheren Betrachtung zu unterziehen, da hier in drei Unterbereichen ausführlich die damit einhergehenden Kompetenzziele beschrieben werden:

> 5.1 Digitale Teilhabe
>
> Gewährleisten, dass alle Lernenden, auch solche mit besonderen Bedürfnissen, Zugang zu den eingesetzten digitalen Medien und Lernaktivitäten haben. Die Vorkenntnisse und Fähigkeiten der Lernenden berücksichtigen, sowie kontextbezogene, physische oder kognitive Einschränkungen bei der Mediennutzung bedenken.
>
> 5.2 Differenzierung und Individualisierung
>
> Lernenden ermöglichen, ihr individuelles Lernziel in ihrem jeweils eigenen Lerntempo zu erreichen und individuelle Lernwege zu beschreiten.
>
> 5.3 Aktive Einbindung von Lernenden
>
> Digitale Medien nutzen, um das aktive und kreative Engagement der Lernenden mit einem Thema zu fördern. Digitale Medien im Rahmen didaktischer Strategien einsetzen, die transversale Fähigkeiten, tiefgründiges Denken und kreativen Ausdrucks [sic!] fördern. Den Unterricht öffnen, um neue, reale Lernkontexte zu schaffen, die die Lernenden in praktische Aktivitäten, wissenschaftliche Untersuchungen oder komplexe Problemlösungen einbeziehen, oder auf andere Weise die aktive Auseinandersetzung der Lernenden mit komplexen lebensweltlichen Sachverhalten erhöhen. (Ebd.: 20)

Diese Kompetenzformulierungen bieten für den inklusiven Unterricht eine gute Orientierung bezüglich der Bandbreite benötigter Kompetenzen, die ein didaktisch sinnvoller Einsatz digitaler Medien für den Umgang mit Lernbeeinträchtigungen bzw. individuellen Lernvoraussetzungen erfordert.

In Anlehnung an den Gemeinsamen Europäischen Referenzrahmen für Sprachen werden im sogenannten Progressionsmodell für alle Kompetenzbereiche zudem Niveaustufen von A1 bis C2 formuliert,[24] die den Lehrenden beim Er-

24 Die Kompetenzniveaus werden als: Einsteiger*in (A1, Erahnen), Entdecker*in (A2, Entdecken), Insider*in (B1, Einsetzen), Expert*in (B2, Anpassen), Leader*in (C1, Verbessern) und Vorreiter*in (C2, Erneuern) bezeichnet (vgl. ebd.: 23).

werb der Kompetenzen ihren momentanen Professionalisierungsgrad wiedergeben sollen und anzeigen, welche Schritte als nächstes erarbeitet werden sollten (vgl. ebd.: 22). Innerhalb der einzelnen Kompetenzbereiche werden diese Kompetenzniveaus zunächst mit einer Kernaussage zur besseren Einordnung versehen und zudem durch ausformulierte Kompetenzaussagen ergänzt, welche Lehrenden die eigene Zuordnung zu den Teilbereichen erleichtern und ihnen auch konkret aufzeigen sollen, wie und in welchen Bereichen sie sich noch weiterentwickeln müssen, um die jeweiligen Kompetenzanforderung vollständig zu erfüllen. Im Bereich der digitalen Teilhabe werden zunächst ausführlich zentrale Aktivitäten aufgelistet, die dem Kompetenzbereich entsprechende inklusive Lehr-/Lernszenarien mit dem Einsatz digitaler Medien und Werkzeuge beschreiben:

> Aktivitäten
>
> - Gleichberechtigten Zugang zu den passenden digitalen Medien und Ressourcen bieten, z. B. sicherstellen, dass alle Lernenden Zugang zu den angewendeten digitalen Medien haben
> - Digitale pädagogische Strategien auswählen und einsetzen, die dem digitalen Kontext der Lernenden entsprechen, z. B. kontextuelle Beschränkungen bei der Nutzung von Medien (z. B. Verfügbarkeit), Kompetenzen, Erwartungen, Einstellungen, Missverständnisse und Missbräuche
> - Digitale Medien und Strategien einsetzen, z. B. unterstützende Technologien, die für Lernende mit besonderen Bedürfnisse[n] konzipiert wurden (z. B. Lernende mit eingeschränkten physischen oder mentalen Fähigkeiten; Lernende mit Lernstörungen)
> - Potentielle Zugangsschwierigkeiten bei der Auswahl, Veränderung und Erstellung von digitalen Ressourcen berücksichtigen und darauf reagieren, und alternative oder ausgleichende Tools oder Ansätze für Lernende mit speziellen Bedürfnissen zur Verfügung stellen.
> - Gestaltungsprinzipien für besseren Zugang zu Ressourcen und digitalen Lernumgebungen, die im Unterricht angewendet werden, einsetzen
> - Die Angemessenheit der zur Verbesserung der Zugänglichkeit umgesetzten Maßnahmen kontinuierlich beobachten und Strategien entsprechend anpassen. (Ebd.: 44)

Die zugehörigen Kompetenzniveaus werden wie folgt, aufsteigend von Kompetenzniveau A1 bis C2, aufgeschlüsselt:

> Sich mit Zugang und Inklusion *befassen* […]
> Sich der Frage des Zugangs und der Inklusion *bewusst* sein […]
> Sich mit Zugang und Inklusion *auseinandersetzen* […]
> Zugang und Inklusion *ermöglichen* […]
> Zugang und Inklusion *verbessern* […]
> Strategien für Zugang und Inklusion *erneuern*. (Ebd.: 45; Hervorh. im Orig.)

Entsprechende Niveaubeschreibungen werden auch für den Bereich der Differenzierung und Individualisierung formuliert. Diese reichen von der Bewusstmachung des Potenzials digitaler Medien für die Differenzierung und Personalisierung bis zur Erneuerung von Strategien für die Differenzierung und Personalisierung mithilfe von digitalen Medien (ebd.: 46). Im dritten Unterpunkt des Kompetenzbereichs Lernerorientierung steht in den Kompetenzniveaus die Nutzung digitaler Medien zur Einbindung von Lernenden von der geringen Nutzung bis zum Einsatz und der Erneuerung von Strategien im Fokus (ebd.: 47 f.).

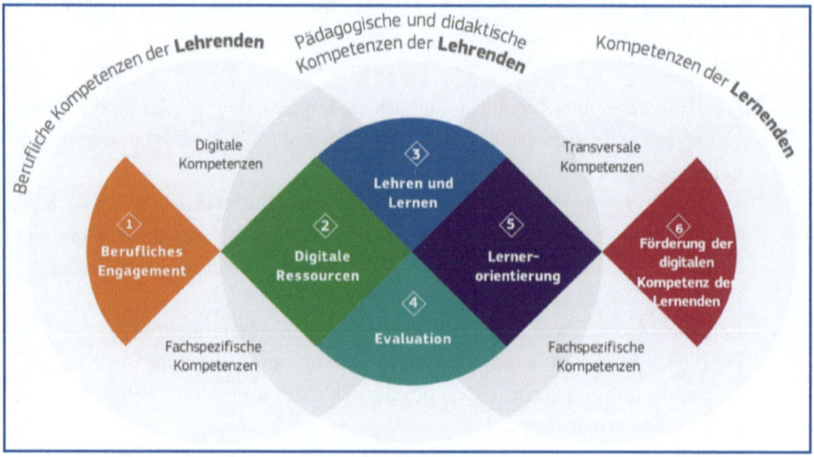

Abb. 5: Das DigCompEdu-Modell (Redecker 2017b: 12)

Kompetenzorientiertes Konzept für die schulische Medienbildung

Die im zweiten angeführten, dem KMK-Kompetenzrahmen (KMK 2017) zugrundeliegenden Kompetenzmodell „Kompetenzorientiertes Konzept für die schulische Medienbildung" (siehe Abb. 6) der Länderkonferenz MedienBildung (freiwilliger Zusammenschluss der Leiterinnen und Leiter der Landesmedienzentren und der entsprechenden Medienabteilungen in den pädagogischen Landesinstituten) formulierten fünf Kompetenzbereiche:

- Informationen recherchieren und auswählen
- Mit Medien kommunizieren und kooperieren
- Medien produzieren und präsentieren
- Medien analysieren und bewerten
- Mediengesellschaft verstehen und reflektieren (LKM 2015: 3)

weisen, nach Aussage der Autorinnen und Autoren „vielfältige Wechselbeziehungen und Zusammenhänge auf, wobei der Kompetenzbereich ‚Mediengesellschaft verstehen und reflektieren' als umfassende Bezugsebene zu sehen ist. Das sachgerechte *Bedienen und Anwenden* ist als Voraussetzung für medienkompetentes Handeln stets mitgedacht." (Ebd.: 3; Hervorh. im Orig.) Das Konzept adressiert die Kompetenzen von Schülerinnen und Schülern unter der Fragestellung: „Welche (anwendungsbereiten) Kenntnisse, Fähigkeiten und Fertigkeiten müssen Schülerinnen und Schüler am Ende des Schuljahrgangs 10 bzw. mit dem mittleren Bildungsabschluss erworben haben, um medienkompetent zu handeln?" (Ebd.: 2) Neben einigen Verweisen auf individuelles und kollaboratives Arbeiten findet sich bei den Kompetenzerwartungen im Kompetenzbereich „Mediengesellschaft verstehen und reflektieren" bei der Kompetenzerwartung in Bezug auf „Chancen und Risiken des Mediengebrauchs untersuchen" der Eintrag „Inklusion durch mediale Überwindung bzw. Milderung von Barrieren und Beeinträchtigungen" (ebd.: 14) als geforderter Inhalt bzw. gefordertes Grundwissen der Schülerinnen und Schüler.

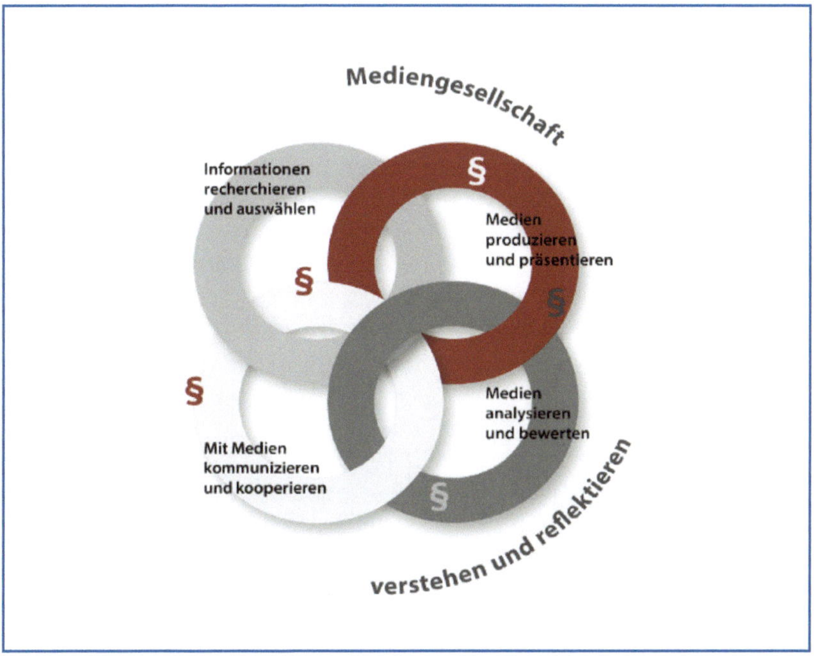

Abb. 6: „Kompetenzorientiertes Konzept für die schulische Medienbildung" der Länderkonferenz MedienBildung (LKM 2015: 3)

Kompetenzbereiche in den Studien ICILS 2013 und 2018

Die in der Studie ICILS von 2013 formulierten „Computer- und informationsbezogenen Kompetenzen" gliedern sich in die zwei Teilbereiche „Informationen sammeln und organisieren" und „Informationen erzeugen und austauschen" auf.

> Das in ICILS 2013 unter dem Begriff der computer- und informationsbezogenen Kompetenzen (*computer and information literacy*, CIL) zusammengeführte Konstrukt wird im Sinne eines Literacy-Ansatzes als individuelle Fähigkeiten einer Person definiert, die es ihr erlauben, Computer und neue Technologien zum Recherchieren, Gestalten und Kommunizieren von Informationen zu nutzen und diese zu bewerten, um am Leben im häuslichen Umfeld, in der Schule, am Arbeitsplatz und in der Gesellschaft erfolgreich teilzuhaben [...]. (Eickelmann/Gerick/Bos 2014: 10; Hervorh. im Orig.)

In der Studie ICILS 2018 wurden die oben angeführten zwei Teilbereiche in die vier Teilbereiche „Über Wissen zur Nutzung von Computern verfügen", „Informationen sammeln und organisieren", „Informationen erzeugen" und „Digitale Kommunikation" überführt (vgl. Senkbeil/Eickelmann/Vahrenhold/Goldhammer/Gerick/Labusch 2019: 85). Zudem wird hier noch ein weiteres Kompetenzkonstrukt für den Bereich „Computational Thinking" ergänzt, welches sich wiederum in die Teilbereiche „Probleme konzeptualisieren" und „Lösungen operationalisieren" aufgliedert (ebd.: 101).

> Die Kompetenzen im Bereich ‚Computational Thinking' betreffen kognitive Prozesse, die deutlich über reine Anwendungen von Hard- und Software hinausgehen. Sie fokussieren vielmehr auf Problemlösungsprozesse, die durch die Entwicklung und Anwendung von Algorithmen und damit verbundenen Prozessen der Modellierung und Formalisierung auch einer Umsetzung auf einem Computer bzw. digitalen System zugänglich gemacht werden können. (Ebd.: 101 f.)

Im Berichtsband der Studie von 2013 finden sich folgende Verweise auf den Begriff Inklusion:

> Zudem eröffnen sie [moderne Informationstechnologien] durch kooperative Lernformen, durch die Individualisierung von Lernen und die vielfältigen sozialen Austauschmöglichkeiten erweiterte Ermöglichungsräume für den Umgang mit Heterogenität und mit Fragen der Inklusion. (Bos/Eickelmann 2014: 7)

und

> Verbesserung der IT-Ausstattung der Schulen: Ausstattung der Schulen mit modernen Technologien, die unterrichtsnah verfügbar sind, die didaktisch sinnvoll – auch vor dem Hintergrund aktueller Querschnittsthemen, wie dem Umgang mit Heterogenität oder der Realisierung von Inklusion – einsetzbar sind bei gleichzeitiger Qualifikation der Lehrkräfte im didaktischen Umgang mit diesen Technologien. (Eickelmann/Gerick/Bos 2014: 30)

In der Publikation „ICILS 2018 #NRW. Erste Ergebnisse der Studie ICILS 2018 für Nordrhein-Westfalen im internationalen Vergleich“ ist mit Blick auf das Thema dieses Bandes das für NRW im internationalen Vergleich signifikant unterdurchschnittliche Ergebnis auf die Frage nach der Häufigkeit der Verwendung digitaler Medien durch Lehrkräfte im Unterricht zur individuellen Förderung bezüglich der häufigen oder ständigen Nutzung (vgl. Eickelmann/Massek/Labusch 2019: 62 f.) besonders interessant. Eickelmann, Massek und Labusch (2019) führen bezüglich der individuellen Förderung weiter aus, dass „[d]ie Nutzung digitaler Medien zur individuellen Förderung von einzelnen Schülerinnen und Schülern oder Schülergruppen sowie die Verwendung eines Lernmanagement-Systems im Unterricht […] für Lehrkräfte in Nordrhein-Westfalen bisher eine sehr untergeordnete Rolle [spielen]“ (ebd. 13). Zudem merken sie an: „Deutlich höhere Anteile der Lehrkräfte in Nordrhein-Westfalen geben an, digitale Medien zum *Präsentieren von Informationen im Frontalunterricht* zu nutzen als zur individuellen Förderung.“ (Ebd.: 63; Hervorh. im Orig.)

Bevor in Kapitel 3.2 am Beispiel Nordrhein-Westfalens mögliche Entwicklungen und Bemühungen zur Förderung der digitalisierungsbezogenen Kompetenzen von Lehrerinnen und Lehrern und Schülerinnen und Schülern aufgezeigt werden, sollen nachfolgend weitere allgemeine (Kompetenz-)Modelle, die in der aktuellen Diskussion zur Kompetenzentwicklung in einer durch Digitalisierung geprägten Welt eine zentrale Rolle spielen, kurz vorgestellt werden.

TPACK-Modell

Beim TPACK-Modell (Technological Pedagogical Content Knowledge) (Koehler/Mishra 2009) werden die Bereiche technisches (TK), pädagogisches bzw. bildungswissenschaftliches (PK) und fachspezifisches Wissen (CK) als drei überlappende Kreise dargestellt (siehe Abb. 7). Die Kreise sollen die Wissensbereiche abbilden, die für Lehrende in Bezug auf das Unterrichten in einer durch Technologien bzw. mit Blick auf den Fokus dieses Bandes durch Digitalisierung geprägten Gesellschaft besonders relevant sind. Anhand der Schnittflächen, die sich durch die Überlagerung der Bereiche „bildungswissenschaftliches Wissen“ und „fachspezifisches Wissen“ mit dem „technischen Wissen“ ergeben, soll deutlich gemacht werden, wie die jeweiligen Bereiche ineinandergreifen. Hier gibt es den Bereich Technological Pedagogical Knowledge (TPK), der das technologische und pädagogische bzw. bildungswissenschaftliche Wissen verknüpft und sowohl den Einsatz von digitalen Medien für Lehr-/Lernprozesse beinhaltet als auch die Auseinandersetzung mit dem Lehren und Lernen über digitale Medien. Im Schnittbereich Technological Content Knowledge (TCK) steht der

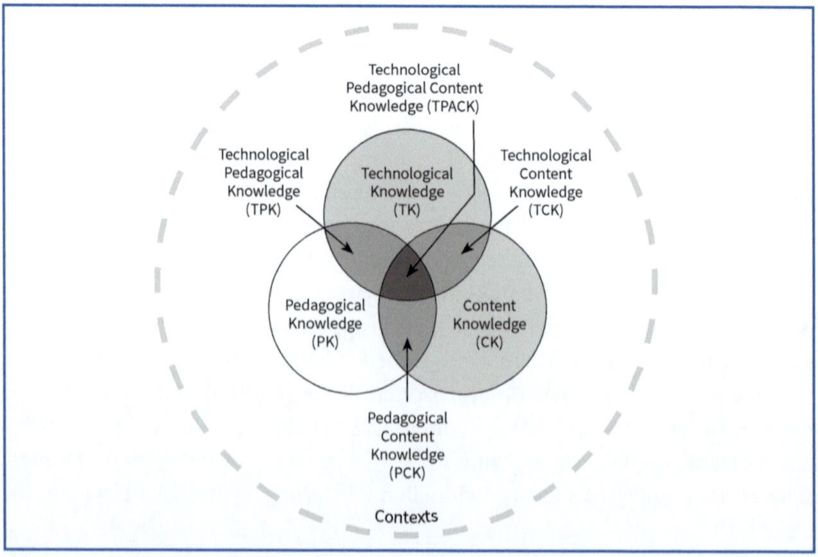

Abb. 7: Das TPACK-Modell (nach Koehler/Mishra 2009: 63)

fachspezifische Einsatz digitaler Medien und Technologien im Vordergrund. Der Bereich Technological Pedagogical Content Knowledge (TPACK) steht als zentraler Schnittbereich aller Kreise für das fachspezifische Lehren und Lernen mit und über digitale Medien (vgl. Koehler/Mishra 2009).

Digi.kompP

Das digi.kompP-Kompetenzmodell (= Digitale Kompetenzen für Pädagoginnen und Pädagogen) (siehe Abb. 8) wurde 2016 im Auftrag des österreichischen BMB entwickelt. Die federführende Koordination lag dabei bei der virtuellen PH (vgl. Brandhofer et al. 2016: 1).

Das Modell umfasst acht Kompetenzkategorien, A (Digitale Kompetenzen und informatische Bildung), B (Digital Leben), C (Digital Materialien gestalten), D (Digital Lehren und Lernen), E (Digital Lehren und Lernen im Fach), F (Digital Verwalten), G (Digitale Schulgemeinschaft), H (Digital-inklusive Professionsentwicklung), die wie eine Treppe angeordnet sind und deren Erwerb sich über die drei Entwicklungsphasen 0 (vor dem Studium), 1 (während des Studiums) und 2 (während der ersten fünf Praxisjahre) erstreckt (vgl. ebd.: 1).

Kategorie A ist dabei die einzige Kategorie, die bereits in Entwicklungsphase 0 startet und sich über alle Phasen hinwegzieht. Die Kategorien B bis H starten alle zeitlich versetzt nacheinander in Entwicklungsphase 1 und erstrecken sich

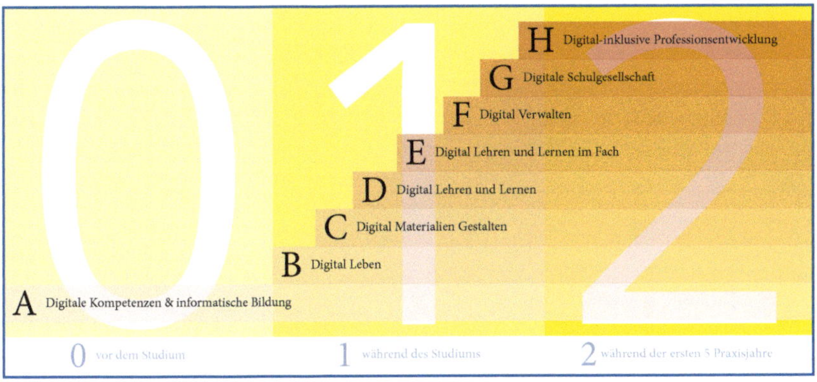

Abb. 8: Das digi.kompP-Modell von 2016 (nach Brandhofer et al. 2016: 1)

dann über den gesamten Zeitraum der Entwicklungsphase 2. Jeder Phase werden eigene Kompetenzen in den jeweiligen Kategorien zugeordnet (vgl. ebd.: 1).

Bezüglich des Themas Inklusion ist hier die Entwicklungsphase 1 der Kategorie D gesondert hervorzuheben, da hier die folgenden Kompetenzen angeführt werden:

> Ich kann digitale Medien für die Individualisierung und Personalisierung von Lernprozessen nutzen und Unterricht für heterogene Lerngruppen planen.
>
> Ich kann geeignete Hilfsmittel und Einrichtungen für die Interaktion behinderter und nicht behinderter SchülerInnen mit Medien planen, einsetzen und evaluieren.
>
> Ich kann im Unterricht passende und unpassende soziale Settings bei der Nutzung digitaler Technologien bedenken. (Ebd.: 8)

In der im Dezember 2019 veröffentlichen Weiterentwicklung des Kompetenzmodells wurden die Kategoriebezeichnungen der Kategorien D (zu Digital Lehren und Lernen ermöglichen), F (zu Digital Bilden), G (zu Digital Verwalten und Schulgemeinschaft gestalten) und H (zu Digital Weiterlernen) noch einmal angepasst (siehe Abb. 9). Die restlichen Kategoriebezeichnungen blieben gleich (vgl. Brandhofer et al. 2019: 1). Gegenüber den bisherigen Phasen 0 bis 2 wurden die Kompetenzbeschreibungen der Kategorien B bis H in die Bereiche „Einsteigen", „Entdecken", „Einsetzen" und „Entwickeln" eingeteilt, wobei diese Bereiche die Professionalisierung innerhalb der Einzelkompetenzen abbilden. Für die oben angeführten drei Kompetenzbeschreibungen der Kategorie D bedeutet dies z. B., dass sie nun noch einmal in jeweils vier Komplexitätsgrade unterteilt werden. Im Bereich „Einsteigen" ist der Komplexitätsgrad noch sehr niedrig:

Ich kann für die Individualisierung und Personalisierung von Lernprozessen digitale Medien recherchieren. […] Ich kann geeignete Hilfsmittel und Einrichtungen für die Interaktion behinderter und nicht behinderter Schüler*innen mit Medien recherchieren. […] Ich kann im Unterricht passende soziale Settings bei der Nutzung digitaler Technologien erkennen.“ (Brandhofer et al. 2019: 12)

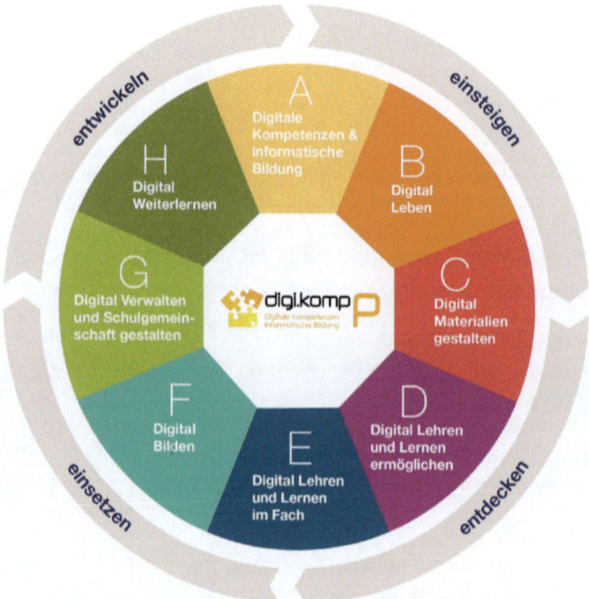

Abb. 9: Das digi.kompP-Modell in der weiterentwickelten Version von 2019 (Brandhofer et al. 2019: 1)

In den Bereichen „Entdecken“ und „Einsetzen“ steht dann die grundsätzliche Nutzung, Planung und Einbeziehung digitaler Medien in den genannten Einsatzszenarien im Fokus, bis dann im Bereich „Entwickeln“ folgende Kompetenzen anvisiert werden:

Ich kann digitale Medien für die Individualisierung und Personalisierung von Lernprozessen nutzen und Unterricht für heterogene Lerngruppen evaluieren. […] Ich kann geeignete Hilfsmittel und Einrichtungen für die Interaktion behinderter und nicht behinderter Schüler*innen mit Medien evaluieren und adaptieren. […] Ich kann im Unterricht passende und unpassende soziale Settings bei der Nutzung digitaler Technologien evaluieren. (Ebd.: 12 f.)

Dagstuhl-Dreieck und Frankfurt-Dreieck

In dem im Rahmen der Dagstuhl-Erklärung „Bildung in der digitalen vernetzten Welt“ veröffentlichten Dagstuhl-Dreieck (siehe Abb. 10) werden Phänomene, Gegenstände und Situationen der digital vernetzten Welt unter drei Perspektiven, der Technologischen Perspektive (Wie funktioniert das?), der Gesellschaftlich-kulturellen Perspektive (Wie wirkt das?) und der Anwendungsbezogenen Perspektive (Wie nutze ich das?) angeschaut und reflektiert (Brinda et al. 2016: 3).

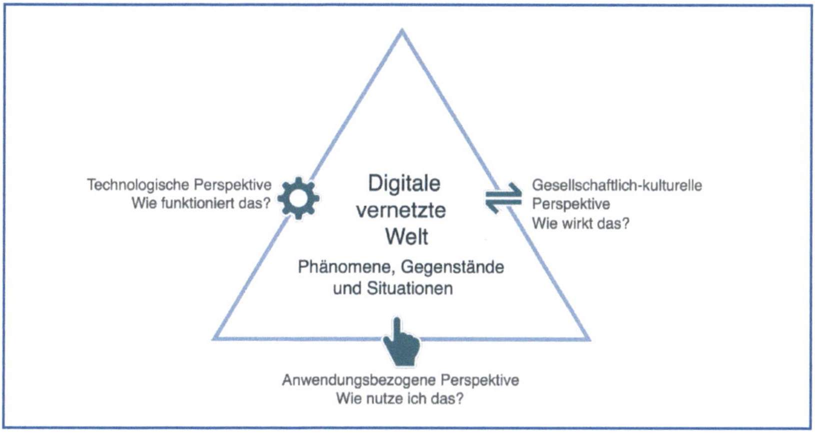

Abb. 10: Das Dagstuhl-Dreieck (Brinda et al. 2016: 3)

> Diese umfassende Betrachtungsweise geht über die bisher oftmals praktizierte, isolierte Betrachtung einzelner Aspekte hinaus. Schüler_innen sollen dazu befähigt werden, selbstbestimmt mit digitalen Systemen umzugehen. Dies erfordert, sie zu verstehen, zu erklären, im Hinblick auf Wechselwirkungen mit dem Individuum und der Gesellschaft zu bewerten sowie ihre Einflussmöglichkeiten zu sehen und nicht nur ihre Nutzungsmöglichkeiten zu kennen. (Ebd.: 2)

Das 2019 veröffentlichte Frankfurt-Dreieck (siehe Abb. 11) ist eine Erweiterung des Dagstuhl-Dreiecks und möchte gegenüber diesem die „[…] konzeptionellen Lücken beispielsweise zur Gestaltung von Informatiksystemen oder zur Einordnung und Rolle des Individuums als handelndes und medial adressiertes Subjekt schließen“ (Brinda et al. 2019: 1).

Auch beim Frankfurt-Dreieck steht der Betrachtungsgegenstand im Zentrum (vgl. ebd.: 3). Dieser Betrachtungsgegenstand kann aus den drei Perspektiven 1. technologische und mediale Strukturen und Funktionen, 2. gesellschaftliche und kulturelle Wechselwirkungen und 3. Interaktion (Nutzung, Handlung, Subjektivierung) betrachtet werden, wobei alle Perspektiven einen analytischen, reflexiven oder gestalterischen Fokus auf den Betrachtungsgegenstand haben können. Ein Ziel des Frankfurt-Dreiecks ist es:

> aus den disziplinären Perspektiven von Informatik, Informatikdidaktik, Medienpädagogik und Medienwissenschaft die Phänomene einer digitalen Welt und die daraus resultierenden Erfordernisse für Bildungsprozesse zu beschreiben und dadurch eine *gemeinsame* Reflexionsbasis zu entwickeln sowie darauf aufbauend – in künftigen Schritten – die notwendigen Kompetenzen für Partizipation in einer digital geprägten Welt zu definieren. (Ebd.: 1; Hervorh. im Orig.)

Das Besondere an diesem Modell ist allerdings, mit Blick auf das zentrale Thema des Bandes, die explizite Beschäftigung mit gesellschaftlichen, sozialen und kulturellen Rahmenbedingungen und Anwendungsfeldern, die immer auch im direkten Bezug zu den weiteren Perspektiven stehen und bei der Vermittlung von Kompetenzen und den darin formulierten Anforderungen eine zentrale Rolle spielen. Zudem adressiert das Frankfurt-Dreieck u. a. auch direkt die Anforderungen an die digitalisierungsbezogenen Kompetenzen im Bereich der Lehreraus- und -fortbildung:

> Auf Basis dieses Modells sollen künftig Konkretisierungen im Hinblick auf Handlungsfelder wie Schule, außerschulische Bildungskontexte wie Kinder- und Jugendbildung, Kulturelle Bildung und Erwachsenenbildung, Berufsbildung und Hochschule, Lehrerinnen- und Lehrerbildung sowie Aus- und Fortbildung von pädagogischen Fachkräften entwickelt werden. (Ebd.: 3)

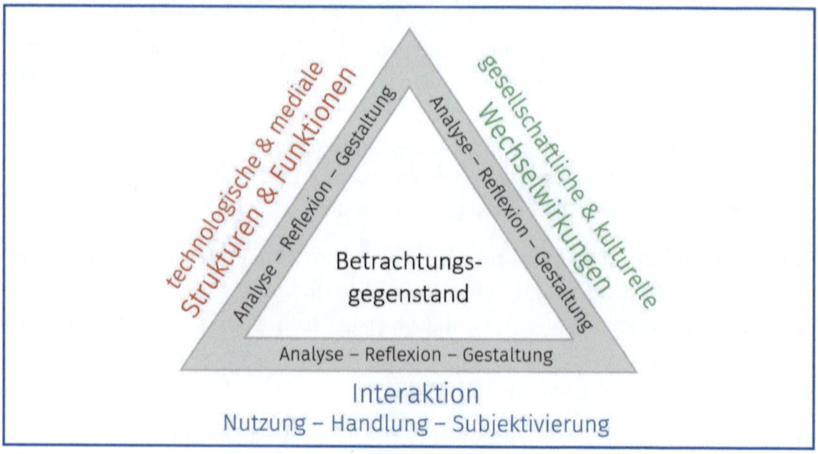

Abb. 11: Das Frankfurt-Dreieck (Brinda et al. 2019: 3)

3.2 Digitalisierung an Schulen, Zentren für schulpraktische Lehrerausbildung (ZfsL) und Hochschulen im Bereich der Lehrerbildung am Beispiel NRW

Am Beispiel des Bundeslandes Nordrhein-Westfalen soll exemplarisch aufgezeigt werden, wie das Lehren und Lernen mit und über digitale(n) Medien sowohl in der Schulpraxis als auch im Bereich aller Phasen der Lehrerbildung implementiert bzw. verortet ist und welche Entwicklungen und Strukturen aktuell die Vermittlung digitalisierungsbezogener Kompetenzen an Schülerinnen und Schüler sowie Lehrkräfte unterstützen sollen. Für eine grundsätzliche Einordnung der Entwicklungen und des tatsächlichen Standes in diesem Bereich werden zunächst der „Länderindikator 2017 Schule digital" mit dem Schwerpunkt digitale Medien in den MINT-Fächern (Deutsche Telekom Stiftung 2017), der „Monitor Lehrerbildung – Lehramtsstudium in der digitalen Welt" (Bertelsmann Stiftung/CHE Centrum für Hochschulentwicklung gGmbH/Deutsche Telekom Stiftung/Stifterverband für die Deutsche Wissenschaft 2018) und die Studie ICILS 2018, bei der Nordrhein-Westfalen als Benchmark-Teilnehmer im internationalen Vergleich, u. a. an einem Zusatzmodul zum Kompetenzbereich „Computational Thinking" teilgenommen hat (Eickelmann/Massek/Labusch 2019, vgl. auch S. 62 in diesem Kapitel), fokussiert.

Der Länderindikator 2017 Schule digital

Im „Länderindikator 2017 Schule digital"[25], bei dem 1.218 Lehrpersonen aus ganz Deutschland (162 aus NRW) befragt wurden[26] und der zeitlich vor dem Beginn der Umsetzung des DigitalPakts bzw. mit Blick auf NRW vor dem Beginn der Digitaloffensive Schule NRW liegt, wird zusammenfassend für Deutschland

25 Für eine detaillierte Darstellung der einzelnen Ergebnisse des Länderindikators 2017 s. a. Lorenz et al. 2017.

26 „Alle Aussagen basieren auf Einschätzungen der Lehrkräfte, die entweder mit ‚Ja' oder ‚Nein' antworten oder ihre Zustimmung mithilfe der vierstufigen Skala ‚Stimme voll zu', ‚Stimme eher zu', ‚Stimme eher nicht zu' und ‚Stimme nicht zu' formulieren konnten. Für die Auswertung sind die ersten beiden Kategorien als ‚Zustimmung' zusammengefasst. Die Selbsteinschätzung der Kompetenzen von Lehrpersonen im Umgang mit digitalen Medien im Unterricht erfolgte über das fünfstufige Antwortformat ‚Stimme voll zu', ‚Stimme eher zu', ‚Weder Zustimmung noch Ablehnung', ‚Stimme eher nicht zu' und ‚Stimme nicht zu'. Auch hier sind die ersten beiden Kategorien für die Auswertung der Ergebnisse als ‚Zustimmung' zusammengefasst." (Deutsche Telekom Stiftung 2017: 6)

u. a. das Resümee gezogen, dass zwar der Einsatz digitaler Medien in der Schule grundsätzlich (gegenüber vorherigen Erhebungen) gestiegen ist und die Lehrpersonen ihre Fähigkeiten im Umgang mit diesen mehrheitlich als positiv bewerten, allerdings die an die Schülerinnen und Schüler vermittelten digitalisierungsbezogenen Kompetenzen eher grundlegender Natur sind und komplexere Kompetenzen nur selten vermittelt werden (Deutsche Telekom Stiftung 2017: 5). Als ein negatives Ergebnis wird angegeben, dass die Chancen des Einsatzes digitaler Medien für das Fach den meisten Lehrkräften wenig bewusst sind (ebd.).

> Die Potenziale digitaler Medien für den Unterricht sehen die Lehrkräfte eher in didaktischer Hinsicht oder mit Blick auf die Förderung eines kompetenten Umgangs mit digitalen Medien. Vorteile für die Vermittlung fachlicher Kompetenzen nehmen sie hingegen zu wenig wahr. (Ebd.)

Für das Bundesland Nordrhein-Westfalen zeigt sich im Länderindikator, dass die angegebene Nutzungshäufigkeit digitaler Medien im Unterricht unter dem Bundesdurchschnitt (ebd.: 15) liegt, allerdings ein hoher Anteil der Lehrkräfte sich selbst als kompetent einschätzt, digitale Medien im Fachunterricht zur Vermittlung von Inhalten einzusetzen (ebd.: 23). Bezüglich der Kompetenzvermittlung an die Schülerinnen und Schüler wird allerdings zusammenfassend für alle Bundesländer die Frage gestellt, „[i]nwiefern sind die Lehrkräfte in der Lage, insbesondere komplexe computer- und informationsbezogene Kompetenzen der Schülerinnen und Schüler zu fördern? Und wie kann dies in der Lehreraus- und -fortbildung zielführend vermittelt werden?“ (Ebd.: 24)

Monitor Lehrerbildung – Lehramtsstudium in der digitalen Welt

Für den „Monitor Lehrerbildung – Lehramtsstudium in der digitalen Welt“ wurden im Winter 2017/18 insgesamt 63 lehrerbildende Hochschulen und alle 16 Bundesländer dazu befragt, „wie das Lehramtsstudium derzeit in Bezug auf Kompetenzen zum Umgang mit digitalen Medien geregelt und gestaltet ist und welche Rahmenbedingungen bestehen“ (Bertelsmann Stiftung et al. 2018: 3). Bei den Ergebnissen der Befragung zeigte sich, dass noch immer an vielen Hochschulen das Lehren mit und über digitale(n) Medien nur eine beigeordnete Rolle spielt und nicht verpflichtend in den Curricula der Lehramtsstudiengänge verankert ist. Dabei werden digitalisierungsbezogene Lehrveranstaltungen häufig nur im Rahmen eines Wahlpflichtmoduls oder Wahlpflichtseminars angeboten, sodass Studierende je nach Wahlverhalten in vielen Fällen keinen Kontakt zum Umgang mit digitalen Medien im jeweiligen Fach bzw. in den Bildungswissenschaften haben (ebd.: 11 f.). Zwar geben die meisten Hochschulen an, dass der Einsatz digitaler Medien auch in der Praxis erprobt und kritisch reflektiert werden kann, vorwiegend im Rahmen der Praxisphasen, allerdings wird auch hier einschränkend angegeben, dass diese Erprobung in der Praxis nicht curricular verankert ist und demnach nicht zwingend stattfinden muss (ebd.: 13). Auf Basis der Ergebnisse der Befragung werden für die Lehrerbildung folgende Herausforderungen formuliert:

1. Die strategische Steuerung durch die Länder ist bislang unzureichend. [...]
2. Digitale Medien sind meist nur optionaler Studieninhalt. [...]
3. Eine praktische Erprobung digitaler Medien ist kaum verbindlich vorgesehen. [...]
4. Hochschulen agieren zu vereinzelt und zu wenig im Verbund. [...]
5. Die Nutzung digitaler Medien in der Lehre wird nicht konsequent genug durch strategische Gestaltungsprozesse gefördert. (Ebd.: 15 ff.)

Die formulierten Herausforderungen zeigen, dass für eine Implementierung des Lehrens und Lernens mit und über digitale(n) Medien im Lehramtsstudium auch in Hinsicht auf inklusive Lehr-/Lernszenarien ein Umdenken bzw. weitreichende Anstrengungen und Veränderungen auf mehreren Ebenen nötig ist/sind. Auf die in diesem Band fokussierte Thematik bezogen, ist dabei besonders die in Punkt drei angeführte Herausforderung der verbindlichen praktischen Erprobung digitaler Medien ein wichtiger und nötiger Schritt.

Um diese Herausforderungen zu meistern, werden im „Monitor Lehrerbildung" folgende Empfehlungen formuliert. Diese geben zudem die zentralen und wichtigen Aufgaben wieder, die u. a. Hochschulen zwingend angehen müssen, um die Förderung digitalisierungsbezogener Kompetenzen bei Lehrenden verbindlich im Rahmen des Lehramtsstudiums zu verankern.

1. Wirksame Anreizsysteme installieren! [...]
2. Digitale Medien als Pflichtthema vorsehen! [...]
3. Theorie und Praxis im Lehramtsstudium besser verzahnen! [...]
4. Hochschulverbünde und Netzwerke mit externen Akteuren forcieren! [...]
5. Das Thema institutionell verankern und ausreichende Supportstrukturen schaffen! (Ebd.: 19 ff.)

Es darf allerdings nicht übersehen werden, dass die Erreichung dieser Ziele umfangreiche Ressourcen und Veränderungen innerhalb aller Ebenen der universitären Lehrerbildung erfordert und eine angemessene Zeit zur Durchführung benötigt. Für NRW sollen hier – im Anschluss an die Darstellung der ersten Ergebnisse der Studie ICILS 2018-NRW – zu den Punkten drei und vier der Empfehlungen beispielhaft Projekte und Entwicklungen vorgestellt werden.

Die Studie ICILS 2018-NRW

Auch die Studie ICILS 2018-NRW wurde vor dem Start der Digitaloffensive Schule NRW durchgeführt (Eickelmann/Massek/Labusch 2019: 7). Da sich für NRW an der Studie sowohl Schülerinnen und Schüler (1991 Achtklässlerinnen und Achtklässler) und Lehrkräfte (1468) als auch Schulleitungen und IT-Koordinatorinnen und IT-Koordinatoren der 110 teilnehmenden Schulen verschiedener Schulformen in NRW beteiligten,[27] ergibt sich hier ein aussagekräftiges Bild, und zwar nicht nur auf die digitalisierungsbezogenen Kompetenzen der Schülerinnen und Schüler, sondern auch auf Fragen der schulischen Voraussetzungen und der IT-Infrastruktur bezogen sowie der Aus- und Fortbildung und der des tatsächlichen Einsatzes digitaler Medien im Unterricht (vgl. ebd.: 23 ff.).

Bezüglich der computer- und informatikbezogenen Kompetenzen von Achtklässlerinnen und Achtklässlern in Nordrhein-Westfalen liegen diese zwar insgesamt im mittleren Bereich des Länderrankings, allerdings zeigt sich hier, ähnlich wie beim Länderindikator 2017, dass über ein Drittel der Schülerinnen und Schüler nur die beiden unteren Kompetenzstufen I und II von insgesamt fünf Kompetenzstufen erreichen (vgl. ebd.: 9).

> Damit verfügt ein erheblicher Anteil der Achtklässlerinnen und Achtklässler in Nordrhein-Westfalen lediglich über sehr rudimentäre rezeptive Fertigkeiten und sehr einfache Anwendungsfertigkeiten, wie sie etwa mit dem Anklicken eines Links oder einer E-Mail einhergehen. (Ebd.: 9)

Bezugnehmend auf die, außer an Gymnasien (10,4%), sehr hohe Anzahl (über 50%) von Schülerinnen und Schülern, die nur den unteren beiden Kompetenzstufen zuzuordnen sind, sprechen Eickelmann, Massek und Labusch (2019) von einer alarmierend hohen Zahl (vgl. ebd.: 9). Bei der Differenzierung der Kompetenzen nach der sozialen Lage zeigt sich zudem ein deutlich schlechteres Abschneiden von Schülerinnen und Schülern aus unteren sozialen Lagen

---

27 In der Studie wird zwischen computer- und informationsbezogenen Kompetenzen und Kompetenzen im Bereich Computational Thinking unterschieden. Eine Aufschlüsselung der abgefragten Kompetenzbereiche findet sich in Kapitel 3.1. Die Kompetenzen der Achtklässerinnen und Achtklässler in diesen Bereichen wurden „durch computerbasierte Kompetenztests in einer *Live-Software*-Umgebung erfasst" (ebd.: 24; Hervorh. im Orig.). Zudem wurden, „[w]ie auch in allen weiteren Teilnehmerländern […] in Nordrhein-Westfalen außerdem durch zusätzlich eingesetzte Hintergrundfragebögen für Schülerinnen und Schüler, Lehrkräfte, Schulleitungen sowie für IT-Koordinatorinnen und IT-Koordinatoren die Rahmenbedingungen für den Erwerb dieser beiden Kompetenzbereiche erfasst und um Informationen aus einem bildungssystembezogenen Kontextfragebogen ergänzt." (Ebd.: 21)

(vgl. ebd.: 9 f.): „Diese Leistungsdifferenz ist als bedeutsam zu interpretieren und weist für Nordrhein-Westfalen auf eine enge Kopplung zwischen dem Bildungserfolg im Bereich der ‚digitalen Bildung' und der sozialen Lage der Schülerfamilien hin." (Ebd.: 9 f.)

Bezüglich der IT-Ausstattung an den befragten NRW-Schulen lässt sich zusammenfassen, dass hier noch ein hoher Verbesserungsbedarf besteht (vgl. ebd.: 10).

Bei der Frage nach der Einschätzung der Lehrkräfte zu den Potenzialen digitaler Medien sowie zu deren Einsatz im Unterricht wird deutlich, dass besonders Letzterer bei den Lehrenden noch nicht den Stellenwert einnimmt, den er bereits in anderen Ländern (besonders im internationalen Vergleich) besitzt und auch das Potenzial, mit digitalen Medien schulische Leistungen zu verbessern, von nur wenigen Lehrkräften gesehen wird (vgl. ebd.: 11).

Für die in diesem Buch fokussierte Förderung digitalisierungsbezogener Kompetenzen von Lehrkräften sind besonders die Ergebnisse zur Lehreraus- und Fortbildung interessant, da nicht einmal ein Viertel der befragten Lehrkräfte angibt, während der Lehrerausbildung gelernt zu haben, wie man digitale Medien nutzt, geschweige denn deren Einsatz im Unterricht behandelt zu haben (vgl. ebd.: 12). Auch wenn sich die Situation an Hochschule und ZfsL zunehmend bessert, wie später noch verdeutlicht wird, zeigt dies doch ein zentrales Problem auf, bei welchem auch weiterhin dringender Handlungsbedarf besteht.

Ein ähnliches Ergebnis zeigt sich für die Lehrerfortbildungen. Hier ist besonders folgendes Ergebnis für die Auseinandersetzung mit dem Einsatz digitaler Medien im Kontext von auf Inklusion bezogenen Aspekten im Unterricht ernüchternd: „Vor allem gibt nur ein geringer Anteil (3,3%) der Lehrkräfte in Nordrhein-Westfalen die Teilnahme an einem Kurs zur Nutzung digitaler Medien durch Schülerinnen und Schüler mit sonderpädagogischem Förderbedarf an." (Ebd.: 12)

Bei der schulischen Nutzung digitaler Medien durch die Lehrkräfte und Schülerinnen und Schüler schneidet Nordrhein-Westfalen in der Studie ICILS 2018-NRW ebenfalls nicht gut ab. Hier zeigt sich, dass der Einsatz digitaler Medien bei den Lehrpersonen in der schulischen Praxis häufig auf Präsentationsformen begrenzt ist und auch bei den Schülerinnen und Schülern nur in sehr eingeschränkter Form stattfindet (ebd.: 13). Bezogen auf inklusiven Unterricht, lässt sich hier besonders hervorheben, dass „[d]ie Nutzung digitaler Medien zur individuellen Förderung von einzelnen Schülerinnen und Schülern oder Schülergruppen […] für Lehrkräfte in Nordrhein-Westfalen bisher eine sehr untergeordnete Rolle" (ebd.: 13) spielen.

Insgesamt zeigen die Ergebnisse der Studie, dass es noch viel Handlungsbedarf im Bereich der Digitalisierung an Schule und Hochschule in NRW gibt. Eickelmann, Massek und Labusch (2019) stellen mit Blick auf die Lehrerbildung und das Thema des vorliegenden Bandes ein zentrales Thema heraus:

> Dabei gilt es, angehenden Lehrerinnen und Lehrern früh deutlich zu machen, dass lebenslanges professionelles Lernen unter den Bedingungen der Digitalisierung unerlässlich ist, auch um digitalisierungsbezogene Entwicklungen mit anderen aktuellen und zukünftigen Querschnittsaufgaben im Hinblick auf die bestmögliche Gestaltung von Schule und von Lernprozessen sowie zur bestmöglichen Förderung aller Schülerinnen und Schüler zu verbinden. (Ebd.: 17)

3.3 Digitales Lehren und Lernen in NRW – Kompetenz- und Orientierungsrahmen, Projekte und Entwicklungen

Mit der Bereitstellung des Medienkompetenzrahmens NRW von 2018 (MB NRW 2019) und des Orientierungsrahmens für die Lehrerausbildung und Lehrerfortbildung in NRW „Lehrkräfte in der digitalisierten Welt" von 2020 (Eickelmann 2020) hat das Land NRW einen wichtigen Schritt unternommen, um auf die zuvor angeführten Ergebnisse der drei Studien angemessen reagieren zu können. Diese beiden Kompetenz- bzw. Orientierungsrahmen sollen nachfolgend kurz erläutert werden.

Der Medienkompetenzrahmen NRW

Basierend auf den Vorgaben des KMK-Strategiepapiers „Bildung in der digitalen Welt" (siehe Kap. 3.1), wurde vom Ministerium für Schule und Bildung des Landes Nordrhein-Westfalen 2018 die Neufassung des Medienkompetenzrahmens NRW (MB NRW 2019) veröffentlicht. Der Medienkompetenzrahmen bildet die digitalisierungsbezogenen Kompetenzen ab, die Schülerinnen und Schüler am Ende ihrer Schullaufbahn erworben haben sollten. Er gliedert sich in sechs Bereiche (siehe Abb. 12). Diese

> sechs Kompetenzbereiche mit insgesamt 24 Teilkompetenzen zielen dabei in ihrer Gesamtheit nicht nur auf eine systematische Medienbildung entlang der gesamten Bildungskette. Sie beziehen schulische wie außerschulische Lernorte ein und bilden die Leitlinie für die anstehende schrittweise Überarbeitung aller Kernlehrpläne für die Unterrichtsfächer. (Ebd.: 5)

Abb. 12: Kompetenzbereiche des Medienkompetenzrahmens NRW (MB NRW 2019: 6)

Ein besonders wichtiger Aspekt des aktuellen Medienkompetenzrahmens NRW ist die konkrete Formulierung von Kompetenzen im Bereich der informatischen Grundbildung im Kompetenzbereich Problemlösen und Modellieren, da hier die Grundlagen zum Verständnis der Funktionsweise digitaler Technologien geschaffen werden. Das grundlegende Verständnis von z. B. Algorithmen und Grundlagen der Programmierung liefert für alle Schülerinnen und Schüler eine eminent wichtige Basis, die Mechanismen und Strukturen in einer durch Digitalisierung geprägten Welt zu durchschauen und kritisch zu hinterfragen.

Der Medienkompetenzrahmen NRW dient auch als Orientierungsrahmen für das Verfassen und die Ausarbeitung eines schulischen Medienkonzeptes, welches wiederum, neben der Formulierung innerschulischer Ziele im Rahmen des Lehrens und Lernens mit und über digitale(n) Medien und deren pädagogischen Begründungen, auch Grundlage für Antragstellungen bei den Schulträgern und über das sogenannte technisch-pädagogische Einsatzkonzept auch für die Antragstellung der Schulträger im Rahmen des DigitalPakts NRW und des Förderprogramms Gute Schule 2020 in NRW ist (vgl. hierzu u. a. MSB 2018 und Bezirksregierung Münster 2019). Das Medienkonzept ist darüber hinaus eng verzahnt mit der Weiterentwicklung der Fachcurricula in den Unterrichtsfächern der Schulen, da hierin die Teilkompetenzen des Medienkompetenzrahmens NRW in Bezug auf ihre Verortung in den jeweiligen Unterrichtsfächern abgebildet werden müssen (vgl. MB NRW 2019: 8). Dabei können einzelne Themen auch mehreren Teilbereichen des Medienkompetenzrahmens zugeordnet bzw. auch fachübergreifend angelegt werden. Da es für die Lehrkräfte an Schulen aber oftmals schwierig ist, Unterrichtsinhalte den Kompetenzbereichen zuzuordnen oder das Potenzial zum Einsatz digitaler Medien bei der Bearbeitung bisher analog behandelter Themenfelder zu erkennen, bedarf es hier umfangreicher Unterstützungsangebote und Good-Practice-Beispiele. Auf ausgewählte Praxisbeispiele sowie auf frei verfügbare Fortbildungsmöglichkeiten und Unterrichtseinheiten wird noch ausführlich in Kapitel 3.4 eingegangen. An dieser Stelle soll beispielhaft ein Unterstützungsangebot der Bezirksregierung Münster hervorgehoben werden, die Broschüre „Handreichung zur Entwicklung eines schulischen Medienkonzeptes – Grundlagen, Standards, Arbeitshilfen" (Bezirksregierung Münster 2019), welche Lehrerinnen und Lehrern, die mit der Erstellung eines Medienkonzeptes bzw. eines technisch-pädagogischen Einsatzkonzeptes für ihre Schule betraut sind, hilfreiche Informationen zur Auseinandersetzung rund um die dargestellten Anforderungen bei der Erstellung und Weiterentwicklung des Konzeptes bietet. Die Broschüre bietet nicht nur Orientierung bezüglich des Vorgehens und der inhaltlichen Ausgestaltung, sie schafft auch Transparenz bezüglich der Anforderungen, die dabei mit Blick auf verschiedene Förderprogramme einhergehen.

In Bezug auf das Thema dieses Bandes bietet die Broschüre auch Anregungen und grundlegende Informationen zu den Themenbereichen „Differenzierendes Lernen" und „Individualisierung von Lernprozessen". Neben der Unterstützung von Kindern mit besonderem Förderbedarf mit digitalen Medien werden auch die Förderung von Kindern und Jugendlichen mit besonderer Begabung sowie der Einsatz digitaler Medien im Bereich DaZ/DaF und im sprachsensiblen Unterricht als wichtige Elemente des schulischen Medienkonzeptes angeführt:

> Mit digitalen Tools, die individuelle Diagnostik sowie darauf basierende differenzierte Übungen und Feedback bieten, können weitere Möglichkeiten geschaffen werden, das Lernen von Schülerinnen und Schülern mit unterschiedlichem Leistungsniveau passgenau zu unterstützen. Die Verortung im Gesamtunterrichtsgeschehen und eine intensive Begleitung sind dabei entscheidend für den Lernerfolg. (Ebd.: 25)

Die in der Handreichung thematisierten Fördergelder des DigitalPakts NRW (im Rahmen des DigitalPaktes Schule des BMBF) bieten den Schulen in NRW die Möglichkeit, u. a. im Bereich der IT-Grundstruktur und der Ausstattung mit Notebooks, Interaktionsgeräten und Tablets etc. die Grundlage für digitale

Lehr-/Lernszenarien zu schaffen. Besonders wichtig ist hier allerdings die damit einhergehende, für alle Schulen verpflichtende Erstellung eines technisch-pädagogischen Einsatzkonzeptes (TPK) auf Basis des Medienkonzepts zum Erhalt der Fördergelder (vgl. ebd.: 64 ff.). Fraglich ist allerdings im Zusammenhang mit den Ergebnissen der Studie ICILS 2018-NRW, ob sich die Lehrkräfte dieser Aufgabe gewachsen fühlen bzw. ob sie bei der Erstellung der Konzepte angemessen unterstützt und begleitet werden. Die beispielhaft angeführte Broschüre ist ein wichtiger Schritt zur Unterstützung. Es bedarf aber auch hier weiterer Fortbildungs- und Unterstützungsangebote.

Orientierungsrahmen für die Lehrerausbildung und Lehrerfortbildung in NRW

Der lange angekündigte und im Februar 2020 veröffentlichte Orientierungsrahmen für die Lehrerausbildung und Lehrerfortbildung in NRW Lehrkräfte in der digitalisierten Welt „richtet sich zunächst explizit an die Multiplikatorinnen und Multiplikatoren der Lehrerausbildung und Lehrerfortbildung“ (Eickelmann 2020: 4). Er adressiert also primär alle drei Phasen der Lehrerbildung und formuliert fünf Kompetenzbereiche: 1. Unterrichten, 2. Erziehen, 3. Lernen und Leisten fördern, 4. Beraten und 5. Schule entwickeln (siehe Abb. 13), die an die bestehenden Handlungsfelder für Lehrkräfte anknüpfen und die Grundlage für die Förderung digitalisierungsbezogener Kompetenzen bieten sollen, die im Medienkompetenzrahmen NRW aufgeführt sind (vgl. ebd.: 6 f.). Darüber hinaus soll er aber „zudem eine Orientierung für die eigene Professionalisierung von Lehrerinnen und Lehrern aller Schulformen und -stufen sowie für die Personalentwicklung auf der Ebene jeder einzelnen Schule“ (ebd.: 8) geben.

Im Begleittext wird mit Bezug auf die mit der Anwendung des Orientierungsrahmens einhergehenden Anforderungen und Herausforderungen für alle Akteure zu Recht darauf verwiesen, dass auch die Lehrenden und Dozierenden innerhalb aller Phasen der Lehrerbildung die entsprechenden Kompetenzen besitzen müssen, um diese den angehenden und bereits ausgebildeten Lehrerinnen und Lehrern vermitteln zu können. Auch auf die Notwendigkeit, den Einsatz digitaler Medien bzw. Technologien regelmäßig innerhalb dieser Bereiche zu reflektieren und zu aktualisieren, wird hingewiesen.

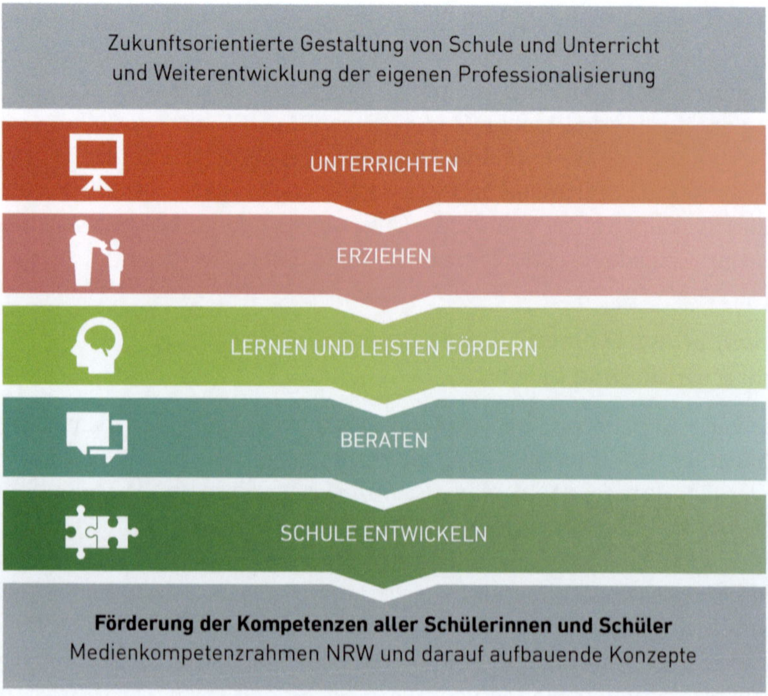

Abb. 13: Kompetenzbereiche des Orientierungsrahmens für die Lehrerausbildung und Lehrerfortbildung in NRW Lehrkräfte in der digitalisierten Welt (Eickelmann 2020: 4)

Innerhalb der an die KMK-Standards anknüpfenden Kompetenzbereiche sind besonders zwei Kompetenzbeschreibungen im Bereich „Lernen und Leisten fördern“ für den vorliegenden Band relevant:

> Diagnostik und individuelle Förderung [–] Digitale Möglichkeiten für die Diagnostik und für die individuelle Förderung der Lernenden mit unterschiedlichen Lernvoraussetzungen innerhalb und außerhalb des Unterrichts nutzen. [und] Bildungschancen [–] Die besondere Relevanz von Medienkompetenz für Bildungsprozesse und das lebenslange Lernen erkennen, reflektieren und für Schule und Unterricht im Hinblick auf bestmögliche Bildungschancen für alle Schülerinnen und Schüler verantwortungsvoll gestalten. (Ebd.: 15)

Ergänzend wird im Begleittext ausgeführt:

> Hierzu gehört auch die Förderung individueller und selbstorganisierter Lernprozesse durch adaptive Unterstützung wie die Nutzung assistiver

> Technologien und die unterstützende Kommunikation für Schülerinnen und Schüler mit spezifischen Förderbedarfen. (Ebd.: 20)

Durch diese Ausführung wird wiederum der Stellenwert deutlich, den der Einsatz digitaler Medien bzw. Technologien im Bereich der individuellen Förderung einnimmt und wie wichtig die Vermittlung entsprechender Kompetenzen zum professionellen Umgang mit diesem Thema für Lehrende und Lernende aller Phasen der Lehrerbildung ist, sei es auf Basis soziokultureller Gründe oder auf Basis von aus Beeinträchtigungen resultierenden Problemen im Lernen.

Insgesamt stellt der Orientierungsrahmen für die Lehrerbildung in NRW eine wichtige Referenz dar, um Lehr-Lerninhalte und -prozesse aller Phasen miteinander in Bezug zu setzen und auf Basis einer einheitlichen Grundlage aufeinander abzustimmen. Wie bei den anfangs angeführten Modellen bleibt aber auch hier die Herausforderung, die im Orientierungsrahmen formulierten Kompetenzziele mit Inhalten und Beispielen zu füllen, die Vermittlung dieser Kompetenzen professionell und zielführend in der Breite anzugehen und die Lehrenden der Phasen dahingehend zu professionalisieren. Besonders die Universität als erster Lernort im Bereich der Lehrerbildung steht hier in der Pflicht, die Grundlagen für diese Prozesse zu liefern.

Dass eine „[n]otwendige Voraussetzung für eine Veränderung der Lernkultur in der Lehrerbildung […] das abgestimmte Zusammenspiel aller beteiligten Akteure [ist]“ (ebd.: 12), kann nicht oft genug betont werden. Besonders die Kooperation der drei Lernorte Universität, ZfsL/Studienseminare und Schule untereinander, aber auch übergreifend mit den bundeslandspezifischen Beratungs- und Fortbildungseinrichtungen der Schulministerien und Bezirksregierungen[28] steht dabei im Vordergrund. Durch diese standortübergreifende Kooperation lässt sich auch eine u. a. von Isabell van Ackeren et al. (2019: 110 f.) geforderte stärkere Praxis- und Handlungsorientierung als ein zentrales Entwicklungsfeld im Bereich der Digitalisierung für die universitäre Lehrerbildung fördern.

Am Beispiel der Lehrerbildung an der Universität Duisburg-Essen (UDE) lässt sich herausstellen, dass insbesondere die Einführung des Praxissemesters, dessen universitäre Begleitung an der UDE e-gestützt durchgeführt wird, den gemeinsamen Austausch und die Kooperationsbereitschaft innerhalb der drei angeführten Lernorte gefördert hat und auf dieser Basis u. a. auch die Theorie-Praxis-Verzahnung im Bereich digitalisierungsbezogener Projekte und stand-

---

28 In NRW ist hier besonders die Medienberatung NRW zu nennen, die im Auftrag des Ministeriums für Schule und Bildung NRW aktiv ist (vgl. www.medienberatung.schulministerium.nrw.de).

ortübergreifender Kooperationen und Unterstützungsmöglichkeiten zum Einsatz digitaler Medien noch stärker ausgebaut wurde. Die Theorie-Praxis-Verzahnung stellt eine wichtige Grundlage zur erfolgreichen Auseinandersetzung der Lernorte mit den oben identifizierten Herausforderungen und den in den Studien angeführten Problemfeldern im Rahmen der Digitalisierung in der Lehrerbildung und in der Schule dar (vgl. hierzu auch Schiefner-Rohs et al. 2018). Die gegenseitige Unterstützung und gemeinschaftliche Planung im Rahmen von universitären Workshops und Tagungen, schul- und ZfsL-internen Fortbildungen sowie medienpädagogischen Tagen an Kooperationsschulen trägt dazu bei, die wechselseitige Information und den fachspezifischen und fachübergreifenden Austausch der beteiligten Lernorte zu fördern, Anknüpfungspunkte sowie Synergien zu erkennen und diese sinnvoll zu nutzen. Aus den Kooperationen im Rahmen des Praxissemesters und weiterer Projekte heraus hat sich an der UDE neben virtuellen Kooperations- und Kommunikationsräumen für alle Akteurinnen und Akteure im Praxissemester (vgl. Bulizek/Diehr/Reuschenbach 2018: 234) auch auf Basis eines Letters of Intent mit den ZfsL der Praxissemesterregion eine Arbeitsgemeinschaft zur Digitalisierung in der Lehrerbildung herausgebildet, die die Bedarfe, Wünsche, Anknüpfungs- und Schnittpunkte der ersten beiden Phasen der Lehrerbildung im Bereich des digitalen Lehrens und Lernens eruiert und die Vertreterinnen und Vertreter der beiden Lernorte zum gemeinsamen Austausch und zur möglichen Kooperation miteinander vernetzt.

Communities of Practice für eine innovative Lehrerbildung (ComeIn)

Einen wichtigen Beitrag für die zukünftige Förderung digitalisierungsbezogener Kompetenzen in allen Phasen der Lehrerbildung kann das im Rahmen der Qualitätsoffensive Lehrerbildung[29] geförderte Verbundvorhaben „ComeIn – Communities of Practice für eine innovative Lehrerbildung“[30] leisten. Dem Verbund gehören alle zwölf lehrerbildenden Hochschulen NRWs an. Innerhalb des Projektes werden acht Communities of Practice (CoP) eingerichtet, die zum Teil fachlich und zum Teil überfachlich ausgerichtet sind und die sich aus ausgewiesenen Expertinnen und Experten der jeweiligen Standorte zusammensetzen.

> Ziel ist es, das Wissen aus unterschiedlichen Disziplinen, Ausbildungsphasen und Hochschulstandorten einzubringen und wechselseitige Lernprozesse anzustoßen. Produkte wie Ausbildungskonzepte oder Apps werden gemeinsam ent-

29 Vgl. www.qualitaetsoffensive-lehrerbildung.de.

30 Vgl. www.uni-due.de/comein/

> lang der schulischen Bedarfe entwickelt. Daher ist eine enge Kooperation mit den Zentren für schulpraktische Lehrerausbildung (ZfsL) und den Institutionen der Lehrerfortbildung geplant. Die Ergebnisse sollen sowohl in die Weiterentwicklung des Aus- und Fortbildungssystem[s] als auch in die Weiterentwicklung der universitären Digitalisierungsstrategien für die lehrerbildendenden Studiengänge fließen. (ZLB 2019)

Alle angeführten Konzepte und Ergebnisse sollen systematisch digitalisierungsbezogene Kompetenzen von Lehrenden fördern und unter Abstimmung aller Phasen der Lehrerbildung innerhalb der Aus- und Fortbildung zukünftiger Lehrerinnen und Lehrer verbindlich verankert werden. Die Möglichkeit, die Expertise von allen Akteursgruppen innerhalb des Aus- und Fortbildungssystems miteinander zu verzahnen und die aktuellen Strukturen und Inhalte weiterzuentwickeln, stellt sicherlich eine große Herausforderung dar, ist aber bezüglich der Anforderungen und Entwicklungen im Bereich der Digitalisierung in der Lehrerbildung ein dringend notwendiger Schritt, um unabgestimmte Parallelentwicklungen zu vermeiden und in allen Phasen der Lehrerbildung effizient und zielgerichtet Lehrerinnen und Lehrer aus- und fortzubilden.

Bei dieser Entwicklung wird im Com^e^In-Projekt auch die Relevanz der Auseinandersetzung mit dem Bereich Digitalisierung und Inklusion untermauert. Eine der acht Communities of Practice wurde ausschließlich für den Bereich Inklusion und Umgang mit Heterogenität eingerichtet.

Insgesamt zeigt sich, dass die im „Monitor Lehrerbildung – Lehramtsstudium in der digitalen Welt“ formulierten Empfehlungen, Theorie und Praxis im Lehramtsstudium besser zu verzahnen und Hochschulverbünde und Netzwerke mit externen Akteurinnen und Akteuren zu forcieren (vgl. Bertelsmann Stiftung et al. 2018), eine wichtige Rolle bei der Förderung des digitalen Lehrens und Lernens in Schule und Hochschule sowie der digitalisierungsbezogenen Kompetenzen von Lehrenden einnimmt.

Weitere Entwicklungen im Rahmen der Qualitätsoffensive Lehrerbildung

Zusätzlich zum oben angeführten Com^e^In-Projekt haben die durch die erste und zweite Phase der Qualitätsoffensive Lehrerbildung geförderten Projekte weitere Entwicklungen im Bereich der Digitalisierung in der Lehrerbildung angestoßen. So ist aus dem Projekt „Professionalisierung für Vielfalt“ (ProViel) heraus an der UDE eine Arbeitsgemeinschaft Digitalisierung in der Lehramtsausbildung entstanden,[31] welche zum Ziel hat,

31 Link zum Projekt: www.uni-due.de/proviel.

fachübergreifend die Vermittlung mediendidaktischer und digitalisierungs- bzw. informatikbezogener Kompetenzen in den Lehramtsstudiengängen der UDE voranzutreiben und in die Curricula zu implementieren, um die Studierenden adäquat auf die Arbeit in ihrem späteren Berufsfeld in einer durch Digitalisierung geprägten Gesellschaft und Bildungslandschaft vorzubereiten. (Zit. n. https://udue.de/didlag)

Neben dem Projekt „DiSK: Digitalstrategie Lehrer*innenbildung Köln: Kompetenzen nachhaltig entwickeln“[32] an der Universität zu Köln, das sich ebenfalls mit der Förderung digitalisierungsbezogener Kompetenzen von Studierenden beschäftigt, ist besonders auch das Projekt „Zukunftsstrategie Lehrer*innenbildung – Heterogenität und Inklusion gestalten“ (ZuS)[33] im Kontext des Themenschwerpunkts des vorliegenden Bandes von Bedeutung. Im Rahmen des Projektes werden u. a. Workshops etwa zur Entwicklung von Unterrichtsideen für den inklusiven Unterricht angeboten (vgl. Thevis/Wagener 2019). Thevis und Wagener führen im Rahmen einer Publikation über das ZuS-Projekt aus:

> Inklusion lässt sich nicht nur mit Digitalisierung verbinden, sondern ist zum Teil sogar auf Digitalisierung angewiesen. Unter Berücksichtigung der Barrierefreiheit lassen sich Bedienungshilfen aktivieren, welche Menschen mit verschiedenen Beeinträchtigungen den Zugang und die Teilhabe gewähren (z. B. Vorlesen, Lupe, Untertitel, motorische Anpassung usw.). […] Im inklusiven Bildungssetting kann die medienpädagogische Arbeit eine Unterstützung sein. Je nach Einsatz können digitale Lehr- und Lernformate Schüler*innen, die im Plenum eher nicht zum Zuge kommen, fördern. (Ebd.: 158 f.)

Im Zwischenbericht der Evaluation der Qualitätsoffensive Lehrerbildung zeigt sich, dass die Relevanz digitaler Medien und digitaler Unterstützungsangebote für inklusive Lehr-/Lernsettings erkannt wird und zunehmend als ein wichtiger Faktor angesehen wird, den es genauer zu beachten gilt:

> So wird gehäuft berichtet, dass zu Beginn der Projektarbeit nicht stark genug berücksichtigt wurde, welch enormes Potenzial digitale Ressourcen

32 Link zum Projekt: https://disk.uni-koeln.de/disk

33 Link zum Projekt: https://zus.uni-koeln.de. Bezüglich der Thematik des Bandes soll an dieser Stelle zudem auch noch explizit auf das Netzwerk Inklusion (https://zus.uni-koeln.de/lehre-und-studium/fortbildungs-und-beratungsangebote/netzwerk-inklusion) und die Zukunftswerkstatt Inklusion (https://zus.uni-koeln.de/das-ist-zus/studium-inklusiv/zukunftswerkstatt-inklusion) innerhalb des ZuS-Projektes verwiesen werden.

> bergen, Lernumgebungen und -prozesse inklusiver zu gestalten. Tatsächlich finden sich Maßnahmen der Entwicklung, Erprobung und wissenschaftlichen Reflexion digitaler Lernprozesse vor allem im Handlungsfeld zum Umgang mit Heterogenität und Inklusion. Hier unterscheiden sich die Projekte jedoch deutlich. Während die Digitalisierung für inklusives Lernen zentraler Gegenstand einzelner Vorhaben ist, spielt sie in anderen Projekten eine geringere oder gar keine Rolle. Über alle Handlungsfelder hinweg wird der Aspekt der Digitalisierung der Lernprozesse bisher kaum berücksichtigt. Es würde sich anbieten, die Auseinandersetzung der geförderten Projekte mit diesem Zukunftsthema unter anderem fokussiert auf den Umgang mit Heterogenität und Inklusion weiterzuentwickeln. (Brümmer et al. 2018: 127 f.)

Brümmer et al. führen des Weiteren aus:

> Unter einer Vielzahl von Lehr- und Lernformaten zum Thema Heterogenität und Inklusion finden sich auch Ansätze digitalen Lernens. Die Digitalisierung wird auch als Chance für individualisiertes, inklusives Lernen in den Schulen begriffen und dadurch auch zum Gegenstand der Lehrerbildung. (Ebd.: 84)

Auch wenn es noch Zeit benötigt, diese Entwicklungen fest in der Lehrerbildung und in der Schule zu verankern, zeichnet sich auf vielfältigen Ebenen die Relevanz dieses Themas ab. Zahlreiche Projekte setzen sich damit auseinander, hier allgemeingültige Standards und Angebote für alle Phasen der Lehrerbildung zu schaffen.

Für NRW sollen nachfolgend exemplarisch zwei weitere Projekte Erwähnung finden, welche die Vielseitigkeit von phasenübergreifenden Verzahnungs- und Kooperationsmöglichkeiten dokumentieren, die auch bundeslandübergreifend sind bzw. ausstrahlen.

Förderprogramm Schule in der digitalen Welt

Das von der Heinz Nixdorf Stiftung und dem Stifterverband initiierte Förderprogramm „Schule in der digitalen Welt“ soll:

> Schulleitungen und Lehrkräfte bundesweit bei der Erstellung und Umsetzung von Medienkonzepten unterstützen. Gleichzeitig sollen im Rahmen des Programms *Schule in der digitalen Welt* Synergien für die Lehrerbildung genutzt werden, um Lehramtsstudierende zukünftig besser auf die Herausforderungen des digitalen Wandels vorzubereiten. (2018: 2; Hervorh. im Orig.)

Die UDE ist in diesem Programm mit drei Kooperationen vertreten, und auch weitere NRW-Universitäten[34] nehmen mit Kooperationsschulen an dem Förderprogramm teil. Im Rahmen des Förderprogramms zeigt sich, dass sowohl die universitäre als auch die schulische Seite gleichermaßen von einer solchen Zusammenarbeit profitieren, da hierdurch u.a. Barrieren und Vorbehalte der beiden Lernorte untereinander abgebaut werden, theoretische und praktische Aspekte digitaler Lehre miteinander in Bezug gesetzt werden und auf die Heterogenität schulischer Praxis (Ausstattung, Vorerfahrung, bestehende Einsatzkonzepte digitaler Medien) hin angepasst werden können. Es zeigt sich durch den Austausch mit an diesen Kooperationen beteiligten Lehrenden, dass häufig ein großes Interesse und intrinsische Motivation bezüglich der Implementierung digitaler Lehr-/Lernformate an der eigenen Schule bei den beteiligten Lehrerinnen und Lehrern besteht. Aber in den meisten Fällen sind die technische Ausstattung der Schule, die heterogene Einstellung gegenüber dem Einsatz digitaler Medien im Kollegium, der mangelnde technische und mediendidaktische Support sowie mangelnde Zeitressourcen im laufenden Schulbetrieb die größten Hürden bei der Umsetzung solcher Vorhaben.

Der Universitätsverbund für digitales Lehren und Lernen in der Lehrer/-innenbildung (digiLL)

Ein weiteres Beispiel universitätsübergreifender Kooperationen zur Förderung digitalisierungsbezogener Kompetenzen von Lehrenden ist der „Universitätsverbund für digitales Lehren und Lernen in der Lehrer/-innenbildung" (digiLL).[35] Dieser Verbund startete zunächst als „digiLL_NRW" mit fünf Universitäten aus NRW. Seit 2019 wurde die Teilnahme am Verbund aber auch für Partnerinnen und Partner aus dem gesamten Bundesgebiet geöffnet. Ziel des Verbundes ist es, die Expertisen im Bereich digitalen Lehrens und Lernens an den jeweiligen Standorten und bei Kooperationspartnerinnen und -partnern der jeweiligen Universitäten zu nutzen und in Form von digitalen Lehr-/Lernmodulen allen interessierten Lehrenden aller Phasen der Lehrerbildung zur Förderung bzw. Stärkung der eigenen digitalisierungsbezogenen Kompetenzen fachspezifisch und fachübergreifend als offene Bildungsressourcen zur Verfü-

---

34 Ruhr-Universität Bochum (eine Kooperation), Universität Bielefeld (drei Kooperationen), Universität zu Köln (eine Kooperation), Universität Paderborn (eine Kooperation), Überblick über das gesamte Netzwerk unter www.stifterverband.org/schule-in-der-digitalen-welt/netzwerk.

35 Vgl. www.digill.de. Verbundpartner sind die lehrerbildenden Zentren bzw. Schools of Education der Standorte Bochum, Dortmund, Duisburg-Essen, Münster, Köln, Trier und Landau (Stand März 2020).

gung zu stellen (vgl. Bulizek/Wiesmann 2019: 115f.). Der Verbund zeigt, dass Projekte mehrerer Universitäten umsetzbar und erfolgreich sein können, wenn die Bereitschaft besteht, kooperativ an der Erreichung eines gemeinsamen Zieles zu arbeiten. Die Arbeit innerhalb des Verbundprojektes orientiert sich dabei an der „für OER charakteristische[n], offene[n] Form der Kooperation" (Bulizek/Habicher/Kostrzewa/Wiesmann 2019: 85). Auf die Inhalte der Lernangebote wird in Kapitel 3.4 noch intensiver eingegangen.[36]

Das Verbundprojekt Dig*In

Mit Blick auf die bundesweite Entwicklung innerhalb des Themenbereiches Digitalisierung und Inklusion soll abschließend das vom Bundesministerium für Bildung und Forschung (BMBF) geförderte Verbundprojekt „Dig*In – Digitalisierung und Inklusion: Grundsatzfragen und Gelingensbedingungen einer inklusiven digitalen Schul- und Unterrichtsentwicklung"[37] angeführt werden. Auf deren Internetseite heißt es:

> Das Anliegen des Projektes ist es, Überlegungen, die aus der Umsetzung von Inklusion und Digitalisierung resultieren, systematisch aufeinander zu beziehen und herauszuarbeiten, wie inklusive und digitale Schul- und Unterrichtsentwicklung, die in Schulen häufig als getrennte Anforderungen wahrgenommen und angegangen werden, synergetisch miteinander verbunden und so gleichermaßen erfolgreich umgesetzt werden können.[38]

path2in Lernpfade in die inklusive Pädagogik

Das Projekt path2in[39] richtet sich in erster Linie an Studierende aus den Studiengängen für inklusive Pädagogik der Universität Bremen. Alle Interessierten werden aber explizit dazu eingeladen, die hier eingestellten OER-Materialien, u.a. Videos zum Thema, in der eigenen Lehre einzusetzen. Auch auf das Thema Digitalisierung und Inklusion wird hier eingegangen.

---

36 Im Rahmen des in Kapitel 2 beschriebenen Projektes ist ein digiLL-Lernmodul zum Thema „Digitale Medien und Inklusion im Deutschunterricht" entstanden. (Zugriff und weitere Informationen: https://digill.de/course/digitale-medien-und-inklusion-im-deutschunterricht/)

37 Vgl. www.uni-flensburg.de/medienbildung/projekte/verbundprojekt-digin.

38 Zit. n. www.uni-flensburg.de/medienbildung/projekte/verbundprojekt-digin.

39 Vgl. https://path2in.uni-bremen.de/.

Ausblick

Die angeführten Beispiele können lediglich einen Einblick in die vielfältigen Entwicklungen und Projekte geben, die aktuell im Bereich der Digitalisierung in Schule und Lehrerbildung, nicht nur in NRW, universitäts-, institutions- und phasenübergreifend dazu beitragen, die oben skizzierten Problemfelder und Desiderate aufzulösen. Neben weiteren Schulnetzwerken mit universitärer Beteiligung[40] und Projekten zur Weiterentwicklung fachspezifischer Kompetenzmodelle für Lehramtsstudierende, wie die AG Digitalisierung in der Lehramtsausbildung der UDE oder dem „DiSK-Projekt" der Universität zu Köln, sind auch die Angebote der Medienberatung NRW, der jeweiligen Kompetenzteams NRW und der Bezirksregierungen – besonders im Rahmen der dritten Phase der Lehrerbildung – wichtige Bausteine, um dieses Ziel zu erreichen. Der beispielsweise im Com^e^In-Projekt angestrebte stärkere Austausch aller Akteurinnen und Akteure und Phasen untereinander kann diese Entwicklungen noch weiter stärken und die Lehrerbildung über alle Phasen und Herausforderungen hinweg inhaltlich und strukturell nachhaltig aufeinander abstimmen.

3.4 Unterstützungsangebote und Materialien im Internet

Es existieren zahlreiche Internetseiten mit kostenlosen oder kostenpflichtigen Unterrichtseinheiten, Lernmodulen, Tools und Tutorials zum Einsatz digitaler Medien in Schule und Hochschule. Die Qualität dieser Angebote und der Grad der Ausarbeitung der Materialien sowie deren Nutzbarkeit für die eigene Lehre divergiert dabei allerdings erheblich. Im Folgenden sollen exemplarisch Angebote und Materialien vorgestellt werden, die für den Einsatz in der eigenen Lehre und/oder als Selbstlerneinheit zur Förderung oder Stärkung der eigenen digitalisierungsbezogenen Kompetenzen geeignet sind und teilweise auch konkret für den Einsatz in inklusiven Settings und zur individuellen Förderung genutzt werden können. Dabei werden zunächst Angebote vorgestellt, die Materialien und Infos mit einem breiten Themenspektrum zum Einsatz digitaler Medien in Schule und Hochschule anbieten, bevor anschließend auf konkrete Angebote zum Einsatz von digitalen Medien im inklusiven Unterricht hingewiesen wird.

---

40 Zum Beispiel im Rahmen des Projektes Medienintegration als Schulentwicklungsprozess in regionalen Netzwerken NRW des Learning Lab, vgl. https://learninglab.uni-due.de/forschung/projekte/medienintegration-als-schulentwicklungsprozess-regionalen-netzwerken-nrw.

Open Educational Resources (OER)

Eine positive Entwicklung der letzten Jahre ist die Bereitstellung von Materialien und Inhalten als Open Educational Resources (OER), also als freie Bildungsressourcen, die kostenlos und in der Regel unter einer CC-Lizenz veröffentlicht sind, die die Weiternutzung und teilweise auch Weiterbearbeitung der jeweiligen Materialien und Inhalte erlaubt. Aufgrund dieser Entwicklung stehen Lehrenden, Studierenden und Schülerinnen und Schülern zunehmend mehr Möglichkeiten und Arbeitsmaterialien zur Verfügung, um digitale Medien für die Arbeit im Unterricht und in der Lehre, aber auch als eigenes Lernmittel einzusetzen. Zudem kann der Einsatz von OER sowohl im Hochschul- als auch im Schulalltag den Arbeitsaufwand bei der Bearbeitung und Vermittlung einzelner Themen reduzieren und bietet die Möglichkeit, zeit- und ortsunabhängig die eigenen digitalisierungsbezogenen Kompetenzen zu fördern. Zum Einsatz von OER zur individuellen Förderung mit digitalen Medien führten Heinen und Kerres bereits 2015 an:

> Individuelle Förderung ist auch abhängig von der Verfügbarkeit entsprechender Materialien bzw. Materialpools, wie sie im Internet auffindbar sind. Dabei wird zunehmend die Relevanz offener Bildungsressourcen (OER) für Ansätze erkannt, die auf selbstgesteuertes und kooperatives Lernen mit digitalen Medien setzen. (Heinen/Kerres 2015: 11)

Universitätsverbund für digitales Lehren und Lernen in der Lehrer/-innenbildung (digiLL)

Der Universitätsverbund digiLL (s. o.), dessen Ziele und Inhalte in Kapitel 3.3 erläutert wurden, bietet seine Onlinelernmodule grundsätzlich als OER an. Es wird bewusst auf eine individuelle Registrierung der Nutzerinnen und Nutzer verzichtet. Lehrende und Lernende sollen ohne zusätzlichen Aufwand und Kosten auf die Lernmodule zugreifen können. Die Lernmodule sollen die Förderung allgemeiner und fachspezifischer digitalisierungsbezogener Kompetenzen unterstützen und sowohl Beispiele guter Praxis liefern als auch mit fachgerechter Anleitung den didaktisch sinnvollen Einsatz digitaler Medien im Unterricht bzw. in der Lehre begleiten (vgl. Bulizek/Wiesmann 2019: 115 f.). Bezugnehmend auf die zuvor angeführte zentrale Rolle von OER, kann hier exemplarisch auf das Lernmodul „OER in der Lehre“ hingewiesen werden, das bei der Erstellung und beim Einsatz von OER im eigenen Unterricht unterstützen soll. Die Lernmodule decken ein breites Themenspektrum an in Schule und Hochschule relevanten Inhalten zum Lehren und Lernen mit digitalen Medien ab. Auch das diesen Band begleitende Lernmodul „Digitale Medien und Inklusion im Deutschunterricht“ wurde als OER-Modul im Rahmen von digiLL veröffentlicht.[41]

Materialien zum Medienkompetenzrahmen NRW

Auf den Internetseiten zum Medienkompetenzrahmen NRW finden sich im gleichnamigen Bereich Unterrichtsideen, die neben der Sortierung nach Jahrgangsstufen und Fächern auch den Kompetenzbereichen des Medienkompetenzrahmens NRW zugeordnet sind (vgl. https://medienkompetenzrahmen.nrw). Dies soll Lehrerinnen und Lehrern helfen, passendes Material für ihre jeweiligen Fächer zu finden, und sie bei der Zuordnung von Lehr-/Lerninhalten zu den sechs Kompetenzbereichen unterstützen. Neben ganzen Unterrichtseinheiten mit Arbeitsmaterialien und ausführlicher Dokumentation bzw. didaktischen Hinweisen handelt es sich bei einigen Einträgen um weiterführende Verlinkungen zu Tools oder Internetseiten für den Einsatz im Unterricht, ohne den didaktischen Einsatz weiter zu thematisieren. Es sind zahlreiche Einträge für Materialien zum Deutschunterricht sowie zur Förderung der informatischen Grundbildung vorhanden. Viele der verlinkten Seiten bieten zudem weiterführende Materialüberblicke und Zusatzmaterialien an. Die Seite ist neben den bereits vollständigen Unterrichtseinheiten auch eine mögliche Einstiegsseite, um weitere nützliche Angebote im Netz zu finden.

Ausgewählte Unterrichtseinheiten, die Angebote und Materialien der Internetplattform www.internet-abc.de beinhalten, sind zudem in einer umfangreichen Lehrerhandreichung gesammelt und können kostenlos heruntergeladen bzw. von Schulen bestellt werden. Zugehörige Materialien und Kopiervorlagen stehen ebenfalls zum freien Download zur Verfügung bzw. können kostenlos von Schulen bestellt werden. Die Unterrichtseinheiten sind auch hier nach den Kompetenzbereichen des Medienkompetenzrahmens NRW sortiert und entsprechend ausgewiesen. Insgesamt sind die Seiten des internet-abc auch für Schülerinnen und Schüler und Eltern eine geeignete Anlaufstelle, um Informationen, Spiele, Lernmodule u. a. rund um das Thema Internet zu erhalten.

digital.learning.lab (dll)

Das *digital.learning.lab*[42] bietet zahlreiche Unterrichtsbausteine, die den sechs Kompetenzbereichen der im KMK-Strategiepapier „Bildung in der digitalen Welt“ (siehe Kap. 3.1) formulierten Kompetenzen zugeordnet sind. Die Bausteine sind in der Regel detailliert und strukturiert aufbereitet. Darüber hinaus

41 Vgl. https://digill.de/course/digitale-medien-und-inklusion-im-deutschunterricht/.

42 Vgl. https://digitallearninglab.de.

werden bei allen Bausteinen Informationen zur Schulform und Jahrgangsstufe sowie zum Zeitumfang gegeben, damit gezielt danach gesucht werden kann. Zusätzlich zu den Unterrichtsbausteinen bietet das dll im Bereich „Tools & Tutorials" ausführliche Informationen zu Tools für den Einsatz in der digitalen Lehre und Tutorials zum Einsatz entsprechender Tools. Im Bereich „Trends" werden weitere wichtige Portale und Internetseiten zur Auseinandersetzung mit dem Thema „Digitalisierung in Lehrerbildung und Schule" vorgestellt sowie weitere Seiten mit Materialangeboten. Die Seite des dll dient als Anlaufstelle bei der Suche nach Unterrichtsmaterialien zum digitalen Lehren und Lehren, als Einstiegsseite für eine weiterführende Suche und bei der Suche nach Tools zum Einsatz im Unterricht.

Ausgewählte Angebote von ZUM.de (Zentrale für Unterrichtsmedien im Internet e.V.)[43]

Die Plattform ZUM-Unterrichten[44] veröffentlicht seit 2018 Lernmaterialien als OER. Die Inhalte können nach Fächern sortiert aufgerufen bzw. durchsucht werden, und es besteht die Möglichkeit, sich mit eigenen Materialien zu beteiligen.

- Das „ZUM-Grundschulwiki"[45] richtet sich an Schülerinnen und Schüler der Grundschule und soll zur Förderung der Medienkompetenz beitragen. Die Grundschülerinnen und Grundschüler können hier selbst einzelne Seiten erstellen und an der inhaltlichen Ausarbeitung aktiv teilnehmen.
- Mit dem *ZUMpad*[46] erhält man die Möglichkeit, kostenlos über ein *Etherpad* kollaborativ z. B. Ideen innerhalb einer Gruppe zu sammeln und schriftlich festzuhalten oder einen gemeinsamen Text zu verfassen. Die Schülerinnen und Schüler benötigen nur den entsprechenden Link, um das *Etherpad* zu nutzen. Die erstellten Texte können zudem exportiert werden.
- Das Ende 2019 gestartete Angebot *ZUM-Apps*[47] stellt kostenlos *H5P*-Lernmaterialien zur Verfügung. Registrierte Nutzerinnen und Nutzer können zudem eigene Materialien hochladen.

---

43 Vgl. www.zum.de.

44 Vgl. https://unterrichten.zum.de/wiki/Hauptseite.

45 Vgl. https://grundschulwiki.zum.de.

46 Vgl. www.zum.de/portal/ZUMpad.

47 Vgl. https://apps.zum.de.

Klicksafe

Das Angebot von Klicksafe[48] richtet sich an alle Internetnutzerinnen und -nutzer und soll dabei unterstützen, Gefahren und Potenziale bei der Nutzung digitaler Medien zu erkennen und zu reflektieren, um kompetent und kritisch das Internet und digitale Medien einzusetzen. Hier werden viele Materialien und Informationen bereitgestellt, die sich auch für den Einsatz im Unterricht eignen und dazu beitragen können, Schülerinnen und Schüler im Umgang z. B. mit sozialen Medien zu sensibilisieren.

WirLernenOnline – Freie Bildung zum Mitmachen

Die OER-Plattform WirLernenOnline[49] richtet sich an Lehrerinnen und Lehrer, Schülerinnen und Schüler, Schulleitungen und Eltern und bietet digitale Lehr-/Lernmaterialien und Unterstützungsangebote für das digitale Lehren und Lernen sowohl für die Grundschule, die Sekundarstufe I und II als auch für die Berufliche Bildung. Das Portal befindet sich aktuell (Stand Mai 2020) noch im Aufbau und läuft in einer Betaversion. Besonders mit Blick auf die Herausforderungen im Rahmen der Coronapandemie soll das Portal auch eine Anlaufstelle bieten, digitale Inhalte, Tools und Hilfestellungen für die eigene Lehre zu erhalten.

Datenbank barrierefrei kommunizieren! der Stiftung barrierefrei kommunizieren!

Die Datenbank barrierefrei kommunizieren![50] bietet Informationen rund um das Thema Assistive Technologien. Die Datenbank kann nach den Kompetenzbereichen Lesen, Schreiben, Lernen, Bewegen, Steuern, Spielen, Kommunizieren und der Art der Beeinträchtigung durchsucht werden. Die Einträge werden nach weiteren Kategorien, etwa Dienste, Kommunikationshilfen, Lernsoftware, Medien usw., sortiert. Für die individuelle Suche nach passenden Technologien und auch zur Information über bestehende Möglichkeiten bezüglich verschiedener Beeinträchtigungen ist die Seite ein zentraler Anlaufpunkt.

48 Vgl. www.klicksafe.de.

49 Vgl. https://wirlernenonline.de.

50 Vgl. www.barrierefrei-kommunizieren.de/datenbank.

Technische Jugendfreizeit- und Bildungsgesellschaft (tjfbg) gGmbH – Angebote barrierefrei kommunizieren!

Auf den Internetseiten der Technischen Jugendfreizeit- und Bildungsgesellschaft (tjfbg) gGmbH[51] finden sich im Bereich „Außerschulische Angebote" im Unterbereich „barrierefrei kommunizieren!" nicht nur zwei empfehlenswerte Publikationen,[52] sondern auch weitere Informationen und Fortbildungsangebote zu den Themen „Barrierefreie Medien", „Inklusion" und „Assistive Technologien".

nimm! Netzwerk Inklusion mit Medien

Das Angebot von „nimm! Netzwerk Inklusion mit Medien"[53] richtet sich zwar in erster Linie an außerschulische Einrichtungen und Projekte, die hier zur Verfügung gestellten Informationen und Publikationen bieten aber nützliche Projektideen und -beispiele sowie Hilfestellungen für Lehrende in Schule und Hochschule. Neben Materialien für eine inklusive Medienpädagogik und Methoden für eine inklusive Medienarbeit werden auch zahlreiche Praxistipps zum Einsatz von z. B. iPads im Unterricht, Stopmotion-Software und VR-Einsatz sowie weiterführende Informationen zum Thema gegeben.

Stifterverband

Neben der in Kapitel 3.3 angeführten Förderlinie „Schule in der digitalen Welt" des Stifterverbands[54], bei der Kooperationen zwischen Schulen und Universitäten gefördert und vernetzt werden, bietet der Stifterverband weitere Förderlinien zum Thema Digitalisierung in Schule und/oder Hochschule und stellt Projekte aus laufenden und bereits ausgelaufenen Förderlinien vor. Hier ist z. B. die Förderlinie der „Fellowships für Innovationen in der digitalen Hochschullehre" hervorzuheben, zu deren geförderten Projekten auch das diesem Band zugrundeliegende Projekt „Digitale Lehr-Lern-Module für die inklusionsbezogene Lehramtsausbildung im Fach Deutsch" gehört (vgl. Kap. 2). Auf den Seiten des Stifterverbandes wird regelmäßig über neue Förderlinien und -möglichkeiten informiert.

---

51 Vgl. www.tjfbg.de/ausserschulische-angebote/barrierefrei-kommunizieren.

52 Barrierefreie Lernsoftware & Apps für inklusives Lernen (www.tjfbg.de/fileadmin/tjfbg/user_upload/aktuelles/2019/bako_Broschuere_Apps_2019.pdf) und Digitale Medien im inklusiven Einsatz (www.tjfbg.de/fileadmin/tjfbg/user_upload/aktuelles/2018/Digitale_Medien_im_inklusiven_Einsatz.pdf).

53 Vgl. www.inklusive-medienarbeit.de.

54 Vgl. www.stifterverband.de.

Ausblick

Die in dieser Auswahl vorgestellten Projekte, Fördermöglichkeiten und Unterstützungsangebote lassen erkennen, dass die Auswahl an Materialien zum Einsatz in Schule und Hochschule und auch die (Selbst-)Lernmöglichkeiten zum Thema Digitalisierung stetig zunehmen. Es ist bereits jetzt eine große Herausforderung, die bestehenden Angebote zu überblicken und qualitativ einzuordnen. Des Weiteren zeigt sich, dass auch das Angebot an freien Bildungsressourcen (OER) deutlich zunimmt, wodurch immer mehr Lehrende ermutigt werden, auch eigene Ideen und Projekte digital aufzubereiten und anderen Interessierten zur Verfügung zu stellen. Das vielfältige Angebot unterstützt die Möglichkeiten individueller Förderung durch frei verfügbares Material und die Verfügbarmachung von Tools zum Einsatz in inklusiven Settings. Wichtig ist, dass diese Materialien und Tools mit didaktischen Einordnungen, Erläuterungen und Hilfestellungen einhergehen sollten, um für den Einsatz im Unterricht effektiv und zielgerichtet eingesetzt zu werden. Hier bedarf es zentraler Metaportale oder Einstiegsseiten, die auf Basis einer umfangreichen Qualitätssicherung und einheitlicher Qualitätsstandards didaktisch sinnvolle und qualitativ hochwertige Angebote direkt bereitstellen oder verlinken.

4 Medienbildung im inklusiven Deutschunterricht

Bei der Betrachtung des Einsatzes von digitalen Medien im Unterricht und bei der Entwicklung entsprechend notwendiger Konzepte für die Aus- und Fortbildung von Lehrerinnen und Lehrern sind zwei wesentliche Entwicklungen im Bildungsbereich besonders relevant: Erstens erhält die inklusive Medienbildung – und mit ihr der in diesem Zusammenhang stattfindende Einsatz von digitalen Medien – durch den in der Einleitung sowie in Kapitel 2 bereits beschriebenen Paradigmenwechsel zur inklusiven Bildung einen sehr viel höheren und allgemeingültigeren Stellenwert als in der Vergangenheit. Dadurch entsteht ein Bedarf zur Entwicklung und Etablierung geeigneter Konzepte und Praxisbeispiele für den Einsatz digitaler Medien zur Lehr-Lern-Unterstützung, um allen Schülerinnen und Schülern nachhaltig möglichst gleiche Partizipations- und Lernbedingungen bieten zu können. Zweitens werden gleichzeitig zunehmend digitale Medien in Aus- und Fortbildungsangeboten an unterschiedlichen Bildungsinstitutionen eingesetzt, was nicht zuletzt durch die gesamtgesellschaftliche Entwicklung im Bereich der Digitalisierung begünstigt wird. Dabei werden diese zugleich mit hoher Geschwindigkeit weiterentwickelt, und die daraus resultierenden, stetig erweiterten technischen bzw. digitalen Möglichkeiten und Funktionalitäten bieten als Ergebnis ein immer größeres Potenzial für die Entwicklung und Umsetzung innovativer Lehr-Lern-Konzepte und Unterrichtsszenarien. Dies gilt für Lehr-Lern-Konzepte allgemein und somit zunächst losgelöst von der Frage der Gestaltung inklusiven Unterrichts.[55] Mit Blick auf den Deutschunterricht, dessen besonderes Verhältnis zu (digitalen) Medien bereits in Kapitel 2 deutlich gemacht wurde, bieten digitale Medien dabei ideale Einsatz- und Bereicherungs- sowie Unterstützungsmöglichkeiten, wie hier im Folgenden verdeutlicht werden soll. Der Einsatz digitaler Medien erweitert dabei die Möglichkeiten einer Unterrichtsform, die Frederking (2010 u. 2016) als symmedialen Unterricht[56] bezeichnet, wobei er sowohl traditionelle nichttechnische als auch moderne technisch-mediale Verbünde sowie Misch-

---

55 Wie hier nachfolgend noch deutlich werden wird, sind digitale Medien allerdings im Kontext inklusiven Unterrichts besonders wichtig, um die Teilhabe aller Schülerinnen und Schüler in heterogenen Lerngruppen zu unterstützen und zu gewährleisten.

56 „*Symmedialität* ist eine Hybridbildung aus griech. ‚*syn*‘ bzw. ‚*sym*‘ = ‚zusammen, zugleich‘ und lat. ‚medium‘ = ‚Mittler‘, die das komplexe und als emergent verstan-

formen aus beidem in seine Betrachtungen einschließt. Für ihn können dabei digitale Medien als Symmedien bezeichnet werden, da sie mediale Einzelformen in sich vereinen.[57] „Damit geht die Entstehung symmedialer Kulturpraktiken einher, insofern Text, Bild und Ton in immer neue medial-semiotische Verbindungen treten." (Frederking 2010: 522). Mit Bezug auf den Literaturunterricht charakterisiert Frederking im Anschluss an diese Feststellungen die Eigenschaften symmedialen Unterrichts wie folgt:

> Es ist ein Grundanliegen symmedialen Literaturunterrichts, diese unterschiedlichen medialen Verbundformen der Vergangenheit und Gegenwart gezielt zu nutzen und zu ihrer medienreflexiven Verarbeitung Raum zu geben. In diesem Sinne bezeichnet das Attribut „symmedial" in literatur- und mediendidaktischer Hinsicht einen Literaturunterricht, in dem versucht wird, der medialen Pluralisierung der Produktions- und Rezeptionsweisen von Literatur in didaktisch reflektierter Form zu entsprechen, Schüler(inne)n literarische bzw. ästhetische Bildungserfahrungen in vielfältiger medialer Form zu ermöglichen und auf diese Weise zum Aufbau einer fachspezifischen Medienkompetenz beizutragen (ebd.).

In dieser Charakterisierung weisen die dort benannten ästhetischen Bildungserfahrungen auf die Synästhetik als eine weitere Ebene hin, die nach Frederking wesentlicher Bestandteil des Deutschunterrichts sein muss. Symmedialität und Synästhetik sind eng miteinander verbunden, weil Symmedien als Verbünde medialer Einzelformen im Ergebnis eine vielfältigere ästhetische Wahrnehmung ermöglichen, als dies monomediale Darstellungen zu leisten vermögen. Frederking (2016: 25) konstatiert folglich: „Viele Indikatoren sprechen dafür, dass der Monosensualismus der buchdominierten Neuzeit mit den neuen technischen Medien dauerhaft abgelöst und durch eine zunehmende Pluralisierung der Wahrnehmungsmuster ersetzt wird." Dieses Potenzial zur Pluralisierung der Wahrnehmungsmuster durch digitale Medien und deren Charakteristik als Symmedien[58] bieten besonders effektive Anwendungsmöglichkeiten für

---

dene Zusammenspiel von Medien bzw. medialen Formen – analogen und digitalen – beschreibt […]." (Frederking 2016: 4; Hervorh. im Orig.)

57 Zum Verhältnis zwischen symmedial und (medien-)integrativ, von symmedial und multimedial sowie von symmedial und intermedial vgl. Frederking 2010: 523 ff. Zur detaillierten Beschreibung von Symmedialität und Synästhetik sowie deren Zusammenwirken vgl. Frederking 2016.

58 Frederking sieht mit den durch die neuen Digitalmedien etablierten Formen von Symmedialität und Synästhetik eine fundamentale Wende verbunden. Der Grund liegt für ihn darin, dass ein wesentliches Kennzeichen von Computern, Internet und den immer kleiner, mobiler und gleichzeitig leistungsstärker werdenden Alltagstechnologien wie Smartphones und Tablets die umfassende technische und semiotische Verknüpfung von Text, Bild, Ton, Film etc. ist. (Vgl. ebd.)

einen Deutschunterricht, der die Heterogenität von Lerngruppen berücksichtigt. Interessanterweise ist jedoch im fachwissenschaftlichen Diskurs um die Konzeption und Gestaltung inklusiven Deutschunterrichts sowie in der daraus resultierenden Praxis der Aspekt des konkreten Einsatzes von digitalen Medien nach wie vor vergleichsweise unterrepräsentiert.[59] Wo das Thema in der einschlägigen Fachliteratur jedoch beleuchtet wird, besteht weitgehend Konsens, dass gerade im inklusiven Unterricht digitale Medien in besonders hohem Maße geeignet sind, heterogene Lerngruppen und die damit verbundenen unterschiedlichen Voraussetzungen, Anforderungen und Bedürfnisse der einzelnen Lernenden entsprechend zu berücksichtigen.[60] Thevis und Wagener (2019: 158) stellen in diesem Zusammenhang fest: „Inklusion lässt sich nicht nur mit Digitalisierung verbinden, sondern ist zum Teil sogar auf Digitalisierung angewiesen.“ Dies wird in den Kapiteln 4.2 und 4.3 noch unter verschiedenen Gesichtspunkten im Detail – aus einer praxisorientierten Perspektive heraus – veranschaulicht. Die in Kapitel 5 vorgestellten Unterrichtskonzepte machen zudem konkrete praxisbezogene Anwendungs- und Unterstützungsmöglichkeiten für heterogene Lerngruppen im Deutschunterricht durch den Einsatz digitaler Medien deutlich.

Trotz aller bestehenden Potenziale und Chancen wird der Einsatz digitaler Medien an Schulen zur Verbesserung der Teilhabe am Unterricht und des Lernerfolgs besonders unter Lehrerinnen und Lehrern häufig kritisch bewertet.[61]

59 Vgl. hierzu u. a. Capovilla/Gebhardt 2016; Bosse 2016. Ausnahmen von dieser Regel bilden u. a. Bosse 2019; Schulz et al. 2019; Kern 2019a, b u. c; Kornhoff-Schäfers 2019; Albrecht-Hermanns 2019; Danner 2019; Wampfler 2019; Ihrke 2019; Krstoski 2018; Rück 2018a; Lohmann 2018; Beckermann/Neumann 2018; Demi 2018, Rück 2018b und Lindner 2018. Weitere Beispiele für Unterrichtsszenarien mit digitalen Medien, allerdings ohne expliziten Bezug zu inklusiven Fragestellungen, liefern darüber hinaus z. B. Ebnet/Huller 2017; Hodson 2017; Kasparek 2017; Knopf/Müller 2017; Knopf/von Brand 2017; Luptowicz/Schieder 2017.

60 Vgl. hierzu u. a. Bosse 2019; Thiele/Bosse 2019; Dirks/Linke 2019; Zorn/Schluchter/Bosse 2019; Schulz et al. 2019; Wember/Melle 2018; Bosse 2016; Bühler 2016.

61 Laut der Ergebnisse des „Monitor Digitale Bildung“ der Bertelsmann Stiftung glaubt nicht einmal jede vierte Lehrkraft daran, dass digitale Medien dabei helfen, den Lernerfolg ihrer Schülerinnen und Schüler zu verbessern. Nur wenige Lehrerinnen und Lehrer erkennen und nutzen dementsprechend das didaktisch-methodische Potenzial der Digitalisierung – z. B. mit Blick auf Inklusion und individuelle Förderung – im Unterricht. Hinzu kommt laut der Studie, dass nur 15 Prozent der Lehrerinnen und Lehrer selbst versierte Nutzerinnen und Nutzer digitaler Medien sind. Hier besteht also ein deutlicher Bedarf, die digitale Kompetenz bereits in der Ausbildung zu erhöhen und dabei geeignete Konzepte und deren didaktischen Nutzen zu vermitteln (vgl. Schmid/Goertz/Behrens 2017: 5 ff., 47 ff.). Dabei darf

Diese Medienskepsis ist insbesondere im Deutschunterricht weit verbreitet, wie Frederking (2016: 515 ff.) aufzeigt und aus medienkulturgeschichtlicher Perspektive herleitet. Daraus lässt sich ableiten, dass das große Potenzial des Einsatzes digitaler Medien und die damit verbundenen praktischen Möglichkeiten und Vorteile verdeutlicht werden müssen.

Da der vorliegende Band einen praxisorientierten Überblick über den Einsatz digitaler Medien im Kontext von Inklusion im Deutschunterricht geben möchte, wird dieses Kapitel hier anknüpfen und Einsatzmöglichkeiten in Lehr-Lern-Konzepten und Unterrichtsszenarien darstellen. Dabei werden einzelne Technologien im Detail vorgestellt und deren Anwendung anschließend an konkreten Praxisbeispielen verdeutlicht, um eine Ideenbasis zu entwickeln, die Grundlage für den sinnvollen Technikeinsatz sein kann. Zudem werden Flexibilisierungs- und Skalierungsmöglichkeiten sowie Alternativen verdeutlicht, da der Einsatz digitaler Medien u. a. auch an finanzielle und personelle Ressourcen gebunden ist.[62]

Der Einsatz neuer technologischer Lösungen und das damit einhergehende grundsätzlich vorhandene hohe Innovationspotenzial können nur dann voll zur Entfaltung kommen, wenn der Einsatz digitaler Medien besonders kritisch auf seinen konkreten didaktischen Nutzen überprüft wird. Dies zu vermitteln ist insbesondere in der Aus- und Fortbildung von Lehrerinnen und Lehrern wichtig. Somit wird in diesem Kapitel zunächst die Frage zu klären sein, welche digitalen Medien sich grundsätzlich didaktisch sinnvoll im Unterricht einsetzen lassen und wie dies konkret geschehen kann. Das Ziel dieser einführenden Betrachtung wird zunächst sein, grundlegende Gelingensbedingungen zu definieren und einen Überblick über den Stand der Technik sowie entsprechende Infrastrukturkonzepte darzustellen. Zweitens soll deutlich werden, dass und wie der sinnvolle Einsatz solcher Technologien ein probates Mittel sein kann, um das Lernen für alle Schülerinnen und Schüler zu erleichtern und den Lernerfolg individuell, aber auch in kooperativen Lernszenarien zu verbessern. Gleichzeitig ermöglicht das frühzeitige Heranführen an neue Technologien, dass die (angehenden) Lehrerinnen und Lehrer, aber auch die Schülerinnen und Schüler von Beginn an entsprechende digitalisierungsbezogene Kompetenzen (vgl. Kapitel 3.1) erwerben, Einsatzmöglichkeiten und Innovations-

---

mit Blick auf die universitäre Lehrerausbildung zumindest aktuell noch konstatiert werden, dass die Etablierung entsprechender Ausbildungsinhalte ausbaufähig ist.

62 Auch zur technischen Ausstattung sieht der „Monitor Digitale Bildung“ dringenden Handlungsbedarf bei den Infrastrukturvoraussetzungen und der technischen Betreuung sowie beim IT-Management (vgl. Schmid/Goertz/Behrens 2017: 43 ff.)

potenziale neuer Technologien abschätzen und in der Folge gewinnbringend einsetzen können.

Das daran anknüpfende Unterkapitel 4.2 fokussiert den Einsatz digitaler Medien in der inklusiven Medienbildung und dabei insbesondere die Assistiven Technologien (AT). Dabei wird gezeigt, dass sich der Einsatz digitaler Medien im Kontext inklusiver Medienbildung im Spannungsfeld zwischen Barrierefreiheit/Zugänglichkeit, dem Ideal des Universal Design (for Learning), dem Einsatz Assistiver Technologien und den zusätzlich notwendigen individuellen Unterstützungsbedarfen der einzelnen Schülerinnen und Schüler, die durch angemessene Vorkehrungen erfüllt werden müssen, bewegt.

Somit werden zunächst allgemeine Fragen der Barrierefreiheit unter Berücksichtigung der einzelnen Einschränkungen zu klären sein. Dabei liegt der Fokus auf der Darstellung praxisnaher und für die Entwicklung von Umsetzungsempfehlungen und -szenarien relevanter Aspekte und Fragen.

Orientiert an den Anforderungen und Zielen der Barrierefreiheit hat der Gestaltungsansatz des Universal Design (UD) idealtypisch das Ziel, Produkte und Umgebungen[63] für alle Menschen gleichermaßen nutzbar zu machen. Aus diesem zunächst sehr allgemeinen Gestaltungsansatz wurde das *U*niversal Design for Learning (UDL) entwickelt, welches eine gleichberechtigte Teilhabe am Unterricht ermöglichen soll. Deshalb wird in Kapitel 4.2 zumindest kurz auf dessen wesentliche Grundprinzipien eingegangen, um konkrete und praxisorientierte Gestaltungsmöglichkeiten für digitale Lerninhalte aus diesen Grundideen abzuleiten.

Hieran anknüpfend werden Assistive Technologien (AT) vorgestellt, die ein hohes Potenzial für den unterstützenden Einsatz digitaler Medien im inklusiven Deutschunterricht bieten. Die konkreten Unterstützungsmöglichkeiten durch die jeweils verfügbaren Hard- und Softwarelösungen werden – gegliedert nach einzelnen spezifischen Beeinträchtigungen und den daraus resultierenden Unterstützungsbedarfen – ausführlich dargestellt.

Im abschließenden Unterkapitel 4.3 werden auf der Grundlage der vorangegangenen Überlegungen Unterrichtsszenarien entwickelt, die thematisch und lernzielorientiert Möglichkeiten des Einsatzes digitaler Medien im Deutschun-

---

63 Das Konzept des Universal Design wurde ursprünglich in der Architektur entwickelt und bezieht sich somit eher auf die Lebens(um)welt der Personen. So sind Produkte oder eben Umgebungen (Räume, Gebäude, Wege etc.) gleichermaßen nutzbar zu machen. Im Folgenden wird das Konzept exemplarisch auf den Schulunterricht übertragen und das auf der Basis des UD entwickelte Konzept des Universal Design for Learning (UDL) vorgestellt.

terricht veranschaulichen sollen. Dabei stehen die medien- und fachdidaktischen Vorteile sowie die konkreten Unterstützungsmöglichkeiten für das Unterrichten einer heterogenen Lerngruppe im Fokus der Betrachtungen.

4.1 Gelingensbedingungen für den Einsatz digitaler Medien

Wie in diesem Band aus mehreren Perspektiven heraus deutlich wird, ist es weniger eine Frage, *ob* digitale Medien in Schule und Hochschule eingesetzt werden sollen, sondern vielmehr *wie* dies sinnvoll geschehen kann.[64] Die in diesem Zusammenhang relevanten Detailfragen nach der sinnvollen Gestaltung von entsprechenden Unterrichtskonzepten für den Einsatz digitaler Medien sind dabei zunächst einmal mehrdimensional. Ziel dieses Unterkapitels ist es, anhand der relevanten Dimensionen Bedingungen und Kriterien herauszuarbeiten, die zur gelungenen Planung und Umsetzung von Unterrichtskonzepten in der Praxis beitragen können. Dies soll hier zunächst grundlegend erfolgen, während in Unterkapitel 4.3 dann in Ergänzung zu diesen grundsätzlichen Gelingensbedingungen spezifische Bedingungen und Faktoren verdeutlicht werden, die für die dort präsentierten einzelnen Unterrichtsszenarien relevant sind.

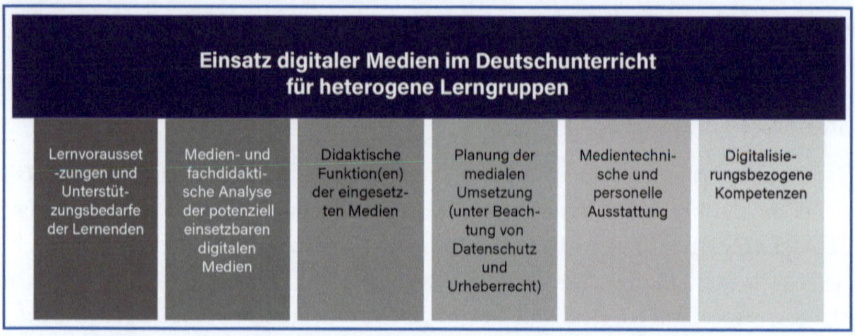

Abb. 14: Säulen des Einsatzes digitaler Medien in heterogenen Lerngruppen

Medien- und fachdidaktische Analyse digitaler Medien

Der Einsatz digitaler Medien im Schulunterricht und der Lehramtsausbildung muss aufgrund seines konkreten didaktischen Nutzens kritisch für den einzelnen Anwendungsfall hinterfragt werden. Somit lässt sich die entsprechend notwendige medien- und fachdidaktische Analyse als erste wichtige Kernbe-

64 Eine umfangreiche Analyse der Gründe für das Lernen mit digitalen Medien liefert Kerres 2018: 141 ff.

dingung für einen effektiven Einsatz digitaler Medien im Unterricht definieren, weshalb hier die Einsatzmöglichkeiten digitaler Medien entsprechend didaktisch verortet und erläutert werden sollen.

Nach Kerres (2000) lassen sich drei Perspektiven zur Begründung des Einsatzes digitaler Medien im Unterricht bestimmen:

1. Die Perspektive der informations-, kommunikations- und medientechnischen Grundbildung (ITG), nach welcher die Schülerinnen und Schüler Folgendes erweitern/erlangen sollen:
   a. Wissen über die Funktion und den Aufbau digitaler Medien und Netze,
   b. Fertigkeiten im Umgang mit denselben,
   c. Bewertungskompetenz von Inhalten digitaler Medien und Netze.
2. Die medien- und fachdidaktische Perspektive, nach welcher die
   a. fachlichen Lehrinhalte und -ziele effektiver und/oder effizienter vermittelt werden sollen und
   b. die Schülerinnen und Schüler lernen sollen, Medien instrumentell für ihre Lernaktivitäten einzusetzen.
3. Die Perspektive der Medienerziehung/Persönlichkeitsbildung, nach welcher die
   a. Schülerinnen und Schüler Medien nutzen sollen, um eigene gemeinsame informationelle und kommunikative Bedürfnisse wahrzunehmen, wozu sie (multi-)mediale Produkte verstehen, analysieren und produzieren können müssen.

Aus ITG-Perspektive ist es nach Kerres vor allem wünschenswert, den Schülerinnen und Schülern möglichst grundlegende (und damit weitgehend produktunabhängige) Kenntnisse und Fertigkeiten über die Funktionsweise, den Aufbau und den Umgang mit digitalen Medien zu vermitteln. Dabei sollen die Schülerinnen und Schüler im Idealfall im Unterricht durch die Lehrerin/den Lehrer dazu angeleitet werden, ein systematisches Vorgehen anzuwenden und zu üben, das eigene Vorgehen verbalisieren und bewerten zu können, den Umgang mit Fehlern zu üben und zu reflektieren sowie die medialen Botschaften reflektieren und bewerten zu können (vgl. ebd.).

Aus medien- und fachdidaktischer Perspektive ist nach Kerres vor allem relevant, ob die Nutzung digitaler Medien zur Vermittlung fachlicher Inhalte im Vordergrund steht und wie die Lerninhalte und -ziele dabei ganz konkret durch den Einsatz des gewählten Mediums unterstützt werden. So sollte ein digitales Medium nicht um seiner selbst willen eingesetzt werden, sondern immer dazu dienen, erstens bei der Vermittlung fachlicher Lerninhalte und der Erreichung der fachlichen Lernziele zu unterstützen und zweitens auf sinnvolle und für die Lernenden gewinnbringende Weise die didaktisch-methodischen

Überlegungen des Unterrichts zu unterstützen. Dabei ist gerade im Unterricht auch relevant, inwieweit digitale Medien als Kommunikations- und Kooperationswerkzeuge geeignet sind und konkret genutzt werden (können). Der medien- und fachdidaktische Nutzen steht dabei in zweifacher Hinsicht in starker Abhängigkeit zum Realisierungsaufwand: Erstens ist wichtig, dass die eingesetzten digitalen Medien gut zugänglich und schnell einsatzbereit sind, zweitens ist entscheidend, ob die Schülerinnen und Schüler die notwendigen Kenntnisse und Fertigkeiten im Umgang mit den eingesetzten digitalen Medien (aus der ITG-Perspektive, s. o.) bereits mitbringen oder diese erst entsprechend vermittelt bzw. erworben werden müssen.

Aus der Perspektive der Medienerziehung/Persönlichkeitsbildung sollte nach Kerres der Aufbau entsprechender digitalisierungsbezogener Kompetenzen bei den Schülerinnen und Schülern angestrebt werden. Dazu ist es wichtig, diese anzuleiten,

- ihren Umgang mit digitalen Medien analysieren und reflektieren zu können,
- ihre Informationsbedürfnisse artikulieren und entsprechende Anwendungsstrategien entwickeln und nutzen zu können,
- Medienprodukte nach inhaltlichen, formalen und/oder ästhetischen Kriterien analysieren zu können,
- gesellschaftliche Bedingungen der Produktion, Distribution und Wirkung von Medien thematisieren zu können sowie
- eigene Gefühle, Meinungen und Interessen über digitale Medien zu artikulieren (vgl. ebd.).

Im Idealfall sollte ein Unterrichtsvorhaben hinsichtlich aller drei Perspektiven und den damit verbundenen Leitfragen beurteilt und ggf. entsprechend modifiziert werden. In der Praxis wird es in der Regel jedoch so sein, dass man den digitalen Medieneinsatz schwerpunktmäßig aus einer der Perspektiven heraus beurteilt und ggf. entsprechend konzeptionell anpasst, wobei eine multiperspektivische Betrachtung einem Unterrichtsprojekt förderlich sein kann.

Didaktische Funktionen digitaler Medien

Auf die Frage nach der didaktischen Begründung für den Einsatz digitaler Medien folgt die Klärung der didaktischen Funktion(en), die digitale Medien in einem Unterrichtsvorhaben erfüllen können oder erfüllen sollen. Diese können dabei als Wissenswerkzeuge, zur Wissenspräsentation und zur Wissensvermittlung genutzt werden (vgl. Kerres 2000: 4).

Werkzeugfunktionen sind im Wesentlichen die Recherche, Erarbeitung, Sammlung, Aufbereitung und Kommunikation von Wissen im Unterricht. Digitale Medien können dabei sowohl individuelle als auch kollaborative Arbeitsformen unterstützen, wobei beides sowohl orts- als auch zeitunabhängig erfolgen kann (vgl. Irion/Scheiter 2018:10 u. Kerres 2000: 4).

Die Präsentationsfunktion umfasst nach Kerres die Darstellung und Organisation von Lerninhalten (ebd.). Digitale Medien können dabei aufgrund ihrer hypermedialen Gestaltungsmöglichkeiten und ihrer Interaktivität besonders effektiv Schülerinnen und Schüler mit individuell unterschiedlichem Vorwissen unterstützen, indem sie z. B. Basiswissen oder weiterführende Informationen als optionale Lerninhalte anbieten und für die Rezeption und Bearbeitung aller Inhalte individuelle Lernwege anbieten bzw. unterstützen.[65] Insbesondere im Kontext von Inklusion weisen digitale Medien zudem den Vorteil auf, dass sie vielfältigere und flexiblere multimodale Darstellungsoptionen für Lerninhalte bieten, als dies klassische Medien vermögen (siehe Kap. 4.2).

Vermittlungsfunktionen umfassen die Steuerung und Regelung von Lernprozessen, wobei durch digitale Medien eine Lernprozessregelung erreicht werden kann, bei der die Schülerinnen und Schüler die angebotenen Lerninhalte individuell und interaktiv angepasst an ihren jeweiligen Lernfortschritt verwenden können. Dies kann z. B. mithilfe von vorgesehenen Lernzielkontrollen durch die Schülerinnen und Schüler selbst erfolgen, indem diese feststellen können, ob sie die Lernziele erreicht haben oder einzelne Inhalte nochmals vertiefend bearbeitet werden müssen. Die Präsentation von Lerninhalten kann aber auch in Abhängigkeit vom aktuellen Lernfortschritt automatisiert erfolgen. Dazu werden beispielsweise weiterführende Inhalte, die auf anderen grundlegenden Kenntnissen aufbauen, erst freigeschaltet, wenn letztere erworben wurden (vgl. ebd.).

Planung der medialen Umsetzung

Sind die Medienauswahl sowie die vorgenannten Beurteilungen und ggf. notwendigen Anpassungen erfolgt, wird für die konkrete Umsetzung geplant, wie die in ihrer Gesamtheit eingesetzten Medien die angestrebten Ziele und Funktionen konkret unterstützen sollen. Diesem Schritt kommt im Kontext der Inklusion eine besondere Bedeutung zu, da hier z. B. auch Darstellungs- und Perzeptionsalternativen mitgedacht werden müssen, die es z. B. einzel-

65 Irion/Scheiter (2018: 10 f.) erläutern im Detail, wie digitale Medien die adaptive Förderung unter Berücksichtigung verschiedener Wissensstände und unterschiedlichen Lernverhaltens in heterogenen Nutzergruppen unterstützen können.

nen Schülerinnen und Schülern ermöglichen, die dargestellten Lerninhalte auf verschiedene Arten wahrzunehmen, zu rezipieren und zu bearbeiten. Die konkrete Umsetzungsplanung umfasst eigentlich alle Ebenen von der Speicherung, der Repräsentation (im Sinne von Kodierung), über die Übertragung, den Informationsaustausch bis hin zur Präsentation und Perzeption von Informationen (vgl. ebd.: 5f.). Letztlich muss jedoch für den Einsatz digitaler Medien festgehalten werden, dass in der Regel einige dieser Gestaltungsfragen wie die (digitale) Speicherung und Übertragung von Informationen und der damit verbundene Informationsaustausch weitestgehend festgelegt sind und somit im hier betrachteten thematischen Kontext vor allem die Ebenen der Repräsentation, der Präsentation und der Perzeption von Informationen bei der Umsetzungsplanung relevant sind.

Transparenz und Nachvollziehbarkeit

Die Gründe für die Auswahl und Nutzung der eingesetzten digitalen Medien sollten für alle Beteiligten (Lehrerinnen und Lehrer, Schülerinnen und Schüler sowie deren Eltern) nachvollziehbar sein. Ebenso sollte die damit verbundene Zielsetzung als sinnvoll und realistisch nachvollzogen werden können. Insbesondere für die Schülerinnen und Schüler ist es wichtig, dass sie klar erkennen können, welche Lernziele sowohl bezüglich der fachlichen Lerninhalte als auch hinsichtlich der digitalisierungsbezogenen Kompetenzen von ihnen erreicht werden sollen. Dabei sollten im Unterrichtskonzept entsprechende Feedbackmöglichkeiten zur Verbalisierung und Reflexion des Einsatzes digitaler Medien vorgesehen werden, die wiederum die Lehrerin/den Lehrer in die Lage versetzen, das Einsatzszenario zu reflektieren und ggf. entsprechende Anpassungen und Verbesserungen vorzunehmen (siehe Abb. 15).

Dabei ist es notwendig, aber mitunter nicht ganz einfach, als durchführende Person die notwendige Distanz zum eigenen Projekt, seiner Realisierung und Reflexion/Evaluation zu wahren. Neben dem – ggf. auch nicht gänzlich objektiven – Feedback der Schülerinnen und Schüler kann eine Möglichkeit zur Wahrung dieser Distanz darin liegen, dass man Kolleginnen und Kollegen miteinbezieht.

Medientechnische und personelle Ausstattung

Wie bereits bei der Erläuterung der medien- und fachdidaktischen Perspektive zur Begründung des Einsatzes digitaler Medien erläutert wurde, müssen Aufwand und (didaktischer) Nutzen sorgsam gegeneinander abgewogen werden. Idealerweise lässt sich mit vergleichsweise geringem Aufwand (und Zeitver-

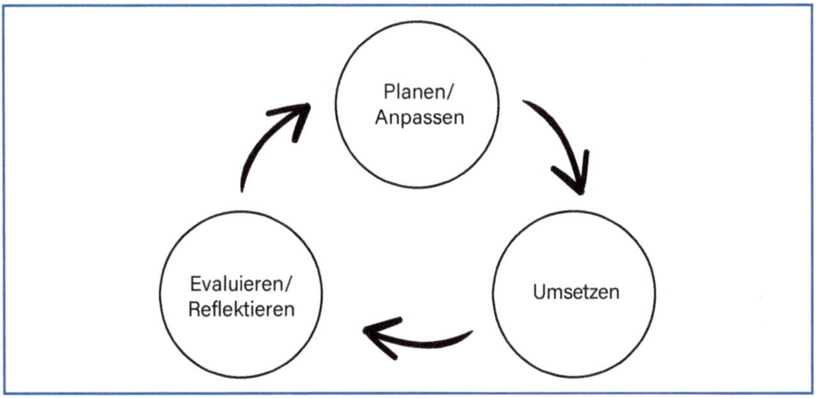

Abb. 15: Planungs- und Umsetzungskreislauf

lust im Unterricht zur Inbetriebnahme der Technik) hoher Nutzen erzielen, wobei dieser Aufwand eng mit der vorhandenen technischen und personellen Ausstattung korrespondiert. Sowohl die räumlichen und technischen Voraussetzungen und Rahmenbedingungen als auch die zeitlichen und personellen Ressourcen müssen die Realisierung eines Unterrichtskonzeptes überhaupt erst ermöglichen. Ein didaktisch bestens durchdachtes Konzept hilft nicht weiter, wenn es in seiner Umsetzung an mangelnder Technikausstattung und fehlenden Personalressourcen scheitert. Auf der anderen Seite sollte der didaktische Nutzen nicht durch reinen Pragmatismus verwässert werden, sodass in der Praxis mit Blick auf die derzeit oft technisch und personell unzureichende Ausstattung von Schulen und auch Hochschulen in der Regel ein Kompromiss zwischen Pragmatismus und idealer Konzeption gefunden werden muss. Wo die Beschaffung oder Erweiterung medientechnischer Ausstattung ansteht, muss vorab ein Medien- und Infrastrukturkonzept erstellt werden, das auf die Anforderungen der kompletten Schule abgestimmt ist. Dabei müssen die Beschaffungsentscheidungen im Wesentlichen auf der Grundlage der didaktischen Ziele und Funktionen getroffen werden und gleichzeitig größtmögliche Flexibilität sowie eine problemlose Zugänglichkeit für alle Beteiligten ermöglichen.

Der Einsatz digitaler Medien soll im Schulunterricht und in der Hochschullehre idealerweise sehr flexibel und zielgerichtet in einzelnen Unterrichtsphasen erfolgen. Klassische Computerräume mit ihrer ortsgebundenen technischen Ausstattung können die damit verbundenen Einzelanforderungen in der Regel nicht oder nur unzureichend erfüllen, zumal pro Schule in der Regel nur einzelne oder wenige solcher Räume zur Verfügung stehen. Da diese Räume gebucht und ggf. entsprechend den Nutzungsanforderungen vorbereitet werden müssen, wird der Einsatz der dort vorgehaltenen digitalen Medien häufig eher nach organisatorischen als nach fach- und mediendidaktischen Gesichtspunkten geplant und realisiert. Notwendige Wechsel vom Klassenzimmer in den Computerraum erschweren Übergänge zwischen mediengestützten und nichtmediengestützten Unterrichtsphasen zusätzlich. Mobile Endgeräte wie Tablets und Smartphones sowie Notebooks können demgegenüber örtlich und zeitlich flexibler eingesetzt werden. Folglich scheint Mobile Learning[66] und das damit verbundene Potenzial für Schulen und Hochschulen ein interessanter und effektiver Weg für den Einsatz digitaler Medien in Lehre und Unterricht zu sein. Neben den dadurch entstehenden Flexibilisierungsmöglichkeiten kann Mobile Learning auch didaktische Vorteile mit sich bringen. Die in diesem Zusammenhang relevanten „Rahmenbedingungen für die Gestaltung von Lernumgebungen mit mobilen Endgeräten" definiert Mayrberger, wobei sie insbesondere die Förderung des partizipativen Lernens in den Blick nimmt. Mayrberger (2018: 71) betont dabei,

> dass Lernende sich potenziell mit Hilfe von mobilen Endgeräten an jedem (Lern-) Ort und zu jeder Zeit mit Hilfe von Technologie mit Personen und Inhalten vernetzen und in Interaktion treten, doch ebenso auch individuell mobil lernen können. Mobiles Lernen kann in formalen wie auch informellen Bildungskontexten stattfinden, aber auch zwischen ihnen. Soweit der formale Bildungskontext Ausgangspunkt der Lernaktivitäten ist, erscheint es sinnvoll, derartige Grenzverschiebungen soweit wie möglich in Form jeweils spezifischer didaktischer Überlegungen in der Konzeption der Lehr- und Lernszenarien einzuplanen, die ein mobiles und vernetztes Lernen unterstützen sollen. Damit einher geht aus didaktischer Sicht die Chance, die mobilen Endgeräte bei den Lernenden vor allem zur Individualisierung von Lernprozessen wie auch zur möglichst handlungsorientierten wie auch rezipierenden Aktivierung und Beteiligung der Lernenden heranzuziehen.

Nach Buchem (2018: 58) findet durch Mobile Learning „eine Verflüssigung von Grenzen bezogen auf den Lehr-Lernraum statt […], welche neue Herausforde-

---

66 Mobile Learning bezeichnet zunächst ganz allgemein „Lernprozesse mit mobilen, meist drahtlos operierenden Geräten" (de Witt 2013: 14). Als mobile Endgeräte lassen sich für das hier betrachtete Thema Smartphones, Tablets und Netbooks sowie Ultrabooks (also besonders leichte und mobile Notebooks) definieren. Einen detaillierten Überblick zu Entwicklung, Strömungen und Trends des Mobile Learning liefert Seipold 2018. Didaktische Implikationen des Mobile Learning analysiert Buchem 2018 im Detail.

rungen, aber auch Potenziale für die Didaktik, u. a. bezogen auf die Selbstbestimmung von Lernenden, mit sich bringt."[67]

Der Einsatz mobiler Endgeräte kann also sowohl aus technischer und organisatorischer als auch aus mediendidaktischer Sicht Vorteile für Schulen und Hochschulen bieten. Dabei lässt sich jedoch keine pauschale Empfehlung aussprechen, ob Tablets, Smartphones oder Notebooks als digitales Medium am geeignetsten erscheinen, da jeder dieser Gerätetypen spezifische Vor- und Nachteile für konkrete Anwendungsszenarien bietet. Ebenso wenig lässt sich grundsätzlich eine bestimmte Plattform[68] empfehlen. Diese Entscheidungen müssen vielmehr im Einzelfall getroffen werden, indem zunächst die Anforderungen und didaktischen Funktionen der eingesetzten Medien sowie die mit dem Medieneinsatz verbundenen Ziele definiert werden. Im Anschluss wird dann immer zu prüfen sein, welche Geräte dazu und unter Betrachtung der konkreten Gegebenheiten vor Ort am geeignetsten erscheinen. Schließlich ist ebenfalls entscheidend, welche Apps und Softwaretools eingesetzt werden sollen und mit welchen Plattformen diese Apps und Programme kompatibel sind. Mit Bezug auf die in der Schule oder Hochschule eingesetzte Präsentationstechnik bringt der Einsatz von Mobile Learning ebenfalls einige Implikationen mit sich. Im Idealfall bieten sich hierbei mobile Lösungen an, die sich – wie die Endgeräte der Schülerinnen und Schüler – flexibel einsetzen lassen. Dabei reicht das Portfolio von mobilen Beamern über mobile elektronische Whiteboards bis zu sogenannten E-Screen-Lösungen. Bei Letzteren handelt es sich um große Touchmonitore, die mit fahrbaren und (elektrisch) höhenverstellbaren Gestellen ausgestattet werden können. Diese E-Screens können in der Regel mit einem integrierten Computer ausgestattet werden, zusätzlich oder alternativ lassen sich beispielsweise auch Android-Boxen integrieren, die sehr intuitiv zu bedienen sind und grundlegende Präsentations- und Arbeitsfunktionen auf Knopfdruck bieten. Zusätzlich lassen sich bei E-Screens in der Regel mobile Geräte kabelgebunden sowie drahtlos (mehrere Geräte gleichzeitig) verbinden, sodass sowohl die Lehrkraft als auch die Schülerinnen und Schüler wechselnd präsentieren und mit dem E-Screen interagieren können. Dabei werden sämtliche gängigen Plattformen (Windows, Mac OS, Linux, IOS/iPadOS und Android) unterstützt, sodass sowohl Tablets als auch Smartphones und Notebooks verbunden und genutzt werden können.

---

67 Buchem (2018: 58 f.) resümiert, dass „gerade mobiles Lernen eine Erweiterung der herkömmlichen didaktischen Gestaltungspraxis um medienpädagogische, mediensoziologische, aber auch rechtliche, technische und ethische Fragestellungen verlangt".

68 Im Sinne eines Betriebssystems wie Windows, Mac OS, Linux, Android, IOS und iPadOS.

Viele Systemhäuser und Vertriebsunternehmen von Medienausstattungen beraten Bildungseinrichtungen anforderungs- und zielgruppenorientiert und damit herstellerübergreifend. Dabei können sehr häufig kostenlos und unverbindlich entsprechende Show-Rooms genutzt werden, um die Medienausstattung und deren Anwendungsmöglichkeiten vorab kennenlernen und testen zu können.

Abb. 16

Abschließend sei hier noch darauf hingewiesen, dass sich solche Mobile-Learning-Konzepte recht flexibel mit Bring-Your-Own-Device (BYOD)-Ansätzen kombinieren lassen. Dabei können private Geräte von Schülerinnen und Schülern im Unterricht eingesetzt bzw. genutzt werden. Insbesondere wenn eine Schule oder Hochschule medientechnisch nicht optimal ausgestattet ist und zu wenig Geräte zur Verfügung hat, kann dies ein interessanter Ansatz sein. Da bei solchen Mediennutzungsszenarien ein sehr heterogener Medienpool zum Einsatz kommt, ist eine möglichst multikompatible Infrastrukturausstattung im vorgenannten Sinne sehr wichtig. Bei BYOD-Ansätzen ist zudem zu beachten, dass auch die eingesetzten Apps und Softwaretools möglichst multikompatibel sein sollten. Heterogene Gerätepools und damit ggf. verbundene Inkompatibilitäten können den Arbeitsaufwand beim Medieneinsatz ggf. erheblich erhöhen. Weitere Nachteile des BYOD-Konzepts können z. B. Benachteiligungen sowie ggf. Diskriminierungen von Schülerinnen und Schülern aufgrund einer schlechteren oder veralteten Technikausstattung sein. BYOD-Konzepte werfen u. U. auch wegen der gleichzeitigen Nutzung privater und schulischer Daten auf einem Endgerät zusätzliche datenschutzrechtliche Fragen auf. Die vorgenannten einzelnen Aspekte müssen daher berücksichtigt und als Vor- und Nachteile gegeneinander abgewogen werden.

Bei der zeitlichen/personellen Ressourcenplanung müssen neben dem zeitlichen Aufwand für die konkrete Nutzung der digitalen Medien im Unterricht auch Aspekte wie die notwendige Pflege und Wartung der Geräte bei der Vor- und Nachbereitung zwingend mit einbezogen werden. Diese umfassen vor allem die Installation und Aktualisierung von Apps, Software und Betriebssystemen, die Deinstallation nicht mehr aktueller oder nicht mehr benötigter

Daten und Apps/Software sowie die turnusmäßige Löschung ggf. gespeicherter projektbezogener Daten. Im Idealfall sollte es hierfür ein schulübergreifendes Servicekonzept mit klaren Zuständigkeiten und Zeitvorgaben geben.

Notwendiges Know-how

Auf die Notwendigkeiten zum Erwerb digitalisierungsbezogener Kompetenzen, die entsprechenden Kontexte und die daraus resultierenden Rückschlüsse für die Lehramtsausbildung an Universitäten geht das dritte Kapitel dieses Bandes ausführlich ein. Daher soll hier lediglich deutlich gemacht werden, dass grundlegende Schulungen und Workshops für den Umgang mit der in der Schule vorhandenen technischen Ausstattung im Idealfall aus dem Unterricht ausgelagert werden sollten. Eine konzentrierte Einweisung in die technischen Nutzungsmöglichkeiten in Form eines (professionellen) Workshops bringt insbesondere für die Lehrerinnen und Lehrer erhebliche Vorteile mit sich. Da diese sowohl digitale Medien kompetent einsetzen als auch deren Nutzung ihren Schülerinnen und Schülern selbst vermitteln müssen, ist es essenziell, dass sie mit Blick auf ihre Unterrichtsthemen und -ziele die konkreten Anwendungsmöglichkeiten der vorhandenen digitalen Medien kennen. Durch gezielte, professionell organisierte, Workshops lassen sich grundlegende Nutzungskenntnisse erlernen sowie Potenziale der eingesetzten Produkte ausführlich veranschaulichen. In separaten Workshops ist dabei ausreichend Zeit eingeplant, um gezielte Nutzungsmöglichkeiten dezidiert erläutern und unterschiedliche Perspektiven der Lehrerinnen und Lehrer einfließen lassen zu können sowie konkrete Anwendungsbeispiele im Unterricht zu diskutieren. Oftmals bieten die Hersteller und/oder Vertriebspartner bei der Anschaffung von Medienausstattung entsprechende Schulungen bzw. Einführungen an, die häufig sogar kostenlos sind. Den Anwenderinnen und Anwendern kann im Rahmen solcher Workshops vermittelt werden, welche Nutzungsmöglichkeiten die vorhandene oder anzuschaffende Medienausstattung bietet und wie diese im Unterricht zur Erreichung der definierten Lernziele eingesetzt werden kann. In diesem Zusammenhang hat es sich bewährt, einzelne (besonders interessierte und/oder versierte) Personen umfangreich zu schulen und diese im Anschluss als Multiplikatoren einzusetzen. Dies hat den Vorteil, dass hausintern entsprechende Expertise aufgebaut und zielgruppenorientiert an die Lehrerinnen und Lehrer im Kollegium sowie an die Schülerinnen und Schüler weitergegeben werden kann. So können auch neue Kolleginnen und Kollegen zielgerichtet in die vorhandene Medienausstattung eingearbeitet werden. Es empfiehlt sich dabei, die einzelnen Zielgruppen, also Lehrerinnen und Lehrer, Schülerinnen und Schüler sowie ggf. die Eltern, separat in Workshops zu schulen, was auch den Vorteil mit sich bringt, dass die entsprechend notwendigen anwendungsbezogenen Grundkenntnisse außerhalb des regulären Unterrichtsablaufes vermittelt werden können und der Einsatz digitaler Medien im Unterricht im Anschluss effizienter auf die Vermittlung der Lerninhalte[69] konzentriert werden kann. Optional können die Eltern durch entsprechende Workshops mit einbezogen werden, was wiederum die Transparenz und Nachvollziehbarkeit des Medieneinsatzes (s. o.) erhöht und Hemmschwellen abbauen kann. Zudem können Eltern so auch beim häuslichen Einsatz digitaler Medien unterstützend tätig werden.

Datenschutz und Urheberrecht

Besonders bei der Erstellung von digitalen Produkten wie visuellen, auditiven oder audiovisuellen Projektergebnissen ist es wichtig, im Vorfeld die Nutzung der verwendeten Daten klar zu definieren:

- Was wird konkret erstellt?
- Welche personenbezogenen Informationen werden dabei verwendet?
- Für welche Zwecke werden die digitalen Produkte erstellt? Werden diese dabei lediglich unterrichtsintern verwendet oder auch teilöffentlich oder öffentlich zugänglich gemacht? Falls ja, in welcher Form geschieht dies?
- Wann werden die projektbezogenen Daten auf den Schulgeräten (automatisiert) gelöscht?

Auf der Basis dieser Festlegungen ist das Einverständnis aller beteiligten Ebenen einzuholen. Dabei sind die Schülerinnen und Schüler, ihre Eltern, die Kolleginnen und Kollegen sowie die Schulleitung und ggf. die Schulaufsicht zu beteiligen, die Einverständniserklärungen müssen schriftlich erfolgen.

Der Einsatz digitaler Medien berührt darüber hinaus auch urheberrechtliche Fragen. Einerseits sind die durch die Schülerinnen und Schüler selbst erstellten digitalen Produkte ggf. durch das Urheberrecht geschützt, was bei einer Veröf-

69 Dabei sind mit Lerninhalten sowohl die zu vermittelnden fachlichen Unterrichtsinhalte und Lernziele gemeint als auch weiterführende digitalisierungsbezogene Kompetenzen, wie sie in diesem Kapitel bereits bei der Vorstellung der medien- und fachdidaktischen Analyse aus der ITG-Perspektive, der medien- und fachdidaktischen Perspektive und der Perspektive der Medienerziehung/Persönlichkeitsbildung beschrieben wurden. Solche Kompetenzen müssen im Unterricht vermittelt werden, anwendungsbezogene Grundkenntnisse im Umgang mit der technischen Ausstattung der Schule und der entsprechend eingesetzten Software usw. sollten jedoch in separaten Workshops erworben werden.

fentlichung entsprechend berücksichtigt und kenntlich gemacht werden muss. Andererseits kann in diesem Zusammenhang die Verwendung urheberrechtlich geschützten Materials durch die Schülerinnen und Schüler bei der Recherche und Erstellung der Produktergebnisse problematisch sein. Demnach ist es also vor allem wichtig, den Schülerinnen und Schülern ein zumindest grundlegendes Problembewusstsein zu diesem Thema zu vermitteln. Darüber hinaus sollte aber auch kritisch geprüft werden, ob die digitalen Produkte vor dem Hintergrund von Datenschutz- und Urheberrechtsfragen tatsächlich veröffentlicht werden sollten. Sofern dies beabsichtigt ist, sollte vor Veröffentlichung eine Prüfung aller verwendeten Fremdinhalte auf Urheberrechtsverstöße durchgeführt werden. Gegebenenfalls bietet sich eine solche Prüfung an, um gemeinsam mit den Schülerinnen und Schülern alternative Materialien zu recherchieren, die entsprechend verwendet werden können, oder selbst entsprechende Materialien zu erstellen. In diesem Zusammenhang kann die Verwendung von Open Educational Resources (OER)[70] eine interessante Möglichkeit sein, um urheberrechtliche Probleme zu umgehen.

Online-Material: Checklisten zu Urheberrecht und Datenschutz sowie Muster-Einverständniserklärung

4.2 Assistive Technologien – Unterstützungsmöglichkeiten und barrierefreies Lernen

Ausgehend von einem weiten Verständnis von Inklusion (vgl. Kap. 2.1), lässt sich feststellen, dass Schülerinnen und Schüler grundsätzlich heterogene körperliche, sprachliche und kognitive Voraussetzungen sowie Strategien zur Rezeption und Aneignung von Wissen mitbringen bzw. entwickelt haben. Daher ist es für den Einsatz digitaler Medien und die damit verbundene Konzeption und Umsetzung von Lerninhalten von entscheidender Bedeutung, diesen unterschiedlichen Voraussetzungen und Rezeptionsstrategien Rechnung zu tragen.

Digitale Medien bieten bei der Darstellung und Vermittlung von Lerninhalten grundsätzlich ein hohes Potenzial, diese unterschiedlichen Voraussetzungen sowie Nutzungs-, Rezeptions- und Lernstrategien – und damit letztlich die verschiedenen Nutzertypen – zu bedienen. So lassen sich beispielsweise durch hypermediale Gestaltungsformen unterschiedliche Navigationsmöglichkeiten

70 Vgl. Kapitel 3.3, zum Einsatz von OER im Unterricht sei zudem auf Muuß-Merholz 2019 verwiesen.

etablieren, verschiedene Lernpfade einrichten und Informationen flexibel gestuft darstellen. Digitale Medien bieten dabei deutlich vielfältigere Möglichkeiten als beispielsweise klassische Schulbücher und Arbeitsblätter. Werden diese Möglichkeiten konsequent genutzt, so können die Nutzerinnen und Nutzer an verschiedenen Startpunkten, also z. B. mit sehr unterschiedlichem Vorwissen, abgeholt und trotz unterschiedlicher individueller Lernstrategien und Lernvoraussetzungen erfolgreich zum Lernziel geführt werden. Zudem bieten digitale Medien häufig bereits eine Reihe von Funktionalitäten, welche die Lernenden entsprechend ihrer individuellen Bedürfnisse technisch unterstützen können. Diese Bedienungshilfen und Individualisierungsmöglichkeiten können den Zugang zu Inhalten und damit die Rezeption und den Lernerfolg verbessern, was im Folgenden noch anhand konkreter Anwendungsbeispiele gezeigt werden wird. Obwohl digitale Medien dieses Potenzial bieten, können durch ihren Einsatz jedoch paradoxerweise gleichzeitig neue Hemmschwellen und Barrieren aufgebaut werden, die diesen Zielen entgegenstehen. Insbesondere, aber nicht nur, für Schülerinnen und Schüler mit körperlichen und/oder kognitiven Einschränkungen ist es daher wichtig, dass potenzielle Barrieren mitgedacht werden und der Einsatz digitaler Medien entsprechend sorgfältig konzeptionell geplant wird, um alle Schülerinnen und Schüler durch den Einsatz geeigneter Hardware, Tools und Apps erfolgreich und motivierend zu unterstützen. In inklusionsorientierten Unterrichtskonzepten kommt diesen Fragestellungen ein besonders hoher Stellenwert zu. Wer also digitale Medien in der Schule effektiv einsetzen und dabei allen Schülerinnen und Schülern eine gleichberechtigte Teilhabe am Unterricht ermöglichen möchte, kommt nicht umhin, sich mit Fragen der Zugänglichkeit bzw. Barrierefreiheit[71] der eingesetzten digitalen Medien und der zu vermittelnden Lerninhalte auseinanderzusetzen. Nachfolgend sollen daher die relevanten Dimensionen barrierefreien Lernens im Kontext inklusiven Deutschunterrichts aufgezeigt werden, um daraus abzuleiten, welche Handlungsfelder für eine geeignete Konzeption und Realisierung von Unterrichtsszenarien relevant sind.

71 Beide Begriffe werden in der deutschsprachigen Diskussion weitestgehend synonym verwendet, im Zusammenhang mit internetbasierten Anwendungen und digitalen Medien wird jedoch häufig eher der Begriff Zugänglichkeit (bzw. Accessibility) verwendet. In diesem Buch wird einheitlich der Begriff Barrierefreiheit Verwendung finden.

Dimensionen der Unterrichtsgestaltung für heterogene Lerngruppen

Der Einsatz digitaler Medien im Deutschunterricht unter Berücksichtigung der vielfältigen Anforderungen und Bedürfnisse heterogener Lerngruppen muss vier Dimensionen in der Planung und Umsetzung geeigneter Unterrichtskonzepte berücksichtigen:

- Barrierefreiheit
- Universal Design (for Learning)
- Assistive Technologien (AT)
- Angemessene Vorkehrungen – Persönliche Assistenz.

Diese Dimensionen spannen nach Bühler (2016) einen Lösungsraum (Continuum of Solutions – CoS) auf, in welchem aus der Kombination der dahinterstehenden einzelnen Konzepte konkrete Lösungen für die Gestaltung des Unterrichts für heterogene Lerngruppen gestaltet und umgesetzt werden können (siehe Abb. 17).[72]

Das Zusammenspiel dieser Dimensionen lässt sich wie folgt konkretisieren:

> ‚Accessibility', was im Deutschen allgemein unter Barrierefreiheit zusammengefasst wird, wird ergänzt durch verschiedene Herangehensweisen, die erst in der richtigen Kombination zu passenden Lösungen für individuelle Bedarfe werden. Barrierefreiheit und Universal Design sorgen für die Zugänglichkeit und Nutzbarkeit für Gruppen. Sie müssen in der medienpädagogischen Arbeit im Voraus bedacht und geplant werden. In der konkreten Praxis wird dies aber nicht immer für alle ausreichen. Hier greifen auf individueller Ebene konkrete assistive Technologien und angemessene Vorkehrungen wie persönliche Assistenzen. (Haage/ Bühler 2019: 214)

Im Folgenden werden die vier vorgenannten Dimensionen des CoS im Einzelnen ausführlicher vorgestellt und in ihrer Relevanz und ihrem Zusammenwirken für die Gestaltung des Unterrichts für heterogene Lerngruppen veranschaulicht.

---

72 Bühler selbst bezieht diesen Schluss auf den einzelnen Menschen mit Behinderung, für den aus dem Zusammenspiel der vier Dimensionen des CoS heraus eine individuelle Lösung spezifiziert werden kann (vgl. 2016: 162). Auf einer allgemeingültigeren Ebene lassen sich aus diesem Lösungsraum und den darin implementierten Konzepten jedoch auch Lösungen für die Unterrichtsgestaltung im Kontext von Inklusion entwickeln. Lediglich bei der vierten Dimension Angemessene Vorkehrungen – Persönliche Assistenz sind solche grundlegenden Ableitungen schwierig, was hier zum Abschluss dieses Kapitels noch deutlich werden wird.

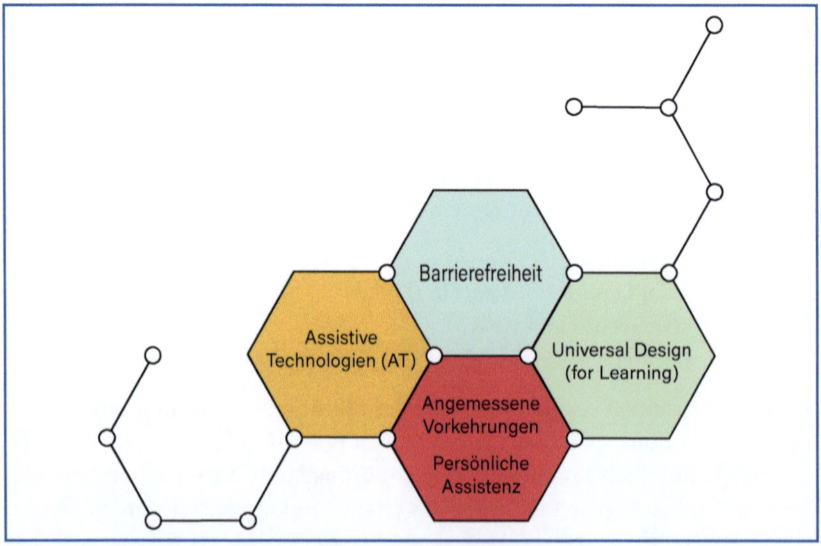

Abb. 17: Dimensionen der Gestaltung inklusiven Unterrichts

Barrierefreiheit

Haage/Bühler (2019) betonen das große Potenzial digitaler Medien für die Inklusion und erklären dabei gleichzeitig die Barrierefreiheit zur obligatorischen Voraussetzung, um dieses Potenzial ausschöpfen zu können. Sie führen in diesem Zusammenhang aus, dass „Medienbildung, die einen Beitrag zur gleichberechtigten Teilhabe an Medien, Information und Kommunikation leisten will, […] sich mit Barrierefreiheit befassen und sie in ihrer Methodik und Didaktik berücksichtigen" muss (ebd.: 207). Zunächst ist dabei zu betrachten, welche individuellen Voraussetzungen die Schülerinnen und Schüler für die Nutzung digitaler Medien jeweils mitbringen. Individuelle Voraussetzungen meint hier sowohl Vorerfahrungen und Vorwissen als auch körperliche und kognitive Voraussetzungen, wobei körperlichen und kognitiven Einschränkungen eine besondere Bedeutung zukommt, gehen mit ihnen doch häufig mögliche Hemmnisse für die Nutzung digitaler Medien einher, wie hier auf den folgenden Seiten noch genauer erläutert werden wird. Solche Probleme bei der Rezeption von Informationsangeboten zu identifizieren und sicherzustellen, dass der Einsatz digitaler Medien tatsächlich die Zugänglichkeit verbessert und damit die gleichberechtigte Teilhabe aller Schülerinnen und Schüler am Unterricht ermöglicht, statt sie zu erschweren oder zu verhindern, ist Ziel des Konzeptes der Barrierefreiheit (vgl. hierzu Kap. 2.4). Dabei handelt es sich um einen regulatorischen bzw. normativen Ansatz, der grundsätzlich alle Bereiche des alltäglichen Lebens betrifft und die Teilhabe behinderter Menschen am öffentlichen Leben sicherstellen soll. Nach dem Behindertengleichstellungsgesetz (BGG)[73] sind insbesondere öffentliche Einrichtungen verpflichtet, Barrierefreiheit zu gewährleisten und allen Menschen eine gleichberechtigte Teilhabe zu ermöglichen.[74] In Ergänzung zum BGG wurde erstmalig 2002 die für die Informationstechnologie einschlägige „Barrierefreie-Informationstechnik-Verordnung (BITV)"[75] verabschiedet, welche im Jahr 2011 nochmals überarbeitet wurde und seither als „BITV 2.0" gültig ist. Die dort definierten Vorgaben für die Gestaltung von digitalen Medien, insbesondere von Internetangeboten und Lehr-Lern-Modulen, verfolgen das Ziel, „eine umfassend und grundsätzlich uneingeschränkt barrierefreie Gestaltung moderner Informations- und Kommunikationstechnik zu ermöglichen und zu gewährleisten" (BMJV 2011, § 1). Die vorgenannten Verordnungen bzw. Gesetze definieren dabei jedoch ausschließlich den gesetzlichen Rahmen und somit den Sollzustand zur Barrierefreiheit, sie bieten selbst kaum Anhaltspunkte dafür, wie diese idealtypisch definierten Ziele konkret in der Praxis umgesetzt bzw. erreicht werden können. Barrierefreiheit soll damit eher ein Problembewusstsein vermitteln und die Identifizierung von Barrieren ermöglichen.

Nachfolgend sollen hierzu mit Blick auf digitale Medien und die Praxis einige konkrete Beispiele benannt werden. Diese werden nach Art der Beeinträchtigung gruppiert und kurz exemplarisch erläutert.

Sehschädigung/Sehbeeinträchtigung

Je nach Ausprägung einer Sehbeeinträchtigung können Schülerinnen und Schüler rein visuelle Darstellungen nur eingeschränkt bis gar nicht wahrnehmen. Typische Barrieren für diese Nutzerinnen und Nutzer sind Bilder und

---

73 Das BGG ist im Volltext abrufbar unter www.gesetze-im-internet.de/bgg.

74 Neben baulichen Anforderungen an Gebäude, Gestaltungsanforderungen für den öffentlichen (Verkehrs-)Raum und Vorgaben für den ÖPNV wird dabei auch der Bereich der Informationstechnologie in den Blick genommen: „Barrierefrei sind bauliche und sonstige Anlagen, Verkehrsmittel, technische Gebrauchsgegenstände, Systeme der Informationsverarbeitung, akustische und visuelle Informationsquellen und Kommunikationseinrichtungen sowie andere gestaltete Lebensbereiche, wenn sie für Menschen mit Behinderungen in der allgemein üblichen Weise, ohne besondere Erschwernis und grundsätzlich ohne fremde Hilfe auffindbar, zugänglich und nutzbar sind. Hierbei ist die Nutzung behinderungsbedingt notwendiger Hilfsmittel zulässig." (BMJV 2002, § 4)

75 Das BITV 2.0 ist im Volltext abrufbar unter www.gesetze-im-internet.de/bitv_2_0.

Grafiken, die nicht mit aussagekräftigem alternativem Text hinterlegt sind. Dazu gehören beispielsweise

- Tabellen, deren Struktur und Leserichtung nicht entsprechend ausgezeichnet sind,
- schlechte Darstellungskontraste zwischen Hintergrund und Text- bzw. Grafikelementen und
- zu kleine und nicht skalierbare Schrift und Designelemente.

Schädigungen bzw. Beeinträchtigungen des Gehörs

Die rein auditive Bereitstellung von Inhalten war bisher im Internet (das nach wie vor den wesentlichen Bezugsraum für Konzepte der barrierefreien Gestaltung von Informationstechnologie darstellt) im Vergleich zur optischen Darstellung seltener gegeben. Daraus resultiert, dass die Frage der multimodalen Informationsunterstützung bzw. -aufbereitung auditiv bereitgestellter Inhalte gerade im Vergleich zur barrierefreien Gestaltung von schriftlich-textlichen Elementen bislang kaum hinsichtlich der Möglichkeiten zur Vermeidung von Barrieren betrachtet wurde. Mit der zunehmenden Nutzung von Audiodaten (z. B. Podcasts) und audiovisuellen Medien (z. B. Videos) bekommt diese Ebene jedoch eine größere Bedeutung. Um eingeschränkt oder gar nicht hörenden Nutzerinnen und Nutzern Informationen entsprechend vermitteln zu können, lassen sich vor allem schriftliche Untertitel sowie parallele Einblendungen von Gebärdensprache nutzen.

Motorische Einschränkungen

Insbesondere die eingeschränkte Bewegungsfähigkeit der Arme und/oder Hände führt dazu, dass Nutzerinnen und Nutzer herkömmliche Eingabegeräte wie Tastatur und Maus nicht nutzen können und ihnen somit der Zugang zu digital vermittelten Informationen grundlegend erschwert bzw. unmöglich gemacht wird. Diese Barriere lässt sich zwar durch alternative Eingabegeräte grundsätzlich beseitigen. Jedoch können auch zu kleine Schaltflächen und Inhalte eine Barriere für motorisch eingeschränkte Schülerinnen und Schüler darstellen, da diese nur sehr schwer gezielt angesteuert werden können. Für diese Nutzerinnen und Nutzer ist darüber hinaus auch die logische Strukturierung der dargestellten Inhalte durch zusätzliche Tags (sogenannte tabindex-Attribute) notwendig, damit sie die Inhalte mithilfe der Tabtaste komplett über die Tastatur ansteuern können.

Kognitive Beeinträchtigungen

Die Ursachen für mögliche Einschränkungen kognitiver Fähigkeiten und deren Auswirkungen sind sehr vielfältig. Verallgemeinernd lässt sich feststellen, dass z. B. Schülerinnen und Schüler mit Lernbeeinträchtigungen oftmals nicht (ausreichend) in der Lage sind, komplexe Zusammenhänge zu erfassen und komplizierte Inhalte zu verstehen. Dadurch können komplexe, unübersichtliche Navigationen, lange verschachtelte Sätze und komplizierte Texte sowie die ausgeprägte Nutzung von Fremdwörtern und Fachvokabular diese Nutzerinnen und Nutzer vor Probleme stellen. Solche Barrieren lassen sich durch das Konzept der Leichten Sprache verringern. Diese „ist intendiert als eine Form barrierefreier Kommunikation und soll einen Beitrag zur Verringerung der sprachlichen Barrieren und damit zu mehr Teilhabemöglichkeiten leisten" (Schuppener/Goldbach/Bock 2019: 216). Dabei handelt es sich um eine Sprachform mit eigenen Vorgaben, die speziell für Menschen mit Lernbeeinträchtigungen entwickelt wurde.

> Wichtige Regeln sind der Verzicht auf Fremdwörter, kurze Sätze mit einer Aussage in einer Zeile, die wiederkehrende Bezeichnung einer Sache mit einem immer gleichen Begriff und der Verzicht auf Metaphern sowie eine einfache Grammatik, ohne Passivkonstruktionen, Konjunktiv etc. Dazu kommt eine bestimmte Formatierung mit größerer Schrift und größeren [sic!] Zeilenabstand sowie der Einsatz von Bildern, was die Lesbarkeit und die Verständlichkeit verbessern soll. (Werning/Bömig 2019: 275)

Umsetzungskonzepte für Barrierefreiheit

Barrierefreiheit liefert als anforderungsdefiniertes Ziel kaum konkrete Ansätze zur Überwindung von Barrieren. Vielmehr definiert sie den Sollzustand und hilft damit, potenzielle Barrieren zu identifizieren. Ist dies geschehen, müssen bei der Konzeption und Umsetzung von Lehr-Lern-Modulen und Lehr-Lern-Settings im Unterricht ergänzend andere Konzepte berücksichtigt werden, aus welchen konkrete und praxisbezogene Hilfestellungen für die barrierefreie Gestaltung dieser Angebote abgeleitet werden können, um so die über die Barrierefreiheit definierten Ziele konkret realisieren zu können.

In der Praxis hat es sich in diesem Zusammenhang als sinnvoll erwiesen, nutzerorientierte Ansätze für die Erarbeitung und Umsetzung entsprechender Konzepte zu verwenden, da für die barrierefreie Nutzung von digitalen Medien zunächst einmal entscheidend ist, welche Anforderungen die Nutzerinnen und Nutzer an die von ihnen verwendeten (technischen) Schnittstellen sowie an die multimedialen Inhalte selbst haben. Folgerichtig gibt es eine Vielzahl von Ansätzen, Theorien und Konzepten, die sich mit Aspekten des User-Interface-

Design und der Usability beschäftigen. Dabei stehen überwiegend Internetangebote und Softwaresysteme im Zentrum des Interesses. Zur barrierefreien Gestaltung von Informationsanwendungen und digitalen Medien gibt es folglich eine Vielzahl von Empfehlungen und Vorgaben mit unterschiedlichen Anwendungsperspektiven und Zielen bzw. Zielgruppen. Mit Blick auf die barrierefreie Gestaltung des Einsatzes digitaler Medien im Unterricht soll hier im Folgenden die Idee des Universal Design sowie darauf aufbauend das Konzept des Universal Design for Learning vorgestellt werden.

Ergänzend sei hier angemerkt, dass Bühler (2017) einen kurzen und sehr informativen Einstieg mit weiterführenden Links auf einschlägige Richtlinien und Empfehlungen zur Barrierefreiheit im Bereich Information und Kommunikation bietet.

Die Bundesfachstelle Barrierefreiheit bietet auf ihrem Internetportal[76] einführende Informationen und weiterführende Links und Ressourcen zur Barierefreiheit in sämtlichen Bereichen des Alltagslebens, darunter auch zu den Themen Information/Kommunikation und Informationstechnik. Insbesondere der Bereich Praxishilfen[77] bietet dabei gute Anregungen und Hinweise für die barrierefreie Gestaltung des Einsatzes digitaler Medien.

Die Beratungsstelle für Studierende mit Behinderung und chronischer Erkrankung der Ludwig-Maximilians-Universität München (LMU) hat zum Thema „Barrierfreie digitale Lehre" eine Handreichung für Studentinnen und Studenten[78] sowie einen Praxisleitfaden für Dozentinnen und Dozenten[79] herausgegeben. Beide PDF-Dokumente bieten Anregungen und Hinweise, die sich auch auf den schulischen Unterricht anwenden lassen.

Sehr umfassend und grundlegend analysiert Vieritz (2015) das Thema Barrierefreiheit im virtuellen Raum, wobei er sich thematisch auf Webanwendungen und deren Entwurf und Modellierung konzentriert. Viele der dabei gewonnenen Erkenntnisse lassen sich aber auch auf die barri-

76 Vgl. www.bundesfachstelle-barrierefreiheit.de.

77 Vgl. www.bundesfachstelle-barrierefreiheit.de/DE/Praxishilfen/praxishilfen_node.html.

78 Vgl. www.uni-muenchen.de/studium/beratung/beratung_service/beratung_lmu/beratungsstelle-barrierefrei/studierende-barrierefrei-dig.pdf.

79 Vgl. www.uni-muenchen.de/studium/beratung/beratung_service/beratung_lmu/beratungsstelle-barrierefrei/leitfaden-digitale-lehre.pdf.

erefreie Gestaltung und Nutzung von digitalen Medien im Kontext von Inklusion im Deutschunterricht anwenden.

Universal Design

Für das hier praxisnah zu beleuchtende Thema des Einsatzes digitaler Medien im inklusiven Deutschunterricht ist es sinnvoll, aus einer nutzerorientierten Perspektive heraus noch einen Schritt weiterzudenken und Produkte bzw. Umgebungen nicht speziell für einzelne Zielgruppen zu planen und zu konzipieren, sondern für möglichst alle Nutzerinnen und Nutzer. Eben diese Zielsetzung hat das Konzept des Universal Design, durch dessen Bezeichnung bereits deutlich wird, dass hier der nutzungsorientierte Ansatz auf die Spitze getrieben werden soll, indem die Produkt- bzw. Umgebungsgestaltung sicherstellen soll, dass Informationsangebote für alle Menschen nutzbar sind, und zwar soweit wie möglich ohne erforderliche Anpassungen oder spezialisierte Auslegungen. Letzteres meint dabei nicht etwa, dass Nutzerinnen und Nutzer selbst keine (im Produkt bereits implementierten) Anpassungen an ihre jeweiligen Bedürfnisse vornehmen können sollen, sondern dass das fertige Produkt nach Möglichkeit nicht noch im Nachhinein (durch Dritte) angepasst werden muss.

Beim Gestaltungsansatz des Universal Design handelt es sich – ebenso wie bei dem Anforderungsrahmen der Barrierefreiheit – um einen idealtypischen Ansatz, welcher sich in der Praxis immer nur näherungsweise erfüllen lässt. Dies liegt vor allem darin begründet, dass es immer auch sehr spezielle individuelle Anforderungen gibt, die sich trotz aller Bemühungen um ein für alle gleichermaßen nutzbares Umgebungs- und Produktdesign nicht verallgemeinerbar abbilden bzw. umsetzen lassen. Versucht man die Ziele also etwas weniger idealtypisch für die praktische Anwendung herunterzubrechen, so lassen sich folgende Teilziele definieren:

1. Gestaltung des Produktes für eine möglichst große Gruppe von Menschen mit unterschiedlichen Nutzungsvoraussetzungen und -anforderungen.
2. Größtmögliche Adaptierbarkeit des Produktes an deren jeweilige Bedürfnisse.
3. Größtmögliche Kompatibilität zu Hilfsmitteln und Technologien, welche die Nutzung zusätzlich erleichtern.

Im Detail folgt das Konzept des Universal Design dabei sieben Gestaltungsprinzipien, deren Bedeutung hier an kurzen Beispielen zum Thema Lernen skizziert werden soll:[80]

---

80 Die Prinzipien des UD und die entsprechenden Beispielausführungen sind im Original am allgemeinen Produktdesign orientiert und insofern vergleichswei-

1. Breite Nutzbarkeit:
   Lerninhalte werden gestuft gestaltet, d. h., es stehen ergänzende Materialien zur Verfügung, die zur selbstständigen Vor- und Nachbereitung genutzt werden können, sodass Schülerinnen und Schüler mit unterschiedlichem Vorwissen und verschiedenen Fähigkeiten zum Lernerfolg geführt werden können.
2. Flexibilität:
   Das Lernangebot unterstützt unterschiedliche Lernformen bzw. variable Lernwege (z. B. orts- und zeitunabhängiges selbstständiges Lernen mit individuellen Lernpfaden, webbasiertes kollaboratives Arbeiten mit verteilten Aufgaben usw.). Lernziele können so den individuellen Voraussetzungen entsprechend durch unterschiedliche Lernaktivitäten – auch in Lernteams – erreicht werden.
3. Einfache und intuitive Benutzung:
   Die Bedienoberfläche eines Tools ist übersichtlich gestaltet und entspricht gängigen Nutzungsgewohnheiten, wobei unterschiedliche Navigationsmöglichkeiten unterstützt werden und intuitiv verständliche Icons und Symbole (zusätzlich) zur Anwendung kommen. Das können z. B. in Lernmodulen Vor- und Zurück- sowie Start-, Stopp- und Pausentasten in der Navigation sein, die an die Symbolik eines Alltagsgerätes wie einer Fernbedienung für einen Blu-ray-Player o. Ä. angelehnt sind.
4. Sensorisch wahrnehmbare Informationen:
   Informationen können auf mehreren Repräsentationsebenen rezipiert werden: Texte liegen z. B. in digitaler, barrierefreier Form vor und ermöglichen so die Verwendung geeigneter Unterstützungsmöglichkeiten wie Sprachausgabe und Zoomfunktionen. Audiovisuelle Medien sind mit beschreibendem Text hinter- oder unterlegt, welche die Inhalte auch für seh- und/oder hörbeeinträchtigte Schülerinnen und Schüler rezipierbar machen.
5. Fehlertoleranz:

---

se abstrakt formuliert. Um sie mit Blick auf den schulischen Unterricht explizit zu machen, wurden hier eigene Beispiele zum Thema Lernen zu den einzelnen Prinzipien formuliert und deren Bezeichnungen z. T. moderat angepasst. Eine deutsche Übersetzung der im Original ursprünglich 1997 von der New York State University formulierten „Principles of Universal Design" liefert das Forschungsinstitut Technologie und Behinderung (FTB) auf seiner Website (vgl. http://ftb-esv.de/uniprinc2.html). Das FTB bietet dort auch weiterführende Informationen zum Thema UD und den eigenen Forschungs- und Entwicklungsprojekten in diesem Bereich an. Wember/Melle (2018: 64 ff.) übertragen die Prinzipien des UD beispielhaft auf allgemeine Alltagssituationen sowie auf die universitäre Lehre in Form einer Vorlesung.

Konstruktive Feedbackfunktionalitäten ermöglichen eine Selbstkontrolle der Schülerinnen und Schüler sowie eine Verbesserung der eingereichten Lösungen.

6. Niedriger Nutzungsaufwand:
   Schülerinnen und Schüler können geeignete Hilfsmittel zur Kompensation ihrer Einschränkungen als Nachteilsausgleich verwenden (bei LRS ist z. B. die Verwendung einer entsprechenden Software zur Unterstützung beim Schreibprozess denkbar, vgl. Kap. 4.3).
7. Zugang und Benutzung:
   Die technische Ausstattung eines Unterrichtsraumes ist für alle Schülerinnen und Schüler optimiert und so positioniert, dass vorhandene Geräte wie Tablets und elektronische Tafeln für alle (und damit z. B. auch für Rollstuhlfahrerinnen und Rollstuhlfahrer, sehbeeinträchtigte oder hörbeeinträchtigte Schülerinnen und Schüler) zugänglich und nutzbar sind.

Universal Design for Learning

Auf der Grundlage des allgemeinen Ansatzes des Universal Design entwickelten Rose, Gravel und Gordon bereits 1995 mit Blick auf inklusive Bildung das Konzept des Universal Design for Learning (UDL).

Nach Hall, Meyer und Rose (2012: 4 ff.) lautet die Kernprämisse des UDL, dass die Heterogenität der Schülerinnen und Schüler als Normalfall zu betrachten sei und nicht als Sonderfall.[81] Dementsprechend sei das zentrale Ziel von UDL, das Unterrichtskonzept bestmöglich im Sinne adaptiven Unterrichts an diese individuelle Verschiedenartigkeit der Schülerinnen und Schüler anzupassen und nicht andersherum, wie es nach Ansicht von Hall/Meyer/Rose in klassischen Lehr-Lern-Konzepten standardmäßig erfolgt. Wember und Melle (2018: 57) betonen, dass es sich bei UDL um ein theoretisches Rahmenkonzept handelt, welches „die systematische Planung und Analyse von Unterricht unter dem leitenden Gesichtspunkt von Barrierefreiheit und Zugänglichkeit zwecks Förderung größtmöglicher fachlicher und sozialer Teilhabe erlaubt". Weiter konkretisieren sie diese Funktionsweise von UDL in Bezug auf den bereits benannten adaptiven Unterricht wie folgt:

> Adaptiver Unterricht meint in seiner allgemeinen Fassung die grundlegende pädagogische Idee, dass die Lehrkraft die Inhalte und Methoden, Medien und Arbeitsweisen des Unterrichts in differenzierter Weise an die jeweils individuellen und sehr unterschiedlichen Lernvoraussetzungen anpasst, welche die Schülerinnen und Schüler in den Unterricht einbringen. (Ebd.: 58)

81 Vgl. Kapitel 2.3 zur Darstellung des in diesem Band zugrunde gelegten Inklusionsverständnisses.

Dabei folgt UDL zum Erreichen dieser Ziele drei zentralen Grundprinzipien eines multiplen Angebots in Bezug auf:

1. Mittel der Repräsentation von Informationen,
2. Mittel der Verarbeitung von Informationen und der Darstellung von Lernergebnissen und
3. Möglichkeiten der Förderung von Lernengagement und Lernmotivation.[82]

Aus diesen Grundprinzipien lassen sich die in Abbildung 18 dargestellten konkreten Handlungsprämissen für den Einsatz digitaler Medien im Kontext von Inklusion ziehen.

Der Einsatz digitaler Medien bietet für den überwiegenden Teil der dargestellten Handlungsprämissen nicht nur ideale Möglichkeiten, die geforderten Wahlmöglichkeiten und Optionen zu implementieren, sondern er ermöglicht in vielen Fällen überhaupt erst die Realisierung der notwendigen Darstellungsvarianten, Wahlmöglichkeiten und Gestaltungsalternativen. Somit lässt sich schließen, dass erst der Einsatz digitaler Medien eine hinreichende Realisierung adaptiven Unterrichts, welcher die Heterogenität der Schülerinnen und Schüler ausreichend berücksichtigt und die Grundprinzipien des UDL erfüllt, ermöglicht.

Zusammenfassend lässt sich festhalten, dass sowohl Barrierefreiheit als auch Universal Design for Learning wertvolle Ansätze und Grundprinzipien für den Einsatz digitaler Medien im inklusiven Deutschunterricht bieten. Dabei lassen sich mit der konsequenten Anwendung des UDL-Ansatzes und adäquat gestaltetem Einsatz digitaler Medien Barrieren vermeiden bzw. reduzieren. Das Konzept ist jedoch genereller ausgerichtet und geht dabei in seiner Zielsetzung noch deutlich über den Anforderungsrahmen der Barrierefreiheit und die damit verbundenen Ziele hinaus, indem es Gestaltungsprinzipien für Lehr-Lern-Konzepte und Materialien definiert, die allen Schülerinnen und Schülern eine gleichberechtigte Teilhabe am Unterricht und eine bestmögliche Nutzung digitaler Medien ermöglichen sollen.

Assistive Technologien zur unterstützenden Nutzung digitaler Medien

Selbst bei bestmöglicher Realisierung des Einsatzes digitaler Medien gemäß dem UDL muss betont werden, dass es im inklusiven Unterricht immer auch individuelle Anforderungen und Bedarfe geben wird, die den Zugang zu

82 Im englischen Original: 1. Provide Multiple Means of Engagement. 2. Provide Multiple Means of Representation. 3. Provide Multiple Means of Action & Expression (vgl. Hall/Meyer/Rose 2012 sowie Meyer/Rose/Gordon 2014).

A. Biete multiple Mittel der Repräsentation von Informationen an.	B. Biete multiple Mittel der Verarbeitung von Informationen und der Darstellung von Lernergebnissen.	C. Biete multiple Möglichkeiten der Förderung von Lernengagement und Lernmotivation.
1. Biete Wahlmöglichkeiten bei der Perzeption. – Biete Möglichkeiten, die Darstellung von Information anzupassen. – Biete Alternativen zur auditiven Informationsvermittlung an. – Biete Alternativen zur visuellen Informationsvermittlung an.	4. Ermögliche unterschiedliche motorische Handlungen. – Variiere die Möglichkeiten zur Steuerung von Lernmaterialien. – Variiere die Möglichkeiten zur Erstellung von Antworten. – Optimiere den Zugang zu Lernhilfen, Lernmedien und technischen Hilfsmitteln (angepasste Tastaturen etc.).	7. Biete variable Angebote zum Wecken von Lerninteresse. – Eröffne möglichst viele Wahlmöglichkeiten und räume möglichst viel Autonomie ein. – Biete möglichst relevante, positiv bewertete und authentische Aufgaben und Aktivitäten an. – Minimiere kognitive Ablenkung. – Verhindere soziale Bedrohung.
2. Biete Wahlmöglichkeiten bei der sprachlichen und symbolischen Darstellung von Informationen. – Biete Hilfen zur Klärung von Begriffen und Symbolen. – Biete Hilfen zum Erkennen von Syntax und Textaufbau. – Biete Hilfen beim Lesen von geschriebenen Texten oder von mathematischen Formeln und Symbolen. – Biete Möglichkeiten zur Nutzung von Kenntnissen in anderen Sprachen. – Biete Möglichkeiten der nicht-sprachlichen Illustration von Schlüsselbegriffen.	5. Biete Möglichkeiten im Bereich der Beherrschung instrumenteller und darstellender Fertigkeiten. – Lasse verschiedene Arten der Kommunikation zu (geschriebenen oder gesprochenen Text, Zeichnungen, Filme…). – Ermögliche die Nutzung von Hilfen beim Erstellen einer Antwort wie konkrete Materialien und Taschenrechner in Mathematik oder Wörterbücher, Textverarbeitungsprogramme, Spracherkennungssoftware bei der Textproduktion. – Biete Hilfen bei instrumentellen Fertigkeiten an, die reduziert werden können (Mentoren, Tutoren, Software).	8. Gib Gelegenheiten für unterstützte konzentrierte Anstrengung und ausdauerndes Lernen. – Erhöhe die Sichtbarkeit und Bedeutsamkeit der Lehr- und Lernziele. – Variiere das Anforderungsniveau der Aufgaben und die verfügbaren Hilfen und optimiere auf diese Weise das individuelle Anforderungsniveau. – Fördere die Kommunikation und die Zusammenarbeit unter den Lernenden. – Biete formative Lernrückmeldung mit Bezug auf die Lernzielerreichung an.
3. Biete Wahlmöglichkeiten beim Verstehen von Informationen. – Biete Möglichkeiten der Aktivierung oder Erarbeitung von Hintergrundinformationen an. – Biete Hilfen zum Hervorheben wichtiger Informationen, leitender Ideen oder Beziehungen an. – Biete Hilfen an, welche systematische Informationsverarbeitung anleiten. – Biete Hilfen an, die das Behalten und den Transfer des Gelernten unterstützen.	6. Biete Wahlmöglichkeiten zur Unterstützung der exekutiven Funktionen. – Initiiere und unterstütze geeignete Lernzielsetzung. – Unterstütze geplantes und strategisches Arbeiten. – Erleichtere den geordneten Umgang mit Informationen und Ressourcen. – Biete Möglichkeiten zur Selbstevaluation und fördere Kompetenzen durch Hilfe und formatives Feedback.	9. Biete Möglichkeiten und Hilfen für selbstreguliertes Lernen. – Entwickle und fördere motivationsförderliche Ergebniserwartungen und Kontrollüberzeugungen. – Ermögliche individuelle Bewältigungsfähigkeiten und -strategien. – Biete Möglichkeiten zur eigenständigen Lernerfolgsmessung und zur reflexiven Beurteilung des eigenen Lernprozesses.

Abb. 18: Handlungsprämissen für das Universal Design for Learning, dargestellt in Anlehnung an Wember/Melle (2018: 68)[83]

83 Dort benannt als „Prinzipien, Richtlinien und Checkpoints für das Universal Design for Learning“ (ebd.) unter Verweis auf das englische Originalschaubild (vgl. CAST 2011 sowie Hall/Meyer/Rose 2012 und die deutsche Übersetzung durch Schlüter/Melle/Wember 2016: 275).

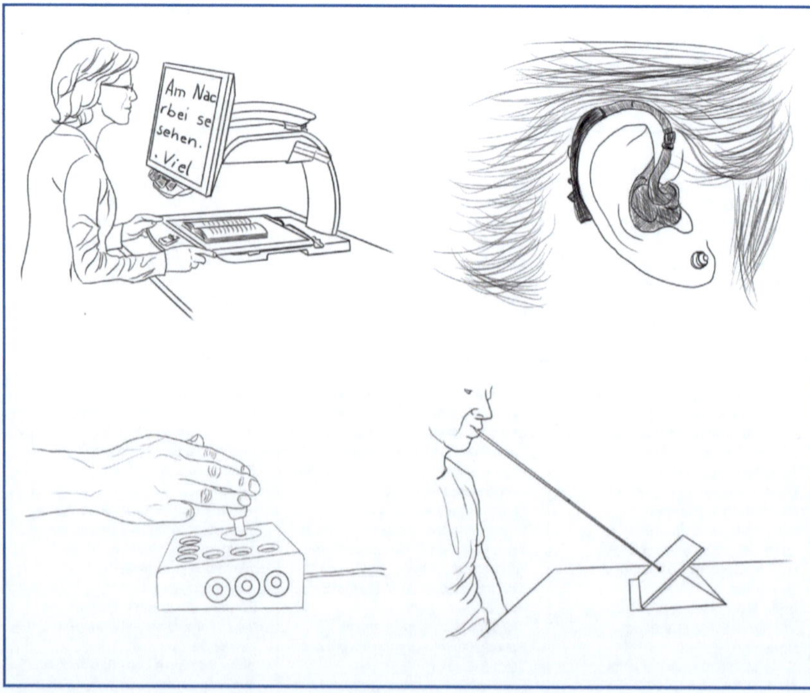

Abb. 19: Beispiele für technische Hilfsmittel/Assistive Technologien

digitalen Medien erschweren oder verhindern.[84] Dies liegt insbesondere in individuellen, auf mögliche Beeinträchtigungen bezogene, Barrieren begründet, die zum Teil so spezifisch sind, dass sie sich durch Konzepte wie das Universal Design for Learning allein nicht beseitigen lassen, weshalb solche Barrieren nur durch den ergänzenden Einsatz Assistiver Technologien (AT) wirksam überwunden werden können.

Assistive Technologien[85] „helfen dem Individuum, seine Fähigkeiten zu entfalten und beseitigen oder reduzieren Barrieren und Hürden in der Umwelt“ (Fisseler 2012: 87). AT sind dabei im ursprünglichen engeren Sinne technische Hilfsmittel, die der Kompensation von körperlichen sowie kognitiven Einschränkungen dienen und die zunächst vorwiegend im medizinisch-rehabilitativen Bereich eingesetzt wurden. Deren Entwicklung, Herstellung und Einsatz sind verhältnismäßig aufwendig und teuer. Durch die Digitalisierung und die

84 Vgl. hierzu u. a. Bosse 2016; Bühler 2016.

85 Fisseler benutzt den Terminus „Unterstützende Technologien“ (UT), dieser ist jedoch gleichbedeutend mit dem hier verwendeten Terminus „Assistive Technologien“ (AT).

damit einhergehenden technischen Innovationen lassen sich jedoch aktuell unterstützende Funktionen vermehrt in Alltagstechnologien integrieren:

> Während anfänglich Assistive Technologien in der Regel isolierte und speziell für Menschen mit Behinderung entwickelte Hilfsmittel waren (z. B. Prothesen, Blindenschriftschreibmaschinen, Farberkennungsgeräte), wird in den letzten Jahrzehnten im Sinne des Universal Designs vorwiegend versucht, handelsübliche Produkte durch Assistive Technologien dahingehend zu erweitern, dass diese für Menschen mit Behinderung nutzbar werden. (Capovilla/Gebhardt 2016: 6)

Digitale Medien bringen häufig z. B. „Bordwerkzeuge“ mit, die nach dem klassischen Verständnis zwar keine Assistiven Technologien sind, sich jedoch unterstützend einsetzen lassen. Dazu zählen u. a. Icons, Bildschirmlupen sowie Spracherkennung und Sprachausgabe, die in Alltagstechnologien wie Smartphones und Tablets überwiegend bereits Ausstattungsstandard sind.

Weiterführende Informationen zu Bedienungshilfen:

- Mac OS, IOS und iPad OS[86]
- Windows[87]
- Android[88]

Ergänzend dazu gibt es eine Vielzahl spezieller Softwaretools und Apps, die eigens zur Unterstützung bei einer oder mehreren spezifischen Einschränkung(en) entwickelt wurden. Geht man – dieses immer noch eher traditionell geprägte Verständnis von AT erweiternd – davon aus, dass es eine Vielzahl digitaler Medien gibt, die nicht nur bei spezifischen Einschränkungen, sondern grundsätzlich individuell nutzer- und lernzielorientiert unterstützend eingesetzt werden können, so lässt sich ein deutlich erweitertes, modernes Feld von AT definieren, welches sich insbesondere im Kontext von Inklusion im Unterricht für alle Beteiligten gewinnbringend einsetzen lässt. Dabei bringen insbesondere die in Alltagstechnologie wie Smartphones, Tablets und Notebooks enthaltenen AT-Funktionalitäten den wichtigen Vorteil mit, dass sie zur Standardausstattung gehören und sich durch spezifische Software und Apps ohne großen Aufwand ggf. gezielt funktional erweitern lassen. Ihre Anwendung ist recht intuitiv, und viele Schülerinnen und Schüler haben bereits entsprechende Vorerfahrungen im Umgang mit diesen Technologien, auf denen sich entsprechend aufbauen

86 Vgl. www.apple.com/de/accessibility/.

87 Vgl. https://docs.microsoft.com/de-de/windows/configuration/windows-10-accessibility-for-itpros.

88 Vgl. https://support.google.com/accessibility/answer/6006564?hl=de&ref_topic=9114916.

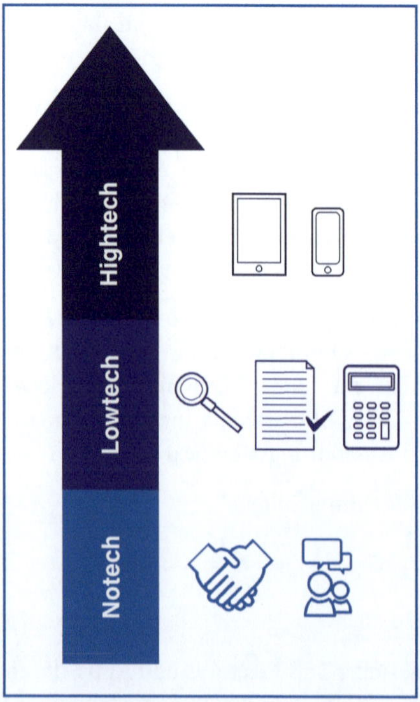

Abb. 20:
Gruppen Assistiver Technologien

lässt.[89] So werden solche AT nicht nur durch Schülerinnen und Schüler mit bestimmten körperlichen oder kognitiven Einschränkungen genutzt, sondern sie können im Sinne des UDL-Konzepts von allen Schülerinnen und Schülern gewinnbringend genutzt werden, wodurch sie selbstverständlicher Bestandteil des durch digitale Medien gestützten Unterrichts sein können. Durch ihre hohe gesellschaftliche Verbreitung und ihre Eigenschaft, die Nutzung digitaler Medien einfacher und komfortabler zu machen, besitzen sie zudem eine hohe Akzeptanz. Da Schülerinnen und Schüler mit und ohne Beeinträchtigungen so weitestgehend die gleiche technische Ausstattung nutzen können, kann Stigmatisierung verhindert und eine diskriminierungsfreiere Teilhabe am Unterricht und an der Nutzung digitaler Medien ermöglicht werden (vgl. Bosse 2016; Capovilla/Hubwieser 2013; Böing 2013).

89 Zum Einsatz von Smartphones im Deutschunterricht vgl. u. a. Knopf/von Brand 2017; Albrecht-Hermanns 2019 sowie zu den rechtlichen Rahmenbedingungen des Smartphoneeinsatzes Dreyer 2017. Unterrichtsmodelle sowie die Forschungsperspektive auf den Einsatz von Tablets im Deutschunterricht zeigen Möbius/Steinmetz/Lang 2015 auf. Zum Einsatz von Tablets in der Schule im Kontext von Inklusion sei außerdem auf Böhmig 2018 und Lohmann 2018 verwiesen.

Es liegt also nahe, dass dieses Verständnis von AT für den Einsatz digitaler Medien im inklusiven Deutschunterricht sehr viel flexiblere Möglichkeiten mit sich bringt, als dies die ursprüngliche Definition leisten kann. Daher wird hier unter Assistiven Technologien (siehe Abb. 20) jede Form von Technologie oder technischer Funktionalität verstanden, die sich im inklusiven Unterricht unterstützend einsetzen lässt.[90]

Nachfolgend werden entsprechende Hardwarekomponenten sowie Softwarefunktionalitäten digitaler Medien im Sinne einer weiten Definition des Begriffes Assistive Technologien vorgestellt, wobei sich diese Übersicht auf solche AT beschränkt, die sich im Unterricht sinnvoll einsetzen lassen oder die zumindest eine Relevanz für den schulischen Unterricht besitzen, weil ihr Einsatz durch Schülerinnen und Schüler mit bestimmten Beeinträchtigungen möglich ist und dies Auswirkungen auf die Unterrichtsplanung bzw. den Einsatz digitaler Medien hat.[91]

Assistive Technologien für Schülerinnen und Schüler mit motorischen Beeinträchtigungen

Ergonomisch angepasste Eingabegeräte

Für Menschen mit eingeschränkter, grundsätzlich jedoch noch vorhandener Funktionsfähigkeit der oberen Extremitäten gibt es ein breites Produktspektrum an speziellen Tastaturen, die die Bedienung des Computers vereinfachen. Diese zeichnen sich durch unterschiedliche Tasten- und Schriftgrößen sowie spezielle Formen oder Fingerführungen aus, welche durch ihre jeweils individuelle Ausgestaltung die Dateneingabe für Menschen mit bestimmten motorischen Einschränkungen unterstützen sollen.

Ergänzend oder alternativ dazu gibt es weitere Eingabegeräte wie ergonomisch angepasste Maussteuerungen und spezielle Joysticklösungen. Ähnlich wie bei den Tastaturen umfasst das verfügbare Produktportfolio sehr verschieden gestaltete Produkte, die zum Teil sehr spezifisch auf unterschiedliche motorische Einschränkungen angepasst sind. Für Menschen mit eingeschränkter,

---

90 Diese weiter gefasste Definition von Assistiven Technologien ist mittlerweile in der Fachliteratur und Forschung zum Einsatz Assistiver Technologien in Lehre und Unterricht vorherrschend (vgl. Dirks/Linke 2019; Capovilla/Gebhardt 2016; Bosse 2016; Fisseler 2012 u. 2019).

91 Eine umfangreiche Übersicht über Assistive Technologien bietet die Datenbank www.rehadat-hilfsmittel.de. Dort werden AT für unterschiedliche Beeinträchtigungen und Bereiche erläutert und geeignete Produkte genannt sowie kurz vorgestellt. Die Datenbank umfasst auch Apps und Softwareprogramme.

aber noch vorhandener Funktionsfähigkeit der oberen Extremitäten gibt es eine Reihe unterschiedlicher ergonomischer Mäuse, Trackballs und individuell angepasste Joysticks, die zum Teil den herkömmlichen Modellen mit Standardlayout sehr ähnlich sind. Darüber hinaus sind sogenannte Taster erhältlich. Dabei handelt es sich um sehr reduzierte Eingabegeräte, die in der Regel aus einem einzigen großen und sehr robusten runden Schalter bestehen. Für Menschen, die die oberen Extremitäten nicht oder nicht ausreichend verwenden können, gibt es beispielsweise Fuß- und Kopfmäuse sowie Mundstäbe, Augensteuerungen und Sprachsteuerungen. Als alternative Eingabegeräte sind besonders Eyetracker (zur Augensteuerung) sowie Taster für den inklusiven Schulunterricht relevant, da sie vor allem für schwer oder mehrfach körperbehinderte Schülerinnen und Schüler die einzigen Möglichkeiten bieten, einen Computer, ein Notebook oder ein Tablet zu bedienen und Lerninhalte zu bearbeiten. Auch bei Autismus, Mutismus und/oder (ggf. damit einhergehenden) Kommunikationseinschränkungen stellen diese Eingabemöglichkeiten eine effektive Möglichkeit dar, die Bedienung von Notebooks, Tablets oder Computern und damit den Zugang und die Nutzung von Apps und Software zur Unterstützten Kommunikation (UK) zu gewährleisten. Beide Eingabemöglichkeiten werden daher in barrierefreien Apps und Softwareprogrammen, die für den inklusiven Schulunterricht wichtig sind (vgl. AT zur UK), in der Regel als Steuerungsgeräte unterstützt.

App Switch Trainer zum Erlernen des Umgangs mit Tastern

Switch Trainer[92] ist eine für das iPad sowie für Windows erhältliche App/Software, die das Erlernen des Umgangs mit ein bzw. maximal zwei Tastern auf spielerische Weise ermöglicht. In der iPad-App ist es dabei sowohl möglich, externe (kompatible) Taster einzusetzen, als auch den Touchscreen selbst als Taster zu verwenden. Der österreichische Hersteller der App, die Firma *LifeTool*, bietet über *Switch Trainer* hinaus eine ganze Reihe von Apps zu den Lernbereichen Lesen, Schreiben (und auch Rechnen) für unterschiedliche Alters- und Niveaustufen an, die sich über Taster steuern lassen.

Assistive Technologien für Schülerinnen und Schüler mit Sehbeeinträchtigung

Vergrößernde Sehhilfen

Bei den vergrößernden Sehhilfen sind optische und elektronische Sehhilfen zu unterscheiden. Zur ersten Gruppe zählen für den Nahbereich Lupen, Lupen-

92 Vgl. www.lifetool.at/hilfsmittel/lifetool-apps/switchtrainer.

brillen und Linsen. Eine klassische Sehhilfe dieser Kategorie ist die Computerbrille. Für den – hier allerdings nicht sonderlich relevanten – Fernbereich zählen zu den optischen Sehhilfen Ferngläser, Fernrohre und Fernrohrbrillen.

Elektronische Sehhilfen sind beispielsweise Bildschirmlesegeräte, welche gedruckte Texte digitalisieren und auf einem Display vergrößern. Sie können zusätzlich auch den Kontrast verbessern.

In digitalen Medien gehören softwarebasierte Vergrößerungstools zu den Standardfunktionalitäten. So sind Zoomfunktionen in Computern, Tablets und Smartphones selbstverständlich integriert. Bildschirminhalte können durch Tastenkombinationen und/oder durch entsprechende Touchscreengesten vergrößert und verkleinert werden. Sowohl diese „Bordwerkzeuge" als auch spezielle Vergrößerungssoftware bieten dabei nicht nur die reine Vergrößerung der Inhalte, sondern zusätzliche Funktionen wie Farb- und Kontrastverstärkung sowie die Fokusverfolgung. Zudem lassen sich in der Regel Ausgabemedien wie Sprachausgabe und Braillezeile mit diesen Softwarefunktionen kombinieren.

Großschrifttastaturen

Diese Tastaturen zeichnen sich im Vergleich zu Standardtastaturen durch kontrastreichere und größere Beschriftungen aus. Sie verfügen zudem teilweise über tastbare Hervorhebungen.

Low-Vision-Leuchten

Diese blend- und flimmerfreien Arbeitsleuchten sollen die Sehschärfe, Kontrastwahrnehmung und die Lesegeschwindigkeit vor allem bei langer Bildschirmtätigkeit verbessern, indem sie deutlich heller sind als herkömmliche Arbeitsleuchten. Die Wahl der richtigen Lichtfarbe ist bei der Auswahl der geeigneten Leuchte von entscheidender Bedeutung.

Textunterstützung

Für Menschen mit eingeschränktem oder ohne Sehvermögen können viele der hier dargestellten *Assistiven Technologien* nur dann effektiv unterstützend wirken, wenn bestimmte Anforderungen an die barrierefreie Gestaltung von digitalen Inhalten erfüllt sind. Dazu gehört z.B. die Textunterstützung, also die hinreichende Beschreibung von grafischen Elementen wie Schaubildern, Grafiken und Fotos mithilfe von hinterlegtem alternativem Text. Zudem ist es wichtig, dass die Inhalte korrekt formatiert werden (also Überschriften als Überschriften, Absätze als „Paragraph" usw.), damit die logische Text- bzw.

Inhaltsstruktur beispielsweise von Screenreadern (s. u.) entsprechend nachvollzogen und ausgegeben werden kann. Anders als in gedruckten Texten, wo es im Zweifel ausreichen würde, eine als „Paragraph" formatierte Zeile wie eine Überschrift 1 aussehen zu lassen, um sie als solche hervorzuheben, würde dies einen Screenreader vor das Problem stellen, dass er dieses Textelement als normalen Absatztext interpretiert und damit die Dokumentenstruktur maßgeblich verfälscht ausgeben würde (vor allem wenn dies bei vielen oder allen Textelementen so gestaltet wäre). Nur bei konsequenter Verwendung der korrekten Formatvorlagen können Screenreader die logische Struktur des Inhaltes korrekt ausgeben. Zu guter Letzt sollten fremdsprachliche Elemente ebenfalls unter Angabe der Sprache formatiert bzw. gekennzeichnet werden, da sonst ihre Aussprache verfälscht und die Begriffe ggf. nicht mehr oder nur mit größter Mühe verstanden werden können.

Praxisbeispiel: Checkliste zur barrierefreien Gestaltung von PDF-Dokumenten mit weiterführenden Ressourcen.

Screenreader

Bei Screenreadern handelt es sich um Softwaresysteme, die den Bildschirminhalt interpretieren und akustisch (durch Sprachausgabe) sowie taktil (über Braillezeilen, s. u.) ausgeben können. Da Screenreader neben der inhaltlichen Aussage von Texten auch den strukturell-logischen Aufbau der zu interpretierenden Inhalte und die Aussage von Bildern, Grafiken und Tabellen sowie die Cursorposition und den Kontext wiedergeben sollen, ist eine barrierefreie Gestaltung der auszugebenden Inhalte entscheidend für den effizienten Einsatz eines Screenreaders (s. o. unter Textunterstützung).

Sowohl Windows (Funktion: Sprachausgabe) als auch Mac OS, IOS und iPadOS (Funktion: VoiceOver) sowie Android (Funktion: TalkBack) bieten eigene Screenreaderfunktionen. Darüber hinaus gibt es externe Software und Apps für alle oder einzelne dieser Betriebssysteme, die speziell als Screenreader programmiert wurden. Zudem gibt es insbesondere innerhalb von Internetanwendungen (z. B. auf vielen Websites zum Thema Barrierefreiheit) integrierte Screenreader, mit denen die Ausgabe der Inhalte erfolgen kann. Screenreader sind in Kombination mit Sprachausgabe und ggf. Braillezeilen für sehbeeinträchtigte Menschen von zentraler Bedeutung für den Zugang zu digitalen Medien.

Die integrierten Betriebssystemfunktionen sowie die integrierten Online-Screenreader bieten im Übrigen eine gute Gelegenheit, sich selbst mit dieser Form der Assistiven Technologie vertraut zu machen und diese zu testen.

Sprachausgabe

Sprachausgabefunktionen lesen den auf dem Bildschirm dargestellten Text laut vor. Die Sprachausgabe ist eine Grundfunktionalität moderner Alltagstechnologien wie Smartphones und Tablets und erfüllt dabei unterschiedliche Zwecke, wie z. B. das Vorlesen von Textnachrichten und E-Mails, Kalendereinträgen sowie die Navigation. Sie kann in der Regel hinsichtlich einiger Parameter wie Lautstärke, Sprechtempo, Stimme und Tonhöhe angepasst werden. Die Sprachausgabe alleine ist üblicherweise nicht speziell an die Anforderungen sehbehinderter Menschen angepasst und reicht aus diesem Grund für einen barrierefreien Zugriff nicht aus. Sie muss auf der Ausgabeseite mit dem Screenreader und ggf. der Braillezeile sowie auf der Eingabeseite mit Assistiven Technologien wie der Spracherkennung, der Sprachsteuerung und/oder alternativen Eingabegeräten wie Brailletastaturen oder Tastern kombiniert werden, um auch andere für den Zugriff relevante Aspekte wie die Steuerung, Bedienung von Schaltflächen, Texterstellung usw. effektiv nutzen zu können.

Braillezeilen

Die Braillezeile ist eine spezielle Form von Ausgabehardware, die eine taktile Erfassung des Bildschirminhalts ermöglicht. Dabei wird der zuvor von einem Screenreader ausgewertete Inhalt auf der Braillezeile durch flexible Stifte mit unterschiedlicher Höhe ausgegeben, die ertastet werden können. Häufig werden Braillezeilen in Kombination mit der Sprachausgabe verwendet. Braillezeilen können auch bei mobilen Endgeräten häufig per Bluetooth verbunden und genutzt werden. Entsprechende Einstellungs- und Anpassungsoptionen bringen moderne Smartphones und Tablets mit, an Computern ist die kompatible Nutzung ohnehin standardmäßig möglich. Braillezeilen dienen im Normalfall ausschließlich der Ausgabe. Es gibt Geräte unterschiedlicher Größe für den stationären und den mobilen Einsatz.

Spezielle Tastaturen und Braillenotizgeräte

Häufig können blinde Menschen mit dem Standardtastaturlayout schreiben. Einige Hersteller bieten dazu Tastaturen mit Standardtastaturlayout und speziellen Funktionen wie fühl- und hörbarem Tastenklick an. Darüber hinaus gibt es spezielle alternative Eingabegeräte wie Brailletastaturen, die über tastbare Hervorhebungen verfügen. Zudem gibt es spezielle Braillenotizgeräte. Vereinfacht formuliert handelt es sich dabei um Minicomputer mit eigenem Betriebssystem, die sowohl die Brailleeingabe als auch die Brailleausgabe unterstützen, eigene Notizfunktionen mitbringen und sich als Zubehör an Computer und mobile Endgeräte anschließen lassen. Braillenotizgeräte besitzen dazu gängige Schnittstellen und häufig Bluetooth. So können z. B. auch Textnachrichten und E-Mails auf dem Smartphone geschrieben und versendet werden.

Spracherkennung

Durch Sprachassistenten wie *Siri* und *Alexa* lassen sich mithilfe von Spracherkennungssoftware Endgeräte und deren Anwendungen durch Sprachbefehle steuern. Zudem kann diese Software Sprache in Text umwandeln. So können nicht nur Anwendungen geöffnet und gesteuert, sondern auch Texte formuliert und gespeichert sowie z. B. Textnachrichten verfasst und versendet werden. Eine der weltweit führenden Spezialsoftwareprodukte für Spracherkennung ist *Dragon Naturally Speaking*, welches sehr umfangreiche Funktionen anbietet. Spracherkennung allein ermöglicht allerdings keine vollständige barrierefreie Nutzung für blinde Menschen und muss daher mit Screenreadern sowie Sprachausgabe und ggf. Braillezeilen kombiniert werden.

Text- und Objekterkennungssoftware

Texterkennungssoftware (OCR-Software)[93] identifiziert Textzeichen in Scans, PDF-Dateien oder Grafiken und speichert diese im Anschluss digital als Textdatei. Diese Dateien können ggf. im Anschluss nach- und weiterbearbeitet werden. Am häufigsten werden entsprechende Textdokumente über einen Scanner eingelesen und direkt mithilfe einer OCR-Software analysiert sowie mit Abschluss des Scans als Textdokument gespeichert. Eine Objekterkennungssoftware analysiert Fotos, Bilddateien und Barcodes oder QR-Codes und gleicht diese mit einer Datenbank ab. So können z. B. bekannte Gebäude, Personen oder Produkte erkannt werden. Beide Verfahren sind für blinde Menschen nur in Kombination mit einem Screenreader und Sprachausgabe sowie ggf. einer Braillezeile sinnvoll nutzbar.

Sowohl für IOS als auch für Android gibt es verschiedene Apps, die die Objekterkennung von z. B. Geldscheinen und vor allem auch Alltagsgegenständen sowie Produkten in Geschäften ermöglichen. Diese Apps sind ggf. auch für den Unterricht interessant, um Schülerinnen und Schülern mit Sehbeeinträchtigung die eigenständige Wahrnehmung ihrer Umgebung ermöglichen zu können.

93 OCR ist die Abkürzung für Optical Character Recognition.

Assistive Technologien für Schülerinnen und Schüler mit Hörbeeinträchtigungen

Hörverstärker

Diese Geräte nehmen Audiosignale auf und geben diese verstärkt an die hörgeschädigte Person weiter. Hörverstärker können per Audiokabel mit Klinkenanschluss, per Funkübertragung via Bluetooth oder per Infrarotlicht mit verschiedenen, die jeweilige Technik unterstützenden, Signalquellen verbunden werden.

Hörgeräte und Implantate

Hörgeräte dienen der Verbesserung des Hörvermögens. Sie nehmen den Umgebungsschall per Mikrofon auf und wandeln ihn in ein digitales Signal um, welches dann verstärkt und an das Trommelfell weitergegeben wird. Die Geräte sitzen entweder im Ohr (bei leichter bis mittlerer Hörminderung) oder hinter dem Ohr (bei schwerer Hörminderung).

Neben Hörgeräten gibt es für Fälle von hochgradiger Hörminderung bis zu kompletter Gehörlosigkeit Hörhilfen mit Implantaten. Diese fangen Schall auf, wandeln ihn in elektrische Signale um und leiten diese über ein Implantat direkt an den Hörnerv weiter.

Viele Hörgeräte und auch Implantate unterstützen neben der Verstärkung des Umgebungsschalls auch den direkten Empfang von Audiosignalen über entsprechende Tonübertragungssysteme (s. u.). Sie lassen sich dazu so einstellen, dass sie das übertragene Signal automatisch dekodieren und während der Übertragung gegen andere ggf. störende Umgebungsgeräusche abgeschirmt sind.

Tonübertragungssysteme für Hörgeräte und Hörverstärker sowie Implantate

Tonübertragungssysteme bestehen immer aus einer Sende- und einer Empfangseinheit. Technisch lassen sich Übertragungen auf unterschiedlichen Signalwegen realisieren, nämlich per Funk, per Infrarot oder elektrisch über sogenannte Induktionsschleifen.

Bei der Funkübertragung sendet eine sogenannte FM-Anlage das von der sprechenden Person oder Gruppe über ein Mikrofon eingefangene Signal an Hörgeräte oder Hörhilfen und Kopfhörer. Die Funkübertragung ist in gängiger Alltagstechnologie wie Smartphones, Tablets und Notebooks sowie in vielen Fernsehern durch die Implementierung von Bluetooth standardmäßig möglich. Die Funkübertragung besitzt dabei den Vorteil, dass sie in akustisch schwierigen Situationen und bei relativ großen Entfernungen sowohl im Innen- als auch im Außenbereich genutzt werden kann. Im schulischen Kontext bietet sich diese Möglichkeit der Audiounterstützung also am ehesten an.

Die Infrarothöranlagen funktionieren dagegen nur in geschlossenen Räumen. Bei dieser Übertragung sendet die Anlage Infrarotlicht an die Hörhilfe/das Hörgerät oder den Infrarotkopfhörer der schwerhörigen oder hörgeschädigten Person.

Induktionsschleifenanlagen übertragen die Audiosignale elektrisch und sind in erster Linie für große Veranstaltungen mit vielen Teilnehmerinnen und Teilnehmern wie Tagungen, Konzerte, Theatervorstellungen usw. vorgesehen. Dementsprechend unterstützen solche Anlagen den Empfang des übertragenen Signals durch viele Nutzerinnen und Nutzer mit Hörgeräten (welche die induktive Übertragung unterstützen müssen). Diese Anlagen sind im schulischen Kontext eher für größere Veranstaltungen in Aulen und Sporthallen geeignet. Zudem lassen sich als Anwendungsbeispiel auch Konzert-, Theater- und Kinovorstellungen denken. Induktionsschleifenanlagen gibt es sowohl als stationäre wie auch als mobile Lösungen.

Gebärdensprache und Gebärdensprache-Apps

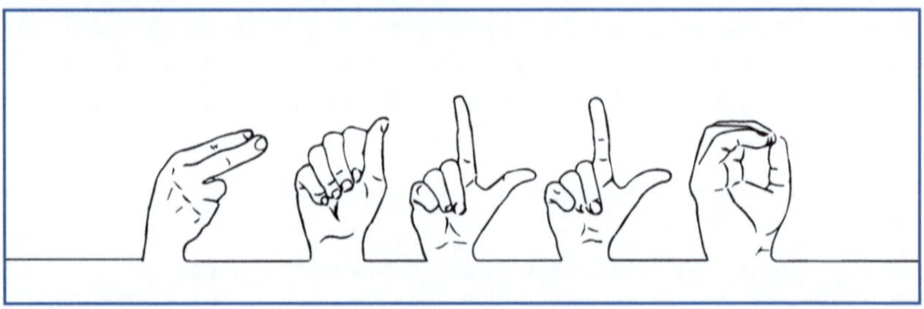

Abb. 21: Gesten

Gebärdensprache ist ein Zusammenspiel von (händischen) Gesten, Mimik, Kopf- und Körperhaltung sowie Mundbewegungen und zum Teil auch Lauten. Gebärdensprachen sind wie Lautsprachen nicht international einheitlich, sondern regional unterschiedlich. Gebärdensprache muss wie eine Lautsprache erlernt werden, hierzu sind diverse Apps für Android und IOS sowie iPadOS als Workshop erhältlich. Ergänzend gibt es vor allem Wörterbuch-Apps zur Gebärdensprache von unterschiedlichen Anbietern für die zuvor genannten Plattformen. Diese enthalten meist jeweils eine Gebärdensprache (wie z. B. die offiziell anerkannte „Deutsche Gebärdensprache [DGS]“) und veranschaulichen mithilfe von Videos die Komplexität der Gebärden gut. Sie dienen jedoch eher als Nachschlagewerk für Menschen, die die Gebärdensprache erlernt, aber einzelne Gebärden vergessen haben.

Die App *StorySign*[94] übersetzt eine Auswahl von in der App hinterlegten Kinderbüchern[95] in Gebärdensprache und soll so Schülerinnen und Schüler beim Lesenlernen unterstützen. Über eine Bibliothek lassen sich die in vielen unterschiedlichen Gebärdensprachen verfügbaren Bücher anwählen. Das entsprechend physisch vorhandene Buch wird dann über die App gescannt und eine virtuelle Assistenz übersetzt das Buch in Gebärdensprache. Das entsprechende Wort wird gleichzeitig farblich hervorgehoben. *StorySign* ist kostenlos für Android und IOS bzw. iPadOS verfügbar.

Über die ebenfalls für IOS/iPadOS und Android verfügbare App *VerbaVoice*[96] können online Schrift- oder Gebärdensprachendolmetscher hinzugeschaltet werden, die gesprochene Sprache synchron in Gebärdensprache oder schriftliche Untertitel übersetzen. Gegebenenfalls kann alternativ auch eine Zusammenfassung eines Vortrags o. Ä. angefordert werden. Der Dienst ist kostenpflichtig, eine Kostenübernahme kann jedoch beantragt werden, wozu der Hersteller *VerbaVoice* eine entsprechende kostenlose Beratung anbietet.

Assistive Technologien zur Unterstützten Kommunikation (UK)

Apps und Software

Snap Core First[97] ist eine speziell für Kinder mit Sprachstörungen entwickelte symbolbasierte App, die den Einstieg in die Unterstützte Kommunikation ermöglicht und den Kindern dabei die Möglichkeit gibt, ihre Wünsche und Gedanken auszudrücken sowie Lese- und Schreibfähigkeiten zu entwickeln. Dies wird durch eine Verknüpfung von Symbolen mit Text ermöglicht, sodass das Kind durch Auswahl und Kombination geeigneter Symbole entsprechende Aussagen formulieren und ausgeben kann. So kann es interagieren und dabei u. a. Wünsche und Gefühle ausdrücken. Die App ist besonders einfach zu bedienen und unterstützt dabei die Steuerung über Touchgesten, Taster oder Au-

94 Vgl. https://consumer.huawei.com/de/campaign/storysign.

95 Das derzeitige Angebot umfasst fünf Kinderbücher, die sich primär an jüngere Kinder richten, also eher für lern- oder sprachbeeinträchtigte Schülerinnen und Schüler höherer Klassenstufen geeignet sind, für die ein Einstieg in das Lesen mit niedrigem Anforderungsniveau sinnvoll ist.

96 Vgl. www.verbavoice.de.

97 Vgl. https://de.tobiidynavox.com/pages/snap-core-first.

gensteuerung sowie die Sprachausgabe. Als Ergänzung gibt es mit *Pathways*[98] eine kostenlose Begleit-App, die Eltern, Betreuerinnen und Betreuern sowie Lehrerinnen und Lehrern Unterstützung bietet. *Snap Core First* ist für Windows 10 sowie Apple IOS/iPadOS verfügbar.

LetMeTalk[99] ist eine text-, symbol- und bildbasierte Talker-App, die eigens für die UK konzipiert ist und eine standardmäßig große Auswahl an Unterstützungsinhalten enthält, die bei Bedarf individuell ergänzt werden können. Sie ist für unterschiedliche Alters- und Sprachentwicklungsstufen geeignet und via Berührung und Taster zugänglich. *LetMeTalk* unterstützt Sprachausgabe und ist für Apple IOS/iPadOS sowie Android verfügbar.

Grace[100] ist eine ursprünglich durch die Mutter eines autistischen Mädchens initiierte App, die es speziell Kindern mit Autismus ermöglichen soll, anhand von Bildern zu kommunizieren und dabei ihre Bedürfnisse selbst äußern zu können. *Grace* enthält einen Basis-Bildwortschatz, der mit eigenen Fotos und Bilddateien ergänzt werden kann. Zur App ist ein kostenloses Handbuch erhältlich, welches sich auch als Leitfaden für die Einführung eines unterstützenden Kommunikationssystems nutzen lässt.

MetaTalkDE[101] ist ebenfalls eine text-, symbol- und bildbasierte Talker-App, die Menschen mit beeinträchtigter oder fehlender Lautsprache das Kommunizieren ermöglicht. Eigene Bilder und Audioaufnahmen können dem bereits umfangreichen enthaltenen Wortschatz hinzugefügt werden. Die App ist ausschließlich für das iPad erhältlich und unterstützt Sprachausgabe.

Communicator 5[102] ist eine Kommunikationssoftware, die Menschen mit unterschiedlichsten Sprachstörungen zu mehr Unabhängigkeit verhelfen soll, indem sie Texte und Symbole in Sprache umwandelt und den Zugang zu Windows, E-Mails, SMS-Nachrichten, Telefonie sowie die Umfeldsteuerung ermöglicht. *Communicator 5* ist ausschließlich für Windows verfügbar und unterstützt Augensteuerung sowie Sprachausgabe.

Snap Scene[103] ist eine szenebasierte UK-App, die vor allem kleinen Kindern beim Überwinden von sprachlichen Hürden und dem Spracherwerb helfen

98 Vgl. https://de.tobiidynavox.com/pages/pathways-core-first.

99 Vgl. IOS/iPadOS: https://apps.apple.com/de/app/letmetalk-gratis-aac-talker/id919990138; Android: https://play.google.com/store/apps/details?id=de.appnotize.letmetalk&hl=de.

100 Vgl. https://apps.apple.com/de/app/grace-für-autismus/id360574688.

101 Vgl. https://apps.apple.com/de/app/metatalkde/id471644249.

102 Vgl. https://de.tobiidynavox.com/pages/communicator-5.

103 Vgl. https://de.tobiidynavox.com/pages/snap-scene.

soll. Mit der App lassen sich Fotos von Alltagsgegenständen und Situationen erstellen, die mit eigenen Sprachnachrichten verknüpft werden können. Das Kind kann diese dann im Anschluss auswählen und zur Kommunikation verwenden. Die App ist mit Windows und IOS/iPadOS kompatibel.

Boardmaker v6[104] ist eine ausschließlich für Windows erhältliche Software, mit der symbolbasiertes Material zur Kommunikation und zu pädagogischen Zwecken erstellt und gedruckt werden kann. Die integrierte Bilddatenbank enthält mehr als 11.500 Symbole, weitere Symbole sind als kostenloser Download verfügbar.

UK-unterstützende Hardware

Das auf Assistive Technologien im Bereich Unterstützte Kommunikation spezialisierte Unternehmen *tobii dynavox* bietet für Computer und Notebooks mit Windows spezielle *Eyetracker*, die die Augensteuerung dieser Geräte ermöglichen.

Alternativ kann mithilfe des ebenfalls dort erhältlichen USB-Sticks *AccessIT 3* jedes Windowsgerät vollständig per Touch, Augensteuerung oder Tastersteuerung bedient werden. Dies erfolgt durch Kopplung mit einem Tablet, auf dem die App *Snap Core First* installiert ist. Für Menschen, die ohnehin mittels dieser App unterstützt kommunizieren, bietet dies eine mobile und günstige Möglichkeit, jeden Windowsrechner barrierefrei zu nutzen.

Tobii dynavox bietet darüber hinaus eigene windowsbasierte Tablets mit unterschiedlichen Ausstattungsvarianten für verschiedene Bedürfnisse sowie Kommunikations-Tablets, die als Komplettlösung speziell für die UK konzipiert sind und alle notwendigen Funktionen und Apps enthalten, die unterstützt kommunizierende Schülerinnen und Schüler benötigen.

Des Weiteren gibt es als Erweiterung für Tablets und iPads das sogenannte *Speech Case*, eine leichte aber robuste Schutzhülle mit integrierten Lautsprechern und Aufstellfuß, Trageriemen und integriertem Griff, welches die Geräte hardwareseitig einfach und günstig zu vollwertigen UK-Geräten machen soll.

---

104 Vgl. https://de.tobiidynavox.com/pages/boardmaker.

Assistive Technologien für Schülerinnen und Schüler mit Lese-Rechtschreib-Schwäche (LRS) und Sprachentwicklungsverzögerungen

Zur Unterstützung von Schülerinnen und Schülern mit LRS gibt es eine ganze Reihe unterschiedlicher Apps und Softwareprogramme, die sich im Wesentlichen in zwei Gruppen mit unterschiedlichen Zielsetzungen einordnen lassen.

Die eine Gruppe dieser Apps und Softwaresysteme soll Menschen mit LRS bei der Textrezeption und -produktion unterstützen. Hier haben die entsprechenden Tools also kompensierenden Charakter und können auch als Nachteilsausgleich (vgl. Kap. 2.4) eingesetzt werden. In diese Gruppe fallen Apps wie *ClaroRead*[105], *SprintPlus*[106], *WoDy*[107] und *Kurzweil 3000*[108]. Alle diese Programme unterstützen das Lesen durch Sprachausgabe und ermöglichen es so, sich digitale Dokumente vorlesen zu lassen. Dies kann abschnitts-, satz-, wort-, buchstaben- und lautweise erfolgen und ist hinsichtlich vieler Parameter wie Geschwindigkeit, Tonhöhe usw. individuell anpassbar. Durch OCR-Funktionen lassen sich auch Dokumente und Arbeitsblätter einscannen. Beim Schreiben unterstützen sie u. a. durch eine integrierte Rechtschreib- und Grammatikprüfung, eine mitlernende Wortvorhersage, Lautkontrollfunktionen mit Sprachausgabe sowie integrierte lexikonbasierte Grammatikhilfen (mit allerdings unterschiedlichem Umfang). Zum Teil bieten die Apps auch Strukturierungshilfen für die Textproduktion und das Lernen. In sehr viel reduzierterer Form bieten die speziell für Kinder und für das erste Schreiben entwickelten IOS/iPadOS-Apps *Wortzauberer*[109] und *Schreiben DE*[110] Unterstützung beim Schreiben (lernen). Dabei handelt es sich bei *Wortzauberer* um eine sprechende Tastatur, die das Geschriebene laut vorliest und zudem eine Rechtschreibprüfung bietet. Die intergierten Wortlisten können um eigene ergänzt werden. *Schreiben DE* ist im Prinzip ein vorlesender Texteditor, der das Einfügen von Bildern und den Export der geschriebenen Texte als Dokument unterstützt. Auch hier ist eine Rechtschreibprüfung enthalten.

Bei der zweiten Gruppe von Apps bzw. Software handelt es sich um LRS-Trainingsprogramme, die zum Üben von Rechtschreibregeln und zur Verbesserung der schriftsprachlichen Kompetenz dienen und speziell auf LRS-typische Problemstellungen abgestimmt sind. Zu dieser Gruppe zählen IOS-Apps wie

105 Vgl. www.claroread.ch.

106 Vgl. www.reineckerprolexia.de/produkte/kompensationssoftware/sprintplus.

107 Vgl. www.reineckerprolexia.de/produkte/kompensationssoftware/wody.

108 Vgl. www.reineckerprolexia.de/produkte/kompensationssoftware/kurzweil-3000.

109 Vgl. https://apps.apple.com/de/app/wort-zauberer/id496574443.

110 Vgl. https://apps.apple.com/at/app/schreiben-de/id1446909703.

SpeechCare LRS (LITE)[111], *Worträuber*[112] und *Wörterjagd*[113], die sich primär an jüngere Kinder richten und dementsprechend auch eher spielerisch umgesetzt sind.

Mit der IOS-App *Abilipad*[114] können speziell für Kinder mit Sprachentwicklungsverzögerungen sehr individuelle (und deutlich reduzierte) Tastaturlayouts erstellt werden, die so effektiv an die Anforderungen des Kindes angepasst werden können. Die App bietet zudem eine Vorlese- und Wortvorhersagefunktion.

Mit der für Android und IOS/iPadOS kostenfrei verfügbaren App *ANTON*[115] können Schülerinnen und Schüler die Lerninhalte der Klassen 1 bis 8 in den Fächern Deutsch, Mathe, Sachunterricht und Musik üben. Die Inhalte der App orientieren sich stark am Lehrplan, wobei die Übungen grundsätzlich an allen Schülerinnen und Schülern ausgerichtet sind. Die App ist auch bei Vorliegen von LRS/Legasthenie und Dyskalkulie zum Üben geeignet. Die Nutzung der App ist kostenfrei ohne Einschränkungen des Umfangs oder der Funktionen möglich, als In-App-Kauf können die Offlinenutzung mit Download aller Lerninhalte und mehr Gestaltungsmöglichkeiten für die Avatare freigeschaltet werden.

Mit thematisch verschieden orientierten IOS-Apps aus dem Bereich Sprachtherapie/Sprachpädagogik wartet die *Lexico*-Reihe auf. Die Apps *Lexico Verstehen (1+2)*[116] enthalten Übungen und Aufgaben zur Wortschatzerweiterung und Wortfindung, zu kausalen Zusammenhängen aus den sechs Themenbereichen Kombinieren, Vergleichen, Verben, Merkmale, Richtungen und Gegensätze (Version 1) sowie aus den Themenbereichen Fragen zu Reimen, Anlauten, Homonymen, Minimalpaaren, zusammengesetzte Wörter und Worträtsel (Version 2). Die App *Lexico Kasus Pro*[117] dient der Übung der Fallbildung im Deutschen anhand von 480 Fragen und Antworten, die als Bild, Text oder Audio ausgegeben werden können. Komplettiert wird die Reihe durch *Lexico Artiku-*

---

111 Vgl. https://apps.apple.com/us/app/speechcare-fur-kinder-mit/id652223899?l=de&ls=1.

112 Vgl. www.legakids.net/eltern-lehrer/lernmaterialien/wortraeuber-app.

113 Vgl. www.legakids.net/eltern-lehrer/lernmaterialien/woerterjagd-app.

114 Vgl. https://apps.apple.com/de/app/abilipad/id435865000.

115 Vgl. https://anton.app, IOS/iPadOS: https://apps.apple.com/de/app/anton-schule-lernen/id1180554775, Android: https://play.google.com/store/apps/details?id=com.solocode.anton&hl=de.

116 Vgl. https://apps.apple.com/de/app/lexico-verstehen-1-d/id477092725 und https://apps.apple.com/de/app/lexico-verstehen-2-d/id1191482331.

117 Vgl. https://apps.apple.com/us/app/lexico-kasus-pro/id812683895.

lation Pro[118], einer App mit Aufgaben, Texten, Fotos und Audioaufnahmen für die logopädische Arbeit bei Spracherwerbsstörungen, Dysarthrie und Aphasie sowie LRS.

Angemessene Vorkehrungen und Maßnahmen für Schülerinnen und Schüler mit zusätzlichen individuellen Unterstützungsbedarfen

Wenngleich die Identifizierung von Barrieren, die entsprechende Planung und Gestaltung der Umgebung und der Einsatz Assistiver Technologien überwiegend zu einer gleichberechtigten Teilhabe an der Nutzung digitaler Medien im Unterricht führen sollten, sind aufgrund zusätzlicher individueller Unterstützungsbedarfe in einigen Fällen weitere Maßnahmen nötig, um die Schülerin oder den Schüler in die Lage zu versetzen, die Lernumgebung und die eingesetzten technischen Hilfsmittel effizient nutzen sowie gleichberechtigt am Unterricht teilhaben zu können. Die Bandbreite dieses zusätzlichen individuellen Unterstützungsbedarfes kann dabei sehr unterschiedlich sein. So kann das (einmalige intensive) Training der Nutzung entsprechender Hilfsmittel, welches ggf. auch durch erfahrene Nutzerinnen und Nutzer der entsprechenden AT erfolgen kann, eine solche Unterstützung darstellen. In anderen Fällen, wie beispielsweise häufig in der Unterstützten Kommunikation, ist der Prozess zur Etablierung einer Assistiven Technologie deutlich langwieriger. Hier müssen sich Eltern, Betreuerinnen und Betreuer und Lehrerinnen und Lehrer selbst noch intensiver mit den Funktionsweisen und fachwissenschaftlichen Hintergründen der entsprechenden Einschränkungen und ihrer Folgen sowie dem geeigneten Umgang mit diesen Anforderungen auseinandersetzen, als dies ohne den Einsatz von AT oder bei anderen AT ohnehin schon notwendig ist. Zu guter Letzt gibt es auch Fälle, in denen dauerhafte individuell notwendige Einzelbetreuung durch dementsprechend geschulte Personen notwendig ist, um eine erfolgreiche Partizipation am Unterricht ermöglichen zu können.

Da es sich somit bei diesen angemessenen Vorkehrungen um individuell höchst unterschiedliche Lösungen handelt und eine allgemeingültige Darstellung schwierig zu formulieren ist, sei an dieser Stelle nur auf diese kurzen Beispiele verwiesen. Für die Planung und Gestaltung sowie Umsetzung angemessener Vorkehrungen empfiehlt es sich, dass die Lehrkraft gemeinsam mit der Schülerin/dem Schüler und den Eltern sowie ggf. weiteren Unterstützungskräften im Einzelfall entsprechende Lösungsmöglichkeiten erörtert und dabei ggf. auch Beratungsangebote in Anspruch nimmt, da sowohl das individuelle Anforde-

118 Vgl. https://apps.apple.com/de/app/lexico-artikulation-pro/id954991347.

rungssetting als auch Fragen zu geeigneten Unterstützungsmaßnahmen und der Kostenübernahme usw. so gezielt von erfahrenen Beraterinnen und Beratern beantwortet werden können.

Online-Material: Übersicht Beratungsstellen Inklusion in der Schule.

Chancen, Potenziale und Herausforderungen des Lösungsraumes

Die „Kombination aus Universal Design, Barrierefreiheit, Assistiven Technologien und angemessenen individuellen Vorkehrungen bietet Lösungsmöglichkeiten für die inklusive Medienbildung, in heterogenen Settings alle Lernenden im Sinne des Universal Designs for Learning einzubeziehen" (Haage/Bühler 2019: 213). Als ein wesentliches Problem, das zwingend gelöst werden muss, um einen zielführenden Einsatz dieser Lösungen zu ermöglichen, identifiziert Bühler (2016: 166), dass nicht nur Schülerinnen und Schüler, sondern auch die Lehrkräfte, Unterstützungskräfte und Eltern mit dem Umgang der technischen Ausstattung sowie der Software und Apps vertraut sein müssen. „Dazu bedarf es gezielter Aus- und Weiterbildungsangebote für die Entwicklung der eigenen Medienkompetenz und eines mediendidaktischen Sachverstandes mit Bezug zum Unterricht." (Ebd.) Dies gilt ebenso für Assistive Technologien, welche die Schülerinnen und Schüler aus der Einzelversorgung mitbringen. Kenntnisse über deren Eigenschaften, Wirkmechanismen und Anwendungsmöglichkeiten müssen ebenfalls an den Schulen vorhanden sein, um diese Hilfsmittel effektiv im Unterricht einbinden und nutzen zu können. Der Bedarf an Schulungs- und Weiterbildungsangeboten für die Zielgruppen Lehrerinnen und Lehrer, Schülerinnen und Schüler sowie Eltern und Unterstützungskräfte wurde hier bereits in Kapitel 4.1 deutlich gemacht und dabei wurden auch wesentliche Aspekte zu deren Gestaltungsmöglichkeiten skizziert. Innerhalb dieses Kapitels wurden zudem einzelne im Kontext des schulischen Unterrichts relevante Assistive Technologien und deren Anwendungs- und Unterstützungsmöglichkeiten vorgestellt, wobei auch solche Assistiven Technologien berücksichtigt wurden, die in der Regel als Hilfsmittel in der Einzelversorgung Anwendung finden. Dies ist beispielsweise bei Hilfsmitteln für die Kompensation von Seh- und Hörbeeinträchtigungen regelmäßig der Fall. Wie die vorherigen Ausführungen zu den Tonübertragungssystemen für Hörgeräte (siehe S. 131) deutlich gemacht haben, stellen die aus der Einzelversorgung mitgebrachten Assistiven Technologien zum einen spezifische Anforderungen an die schulische Medienausstattung, zum anderen muss das Know-how für die Einbindung und kompatible Verwendung dieser mitgebrachten Hilfsmittel gemäß der Forderung Bühlers vorhanden sein. Diese Fragen bzw. Aspekte müssen bei der Unterrichtsplanung und -gestaltung zudem entsprechend berücksichtigt werden. Zu guter Letzt erscheint es notwendig, dass, über diese individuellen Lösungen hinausgehend, Unterrichtskonzepte für den Einsatz digitaler Medien entwickelt werden, die heterogene Lerngruppen in ihrer Gesamtheit und dabei auch jede Schülerin und jeden Schüler individuell effektiv beim Lernprozess unterstützen. Beispiele und Ideen für Unterrichts- und Anwendungsszenarien liefert das folgende Unterkapitel 4.3.

4.3 Ideensammlung: Unterrichtsszenarien und fachdidaktische Tipps für den Deutschunterricht

Im Folgenden werden Unterrichtsszenarien vorgestellt, bei denen der didaktisch sinnvolle Einsatz digitaler Medien zentraler Bestandteil ist. Dabei werden die für das jeweilige Szenario geeigneten Apps und Softwareprogramme sowohl hinsichtlich ihrer Kernfunktionalitäten als auch ihrer konkreten Nutzungsmöglichkeiten im Deutschunterricht vorgestellt. Während die zuvor bei den Assistiven Technologien dargestellten Tools eher für die Nutzung bei Vorliegen einzelner spezifischer Beeinträchtigungen gestaltet sind, lassen sich die hier präsentierten Apps und Softwareprogramme einschränkungsübergreifend von allen Schülerinnen und Schülern im Deutschunterricht für einzelne Unterrichtsaspekte und/oder die jeweils im Vordergrund stehenden Lernthemen und -ziele einsetzen. Dabei werden die Anforderungen einer heterogenen Lerngruppe an den Unterricht und den Einsatz digitaler Medien mitgedacht, und die Auswahl der Apps und Softwarelösungen berücksichtigt diesen Aspekt in besonders hohem Maße. Wo sich diese Apps und Softwareprogramme zusätzlich auch zur Unterstützung bei spezifischen Einschränkungen eignen, wird dies innerhalb jedes Unterrichtsszenarios angemerkt. In Anlehnung an die in Kapitel 4.1 vorgestellte Unterscheidung didaktischer Funktionen nach Wissenswerkzeugen, zur Wissenspräsentation und zur Wissensvermittlung nach Kerres (2000) sowie die nach Frederking (2016: 33 ff.) mit Blick auf den Deutschunterricht erfolgte Differenzierung didaktisch-methodischer Fokussierungen digitaler Medien in

1. Schreib- und Produktionsmedien,
2. Lese-, Rezeptions- und Informationsmedien,
3. Präsentations- und Visualisierungsmedien,
4. Kommunikations- und Kooperationsmedien,
5. Analyse- und Interpretationsmedien,
6. Handlungs- und Gestaltungsmedien und
7. Lehr- und Lernmedien

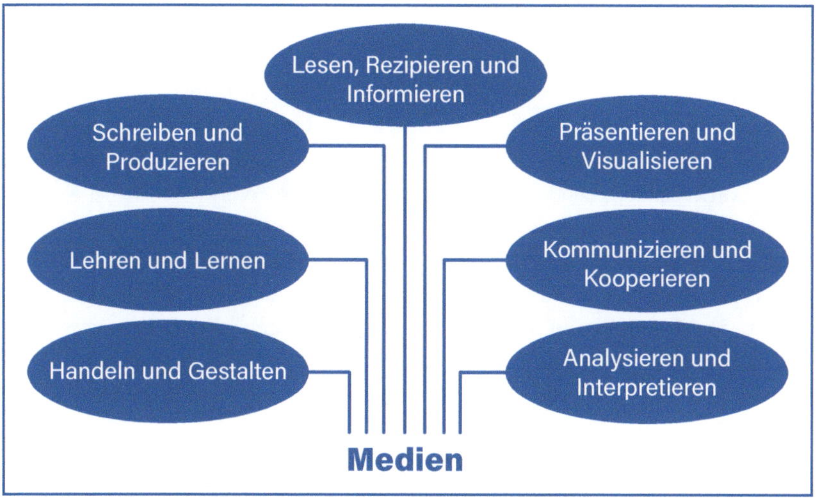

Abb. 22: Didaktisch-methodische Fokussierung digitaler Medien

sollen diese Kategorien in den Unterrichtsszenarien die funktionale Anwendbarkeit im didaktischen Sinne verdeutlichen.

Aufbau der Unterrichtsszenarien

In jedem Unterrichtsszenario werden zunächst der thematische Rahmen und die damit verbundenen Lerninhalte und -ziele kurz dargestellt. Dabei wird auch jeweils deutlich gemacht, warum der Einsatz digitaler Medien aus didaktischer Sicht sinnvoll erscheint, welche didaktische Funktion er erfüllt sowie welche Lernziele und Gestaltungs- und Unterstützungsmöglichkeiten in Hinblick auf das Thema konkret realisiert werden können. Im Anschluss werden sowohl die anwendungsbezogenen Funktionsweisen der eingesetzten digitalen Medien erläutert als auch Beispielanwendungen explizit dargestellt. Abschließend werden ggf. vorhandene Skalierungsmöglichkeiten und alternative Realisierungsvarianten verdeutlicht.

Das Ziel ist, die im Folgenden dargestellten Apps und Tools hinsichtlich ihrer grundsätzlichen Einsatzmöglichkeiten zu präsentieren und spezifisches Unterstützungspotenzial konzeptionell herauszuarbeiten. Dabei haben die Anforderungen der Barrierefreiheit und des UDL sowie didaktische Aspekte besonders hohe Relevanz.

Barrierefreie digitale Bearbeitbarkeit von Arbeitsblättern

Arbeitsblätter und Arbeitsmaterialien sind wesentliche Mittel zur Präsentation und Bearbeitung von Lerninhalten und aus dem schulischen Unterricht nicht wegzudenken. Sie sind damit gleichzeitig Lese-, Rezeptions- und Informationsmedien sowie Lehr- und Lernmedien, dienen den Schülerinnen und Schülern jedoch oftmals auch als Schreib- und Produktionsmedien. Gerade im Kontext der Heterogenität der Schülerinnen und Schüler ist daher die barrierefreie Gestaltung, Nutzung und Bearbeitung von Arbeitsmaterialien von erheblicher Bedeutung. Ein Ziel sollte es idealerweise sein, die im Unterricht eingesetzten Lehr-Lern-Materialien bereits in barrierefreier digitaler Form bereitzustellen. Die barrierefreie Gestaltung und Bereitstellung von PDF-Dokumenten ist mithilfe von marktgängigen, meist kostenpflichtigen PDF-Editoren wie *Adobe Acrobat* grundsätzlich auch möglich.

Online-Material: Checkliste und weiterführende Ressourcen zur Gestaltung barrierefreier PDFs.

Zudem stellen Schulbuchverlage auf Antrag und unter Nachweis der Erfordernis für eine Schülerin/einen Schüler deren Bücher und Arbeitsmaterialien als digitale Materialien zur Verfügung oder bieten direkt Lizenzen für digitale Arbeitsmaterialien und Schulbücher an.[119] Wenn bereits existierende Materialien ausschließlich in gedruckter Form vorliegen, lassen sich diese durch PDF-Editoren in der Regel als gescannte Dokumente importieren und nachbearbeiten. Hierbei sollte der Scan nach Möglichkeit durch die Nutzung der OCR-Funktion erfolgen, sodass der Text anschließend bearbeitet und durchsucht werden kann.

Für die Nutzung durch Schülerinnen und Schüler gibt es darüber hinaus Software und Apps, die ebenfalls das Digitalisieren gedruckter Dokumente ermöglichen und diese dann im Anschluss zur barrierefreien Nutzung und Bearbei-

119 Das Internetportal Bildungslogin (www.bildungslogin.de/) bietet aus einer zentralen Webanwendung heraus Zugang zu den Medien vieler verschiedener Verlage (mit heutigem Stand gehören dazu C.C. BUCHNER, Website: www.ccbuchner.de/content-40-40/digitale_schulbuecher; Cornelsen Verlagsgruppe inklusive Duden, Oldenbourg, Volk und Wissen, Website: www.cornelsen.de; Ernst Klett Verlag inklusive Klett-Auer, verlag für pädagogische medien, Website: www.klett.de; Europa Lehrmittel Verlag, Website: www.europa-lehrmittel.de/c-380/digitale_buecher; Verlag Handwerk und Technik, Website: www.handwerk-technik.de; Helbing Verlag, Website: www.helbling-verlag.de; Merkur Verlag Rinteln, Website: www.merkur-verlag.de/content-113-113/digitale_schulbuecher; Westermann Verlagsgruppe inklusive Winklers, Diesterweg, Bildungsverlag Eins, Schöningh, Schroedel, Website: www.bibox.schule.

tung sowie Speicherung bereitstellen, dabei jedoch speziell für den inklusiven Unterricht angepasst sind. Die ausschließlich für Windows verfügbare Software *Multitext*[120] bietet unter diesen Produkten den größten Funktionsumfang. Mit ihr können Materialien gescannt, eingerichtet und ausgefüllt werden, wobei *Multitext* neben der standardmäßigen Eingabe über die Tastatur auch die Steuerung über Taster, Mundmaus und Augensteuerung unterstützt. In *Multitext* können zudem häufig verwendete Textbausteine gespeichert werden, die Software bietet auch eine Wortvorhersagefunktion, eine Rechtschreibprüfung sowie eine Zoomfunktion und Hilfslinien zur besseren Orientierung. Optional ist die Software mit Sprachausgabefunktion und einer individuell anpassbaren Bildschirmtastatur, die viele Bedienarten unterstützt, erhältlich. Die Kosten für *Multitext* sind relativ hoch. Es gibt jedoch eine Schullizenz, mit der die Software auf allen Schulcomputern und -notebooks mit Windows installiert werden kann. *Multitext* kann aufgrund der vielseitigen Funktionalitäten und Steuerungsunterstützung von allen Schülerinnen und Schülern und besonders bei Körper-, Sprach-, Seh- und Lernbeeinträchtigung unterstützend eingesetzt werden. Eine zeitlich unbegrenzt nutzbare, aber in ihrem Funktionsumfang eingeschränkte Demoversion ist zum ersten Kennenlernen und Testen erhältlich.

Die ausschließlich für IOS und iPadOS verfügbaren Apps *ClaroPDF (Pro)*[121] und *SnapType (Pro)*[122] lassen sich als Alternativen auf dem iPad nutzen, da ihre Funktionsweise der von *Multitext* ähnelt, wobei der Funktionsumfang gegenüber *Multitext* deutlich reduziert ist.

Nutzung und Erstellung von E-Books

Digitale Medien sind aufgrund ihrer Suchfunktionen und den (unter Einbezug des Internets) „nahezu unendlichen Recherchemöglichkeiten mittlerweile dem Buch als Informationsmedium zumindest in der Effizienz und der Quantität der Suchergebnisse für einen ersten thematischen Zugriff überlegen", wie Frederking und Albrecht (2016: 22) betonen und weitergehend konstatieren, dass sowohl im privaten wie auch im beruflichen und inzwischen zunehmend auch im schulischen Kontext das informatorische Lesen weitgehend unter Einbeziehung des Internets erfolge (vgl. ebd.). Dabei bieten digitale öffentliche Bibliotheken und andere Onlineressourcen einen guten Zugang zu umfangreichen Literatur- und Informationsbeständen in Form von E-Books, welche sich als Zugang zu Literatur produktiv im Deutschunterricht nutzen lassen und dabei

120 Vgl. www.hindelang-software.de.

121 Vgl. https://apps.apple.com/us/app/claropdf-pro-text-to-speech/id633997623.

122 Vgl. https://apps.apple.com/us/app/snaptype/id1124115982.

auch neue Anwendungsmöglichkeiten eröffnen, wie Leubner (2016) im Detail aufzeigt. E-Books und die zu ihrer Nutzung verwendeten digitalen Medien lassen sich somit zunächst einmal als Lese-, Rezeptions- und Informationsmedium nutzen. Dabei entsteht durch das Potenzial zur multi- und hypermedialen Gestaltung von E-Books im Idealfall die Möglichkeit, dass sich Schülerinnen und Schüler interaktiv und handelnd-produktiv mit den jeweiligen Themen und Lernbereichen auseinandersetzen (vgl. Frederking/Albrecht 2016: 23). Sie können damit als Schreib- und Produktionsmedien, Präsentations- und Visualisierungsmedien und Handlungs- und Gestaltungsmedien fungieren, was ihr hohes symmediales und synästhetisches Potenzial (vgl. Kap. 4) deutlich macht. Um dies zu erreichen,

> ist es erforderlich, kompetenzorientierte Aufgaben und Arbeitsanregungen zu integrieren, die sich nach unterschiedlichen Anforderungsniveaus differenzieren lassen, die Interaktion mit anderen ermöglichen, die lernbereichsübergreifend, weitgehend induktiv sowie emotional, personal und kognitiv aktivierend konzipiert sind und individuelles und entdeckendes Lernen fördern. (Frederking/Albrecht 2016: 23)

Diese Anforderungen sind zwar in erster Linie an Schulbuchverlage für die Gestaltung digitaler Schulbücher gerichtet (und insofern originär auf die Funktion als Lehr- und Lernmedien), sie verdeutlichen jedoch sehr gut das Potenzial und auch die Qualitätskriterien der Gestaltung gelungener E-Books für den schulischen Unterricht.

Auf der Grundlage dieses Potenzials von E-Books als Lese-, Rezeptions- und Informationsmedium sowie als Lehr- und Lernmedium soll der Blick nun auf die Produktion von E-Books durch die Schülerinnen und Schüler gerichtet werden. Diese produktionsorientierte Sicht kann z. B. im Rahmen der Auseinandersetzung mit literarischen Texten genutzt werden, um verschiedene Zugänge zu einem literarischen Primärtext präsentieren und zu einem gemeinsamen E-Book zusammenführen zu lassen. Dabei könnten Schülerinnen und Schüler individuell oder in kooperativen Lerngruppen unterschiedliche Perspektiven wie

- den Blick auf die formalen Kriterien von literarischen Texten,
- die Betrachtung und Analyse der geschichtlichen Hintergründe zur Epoche (und ggf. bestehende textlich-inhaltliche Hinweise und Bezüge),
- die Interpretation,
- sowie die alternative Darstellung des Geschehens (aus Sicht einer handelnden Figur als Tagebuch, als Fotostory, als Video, als Stummfilm usw.)

bearbeiten. Die Gruppen recherchieren im Anschluss zu ihrer jeweiligen Aufgabenstellung eigenständig und tragen entsprechende Informationen zusammen, welche sie dann gemeinsam bearbeiten und zu einem Ergebnis zusammenstellen. Die Schülerinnen und Schüler setzen sich dabei sowohl mit dem fachlichen Lerninhalt als auch (ggf. angeleitet) mit Fragen der geeigneten Präsentationsform, Gestaltung und Umsetzung ihrer Ergebnisse in Form eines E-Books auseinander. Sie erwerben so im Sinne der in Kapitel 4.1 dargestellten didaktischen Perspektiven zusätzlich entsprechende digitalisierungsbezogene Kompetenzen und können sich dem Lerninhalt auf verschiedenen Wegen und mit unterschiedlichen Darstellungsformen nähern. Zu guter Letzt können sie die von ihnen erarbeiteten Lernergebnisse auf verschiedene Arten kommunizieren bzw. dokumentieren. Dabei können Texte und Bilder mit Podcasts, Videos, Animationen, Spielen und Quizaufgaben sowie multimedialen Bildschirmpräsentationen kombiniert werden.

Das als Ergebnis vorliegende E-Book bietet so im Idealfall eine hypermediale Präsentationsform, welche das multimediale und interaktive Potenzial von E-Books effektiv nutzt. Die eingesetzten digitalen Medien erfüllen dabei mehrere Funktionen, sind sie doch hier zunächst im ersten Schritt ebenfalls Lese-, Rezeptions- und Informationsmedium, dann im Erstellungsprozess Schreib- und Produktionsmedium (unter Einbeziehung aller möglichen unterstützenden Funktionen) und zugleich auch Präsentations- und Visualisierungsmedium (unter Einbeziehung aller multimedialen und multimodalen Darstellungsmöglichkeiten) sowie ggf. auch Kunst- und Gestaltungsmedium. Nach diesem Verständnis produzierte E-Books lassen sich somit als gelungenes Beispiel zur Realisierung von symmedialem und synästhetischem Deutschunterricht verstehen. Der Entstehungsprozess und das fertige Produkt können selbst wiederum Reflexionsgegenstand im Unterricht sein.

Dieses Szenario bietet aufgrund der multimedialen Gestaltungsmöglichkeiten gute Anknüpfungspunkte für nachfolgend dargestellte weitere Unterrichtsszenarien.

Apps und Tools zur Erstellung von E-Books

Bei der Erstellung von E-Books sind vor allem im Recherche- und Produktionsprozess Tablets und Smartphones besonders gut nutzbar, da sie sich mobil einsetzen lassen und dabei die Erstellung, Bearbeitung und Integration von Fotos, Videos, Audiospuren und Text sowie Grafiken und Zeichnungen in einem Gerät ermöglichen. Sowohl für IOS als auch für Android ist als E-Book-Editor die App *Book Creator*[123] verfügbar. Sie bietet einen intuitiven Einstieg in die Erstellung von E-Books und ermöglicht die einfache und leicht verständliche Einbindung der o. g. multimedialen Elemente. *Book Creator* bietet damit leicht anwendbare multimodale Möglichkeiten zur Eingabe, Darstellung und Präsentation von Inhalten und ist insofern für die Nutzung in heterogenen Lerngruppen gut geeignet. Bei Autismus oder Mutismus sowie bei Stottern kann dies genutzt werden, um den Schülerinnen und Schülern die Wahl der Darstellung zu überlassen und so ggf. den sozialen Druck zu reduzieren. Produzierte multimediale Elemente können dazu selbst kontrolliert und ggf. so oft modifiziert werden, bis die Schülerin/der Schüler mit dem Ergebnis zufrieden ist. Die App bietet darüber hinaus speziell für Schülerinnen und Schüler mit Lernbeeinträchtigungen, LRS oder Sprachbeeinträchtigungen spezifisches Unterstützungspotenzial wie eine Vorlesefunktion, welche z. B. die Eigenkontrolle verfasster Texte auf Korrektheit überprüft. Die App lässt sich zudem mithilfe der in IOS und Android integrierten Unterstützungsfunktionen sowie mit speziellen Bildschirmtastaturen nutzen.

Rück (2018b) bietet eine detaillierte Übersicht zur Funktionsweise von *Book Creator* sowie kurz skizzierte Anwendungsideen, die sich eher an jüngere Schülerinnen und Schüler richten.

Krstoski (2018) stellt die Nutzung von *Book Creator* zum Erstellen von Dokumentationen in heterogenen Lernsettings vor.

iBooks Author ist eine in IOS/iPadOS integrierte kostenlose App, die ebenfalls die Erstellung von E-Books ermöglicht und dabei einen sehr großen Funktionsumfang bietet. *iBooks Author* unterstützt die in IOS/iPadOS integrierten Bedienungshilfen wie z. B. VoiceOver und bietet zusätzliche Funktionen wie das Hinzufügen von alternativen Beschreibungen zu multimedialen Elementen, um den barrierefreien Zugang zu den erstellten E-Books zu ermöglichen.

Für die Nutzung in heterogenen Lerngruppen eignet sich zudem die für IOS verfügbare App *Pictello*[124] als E-Book-Editor in besonders hohem Maße, zumal insbesondere Schülerinnen und Schüler mit Sprach- und Lernbeeinträchtigungen sowie Autismus besonders unterstützt werden können. Bezüglich ihres Umfangs und der Komplexität der darstellbaren Inhalte ist die App im Vergleich zu anderen E-Book-Editoren wie *Book Creator* oder *iBooks Author*[125] in ihrer Funktionalität reduziert, da die Darstellungsoptionen pro Seite auf ein Foto, eine Überschrift und einen kurzen Text beschränkt sind. Die App bietet

123 Vgl. https://bookcreator.com.

124 Vgl. www.assistiveware.com/products/pictello.

125 Vgl. www.apple.com/de/ibooks-author/.

eine integrierte Sprachausgabe (mit einer Vielzahl von Sprachen und Stimmen) und somit die Möglichkeit der schnellen und einfachen Erstellung von sprechenden Fotobüchern, die es u. a. nichtsprechenden oder schlecht sprechenden Schülerinnen und Schülern ermöglichen, durch Auswahl entsprechender Bilder und Ausgabe der damit verbundenen Sprache von sich und ihren Erlebnissen zu erzählen.

Nutzung und Erstellung von E-Portfolios

E-Portfolios sind Sammlungen multimedialer Inhalte bzw. Elemente, die wie E-Books eine freie Gestaltung von Ergebnissen unter Einbettung von Texten, Bildern, Audiospuren, Videos sowie Grafiken und Zeichnungen ermöglichen. Ihre Einsatzmöglichkeiten[126] und damit verbundenen Potenziale ähneln den zuvor ausführlich dargestellten Eigenschaften von E-Books, anders als diese werden E-Portfolios jedoch nicht in einer Datei zusammengefasst, (und meist lokal auf einem Gerät) gespeichert und präsentiert, sondern in webbasierten Anwendungen.

Apps und Tools zur Erstellung und Verwaltung von E-Portfolios

Gängige Plattformen dafür sind z. B. *Mahara*[127] und *Elgg*[128]. Diese Anwendungen ermöglichen selbst (anders als z. B. E-Book-Editoren) keine Erstellung einzelner multimedialer Inhalte, sondern sie dienen als organisatorischer Rahmen der Verwaltung dieser (anderweitig erstellten) Medienelemente. Dabei bieten sie den Vorteil, dass sie ortsunabhängig und von verschiedenen Geräten gleichzeitig genutzt werden können. Die konkreten Anwendungsmöglichkeiten werden hier im Folgenden am Beispiel von *Mahara* kurz verdeutlicht.[129] Die Nutzung des Tools erfordert eine einmalige Registrierung durch die Lehrkraft sowie durch die Schülerinnen und Schüler. Mit den dort festgelegten Zugangsdaten ist im Anschluss jederzeit eine nutzerbezogene Anmeldung über die im Internet verfügbare Plattform möglich. Die Schülerinnen und Schüler können

---

126 Danner (2019) beschreibt ein Unterrichtskonzept zur Erstellung eines digitalen Leseportfolios mit Informationen zur didaktischen Zielsetzung, zum Unterrichtsverlauf und vorhandenen Differenzierungsmöglichkeiten mit ausführlichen Arbeitsmaterialien, das sowohl als E-Book als auch als E-Portfolio realisiert werden kann.

127 Vgl. https://mahara.de.

128 Vgl. https://elgg.org.

129 Ein ausführliches Tutorial zur Erstellung von E-Portfolios bietet die Ruhr-Universität Bochum unter https://open.ruhr-uni-bochum.de/material/anleitung-eportfolios-mit-mahara-erstellen.

sich im Anschluss ein eigenes Profil anlegen und dort optional Informationen zur eigenen Person hinterlegen. Zentrales Element und Ausgangsbasis von *Mahara* ist das sogenannte Dashboard, welches die Hauptfunktionen auf einen Blick anzeigt.

Mahara unterstützt als Kernfunktion das Anlegen beliebig vieler eigener Portfolios, die im Dashboard als Übersicht angezeigt werden. Sie funktionieren ähnlich wie Blog-Einträge, sodass hier zu einem bestimmten Thema Texte verfasst, multimediale Einzelelemente wie Bilder und Videos eingebettet und Internetseiten verlinkt werden können. Ein Portfolio ist standardmäßig nur für die Person sichtbar, die es angelegt hat, ein Teilen mit anderen Nutzerinnen und Nutzern ist jedoch jederzeit möglich. Zudem können in *Mahara* Gruppen angelegt werden, sodass die Software als Kommunikations- und Kooperationsmedium eingesetzt werden kann. Eine Pinnwand und eine Kontaktfunktion können dabei dem Austausch zwischen den Schülerinnen und Schülern dienen.

Als Alternative zu *Mahara* kann die Open-Source-Software *Elgg* im Unterricht verwendet werden. Schülerinnen und Schüler haben hier ebenfalls die Möglichkeit, E-Portfolios anzulegen und Dateien sowie einen Podcast bereitzustellen oder einen Weblog zu führen, Gruppen zu bilden und Nachrichten an Kontakte zu senden.[130]

Medienproduktion

Multimediale Inhalte sind wichtiger Kernbestandteil digitaler Medien. Kernkompetenzen wie das Geschichtenerzählen, das Zusammenfassen von Textinhalten, das Interpretieren von Texten usw. lassen sich in verschiedenen medialen Formen realisieren, was den Zugang zu den vermittelten Lerninhalten erweitern und so neue Erkenntnisse und Perspektiven eröffnen kann. Mit der so realisierten handlungs- und prozessorientierten Erarbeitung der Lernergebnisse geht in der Regel eine höhere Motivation einher. Zudem ermöglicht der oftmals direktere Bezug zur eigenen Lebenswelt eine größere Identifikation mit dem Unterrichtsthema. In ihrem Zusammenspiel können unterschiedliche mediale Einzelformen wie Texte, Bilder, Podcasts, Videos, Zeichnungen, Grafiken und Animationen dabei symmedialen Deutschunterricht ermöglichen und synästhetische Zugänge zu Unterrichtsgegenständen wie literarischen Texten vermitteln. Besonders mit Blick auf heterogene Lerngruppen bieten sich damit unterschiedliche Zugangs-, aber auch Produktions- und Präsentationsmög-

130 Eine detailliertere Übersicht zu den Eigenschaften von Elgg bietet die Website www.e-teaching.org/technik/produkte/elggsteckbrief.

lichkeiten, die den Schülerinnen und Schülern und ihren jeweiligen Anforderungen und Bedürfnissen Rechnung tragen können. Dabei ist beispielsweise die Möglichkeit, unterschiedliche Aufgaben im Produktionsprozess wahrzunehmen, besonders interessant bzw. relevant. So wird einzelnen Schülerinnen und Schülern in der Gruppe ermöglicht, eine Aufgabe zu erfüllen, die den eigenen Stärken besonders gut entspricht. In der Erstellung eines animierten Films könnten solch unterschiedliche Aufgaben z. B. das Verfassen eines Drehbuches, das Erstellen von Kulissen und Figuren, das Erstellen und Zusammenfügen der einzelnen Aufnahmen, das Vertonen und Einsprechen von Off-Kommentaren, Musik oder synchronisierten Dialogen sowie das Einfügen von (optionalen) Untertiteln sein.

Die Schülerinnen und Schüler erlernen im Produktionsprozess zusätzlich zu den fachinhaltlichen Kenntnissen und Kompetenzen weitere Fertigkeiten zur Medienproduktion und erarbeiten sich gemeinsam Bewertungskriterien zur Medienanalyse und Medienkritik (vgl. die Teildimensionen von Medienkompetenz in Kap. 2.2 sowie die mediendidaktischen Perspektiven nach Kerres in Kap. 4.1).

Die hier im Folgenden dargestellten Medienproduktions-Apps und Softwaretools bieten sich für die Erstellung von multimedialen Inhalten im inklusiven Unterricht besonders an, da sie eine einfache Bedienbarkeit ermöglichen. Die einzelnen Apps und die damit produzierten Inhalte können ideal mit der Erstellung und Nutzung von E-Books und E-Portfolios kombiniert werden. Damit ergeben sich vielfältige thematische Anknüpfungspunkte, wie sie hier zuvor im diesbezüglichen Unterrichtsszenario bereits skizziert wurden.

Podcasts produzieren

Für qualitativ gute Audioaufnahmen sollte ein externes Mikrofon verwendet werden. Dazu bieten sich im Schulunterricht bei mobilen Geräten Headsets an, die in der Regel eine ordentliche Aufnahmequalität liefern. Bessere Ergebnisse liefern externe Mikrofone, die über USB oder Klinkenanschluss verbunden werden, sowie externe Aufnahmegeräte, deren Anwendung unter Umständen aber auch komplizierter ist. Bei Audioaufnahmen sind zudem die räumlichen Gegebenheiten und eine ruhige Umgebung entscheidend, idealerweise sollten Audioaufnahmen daher in Nebenräumen erstellt werden.

Apps und Tools zur Podcastproduktion

Für die Bearbeitung und das Exportieren von Audiodateien in andere Formate empfiehlt sich die für Windows und Mac OS sowie Linux verfügbare App

Audacity[131]. Für IOS/iPadOS bildet die App *AudioShare*[132] eine günstige und gute Alternative zu *Audacity*. Unter Android sowie allen anderen Plattformen kann zudem *WavePad*[133] zum Einsatz kommen.

Das von Ihrke 2019 präsentierte Unterrichtskonzept zur Präsentation literarischer Epochen als Hörbeiträge kann durch die Erstellung von Podcasts in Verbindung mit einer Präsentation in *Moodle* und/oder *Mahara* erfolgen. Alternativ wäre die Realisierung auch als E-Book denkbar.

Video- und Filmproduktion

Tablets und Smartphones ermöglichen das Filmen und Erstellen von Videos in guter Qualität. Auf einige Umgebungsfaktoren wie insbesondere eine ausreichende und gute Hintergrundbeleuchtung sollte geachtet werden, zudem sollte für Audioaufnahmen ein externes Mikrofon oder Aufnahmegerät verwendet werden.

Apps und Tools für die Videoproduktion und -bearbeitung

IOS und iPadOS liefern mit *Clips*[134] (für kurze Videos) und *iMovie*[135] (für größere Videos) gleich zwei integrierte Apps, die sich gut für die Bearbeitung von Videos nutzen lassen. Letzteres ist auch für Mac OS verfügbar. Windows bietet mit dem *Video Editor*[136] ebenfalls ein integriertes Standardprogramm an, das sich solide nutzen lässt. Eine sehr interessante kostenlose Anwendung zum Produzieren und Editieren von Videos und Realfilmen ist *Shotcut*[137]. Die Open-Source-Software ist für Windows, Mac OS und Linux erhältlich und besitzt als vollwertiger klassischer Videoeditor einen sehr großen Funktionsumfang. Für Android bietet *VivaVideo Pro*[138] eine günstige und umfangreiche App zur Videoproduktion und -bearbeitung (die auch für IOS/iPadOS erhältlich ist). Mit

131 Vgl. www.audacity.de.

132 Vgl. https://apps.apple.com/de/app/audioshare/id543859300.

133 Vgl. www.nch.com.au/wavepad/de/index.html.

134 Vgl. www.apple.com/de/clips/.

135 Vgl. www.apple.com/de/imovie/.

136 Die Software *Video Editor* ist Bestandteil von Windows 10 und hat den in den vorherigen Windowsversionen integrierten *Windows Movie Maker* abgelöst.

137 Vgl. https://shotcut.org/.

138 Android: https://play.google.com/store/apps/details?id=com.quvideo.xiaoying.pro&hl=de, IOS/iPadOS: https://apps.apple.com/us/app/vivavideo-video-maker-editor/id738897668.

der App/Software *Quik*[139] können weitgehend automatisiert aus Bildern Videos erstellt werden, dabei sind eine Reihe von Vorlagen mit unterschiedlichen Gestaltungvorgaben wie Textstile, Übergänge, Blendeffekte usw. auswählbar. Zudem können auch Videoclips in geringem Umfang bearbeitet und hinzugefügt werden, die zusammengestellten Videos lassen sich mit Musik und Audioeffekten vertonen. *Quik* bietet eine gute Möglichkeit, relativ einfach und schnell Videos zu erstellen, als wirklicher Videoeditor ist die App jedoch im Vergleich zu den zuvor genannten Apps und Softwareprogrammen weniger geeignet.

Apps und Tools für die Produktion animierter Filme

Die für IOS und Android verfügbare App *Stop Motion Studio Pro*[140] ist im Prinzip ein digitales Daumenkino mit weitergehenden multimedialen Möglichkeiten und bietet so einen sehr einfachen Einstieg in die Produktion animierter Filme. Von Objekten oder Figuren werden Fotos erstellt, wobei diese von Bild zu Bild minimal bewegt und anschließend zu einem Film zusammengefügt werden. Die Figuren, Objekte und Hintergründe bzw. Kulissen können je nach Altersklasse (und vorgesehenem Zeitrahmen) einfach oder sehr aufwendig gestaltet werden. Gegebenenfalls wäre hier z. B. auch eine Verknüpfung mit dem Kunstunterricht denkbar, in welchem die Elemente vorab gestaltet werden könnten. Die App bringt zur Einbettung von Audioelementen standardmäßig eine Auswahl an Toneffekten mit. Zusätzlich kann der Film mit (eigener) Musik oder durch Audioaufnahmen über das Mikrofon vertont werden. So lassen sich z. B. auch Unterschiede in der Wirkung von Stummfilmen zu vertonten Filmen (wie die unterschiedliche Wahrnehmung von Situationen, Stimmungen oder Emotionen mit oder ohne Ton bzw. mit unterschiedlicher Musik usw.) herausarbeiten.

Apps und Tools für die Produktion von Comic-Geschichten

Puppet Pals 2[141] ist eine ausschließlich für das iPad verfügbare App, die sich als digitales Puppentheater beschreiben lässt. Die App bietet eine Auswahl an Szenarien mit vorgefertigten Hintergründen sowie vorhandenen (zum Teil historischen) Charakteren an. Alternativ können eigene Szenarien und Cha-

---

139 Android: https://play.google.com/store/apps/details?id=com.stupeflix.replay&hl=de, IOS/iPadOS: https://apps.apple.com/us/app/quik-gopro-video-editor/id694164275.

140 IOS/iPadOS: https://apps.apple.com/de/app/stop-motion-studio-pro/id640564761, Android: https://play.google.com/store/apps/details?id=com.cateater.stopmotionstudiopro&hl=de.

141 Vgl. https://apps.apple.com/de/app/puppet-pals-2/id589141096.

raktere erstellt werden. Die ausgewählten oder erstellten Figuren lassen sich im Bühnenbild positionieren, anschließend wird die Aufnahme gestartet, wobei die Figuren durch Touchgesten bewegt werden können. Durch Tippen auf eine Figur können Mund, Arme und Beine bewegt und über das Mikrofon zudem Dialoge eingesprochen werden.

Digitale Lernspiele und virtuelle Rundgänge erstellen

Adventure Maker[142] ist eine ausschließlich unter Windows nutzbare Software, mit der sich ohne großen Aufwand Lernspiele und virtuelle Rundgänge zur Nutzung auf Windows- und IOS-Endgeräten sowie der PlayStation Portable (PSP) erstellen und exportieren lassen. Das Prinzip ist dabei recht einfach: Als Ausgangsbasis dient ein aufgenommenes Foto, in das Sprungmarken eingefügt werden können. Mit diesen Sprungmarken können Informationen sowie Aufgaben und Rätsel verknüpft werden, die gelöst werden müssen. Sprungmarken können dabei wiederum auch an andere Orte führen, welche durch Fotos mit weiteren Sprungmarken dargestellt werden. Das Lösen der Aufgaben führt zu einem im Vorfeld definierten Ziel. Die Software unterstützt dabei die multimediale Nutzung von Bildern, gesprochenen und geschriebenen Texten und Geräuschen. In Lernspiele und virtuelle Rundgänge können zudem auch Animationen, Videos und Audiodaten integriert werden. Damit ist die Verwendung unter Windows unter Einbindung von auditiven und audiovisuellen Elementen für den inklusiven Deutschunterricht besonders interessant. Ein konkretes Anwendungsbeispiel inklusive Tipps für die einzelnen Anwendungsphasen sowie ergänzenden Arbeitsmaterialien präsentieren Luptowicz/Schieder (2017).

> Das von Kern 2019c präsentierte Unterrichtskonzept zur Erstellung eines multimedialen Filmlexikons kann durch Videoproduktionen mit den vorgenannten Tools in Kombination mit *Moodle*[143] und/oder *Mahara* realisiert werden. Alternativ könnte die Präsentation auch durch ein E-Book erfolgen. Im Rahmen des Projekts könnte auch mithilfe von *Adventure Maker* ein virtueller Rundgang durch die Welt der Filme realisiert werden, der z. B. als Überblick oder auch als Lernzielkontrolle dienen kann.

142 Vgl. www.adventuremaker.com.

143 Vgl. https://moodle.de.

Programmierung von Handlungsabläufen, Animationen, Shortstorys und Spielen

Mit der Programmiersprache *Scratch* erhalten Schülerinnen und Schüler kostenlos die Möglichkeit, online über den Webbrowser[144] oder einen Offlineeditor eigene Spiele, Geschichten und Animationen interaktiv umzusetzen. Die Programmierung dieser interaktiven Elemente erfolgt über eine grafische Oberfläche, in der einzelne Blöcke für einen konkreten Programmierbefehl stehen und miteinander verknüpft werden können. Über diese Blöcke lassen sich z. B. Figuren und Objekte, Töne und Hintergründe steuern und miteinander in Beziehung setzen. Neben komplexen selbstablaufenden Handlungsabläufen können die Schülerinnen und Schüler auch einfach z. B. über das Antippen von vorher festgelegten Tasten oder Klick für Klick eine Szene abspielen bzw. animieren. Da sich der Einstieg in die Nutzung von *Scratch* sehr einfach gestaltet und den Schülerinnen und Schülern eine große Auswahl an einsetzbaren Figuren, Objekten, Hintergrundbildern und Sounds bietet, eignet es sich besonders gut, um ohne große Vorkenntnisse und Vorarbeiten sowie ohne Organisation weiterer Requisiten eigene und im Unterricht behandelte Geschichten, Gedichte und vieles mehr audiovisuell umzusetzen. Durch den ebenfalls kostenlosen Offlineeditor, der für nahezu alle Betriebssysteme verfügbar ist, ist das Programm zudem nicht von einer WLAN- oder LAN-Anbindung abhängig. Dadurch, dass den Schülerinnen und Schülern auch die Möglichkeit gegeben wird, eigene Tonaufnahmen und selbsterstellte Grafiken und Bilder einzubinden, eignet es sich für zahlreiche Unterrichtsszenarien in heterogenen Lerngruppen, z. B. auch unter Berücksichtigung von Lernbeeinträchtigungen. Demi (2018) führt bezüglich der Potenziale von *Scratch* mit Blick auf Inklusion und auf die Rahmenlehrpläne aus, dass „insbesondere prozessbezogene und fachspezifische Kompetenzen berücksichtigt (bspw. mit Texten und Medien umgehen zu können) [werden], die gerade im inklusiven Kontext individuelle Fähigkeiten betonen. Im Umgang mit Scratch erfassen Schüler*innen beispielsweise die Spezifität von Texten unmittelbar durch ihre eigenen Interpretationen“ (ebd.: 26).

Durch die Nutzung von *Scratch* kann auch die informatische (Grund-)Bildung der Schülerinnen und Schüler gefördert werden, da sie neben eher einfachen Programmierbefehlen, wie z. B. zur Drehung einer Figur oder für einen Farbwechsel, auch mit Algorithmen in Berührung kommen können. Eine abschlie-

144 Vgl. https://scratch.mit.edu, hier werden auch umfangreiche Hilfs- und Informationsmaterialien zur Verfügung gestellt. Auch der Download des Offlineeditors ist hier möglich. *Scratch* ist ein Projekt der „Scratch Foundation“ und der „Lifelong Kindergarten Group“ am „MIT Media Lab“.

ßende Präsentation der Ergebnisse im Klassenverband, z. B. über einen Beamer, bietet den Schülerinnen und Schülern die Möglichkeit, über die eigene Arbeit ins Gespräch zu kommen und sich gegenseitig Feedback zu geben.

Digitale Medien als Kommunikations- bzw. Kooperationsmedium

Digitale Medien ermöglichen die räumlich und z. T. auch zeitlich unabhängige schriftliche, auditive und audiovisuelle Kommunikation mit potenziell unendlich vielen Interaktionspartnerinnen und Interaktionspartnern. Dabei können unterschiedliche Dienste wie E-Mail, Chat, soziale Medien, Kurznachrichtendienste, Videotelefonie und Videokonferenzen als Kommunikationsmedium genutzt werden (vgl. Frederking/Albrecht 2016: 24 und Frederking 2016: 36 f.).[145] Dies bietet ein großes Potenzial an authentischen Gesprächs- und Schreibanlässen, welche Gegenstände des Deutschunterrichts sein können.

Darüber hinaus erweitern digitale Medien die Möglichkeiten kooperativen und kollaborativen[146] Lernens und Arbeitens im Deutschunterricht. In diesem Zusammenhang gibt es eine Reihe von Tools, die als Lern-Management-Systeme (LMS)[147] das Bereitstellen von Arbeitsmaterialien und den Austausch von Dateien und Informationen mit Kommunikationsformen wie Foren und Nachrichten sowie weitergehenden Funktionen wie Umfragen, Kalendern, Chats und interaktiven Inhalten kombinieren.[148] Nachfolgend wird hier das

145 Konkrete Anwendungsbeispiele für den Deutschunterricht werden hier im Folgenden dargestellt, zudem wird auf weitere Informationen und Konzepte in den jeweiligen Einzelszenarien hingewiesen.

146 Kooperatives Arbeiten meint das Zusammenarbeiten im Team im Sinne von Arbeitsteilung, sodass jeder Einzelne einen Teilaspekt des Themas eigenständig bearbeitet und diese einzelnen Teile im letzten Schritt zusammengefügt werden (ggf. sind hier mehrere Korrektur- bzw. Überarbeitungsdurchläufe möglich). Kollaboratives Arbeiten ist dagegen ein Prozess, in welchem die Erarbeitung eines Ergebnisses durch permanente Interaktion und gegenseitiges Feedback und somit durch (ggf. synchrone) Aushandlung entsteht.

147 Einen kurzen Einstieg in die Charakteristika von LMS bietet die Plattform e-teaching.org (vgl. www.e-teaching.org/technik/distribution/lernmanagementsysteme).

148 In der Verfügbarkeit dieser umfangreichen Kommunikations- und Kooperationsfunktionen liegt der wesentliche Unterschied zu E-Portfolio-Systemen wie *Mahara*, die im Vergleich deutlich reduzierte Kommunikationsmöglichkeiten und keine Funktionen für Lernaktivitäten enthalten. Systeme wie *Moodle* und *Mahara* können jedoch sehr gut einander ergänzend eingesetzt werden.

LMS *Moodle* in Kombination mit *H5P*[149] als Framework für interaktive Inhalte präsentiert.

Lern-Management-System (LMS) *Moodle*

Moodle ist eine webbasierte Lehr-Lern-Plattform, die das Anlegen virtueller Kursräume ermöglicht.[150] In diesen Kursräumen sind

- das Bereitstellen von Lehr-Lern-Materialien,
- der kommunikative Austausch aller Kursteilnehmerinnen und Kursteilnehmer untereinander sowie mit der Lehrkraft oder den Lehrkräften (über Messenger-, Chat- und Videokonferenzfunktionen),
- das Organisieren von Terminen und Abgabefristen,
- das Anlegen eines umfangreichen Angebots verschiedener Lernaktivitäten[151], interaktiver Elemente und Aufgaben/Fragen und
- das kooperative und kollaborative Lernen und Arbeiten in Gruppen

möglich. In *Moodle* können mithilfe des frei verfügbaren Plugins[152] *H5P* weitere interaktive Elemente integriert werden. *H5P* ist ein Open-Source-Projekt, das die Erstellung interaktiver Lehr-Lern-Inhalte auf Basis von *HTML5* erlaubt und kostenfrei genutzt werden kann. Die Inhalte können barrierefrei gestaltet werden und sind für die Nutzung auf mobilen Endgeräten optimiert, also ideal im inklusiven Deutschunterricht einsetzbar. Das Angebot sowohl an Lernaktivitäten als auch an *H5P*-Inhalten ist sehr vielfältig und wird konstant ausgebaut.

> Das von Albrecht-Hermanns (2019) im Detail vorgestellte Unterrichtskonzept zum Erkennen typischer Fabelmerkmale mit Smartphones und Tablets eignet sich ideal für eine Umsetzung mit *Moodle* und *H5P*. Innerhalb des Konzeptes wird eine Lerntheke erstellt, wobei das Online-Tool *LearningApps*[153] verwendet wird. Dessen Nutzung kann ergänzend zu *Moodle* und *H5P* erfolgen, alternativ können die im Konzept eingesetzten

149 Vgl. https://h5p.org.

150 Detaillierte Informationen zum Aufbau und zu umfangreichen einzelnen Funktionen bietet die *Moodle Knowledgebase* der Universität Duisburg-Essen (vgl. https://wiki.uni-due.de/moodle/index.php/Moodle_Knowledgebase; hier auch ein Überblick über die *Moodle*-Lernaktivitäten).

151 Eine Übersicht über die *Moodle*-Lernaktivitäten findet sich auf der Startseite der *Moodle Knowledgebase* der Universität Duisburg-Essen (vgl. https://wiki.uni-due.de/moodle/index.php/Moodle_Knowledgebase).

152 *H5P* lässt sich so auch in andere Plattformen wie *Drupal*, *WordPress*, *Blackboard*, *canvas* und *brightspace* einbinden.

153 Vgl. https://learningapps.org.

Funktionen jedoch auch direkt in *Moodle* und *H5P* realisiert werden. Eine weitere Alternative zur Erstellung und Nutzung interaktiver Lehr-Lern-Elemente ist *MasterTool*, das plattformunabhängig als Webanwendung[154] oder als Software unter Windows[155] genutzt werden kann.

Kooperative und kollaborative Textproduktion und Textarbeit

Eine für den Deutschunterricht gewinnbringende Form kooperativen und kollaborativen Arbeitens ist das gemeinsame Produzieren und Erarbeiten von Texten. Diesbezüglich werden daher im Folgenden einzelne Unterrichtsszenarien dargestellt.

Einen Rahmen für die kooperative Textproduktion[156] bieten Wikis, bei denen es sich im traditionellen Sinne um Hypertexte bzw. Hypermedia handelt, also eine Sammlung von miteinander verbundenen Informationstexten, in die multimediale Elemente eingebunden werden können und deren Besonderheit darin liegt, dass sie das kooperative Schreiben und Erweitern der Inhalte auf sehr einfache und intuitive Weise ermöglichen. Wikis eignen sich daher besonders für produktionsorientierte Unterrichtsprojekte. Das hier im Unterrichtsszenario zur Nutzung und Erstellung von E-Books beschriebene Beispiel ließe sich beispielsweise auch in einem Wiki realisieren. Bekanntestes Beispiel für ein Wiki dürfte *Wikipedia* sein, das durch die Software *MediaWiki*[157] realisiert ist.[158]

---

154 Vgl. www.mastertool-online.com.

155 Vgl. www.mastertool.shop.

156 Zur kooperativen Textproduktion in sozialen Medien stellen Knopp/Schindler (2019) medientheoretische Überlegungen an und präsentieren entsprechende schreibdidaktische Konzepte.

157 Vgl. www.mediawiki.org/wiki/MediaWiki.

158 Als Anwendungsbeispiel für den Einsatz eines Wikis sei auf das Planspiel Ortho & Graf verwiesen, das als Game-Based-Learning-Szenario die mehrperspektivische, kooperative und lernendenzentrierte Auseinandersetzung mit orthografischen Regeln ermöglicht (vgl. Beißwenger/Burovikhina/Meyer 2019 sowie Beißwenger/Meyer 2018). Unterrichtsbeispiele und Erfahrungen zum Einsatz von Wikis in der Schule bieten Anskeit 2012 und Schellmann/Eirich 2012, zum kollaborativen Schreiben in Wikis vgl. Endres 2012 und Wiki-Ressourcen für Schule und Unterricht stellt Kirst 2012 im Detail vor. Ein schreib- und mediendidaktisches Seminarkonzept für die Lehramtsausbildung stellt Schüler 2012 dar.

Apps und Tools zum kollaborativen Schreiben

Kollaboratives Schreiben kann mithilfe von einfach zu handhabenden Onlinetexteditoren wie *Etherpad*[159] realisiert werden.[160] Das Tool unterstützt das gleichzeitige Schreiben, Bearbeiten und Ändern von Texten. Alle Beteiligten sehen dabei in Echtzeit, welche Ergänzungen und Änderungen an dem Text vorgenommen werden bzw. wurden und können selbst Änderungen vornehmen. Dabei werden die Änderungen der Beteiligten in verschiedenen Farben dargestellt. *Etherpad* ist als Texteditor in *Moodle* verfügbar, zudem gibt es Onlineplattformen[161], in denen eigene *Etherpad*-Instanzen angelegt werden können.[162] Eine Variante von *Etherpad* mit erweiterten Funktionen ist die Onlineplattform *Board*. Hier lassen sich Bilder einfügen und die Funktionsweise ist ansonsten mit der Überarbeitungsfunktion in Microsoft Word vergleichbar, d. h., der Text kann annotiert und kommentiert werden, zudem können Änderungen vorgeschlagen und nachverfolgt werden. Der Überarbeitungsverlauf ist so jederzeit nachvollziehbar, was den Schülerinnen und Schülern gemeinsam mit ihrer Lehrkraft die Möglichkeit bietet, Schreibprozesse zu analysieren und zu reflektieren.[163]

Das in *Moodle* integrierbare *Textlabor*[164] ermöglicht das kooperative Erarbeiten und Diskutieren von Texten. Im Textlabor kann ein PDF-Dokument hochgeladen werden, das anschließend von Schülerinnen und Schülern mit Markierungen und schriftlichen Kommentaren versehen werden kann, die in der Randspalte für alle Beteiligten sichtbar sind und wiederum kommentiert und bearbeitet

---

159 Vgl. https://etherpad.org.

160 *Etherpad* ist als Texteditor in *Moodle* integriert und kann in vielen anderen Websites bzw. Plattformen ebenfalls installiert werden. Unter Windows lässt sich der Editor auch im lokalen Netzwerk installieren und von mehreren Computern oder Tablets nutzen.

161 Vgl. u. a. https://unserpad.de, https://yourpart.eu.

162 Alternativ kann das kostenlose Tool auch selbst in vorhandene Internetplattformen integriert oder unter Windows lokal im Netzwerk genutzt werden.

163 Kern (2019b) beschreibt ein Unterrichtskonzept zum kollaborativen Verfassen einer Fantasyerzählung im Detail und mit weiterführenden Materialien. Weitere methodische Ideen für den Einsatz von *Etherpad* und *Board* liefert der Blog ebildungslabor.de (vgl. https://ebildungslabor.de/blog/padmethoden). Dort werden auch weitere alternative *Etherpad*varianten vorgestellt.

164 Das Textlabor wurde an der Universität Duisburg-Essen im Rahmen des 2018 durchgeführten und vom Stifterverband geförderten Fellowshipprogramms „Texte annotieren, kommentieren und diskutieren in Inverted-Classroom- und Peer-Feedback-Szenarien“ unter der Leitung von Michael Beißwenger entwickelt (vgl. www.stifterverband.org/digital-lehrfellows/2017/beisswenger).

werden können. Auf diese Weise entsteht eine Diskussion über den Text bzw. Textpassagen, die direkt mit diesen Annotationen verknüpft sind. Das Textlabor kann so zum Beispiel im Unterricht genutzt werden, um mithilfe von vorgegebenen Leitfragen in Kleingruppen literarische Texte erarbeiten zu lassen.

Beißwenger, Schüller und Burovikhina (2020) stellen das Textlabor ausführlich vor und beschreiben im Detail didaktische Konzepte für den und Erfahrungen mit dem Einsatz des Tools.[165]

Wampfler (2019) präsentiert ein Unterrichtskonzept, das sich durch die Verwendung von *Etherpad* bzw. *Board* und *Textlabor* in Kombination ideal realisieren lässt. Während der Produktionsphase können die Texte kollaborativ in *Etherpad* bzw. *Board* in Kleingruppen verfasst werden, anschließend kann in der Peer-Feedback-Phase ein PDF des erstellten Textes jeder Gruppe im Textlabor hochgeladen und dort durch die anderen Gruppen kollaborativ diskutiert, analysiert und kommentiert werden.[166]

Kollaboratives Brainstorming, Mind-Mapping und Whiteboard

Für das kollaborative Planen und Organisieren von Projekten und das Sammeln von Ideen bietet sich die kostenfreie Onlineanwendung *Flinga*[167] an. Dazu bietet das Tool eine Brainstorming-Umgebung (*Flinga Wall*) und ein kollaboratives Whiteboard (*Flinga Whiteboard*) zur Nutzung an. Die Lehrkraft kann sich bei *Flinga* kostenfrei registrieren und dann direkt die gewünschte Kollaborationsumgebung anlegen. Die Schülerinnen und Schüler können diese Umgebungen im Anschluss nutzen, ohne sich bei *Flinga* registrieren zu müssen. Sie können durch Teilen eines direkten Links, eines Codes oder eines QR-Codes zur Teilnahme eingeladen werden.[168]

165 Für weitere Informationen zum Textlabor vgl. auch Beißwenger/Burovikhina/Meyer 2019.

166 Die Erarbeitung einer Ganzschrift im inklusiven Deutschunterricht mit *LearningApps.org* beschreiben Beckermann/Neumann 2018.

167 Vgl. https://flinga.fi.

168 Eine detaillierte Anwendungsbeschreibung von *Flinga* bietet der Blog ebildungslabor.de (vgl. https://ebildungslabor.de/blog/flinga). Dort wird als Alternative auch *ONCOO* genannt und in einem verlinkten Blogbeitrag vorgestellt.

Social-Media-Plattformen im Unterricht

Soziale Netzwerke können auf vielfältige Weise in den Unterricht integriert werden,[169] wobei beispielsweise eine für den Deutschunterricht besonders interessante Anwendungsmöglichkeit das Spiel mit fiktiven Identitäten sein kann, „etwa wenn Schüler im Literaturunterricht lektürebegleitend Profile zu literarischen Figuren erstellen, die anschließend kommunikativ und kooperierend in Beziehung zueinander treten“ (Frederking/Albrecht 2016: 24). Bei der Nutzung bekannter Social-Media-Plattformen wie *Facebook*, *Instagram*, *Twitter* usw. in Unterrichtsprojekten müssen dabei kritische Punkte zu Urheberrecht und Datenschutz betrachtet und gelöst werden.

Mit *Edmodo*[170] wurde speziell für den Bildungsbereich eine *Social-Media-Plattform* entwickelt, welche die sichere Anwendung im Unterricht ermöglichen soll und Funktionen eines LMS und einer Social-Media-Plattform verbindet. Schulen können sich auf *Edmodo* als Institution registrieren lassen, im Anschluss können einzelne Lehrkräfte Lerngruppen (Klassen oder kleinere Arbeitsgruppen) einrichten und ihren Schülerinnen und Schülern einen automatisch generierten Registrierungscode für diese Gruppe zukommen lassen. Innerhalb der Gruppenplattform erinnert *Edmodo* optisch und funktional stark an Facebook, wobei es sich um eine geschlossene Kommunikations- und Arbeitsplattform handelt. Für den Einsatz in Unterrichtsprojekten mit heterogenen Lerngruppen spricht die funktionale und intuitive Nutzbarkeit der Internetanwendung.

Als weitere Alternative zu *Facebook* kann auch *Diaspora*[171] eingesetzt werden. Der Funktionsumfang dieser reinen *Social-Media-Plattform* ist ähnlich wie bei *Facebook*, d. h., Nutzerinnen und Nutzer können Statusmeldungen veröffentlichen, Beiträge und Bilder teilen und kommentieren sowie festlegen, wer eigene Beiträge sehen und teilen darf. Auch auf *Diaspora* verwendet man Hashtags, um Beiträge einzuordnen, und kann dadurch außerdem Menschen finden, mit denen man Interessen teilt. Hinter *Diaspora* steht ein Open-Source-Projekt, die Anwendung hat den Vorteil, dass sie auf einem eigenen Server betrieben werden kann, was jedoch entsprechendes Know-how erfordert. Dadurch lässt sich allerdings sicherstellen, dass die Daten innerhalb der Schule verbleiben.

---

169 Beispiele dafür liefern u. a. der medienbewusste Umgang mit Instagram als Unterrichtsthema von Knopf/Müller 2017; in der Perspektive auf Kommunikation in Social-Media-Plattformen als Unterrichtsgegenstand der Sekundarstufe siehe auch Beißwenger 2018.

170 Vgl. www.edmodo.com.

171 Vgl. https://diasporafoundation.org.

Audience-Response-Systeme und Quizaufgaben im Unterricht

Fragen und Quizaufgaben können der Absicherung von Lernerfolgen dienen und bieten so als Ergänzung zu Lerninhalten Möglichkeiten der interaktiven Gestaltung von Übungen und Trainingsinhalten sowie zum Erhalt von Rückmeldungen. Die Lernaktivitäten in *Moodle* sowie das hier zuvor bereits beschriebene *H5P* bieten dazu vielseitige Lösungen zur technischen Umsetzung, die mit multimedialen Inhalten gefüllt und direkt eingesetzt werden können. Alternativ können die nachfolgend dargestellten Apps zur Quizerstellung genutzt werden. Sie ermöglichen durch die intuitive Umsetzung von Lern- und Übungsaufgaben sowohl das einfache und direkte Übermitteln des Schülerfeedbacks und die Lernzielkontrolle in heterogenen Lerngruppen als auch die Erstellung von Quizaufgaben durch die Schülerinnen und Schüler selbst zur Einbindung in die Darstellung von Projektergebnissen für die Mitschülerinnen und Mitschüler.

Mit dem als App für IOS und Android oder als Onlineanwendung erhältlichen *Kahoot*[172] lassen sich Quizaufgaben erstellen, in denen Fragen mit vorab definierten Antwortmöglichkeiten gestellt werden können. Dabei ist die Einbindung von Bildern oder Videoclips möglich. Die Fragen müssen in einer vorgegebenen Zeit beantwortet werden. Je schneller die korrekte Antwort gegeben wird, desto mehr Punkte erhält die Nutzerin/der Nutzer. Sind alle Fragen beantwortet, wird eine Rangliste mit den Ergebnissen angezeigt. Neben dem Quizformat enthält *Kahoot* auch ein Spielformat, in dem Begriffe in die korrekte Reihenfolge gebracht werden müssen. Für die Nutzung von *Kahoot* ist eine einmalige kostenlose Registrierung erforderlich.

Alternativ bietet sich die ausschließlich für IOS erhältliche App *Quizmaker*[173] zur Erstellung von Quizaufgaben auf einfache Art und Weise an. Dazu können Texte, (eigene) Bilder und Sprachaufnahmen sowie METACOM-Symbole[174] kombiniert werden. Die Quizaufgaben eignen sich so insbesondere bei Lernbeeinträchtigungen und Autismus.

Pingo[175] ist ein kostenloses Programm, das Abstimmungen in der Klasse und das aktive Einbeziehen aller Schülerinnen und Schüler ermöglicht. Lehrkräfte können z. B. während einer Unterrichtstunde eine Wissensfrage zum aktuellen Lernstoff stellen und den Schülerinnen und Schülern mehrere Antwortmöglichkeiten anbieten. Zudem sind auch Fragen möglich, die mit Freitext beantwortet werden sollen. So können schnell und effektiv Ideen, Einstellungen und

172 Vgl. https://kahoot.com.
173 Vgl. https://quiz-maker.de.
174 Vgl. www.metacom-symbole.de.
175 Vgl. https://pingo.coactum.de.

Positionen zu einem Thema gesammelt und gebündelt werden. Zur Nutzung von *Pingo* ist keine Installation notwendig, die Schülerinnen und Schüler können sich mit mobilen Endgeräten wie Smartphones oder Tablets über einen Code, der z. B. in PDF-Dokumente und Powerpointfolien eingebunden werden kann, in die von der Lehrkraft erstellte Umfrage einloggen. Sie beantworten innerhalb einer definierten Zeitspanne die Frage(n) und die Antworten werden von der Software automatisch ausgewertet und in ein Diagramm überführt. *Pingo* ermöglicht so ein schnelles Feedback, das die Lehrkraft direkt bei der weiteren Gestaltung des Unterrichts berücksichtigen kann.

5 Anregungen für den Unterricht

5.1 Lernformen und Methoden im inklusiven Unterricht

Im Schulgesetz ist verankert, dass sich der Auftrag der Schule aus dem „Recht des jungen Menschen auf Förderung seiner Anlagen und Erweiterung seiner Fähigkeiten“ bestimmt (Schulgesetz § 1-1). Des Weiteren heißt es, dass jede Schulart und jede Schule der individuellen Förderung der Schülerinnen und Schüler verpflichtet ist (§ 10 [1]) und Unterricht auf die ganzheitliche Förderung der Schülerinnen und Schüler zielt sowie „den kognitiven, den sozial-emotionalen sowie den psychomotorischen Bereich [umfasst]. Jede Schülerin und jeder Schüler ist entsprechend der individuellen Lernvoraussetzungen und Entwicklungsmöglichkeiten zu fördern“ (§ 49 [1]). Da Schülerinnen und Schüler heterogene Lernvoraussetzungen mitbringen, müssen im Unterricht unterschiedliche didaktische und methodische Prinzipien berücksichtigt werden. Hierbei spielen die Sozialformen, in denen gelernt wird, eine ebenso entscheidende Rolle wie Formen der Differenzierung, das Lernen am gemeinsamen Gegenstand und Methodenvielfalt.

Individualisierung, Differenzierung und Lernen am gemeinsamen Gegenstand

Studien belegen, dass sich gemeinsames Arbeiten in heterogenen Lerngruppen positiv auf das Lernen aller auswirkt (vgl. Schürmer/Tillmann/Weiß 2004): „Im inklusiven Unterricht gehört die Umsetzung der didaktischen Prinzipien Individualisierung und Differenzierung [dabei] zu den entscheidenden Aspekten, ob mit oder ohne digitale Medien“ (Schulz/Krstoski/Lion/Neumann 2019: 11). Inhalte, Niveau, Anzahl der Aufgaben, das Lerntempo sowie der Einsatz von Medien müssen im Unterricht an die Lernpotenziale der Schülerinnen und Schüler angepasst werden. Hier liegen zu Formen der Differenzierung inzwischen verschiedene Vorschläge vor, etwa nach Arbeitsweisen, nach Schwierigkeitsgraden, nach dem Arbeitstempo oder nach dem zeitlichen Umfang.[176] Daneben gibt es thematische und methodische Differenzierungsmöglichkeiten und es kann ebenfalls eine Differenzierung der Lernmedien erfolgen, wenn unterschiedliches Lernmaterial, Arbeitsmittel mit Informationen, Lernprogramme, -videos und -plattformen zur Verfügung gestellt werden (vgl. Kap. 4.2 u. 4.3).

---

176 Vgl. u. a. Von Brand/Brandl 2017; die Hefte der Fachzeitschrift Praxis Deutsch: Gemeinsam lernen. Umgang mit Vielfalt (2016) u. Literatur inklusiv (2018). Vgl. auch das Kapitel zu „Kooperativem Lernen“ in Lipkowski/Schüller 2019: 51 ff.

Generell wird ein Fokus auf folgende Differenzierungswege gelegt:

- Differenzierung/Individualisierung: Die Schülerinnen und Schüler erhalten jeweils eine individuelle Aufgabe mit unterschiedlichen Anforderungen.
- Unterstützung/Scaffolding: Alle Schülerinnen und Schüler erhalten dieselben Aufgaben, jedoch mit verschiedenen Formen der Hilfe/Unterstützung.
- Ko-Konstruktion: Alle Schülerinnen und Schüler erhalten dieselben Aufgaben, erstellen aber in heterogenen Gruppen konstruktive Arbeiten.

Die Differenzierung kann sich dabei grundsätzlich beziehen auf

- die erforderlichen und zu entwickelnden Kompetenzen: Differenzierung nach Niveaustufen,
- die Inhalte und Themen: Differenzierung nach Interessen und
- die Methoden und Medien: Differenzierung nach Lernwegen.

Eine Differenzierung durch Aufgabenstellungen ist möglich, indem

- es innerhalb einer Aufgabe gestufte Anforderungsniveaus gibt,
- mehrere Aufgaben mit unterschiedlichen Anforderungen parallel angeboten werden und
- die Aufgaben so angelegt sind, dass die Schülerinnen und Schüler beim Bearbeiten selbst entscheiden, welchen Anforderungen sie sich dabei stellen (Selbstdifferenzierung).

Beim gemeinsamen Lernen stellt sich jedoch immer auch die Frage, wie man Verfahren der Individualisierung und Differenzierung mit dem Lernen am gemeinsamen Gegenstand zusammenbringen kann, denn die

> große Heterogenität in Bezug auf die unterschiedlichen Voraussetzungen verlangen [sic!] adaptive Lehr-Lernverfahren, die mit zunehmender Komplexität von Themen und Kompetenzen Gefahr läuft, das gemeinsame Lernen am selben Gegenstand aus dem Blick zu verlieren, weil es keinen kleinsten gemeinsamen thematischen Nenner mehr gibt (Becker-Mrotzek/Linnemann 2016: 111 f.).

Von Brand und Brandl (2017: 42) schlagen ein Modell vor, das vier zentrale Kategorien von Differenzierung vorsieht: die soziale Differenzierung, die didaktische Differenzierung, die methodische Differenzierung und die arbeitsorganisatorische Differenzierung. Sie stellen Praxisbeispiele für den Deutschunterricht zusammen, die sich an den Kompetenzbereichen „Sprechen und Zuhören", „Lesen – Umgang mit Texten", „Schreiben", „Sprache und Sprachgebrauch untersuchen" sowie „Umgang mit Medien" orientieren. Weitere praxisorientierte Ideen für den Deutschunterricht der Sekundarstufen finden sich bei Pertek und Scheler (2016).

Kooperatives Lernen

Lern- und Arbeitsprozesse, Lehrenden- und Lernendenrollen und die damit einhergehenden Verantwortlichkeiten verändern sich, wenn Lernen durch digitale Technologien unterstützt wird. Und auch die Arbeitsformen spielen eine wichtige Rolle bei der Gestaltung lernförderlicher Settings in einer sich wandelnden Lernkultur. So werden etwa kooperative Lernformen mit Möglichkeiten von Selbstorganisation und der Verlagerung zum Eigenlernen gekoppelt. Hier spielen als Basiselemente des kooperativen Lernens individuelle Verantwortlichkeit, positive Interdependenz, unterstützende Interaktion und soziale Fertigkeiten eine entscheidende Rolle (Borsch 2015: 18, nach Johnson/Johnson 1999).

In Bezug auf die Lern- und Sozialformen profitieren beispielsweise Schülerinnen und Schüler mit Lernbeeinträchtigungen vom Anregungspotenzial leistungsstärkerer Mitschülerinnen und Mitschüler, die wiederum dadurch lernen, „dass sie ihr Wissen umstrukturieren müssen, um andere angemessen unterstützen zu können" (Werning/Löser 2011: 55 f.). Im gemeinsamen Unterricht ist die Entscheidung für bestimmte Lern- und Sozialformen, mit denen die Schülerinnen und Schüler Aufgaben erarbeiten, von großer Bedeutung. So können besonders kooperative Lernformen, etwa Partner- oder (Klein-)Gruppenarbeit, „die einen hohen Anteil an Beziehungen auf Schüler-Schüler-Seite ermöglichen" (Leonhardt 1996: 68), die soziale Integration von Kindern und Jugendlichen mit und ohne Einschränkungen fördern und sich positiv auf die Lernmotivation auswirken. Dabei ist kooperatives Lernen häufig komplexer als kompetitives und individuelles Lernen, da sich die Lernenden sowohl mit den (kognitiven) Anforderungen von Aufgaben als auch mit den Erfordernissen des kooperativen Zusammenarbeitens auseinandersetzen müssen.

Nach Hans Wocken, der gemeinsam mit Georg Feuser auf Basis der Hamburger Schulversuche eine Theorie gemeinsamer Lernsituationen entwickelt hat, wird ein Schwerpunkt auf die soziale Dimension von gemeinsamen Lernsituationen gelegt (vgl. Heimlich/Kiel 2020: 250). So können folgende Lernsituationen, in denen Schülerinnen und Schüler gemeinsam arbeiten, unterschieden werden: koexistent, kommunikativ, subsidiär und kooperativ.

In koexistenten Lernsituationen beschäftigen sich die Schülerinnen und Schüler vor allem mit ihren eigenen, bestenfalls frei gewählten Aufgaben und treten lediglich am Rande in soziale Austauschprozesse, etwa bei der selbstständigen Arbeit im Rahmen eines Wochenplans.

In kommunikativen Lernsituationen können die Schülerinnen und Schüler verschiedene Themen verhandeln, die zuvor nicht von der Lehrkraft didaktisch organisiert wurden, sondern von den Schülerinnen und Schülern in ihrer (informellen) Kommunikation entstanden sind.[177]

In subsidiären Lernsituationen wird von unterschiedlichen fachlichen Kompetenzen innerhalb einer Lerngruppe ausgegangen, in der sich die Schülerinnen und Schüler gegenseitig helfen, etwa in Form eines Peer-Tutorings. Dabei profitieren die Lernenden am meisten, „wenn zwischen ihnen ein mittlerer Lernabstand vorhanden ist" (Baurmann/Müller 2016: 8). Auch die leistungsstärkeren Schülerinnen und Schüler können dabei von der vorübergehenden Unterstützung anderer profitieren, da ihnen häufig durch den Erklärvorgang Problemlösungsstrategien bewusster werden.

Kooperative Lernsituationen zeichnen sich durch einen „verbindlichen Zusammenhang" (Wocken 1998: 48) aus. Die Beteiligten können hier gemeinsame oder auch unterschiedliche Ziele verfolgen:

> Gerade in sehr heterogenen Lerngruppen scheint der Erfolg kooperativer Lernarrangements jedoch stark von der Vorbereitung durch die Lehrkraft abhängig zu sein. Ihre Aufgabe ist es, u. a. durch die Gruppenzusammensetzung und die Auswahl der Gruppenaufträge und ggf. die Verteilung einzelner Aufgaben auf einzelne Gruppenmitglieder, dafür zu sorgen, dass diese einerseits hinsichtlich der kognitiven und sprachlichen Komplexität den individuellen Fähigkeiten einzelner entsprechen und andererseits tatsächlich zum Erreichen des gemeinsamen Ziels beitragen. (Baurmann/Müller 2016: 9)

Die Lehrkraft muss bei all den genannten Lernsituationen die Zusammensetzung und gemeinsame Arbeit der Gruppen im Blick haben, um Ausgrenzung zu vermeiden. Darüber hinaus ist die „Fokussierung auf einen *gemeinsamen Kommunikationskern*" wichtig, bei der die gesamte Lerngruppe zeitweise auf einen gemeinsamen Aspekt fokussiert ist und alle Lernenden, je nach ihren individuellen Fähigkeiten, die Möglichkeit haben, am Austausch teilzuhaben (vgl. von Brand 2018: 11).

Im Kontext einer integrativen Didaktik ist seit den 1980er-Jahren vielfach darüber diskutiert worden, durch welche (alternativen) Unterrichtskonzepte man gemeinsames Lernen mit Kindern und Jugendlichen gestalten kann. Dies ist durch unterschiedliche Verfahren möglich. So kann Projektarbeit anhand gemeinsamer Lerngegenstände, lebensweltlicher Bezüge und Aufgabenstellungen mit unterschiedlichem Anforderungsniveau vielen Schülerinnen und Schülern gerecht werden. Die Werkstattarbeit als Form des offenen Unterrichts – mit Freiarbeit und Wochenarbeiten – oder das aktiv forschende Lernen/Labor-

177 Vgl. Werning/Lütje-Klose 2016: 149: „Inklusiver Unterricht muss aus dieser Perspektive informellen Kommunikationen Raum geben [...]."

lernen sind ebenfalls Formen, die sich im inklusiven Unterricht anbieten, da hier meist vielfältige Aufgabenstellungen zu unterschiedlichen Anforderungen gestellt werden können. Diese Konzepte setzen allerdings ein hohes Maß an Eigeninitiative, Selbststeuerungs- und Selbstorganisationskompetenz voraus, sodass darauf geachtet werden muss, etwa Schülerinnen und Schüler mit kognitiven Einschränkungen Aufgaben zuzuteilen, deren Sinn und Beitrag zur Gesamtleistung sie nachvollziehen können (Stecher 2011: 65).

Verschiedene empirische Untersuchungen belegen, „dass mit kooperativen Lernmethoden nicht nur Lernerfolge gesteigert, sondern auch soziale Verhaltensweisen wie Altruisimus, Kooperation und Hilfsbereitschaft gefördert werden können“ (Avci-Werning/Lanphen 2013: 152). Auch zeigt sich, dass „kooperatives Lernen das Leistungsniveau der Einzelnen hebt und sich Lernende darüber hinaus als fördernde Lerngemeinschaft wahrnehmen“ (ebd.: 169). Dies könnte daran liegen, dass die Schülerinnen und Schüler sich in kooperativen Arbeitsgruppen aktiv mit den Perspektiven anderer auseinandersetzen und nicht in der großen Gruppe des Klassenverbands „abtauchen“. Oft werden Vorschläge oder Lösungen der Lehrkraft nicht unreflektiert übernommen, wie es in einem lehrerzentrierten Unterricht häufig der Fall ist, sondern Ergebnisse werden in einem Prozess mit anderen erarbeitet. Dabei kommt es vor allem darauf an, dass sich erstens alle Schülerinnen und Schüler aktiv mit dem Lerngegenstand auseinandersetzen können und zweitens auch die individuellen Möglichkeiten und Beeinträchtigungen aller Beteiligten berücksichtigt werden. Nur so können eigene und gemeinsame Lernerfolge erzielt werden. Dies ist durch abwechslungsreiche Arbeitsformen und verschiedene methodische Zugänge – z. B. Gruppenpuzzle, Stationenlernen, Museumsgang, Lerntempoduett –, vor allem aber durch kooperative Lernbedingungen zu erreichen. Durch die Eigenaktivität der Schülerinnen und Schüler sollen dabei intensive Lernprozesse initiiert werden.

Kooperatives Lernen kann dann durch digitale Medien unterstützt werden, wenn digitale Lernumgebungen Schülerinnen und Schülern Möglichkeiten eröffnen, gemeinsam Lösungen zu entwickeln und Verantwortung für die eigenen und gemeinsamen Lernziele zu übernehmen. Besonders für heterogene Lerngruppen ist kooperatives Lernen mit digitalen Medien sinnvoll, sofern die Schülerinnen und Schüler entsprechend ihrer jeweiligen Fähigkeiten und Voraussetzungen individuell und selbstgesteuert lernen können. Das unterstützt den Weg zu Mündigkeit, Identitätsbildung, Stärkung des Selbstbewusstseins und selbstbestimmter Teilhabe an der digitalen Gesellschaft (vgl. KMK 2017: 11 ff.)

Handlungs- und produktionsorientierte Unterrichtsmethoden

Handlungs- und produktionsorientierte Verfahren haben als „Gegenmodell zu einem Literaturunterricht [...] der mithilfe des lehrergelenkten Unterrichtsgesprächs seinen Schwerpunkt auf die Textanalyse und -interpretation legt" (Spinner 2014: 192 f.), seit den 1980er-Jahren Einzug in die Bildungsstandards und den Deutschunterricht gehalten und sich neben textanalytischen Verfahren, die weiterhin ein wesentlicher Bestandteil des Deutschunterrichts sind, etabliert. Mit handlungs- und produktionsorientiertem Unterrichten ist ein methodischer Ansatz gemeint, „bei dem sich Schülerinnen und Schüler gestaltend, d. h. weiter- und umschreibend, Textstellen ergänzend, Textmuster imitierend, malend, vertonend und szenisch spielend mit Literatur beschäftigen" (Spinner 2010b: 311). Der handlungs- und produktionsorientierte Unterricht und verschiedene ihm verwandte spiel- und theaterpädagogische sowie medienintegrative Ansätze sind häufig für den inklusiven Unterricht geeignet, da sie unterschiedliche Lerntypen – Seh-, Hör-, Sprech- und Handlungstyp (vgl. Müller 2018: 16 f.) – fokussieren. Indem auch nichtanalytische Zugänge zu Texten gesucht werden, „können auch Lernende miteinbezogen werden, die Schwierigkeiten mit herkömmlichen Methoden der Analyse von Texten und dem Einbringen eigener Vorstellungen haben" (vgl. Spinner 2010a: 253; vgl. auch Lipkowski/Schüller 2017: 55). So können für Schülerinnen und Schüler, die aufgrund von Beeinträchtigungen Schwierigkeiten bei der Rezeption literarästhetischer Formen haben, handlungs- und produktionsorientierte Methoden als „hilfreiche Ergänzung anderer Methoden" (Leubner/Saupe/Richter 2016: 183) gewinnbringend sein.

Ein Unterricht, der handlungs- und produktionsorientierte Methoden nutzt, ist insofern individualisierter Unterricht, als er nicht gleiche Ergebnisse aller Schülerinnen und Schüler hervorbringen möchte, aber die Eigentätigkeit der Schülerinnen und Schüler unterstützt. Er zielt auf die Förderung der Imaginationskraft als grundlegende Voraussetzung literarischen Verstehens ab, soll heterogene Zugänge zu Texten und Medien eröffnen und unterschiedlichen Interpretationen Raum geben. Wenn Schülerinnen und Schüler sich produzierend oder handelnd mit (literarischen) Texten auseinandersetzen, interpretieren sie die Texte auf eine spezifische, individuelle Art und Weise. So nutzen produktionsorientierte Verfahren das Antizipieren oder Ausphantasieren von Texten (Konkretisation), das Verändern von Texten oder Verfassen von Analogietexten (Transformation) oder das Wiederherstellen von Texten (Rekonstruktion/Restauration). Mit handlungsorientierten Verfahren sind vor allem Standbilder, Pantomime und spielerisch-szenische Darstellungsformen gemeint.

Die meisten Verfahren des handlungs- und produktionsorientierten Unterrichts (vgl. hierzu Praxis Deutsch 1994: 24) sind für heterogen zusammengesetzte Lerngruppen geeignet, wenn sie im Wechsel mit der Sozial- und Lernform, also individuell und kooperativ – z. B. in Lerntandems und Kleingruppen –, angeboten und durch entsprechende mediale Formate unterstützt werden (vgl. Kap. 4), etwa:

Textproduktive Verfahren

- zu Überschriften/Titeln oder Schlüsselwörtern einen eigenen Text verfassen
- den Schluss eines Textes selbst verfassen
- während der Lektüre innehalten und eine eigene Fortsetzung entwerfen
- eine mögliche Vorgeschichte zu einem Text oder einer Figur entwerfen
- eine im Text nur angedeutete Handlung ausfabulieren
- einen inneren Monolog, eine erlebte Rede, einen Brief oder eine Tagebuchnotiz einer Figur verfassen
- Figuren des Textes in Ichform vorstellen
- sich selbst in einen Text hineindichten und eine Szene gestalten
- eine Figur aus einer Geschichte herauslösen und in einer anderen Welt auftreten lassen
- einen Text in einen anderen Stil transformieren
- einen Text aus veränderter Perspektive schreiben
- einen Text in eine andere Textsorte umschreiben

Szenische Gestaltungen

- Textstellen pantomimisch darstellen
- Texte oder Textteile auf spielerische Weise darstellen (z. B. Schattenspiel oder Videoszene)
- eine Textsituation als „lebendes“ Bild darstellen
- Rollenspiele erarbeiten und durchführen

Visuelle Gestaltungen

- Bilder zu einem Text malen; Bildcollagen erstellen
- Trailer zu filmischen Adaptionen von Texten erstellen
- Fotoaufnahmen, Kurzfilme erstellen

Akustische Gestaltungen

- Texte vertonen
- Lesungen mit Geräuschen, Atmosphären, stimmlich-musikalischen Adaptionen unterlegen
- lautes Lesen von Texten; Experimentieren mit verschiedenen Vortragsweisen
- für szenische Darstellungen Hintergrundmusik auswählen.

Das breite Spektrum der Aktivitäten, das sich durch die genannten rezeptiven, produktiven und handlungsorientierten Gestaltungen eröffnet, ermöglicht es den Lehrkräften, in ihren Klassen für alle Schülerinnen und Schüler mit ihren unterschiedlichen Voraussetzungen passende Zugänge zu den jeweiligen Unterrichtsgegenständen zu finden und mit im Unterricht bereits etablierten Arbeitstechniken und Methoden zu verknüpfen, beispielsweise „Schreibkonferenzen durchführen", „Vortragen/Sinngestaltetes Vorlesen", „Figurenskizzen erstellen" oder „Präsentationen erarbeiten und vorstellen". Die Themen und Inhalte des Unterrichts „sollten zur Erfahrungswelt der Schülerinnen und Schüler in Beziehung gesetzt werden und idealerweise aus deren Lebenswelt stammen" (Heimlich/Bjarsch 2020: 263). Viele der genannten Gestaltungen lassen sich durch digitale Medien unterstützen (vgl. Wampfler 2017), um bei den Schülerinnen und Schülern mehrsinniges Lernen zu aktivieren, die Aufnahme und Verarbeitung von Wissen abwechslungsreicher zu gestalten und individuelles Lernen sowie Lernen in Gruppen zu erleichtern (vgl. Kap. 4; vgl. auch Zimmermann/Schneider/Schwär 2016: 116 f. sowie Wampfler 2017).

5.2 Ausgewählte Unterrichtskonzepte

Hinweise zu den fokussierten Beeinträchtigungen

Für alle Schülerinnen und Schüler – mit und ohne Beeinträchtigungen – gelten allgemeine Grundprinzipien, um ihre sprachlich-kommunikativen Fähigkeiten zu fördern, u. a.

- eine vertrauensvolle Kommunikationssituation, die, auch unter den Bedingungen einer Beeinträchtigung, das Erleben erfolgreicher Kommunikation ermöglicht,
- regelmäßig wiederkehrende Handlungs- und Gesprächssituationen,
- die Gelegenheit zur Rollenübernahme in unterschiedlichen Formen innerhalb des Klassenverbands, um die Erwartungen und Anforderungen an Sprachhandlungen und deren Strukturen zu verdeutlichen und
- die Anregung zur Reflexion über Sprache (vgl. Mußmann 2013).

Eine möglichst genaue Kenntnis der Ursachen und Symptome von Beeinträchtigungen bei betroffenen Schülerinnen und Schülern ist darüber hinaus für Lehrkräfte und die Konzeption ihres Unterrichts die Grundlage für eine angemessene Didaktik und Methodik.

Im Folgenden werden die im Projekt (vgl. Kap. 2.2) fokussierten Störungsbilder, zu denen die Studierenden in den projektbezogenen Veranstaltungen Unterrichtskonzepte entwickelt haben, kurz umrissen. Detailliertere Informationen zu Folgen der Beeinträchtigungen für die Kommunikation, für schulische Kontexte sowie zu Fördermöglichkeiten finden sich in dem projektbezogenen Lernmodul, das als Onlineressource zur Verfügung steht (vgl. auch Lipkowski/Schüller 2017 u. 2019).[178]

Autismus

Der Autismus wird als angeborene Wahrnehmungsstörung bezeichnet, wobei er kaum systematisch erfasst werden kann. Die auftretenden sensorischen Probleme, z. B. Geräusch- oder Lichtempfindlichkeit, entstehen aus einer untypischen Aufnahme von Umweltreizen. Diese Reize werden zu wenig gefiltert, sodass es zu einer Reizüberflutung kommt. Aufgrund der unterschiedlichen Formen, in denen sich der Autismus zeigt, wird auch die Bezeichnung Autismus-Spektrum-Störung verwendet (vgl. Lipkowski/Schüller 2019: 152).

Abb. 23

Der Wunsch nach Vermeidung dieser Reizüberflutung kann bei Betroffenen dazu führen, dass sie sich aus sozialen Situationen zurückziehen, an der Realität nur eingeschränkt teilhaben und Handlungen häufig wiederholen, weswegen Autismus auch als Beziehungsstörung bezeichnet wird. Es fehlt oft an Selbstwahrnehmung und Empathie. Die Handlungen und Sprachhandlungen vieler Autisten zeichnen sich durch eine mangelnde Koordination aus, auch kann es zu einer Vermeidung von gesprochener Sprache kommen (ebd.).

Sprachliche Probleme sind vor allem auf die mangelhafte Ausbildung der Theory of Mind zurückzuführen. Diese ist ein Konzept, das nicht beeinträchtigte Menschen auf natürliche Weise entwickeln und das ermöglicht, Gefühle, Gedanken und Wünsche anderer intuitiv zu erfassen. Aufgrund ihrer Wahrnehmungsstörung können Menschen mit Autismus dies zumeist nicht, sodass sie in der Kommunikation oft unangepasste Verhaltensweisen aufzeigen, etwa deplatziertes Schweigen, irrelevante und unangepasste sprachliche Äußerungen oder auch Echolalie, also das Wiederholen von bereits Gesagtem. Dies alles sind Probleme, die in den Bereich der Pragmatik fallen,

178 „Digitale Medien und Inklusion im Deutschunterricht“ unter https://digill.de/lernmodule

also in das Wissen um konkrete sprachliche Handlungen abhängig vom jeweiligen Kontext (ebd.: 155).

Hörbeeinträchtigung

Bei Hörbeeinträchtigungen laufen organische Prozesse nicht optimal ab. Davon kann das Außenohr, das Mittelohr oder das Innenohr betroffen sein. Ist das Außen- oder das Mittelohr betroffen, wenn beispielsweise das Trommelfell nicht funktionstüchtig ist, können aufgenommene Schallwellen nicht an das Innenohr weitergeleitet werden und man spricht von einer Schallleitungsstörung. Im Innenohr werden die Informationen in elektrische Impulse umgewandelt und an das Gehirn weitergegeben. Funktioniert dies nicht, weil beispielsweise der Hörnerv defekt ist, spricht man von einer Schallempfindungsstörung (Lipkowski/Schüller 2017: 36 ff.).[179]

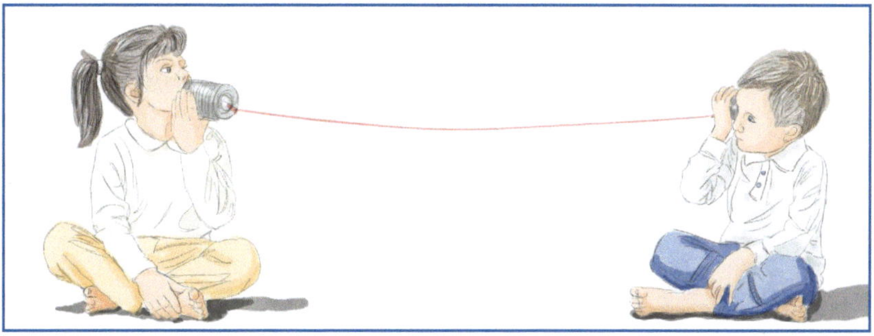

Abb. 24

Bei einer Hörbeeinträchtigung ist nicht allein das Hören betroffen, auch das Sprechen wird durch die Einschränkung beeinflusst. Für Hörende ist Sprachhören eine wesentliche Quelle des Spracherwerbs. Das bedeutet, dass das Sprachsystem aufgebaut wird, das aus Lautsystem, Wortschatz, Morphologie, Syntax und Textgrammatik besteht. Über Hören wird Sprache im frühkindlichen Alter auf natürlichem Weg erlernt. Sehr bald wird Hören auch zum Mittel der Welterschließung und trägt mit dem Schuleintritt auch zum Schriftspracherwerb bei. Liegt eine Höreinschränkung vor, sind also alle diese Bereiche beeinträchtigt (ebd.: 32).

Lernbeeinträchtigung

Von einer Lernbeeinträchtigung spricht man bei einem Intelligenzquotienten (IQ) von 70–85/89. Eine durchschnittliche Intelligenz liegt dagegen vergleichs-

179 Vgl. auch www.gehoerlosen-bund.de/faq/gehörlosigkeit.

Abb. 25

weise bei einem IQ-Wert von 100.[180] Zu Lernbeeinträchtigungen werden „von der WHO umschriebene Entwicklungsstörungen schulischer Fertigkeiten im Bereich der Schriftsprache als Lese- und Rechtschreibstörung, isolierte Rechtschreibstörungen, die Rechenstörung und ein gemeinsames Auftreten dieser Probleme gezählt" (Lipkowski/Schüller 2019: 187). Als Ursachen von Lernbeeinträchtigungen kommen endogene, biologische Faktoren wie diffuse Funktionsstörungen und Teilleistungsstörungen in der Wahrnehmung und Aufmerksamkeit in Betracht.

Bei Schülerinnen und Schüler mit Lernbeeinträchtigungen ist das Bilden von Mustern zur Auswertung von Umwelteindrücken, die Menschen ohne Beeinträchtigung mit der Zeit auf natürliche Weise entwickeln, häufig verlangsamt oder bleibt aus. Diese Verarbeitungsprozesse sind Basis für das Sprach- und Weltwissen. Es können beispielsweise Prozesse zum Wortschatzerwerb beeinträchtigt sein, sodass ein geringerer Wortschatz vorhanden ist oder auch die Verwendung der grammatischen Formen und der Syntax können eingeschränkt sein (vgl. ebd: 185 ff.).

Mutismus

Abb. 26

Mutismus äußert sich darin, dass Betroffene nicht mehr sprechen, obwohl sie eine Sprache erworben haben und die organischen Voraussetzungen zum Sprechen gegeben sind (vgl. Knura 1980 und Garbani-Ballnik 2009). Allerdings macht eine psychische Barriere das Sprechen unmöglich, weswegen der Mutismus als Sprachneurose angesehen wird. Es wird zwischen zwei Formen des Mutismus unterschieden: dem selektiven oder elektiven Mutismus, bei dem

180 Vgl. auch http://learn.bbwonline.de/download/ml01_02.pdf.

die Betroffenen teilweise nicht sprechen, und dem totalen Mutismus, bei dem gänzlich auf das Sprechen verzichtet wird.

Der selektive Mutismus tritt meist im Alter von fünf und neun Jahren auf, der totale Mutismus ist bei Kindern extrem selten und betrifft zumeist Erwachsene mit psychotischen Störungen. Aus einem selektiven Mutismus kann sich allerdings auch ein totaler entwickeln. Häufig gehen dem Mutismus Artikulations- und Sprachentwicklungsstörungen voran, 30 bis 50 Prozent der Kinder mit selektivem Mutismus weisen außerdem Auffälligkeiten im Sprechen auf. Die nonverbale Kommunikation von Betroffenen ist dagegen oft lebhaft (vgl. Lipkowski/Schüller 2019: 86 ff.; Bahrfeck/Subellok/Starke 2017).

Stottern

Abb. 27

Bei vom Stottern betroffenen Menschen kommt es zu Unterbrechungen des Redeflusses. Dies geschieht durch Wiederholungen von Wörtern, Silben und Einzellauten. Außerdem kommt es zu Dehnungen und/oder zu Blockierungen des Sprechvorgangs, oft mit stummen oder hörbaren Versuchen, Laute herauszupressen (Lipkowski/Schüller 2019: 126). Bei äußeren Ursachen des Stotterns spricht man von psychogenem Stottern, wenn Verletzungen von Nerven vorliegen, die nicht genetisch prädisponiert sind, spricht man von neurogenen Formen (vgl. von Suchodolenz 2008).

Es können Sekundärsymptome, wie zum Beispiel Begleitbewegungen, Fußaufstampfen, Erröten oder Schweißausbrüche auftreten. Auch die Interaktion und soziale Handlungsfähigkeit sind zumeist eingeschränkt. Andere Sprachfunktionen wie personale Regulation, Wertung oder ästhetische Wahrnehmung sind unter Umständen indirekt betroffen. Stottern wird, je nach angenommener Hauptursache, entweder zu den Störungen der Kommunikation oder zu denen des Sprechens gezählt.

Im Alter von drei bis vier Jahren kann ein Entwicklungsstottern auftreten, bei dem größere Einheiten (Satzteile und Wörter) wiederholt werden und welches zum Schulbeginn meist überwunden ist. Wichtig ist, dass kein Störungsbewusstsein, z. B. durch Tadel, auftritt. Bei andauerndem Stottern werden beginnendes und schweres Stottern unterschieden. Beginnendes oder leichtes Stottern ist von der Wiederholung kleiner Einheiten gekennzeichnet und auch längere Dehnungen und Sprechpausen treten auf. Schweres, chronisches Stottern beeinflusst die Kommunikation über das Wiederholen und Dehnen von Einheiten hinaus (z. B. durch Verspannungen oder Abwenden des Blicks) und kann zum sozialen Rückzug führen (ebd.: 127 f.).

LRS – Lese-Rechtschreib-Schwäche

Abb. 28

Von Lese-Rechtschreib-Schwäche (LRS) oder Legasthenie wird gesprochen, wenn ein Kind das Lesen oder Schreiben in der dafür vorgesehenen Zeit nicht oder nur sehr unzureichend erlernt hat. Es handelt sich um eine Teilleistungsstörung, die veranlagt und keine Folge unzureichenden Schulunterrichts oder mangelnder Intelligenz und/oder Lernbereitschaft ist. Häufig tritt LRS zusammen mit Hochbegabung auf.[181] Oft ist das allgemeine Verhalten auffällig: Resignation, Aggressivität und Schulangst. Zur Kennzeichnung von besonderen Schwierigkeiten beim Lesen- und Schreibenlernen haben sich seit Beginn des 20. Jahrhunderts in verschiedenen Fachdisziplinen unterschiedliche Begriffe etabliert, die nebeneinander Verwendung finden. Welcher Begriff favorisiert wird, scheint allerdings weniger eine Frage des diagnostizierten Störungsbildes als vielmehr eine Frage der Fachdisziplin zu sein, der sich der Diagnostiker zurechnet. Der Begriff Legasthenie wurde Anfang des 20. Jahrhunderts geprägt. Etwa zeitgleich setzte sich international die Bezeichnung Dyslexie zur Kennzeichnung von unerwarteten Schwierigkeiten beim Erwerb des Lesens und Schreibens durch. Im deutschsprachigen Raum etablierte sich daneben der Begriff der Lese-Rechtschreib-Schwäche sowie das Kürzel LRS. Mit der Revision der sogenannten LRS-Erlasse in den 1990er-Jahren wurde die Terminologie aus den Texten der Kultusbehörden verbannt und durch den Begriff Lese-Rechtschreib-Schwierigkeiten ersetzt. Das Kürzel LRS steht hierin jetzt nur noch für diesen Begriff.

Schülerinnen und Schüler mit LRS weisen teilweise eine geringe auditive Merkfähigkeit auf, etwa beim Vokabellernen, sowie eine geringe visuelle Merkfähigkeit, z. B. beim Einprägen neuer Wortbilder. Von LRS betroffene Kinder machen häufig Fehler beim lauten Lesen, führen hier zahlreiche Selbstkorrekturen durch, haben Probleme bei der Verschmelzung von Einzellauten

181 Vgl. www.begabtenzentrum.de/legasthenie.html.

zu Lautfolgen und Probleme bei der Sinnentnahme. Sie machen viele Fehler beim Abschreiben, in Diktaten oder Aufsätzen, verwechseln visuell ähnliche Buchstaben (z. B.: „dlau“ statt „blau“) und/oder Buchstaben, die ähnliche Laute repräsentieren (z. B.: „krün“ statt „grün“). Schülerinnen und Schüler mit LRS lassen häufig Buchstaben aus, sodass sich die Klanggestalt des Wortes ändert (z. B.: „Apfe“ statt „Apfel“), vertauschen die Buchstabenreihenfolge (z. B.: „Fabirk“ statt „Fabrik“).[182]

Vorgaben für die Erstellung der Unterrichtskonzepte

Die Vorgabe für die Erstellung der hier vorgestellten Unterrichtsideen von Studierenden, die sie im Rahmen der in Kapitel 2 beschriebenen projektbezogenen Veranstaltungen entwickelt haben, bestand darin, dass alle Schülerinnen und Schüler – mit und ohne Beeinträchtigungen – die Möglichkeit haben sollten, sich aktiv an der Auseinandersetzung mit den Unterrichtsinhalten und -materialien zu beteiligen, sodass ihr Erfahrungshorizont vor allem auch „in Bezug auf Möglichkeiten der kreativ-gestalterischen Arbeit mit Medien erweitert“ (Spinner 2016: 192 f.) wird und ihre individuellen Fähigkeiten gefördert werden:

> Im Sinne eines prononciert inklusiven Unterrichts soll es […] nicht darum gehen, zusätzliche Offerten für Personen mit Förderbedarf zur Verfügung zu stellen, sondern vielmehr im Sinne eines weiten Inklusionsverständnisses Materialien zu schaffen, die für alle adaptierbar und relevant sind, sodass alle Kinder und Schüler in Kooperation miteinander auf ihrem jeweiligen Entwicklungsniveau, nach Maßgabe ihrer momentanen Wahrnehmungs-, Denk- und Handlungskompetenzen, in Orientierung auf die „nächste Zone ihrer Entwicklung“, an und mit einem „gemeinsamen Gegenstand“ spielen, lernen und arbeiten (Feuser 1995: 168; Filk 2019: 67).

Vor diesem Hintergrund sollten die Studierenden zwar Überlegungen zum sinnvollen Einsatz digitaler Medien einbeziehen, beim Brückenschlag zur Fachdidaktik sollte es jedoch nicht bei infrastrukturellen Fragestellungen bleiben, sondern erste Ideen für gut nachvollziehbare und motivierende Konzepte entwickelt werden.

Folgende Leitfragen sollten die Studierenden bei der Erstellung ihrer Unterrichtsideen unterstützen:

---

182 https://lrs-online.de/index.php/infos-ueber-lrs/was-ist-lrs; vgl. auch Klicpera/Schabmann/Gasteiger-Klicpera (2010).

Wie können durch das Unterrichtskonzept alle Schülerinnen und Schüler und besonders diejenigen mit einer Beeinträchtigung unterstützt werden?

- Welches digitale Medium eignet sich zur Unterstützung und warum? Wie soll es im Unterricht eingesetzt werden?
- Welche Unterrichtsmethoden und Lernformen eignen sich für die Umsetzung der Unterrichtsideen?

Ergänzend erhielten die Studierenden zur Erstellung der Konzepte einen Leitfaden, Hinweise zu Differenzierungsmöglichkeiten der im Rahmen des Konzepts entwickelten Aufgaben sowie eine Vorlage für einen kurzen Überblick zum Unterrichtsverlauf, in die sie verschiedene Angaben zu ihrem Konzept eintragen sollten, u. a. zu der Klassenstufe, dem Zeitbedarf, den Kompetenzen, Lernvoraussetzungen und Methoden.

Die im folgenden vorgestellten Unterrichtskonzepte sind in ihrer Grundidee und Gestaltung jeweils beibehalten, jedoch von der Verfasserin und den Verfassern dieses Bandes in Teilen angepasst und überarbeitet worden. Sie setzen, je nach projektierter Jahrgangsstufe und Schulform sowie in Thema und Gegenstand, Lern- und Arbeitsform sowie Anforderungen, verschiedene Schwerpunkte, die von den Studierenden selbst gewählt werden konnten. Es werden Ideen für Lerngruppen in den Vordergrund gestellt, in der sich Schülerinnen und Schüler mit einer bestimmten Beeinträchtigung befinden. Die Konzepte legen den Fokus auf den Einsatz digitaler Medien im Deutschunterricht einer heterogenen Schülerschaft. Allen gemeinsam ist das Bestreben, verschiedene Parameter, die Lehrkräfte bei der Konzeption ihres Unterrichts berücksichtigen müssen, in ihre Überlegungen einzubeziehen und dabei Themen zu berücksichtigen, die – unter Berücksichtigung der Vorgaben der entsprechenden KLP für das Fach Deutsch – in den jeweiligen Klassenstufen für einen literatur- oder sprachdidaktisch ausgerichteten Unterricht relevant sind, etwa das Lesen eines Kurzprosatextes, eines Dramas oder aber verschiedene Aspekte von Sprachgebrauch, Orthografie u. Ä.

Die folgende Auswahl wurde getroffen, um eine Breite in Bezug auf die thematisierte Beeinträchtigung und das genutzte mediale Format zu gewährleisten. Zudem soll ein Transfer auf eigene Unterrichtskonzepte ermöglicht werden. Aus diesem Grund ist die Auswahl vor allem als Anregung zu verstehen, eigene Schwerpunkte in der Praxis umzusetzen. Da Lerngruppen sich voneinander unterscheiden und jede Schülerin und jeder Schüler individuelle Lernvoraussetzungen hat, verstehen sich die Unterrichtskonzepte als Modellvorlagen, die modifiziert und angepasst werden können. Die von den Studierenden erarbeiteten Materialien (z. B. Aufgabenstellungen, Arbeitsblätter, Lösungs- und Kontrollbögen) werden hier nur teilweise vorgestellt, da z. B. entwickelte *H5P*-Aufgaben wie Lückentexte oder Quizkarten für die Onlinebearbeitung konzipiert wurden. Aus diesem Grund stehen sie – ebenso wie weitere Unterrichtsideen von Studierenden[183] – zur kostenlosen Nutzung und/oder zum kostenlosen Download zur Verfügung.

> Die Online-Materialien zu den hier dargestellten Unterrichtskonzepten sind abrufbar unter www.utb-shop.de/9783825254377.

Im Anschluss an die Konzepte werden kurze Hinweise zu thematischen Anschlussmöglichkeiten, zum Einsatz in Lerngruppen, in denen Schülerinnen und Schüler mit anderen Beeinträchtigungen lernen sowie didaktisch-methodische Anregungen gegeben. Auch finden sich ergänzende Hinweise zu weiteren Möglichkeiten des digitalen Medieneinsatzes.

Fabeln mit *Kahoot*[184] (Autismus)

Robert Bochhammer, Monique Grüter, Antonia Michen

5/6

ca. 5 Unterrichtseinheiten à 45 Minuten

- Informationen aus Texten entnehmen
- Identifikatorisches Lesen
- Ausbildung eines zusammenhängenden Textverständnisses
- Fragen an den Text formulieren

Grundlegende Kenntnisse zu Fabeln

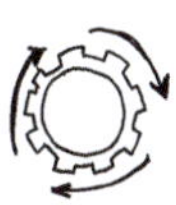

Standbilder

Mithilfe der von den Schülerinnen und Schülern erstellten *Kahoot*-Fragen.

---

183 Zugriff und weitere Informationen: https://digill.de/course/digitale-medien-und-inklusion- im-deutschunterricht/ „Digitale Medien und Inklusion im Deutschunterricht" unter https://digill.de/lernmodule.

184 Zu *Kahoot* vgl. Kapitel 4.3, S. 160

Die Online-Materialien zu diesem Unterrichtskonzept (u. a. ein Arbeitsblatt zur Fotografischen Fabelerzählung sowie weitere Fabeltexte mit der Möglichkeit zum Annotieren und Formulieren einer Frage zu jedem Abschnitt) sind abrufbar unter www.utb-shop.de/9783825254377.

Thema

In diesem Konzept werden zum Abschluss eines Themenblocks über Fabeln produktionsorientierte Unterrichtseinheiten für die Klassenstufe 5 und 6 vorgestellt und verschiedene Lernformen mit analogen und digitalen Formaten verknüpft. Hierbei werden besonders die Lernbedürfnisse eines autistischen Kindes berücksichtigt.

Das Konzept knüpft an die in der Grundschule erworbenen Kenntnisse und Fähigkeiten bezüglich des Einsatzes schriftlicher wie mündlicher Sprache an. Es orientiert sich dabei an den im Kernlehrplan Deutsch postulierten Aufgaben und Zielen, beispielsweise sprachliches Vermögen, Analysefähigkeiten, Lesekompetenz und produktiver Umgang mit Medien.

Die Schülerinnen und Schüler haben bis zu diesem Zeitpunkt in vorherigen Unterrichtseinheiten in Versform oder Prosa verfasste klassische Fabeln zu unterschiedlichen Themenbereichen kennengelernt, z. B. von Äsop, Lessing oder Gellert. Auch haben sie sich mit den charakteristischen Merkmalen von Fabeln auseinandergesetzt.

Die Lehrkraft gestaltet unter Berücksichtigung eines autistischen Kindes ein erlebnisorientiertes und kooperatives Unterrichtsprojekt, das die Rezipierenden zu Produzierenden werden lassen soll. Vorab werden durch eine Lotterie vier Vierergruppen zusammengestellt, sodass jede Gruppe eine der vier zuvor behandelten – in Umfang und Anspruch kongruenten – Fabeln zugelost bekommt. Deren Inhalt soll mithilfe des eigenen Smartphones (oder anderen zu Verfügung gestellten Endgeräten mit Aufnahmefunktion) abfotografiert, medial für die gesamte Klasse als Diashow aufbereitet und mit einem Voice-Over[185] versehen werden. Im Anschluss daran sollen innerhalb der Gruppe ausgewählte Informationen für ein abschließendes *Kahoot*-Quiz verarbeitet und angeboten werden. Jede Gruppe hat demnach Anteil an vier der 16 Fragen, die alle zeitbasiert (der *Kahoot*-Standard sind 20 Sekunden pro Frage) abgefragt werden.

---

185 Bei einem Voice-Over wird über den Originalton eines Videos, eines Films oder einer Audioaufnahme die Stimme einer Synchronsprecherin/eines Synchronsprechers oder einer Erzählerin/eines Erzählers gelegt, ohne dabei die originale Tonspur komplett auszublenden. Voice-Over wird auch als Off-Kommentar oder Hintergrundkommentar bezeichnet.

In Hinblick auf das autistische Kind ist es besonders wichtig, dem gesamten Ablauf eine klar erkennbare Struktur zu geben. Vorhaben, Thema und Lernziel sollten im Voraus angekündigt werden, um das Kind weder zu überraschen noch mit der Situation zu überfordern. Für Kinder mit Autismus-Spektrum-Störungen sollten Sachverhalte gut abgesprochen und über konkrete Erfahrungen vermittelt werden. Mit den von den Gruppen vorgestellten und digital aufbereiteten Fabeln eröffnet sich für alle Schülerinnen und Schüler gleichermaßen die Möglichkeit, die inhaltliche Essenz der Fabel auch durch audiovisuelle Reduktion zu erkennen bzw. selbst erkennbar zu machen.

Didaktische Intention

Das Konzept wird von der Annahme getragen, dass das erlebnisorientierte Lernen mit seinem geringeren Theorieanteil mehr Verfestigung und Nachhaltigkeit des Gelernten in den Gedächtnissen der Schülerinnen und Schüler und eine sinnvolle Teilhabe des autistischen Kindes ermöglicht. Der didaktische Fokus ist auf die gruppendynamische digitale Verarbeitung des inhaltlichen Schwerpunktes gerichtet und soll den Schülerinnen und Schülern Raum für eine gleichermaßen motivierende (z.B. Teamgefühl, kreatives Arbeiten und Präsentation) und problematisierende (z.B. Prozesse der Produktion, Inszenierung) Herangehensweise an den unterrichtlichen Gegenstand bieten. Über die Behandlung des Gegenstandes gemäß dieser Zielvorstellung können die Schülerinnen und Schüler am Ende des Projekts die zentralen erzählerischen Momente der Fabel im Sinne eines gelungenen Textverständnisses fotografisch-szenisch selektieren und gestalten. Mit dem Voice-Over können sie den erzählerischen Inhalt des Bildes verbalisieren und anschließend das Ergebnis einer größeren Gruppe präsentieren. Zur Festigung des Wissens über ihre Fabel sollen die Schülerinnen und Schüler das bisher Gelernte innerhalb ihrer Gruppe rekapitulieren und sich somit einen Zugang zu dem später fotografisch festgehaltenen Textauszug erarbeiten. Zusammen mit dem Voice-Over sollen sie so zu einer Deutung des erzählerischen Moments und der gesamten Fabel gelangen.

Curriculare Legitimation erlangt das Konzept dadurch, dass es alle Kompetenzerwartungen (Sprechen, Zuhören, Schreiben, Lesen, Umgang mit Medien, Reflexion über Sprache) nach dem Kernlehrplan berücksichtigt. Die Einbettung curricularer Vorgaben steht hierbei im unmittelbaren Zusammenhang einer pädagogisch und didaktisch vollumfänglichen Einbeziehung des autistischen Kindes während des gesamten Projekts, ohne dabei der Lehrkraft den potenziellen Zugang zu einer gelungenen Berücksichtigung heterogener Leistungen der Schülerschaft zu verwehren. Der kooperative und praxisorientierte Ansatz ermöglicht eine gewinnbringende Beteiligung des autistischen Kindes, da der Unterricht nicht ausschließlich über auditive Kanäle erfolgt und die Arbeit des

Kindes mit und an digitalen Informationsträgern zur Visualisierung der Fabel stattfindet. Als Produzentin oder Produzent kann das autistische Kind wie alle anderen Schülerinnen und Schüler durch den Lern- und Kompetenzzuwachs langfristig profitieren und mit dem Projekt als Abschluss der Reihe über Fabeln Unterrichtszusammenhänge erkennen.

Unterrichtliche Realisierung

Der Einstieg in die vorgestellte Stunde erfolgt durch das Einteilen der Schülerinnen und Schüler in Vierergruppen. Nach der Zuteilung der Gruppen und der anschließenden Auslosung der Fabeln bekommen die Schülerinnen und Schüler Zeit, sich mit ihrer Fabel auseinanderzusetzen und diese mithilfe der ausgeteilten Arbeitsblätter zu bearbeiten. Nachdem dies geschehen ist, können sie frei entscheiden, wie sie ihre Fabel durch Bilder visualisieren wollen. Hierfür werden ihnen verschiedene Materialen zur Hilfe gestellt, beispielsweise Kostüme aus der Theater-AG oder kleine Modelltiere.

Zu jedem der vier Bilder soll zusätzlich ein kurzer Text entwickelt werden, der im Anschluss mit dem Smartphone oder anderen geeigneten mobilen Endgeräten aufgenommen und gemeinsam mit den Bildern vorgestellt wird. Der zu erstellende Text soll eine inhaltliche Zusammenfassung der Fabel in eigenen Worten enthalten. Hierfür sollen die Schülerinnen und Schüler eine kurze PowerPoint-Präsentation erstellen, um Bild und Ton zusammenzufügen. Diese Präsentation besteht aus einem Titelblatt und vier Folien mit jeweils einer der selbstgemachten Fotografien und dem hinzugefügten Ton. Wichtig ist hierbei, dass jede Schülerin und jeder Schüler einen Teil des Textes einsprechen muss. Eine weitere Aufgabe ist es, mithilfe von gegebenen Vorlagen jeweils eine inhaltliche Frage pro Foto zu entwickeln. Die Fragen werden über das *Kahoot*-Tool zu einem Quiz kombiniert.

Nachdem alle Ergebnisse vorgestellt und eventuelle Nachfragen geklärt wurden, werden die Inhalte mit einem *Kahoot*-Quiz abgefragt und gleichzeitig gefestigt. Der Vorteil hierbei ist, dass die Schülerinnen und Schüler dies nicht als eine ausschließliche Abfrage wahrnehmen und daher vielmehr einen spielerischen Abschluss der Thematik erfahren. Über die Auswertungsergebnisse des *Kahoot*-Quiz kann die Lehrkraft erkennen, an welchen Stellen noch Schwierigkeiten bestehen und was eventuell noch abschließend geklärt werden sollte.

Das abschließende *Kahoot*-Quiz kann ggf. als Leistungsüberprüfung gewertet werden, da die Lehrkraft die einzelnen Schülerantworten sehen kann. Eine Benotung findet an dieser Stelle jedoch nicht statt, die Ergebnisse sollen vielmehr

Aufgabe 3

Erstellt eine kleine Diashow (mit PowerPoint) auf der Basis eurer Abschnitte und formulierten Fragen.
Überlegt euch zu jedem der vier Abschnitte ein Bild, das ihr fotografisch mit eurem Smartphone festhalten sollt.
Zu jedem Foto soll auch ein kurzer Text entstehen (**Achtung:** Lest hier bitte nicht einfach nur die Fabel vor!).
Nutzt die Aufnahmefunktion eures Smartphones, um den Text aufzunehmen.

Hinweis
Was muss euer Foto zeigen/im Text gesagt werden, damit die Anderen eure Fragen beantworten können?
In der Gestaltung eurer Fotos und Texte könnt ihr ganz frei sein! Wenn ihr wollt, könnt ihr Geräusche einbauen und Materialien wie Kostüme, Tierfiguren und andere Dinge, die ihr dabei habt oder vor Ort findet, benutzen.

Was ihr für Aufgabe 3 benötigt

Abb. 29: Arbeitsblatt mit der Aufgabenstellung

dafür genutzt werden, einzelne Schwierigkeiten bei den Schülerinnen und Schülern zu identifizieren.

Das ganze Unterrichtskonzept findet in einer kooperativen Lernform statt. Die Schülerinnen und Schüler können von Beginn an in Gruppen arbeiten, die bis zum Ende dieses Projekts beibehalten werden.

Ablauf im Überblick

1. Gruppenbildung
2. Die Schülerinnen und Schüler lesen die Fabeln in Einzelarbeit.
3. Die Schülerinnen und Schüler besprechen die Fabeln in ihren Gruppen, bearbeiten die Aufgaben und erstellen gemeinsam ein Konzept.
4. Die Schülerinnen und Schüler nehmen ihre geplanten Fotografien auf.

5. Die Schülerinnen und Schüler entwickeln ihre Zusammenfassungen, erstellen eine PowerPoint-Präsentation mit ihren Fotografien und vertonen ihre Texte.
6. Die Schülerinnen und Schüler überlegen sich eine Frage zu jedem Absatz ihrer Fabel und halten diese schriftlich fest.
7. Die Schülerinnen und Schüler präsentieren ihre Ergebnisse.
8. Im Anschluss an alle Präsentationen werden die Fragen in *Kahoot* gespielt.

Ergänzende Tipps und Möglichkeiten der Weiterarbeit

Thema und Format	Verfassen einer eigenen Fabel nach den gelernten Merkmalen. Sammeln der Eigenschaften der Tiere in den Fabeln und anschließende Charakterisierungen. Ergänzende Thematisierung von Balladen, Gedichten oder anderen Kurzprosaformen (vgl. Bekes 2010: 4 ff.).
Fächervernetzung	Ergänzendes Arbeiten mit den Fächern Kunst (Erstellung von Bildern zu den Fabeln oder auch Requisiten bei weiteren handlungsproduktiven Aufgaben, z. B. szenisches Spiel) und Musik (Nutzung von Instrumenten zur Vertonung).
Weitere Beeinträchtigungen	Das Konzept eignet sich auch zur Förderung von lernbeeinträchtigten Schülerinnen und Schülern durch alternative Zugänge sowie die Arbeit in Gruppen. Bei sinnvoller Gruppen- und Arbeitseinteilung können auch stotternde sowie von Mutismus oder Hörbeeinträchtigungen betroffene Schülerinnen und Schüler partizipieren (z. B. Fotos erstellen; Texte verfassen; Sprachaufnahmen erstellen).
Didaktisch-methodische Überlegungen	Weitere produktionsorientierte Aufgaben: Darstellung der Fotos als Fotostory und/oder aufgabenbezogenes Verfassen von eigenen Texten. Nutzung digitaler Lerntheken zum Thema „Fabel" (vgl. Albrecht-Hermanns 2019: 14ff.).

Ergänzende Hinweise und Möglichkeiten zum digitalen Medieneinsatz

Für das Anfertigen der Fotos können verschiedene Geräte zum Einsatz kommen. Sollten nicht alle Schülerinnen und Schüler über ein Smartphone verfügen, können auch Tablets/iPads, Digitalkameras oder Notebooks verwendet werden. Bei der Umsetzung der Fotostory wäre alternativ zur Verwendung von PowerPoint auch die Erstellung von einfachen E-Books mit Apps wie *Book Creator*, *iBooks Author* und *Pictello* denkbar, insbesondere wenn die Nutzung von iPads angedacht ist. Je nach Vorerfahrung und zur Verfügung stehenden technischen Geräten sowie verfügbarer Software lassen sich statt der Fotoserie auch StopMotion-, Animations- oder Realfilme erstellen. Dabei können beispielsweise *Stop Motion Studio Pro* oder *Puppet Pals 2* genutzt werden. Es bietet sich zudem an, für die digitale Aufbereitung der Geschichte z. B. *Scratch* einzusetzen. Die Schülerinnen und Schüler können hier sowohl Grundlagen der Programmierung erlernen als auch vielseitige szenische Umsetzungen der Fabeln erstellen. Für die Erstellung der Quizaufgaben zum Abschluss des Projektes lassen sich auch, je nach Verfügbarkeit, alternative Anwendungen, wie z. B. *H5P* oder *LearningApps* verwenden. Für die Vertonung der Fabeln können zudem zusätzliche Soundbearbeitungsprogramme wie z. B. *Audacity*, *AudioShare* oder *WavePad* genutzt werden. Für die Umsetzung der angeführten Ausbauszenarien sollte in der Klasse mindestens ein Tablet/iPad bzw. ein Notebook mit der benötigten Software für jede Gruppe zur Verfügung stehen. WLAN bzw. eine Internetverbindung ist nicht zwingend erforderlich.

Werbung untersuchen und gestalten durch *H5P*-Elemente (Hörbeeinträchtigung)

Laila Aissati, Baonghi Nguyen

7

ca. 90 Minuten

- (1) Sprache als Mittel der Verständigung:
  Kennenlernen von Wirkung und Funktion sprachlicher Mittel
  Untersuchung der Wirkungsabsichten sprachlicher Äußerungen
- (2) Texte schreiben/Bilder erstellen:
  Anwendung der Kenntnisse über Merkmale und Funktionsweisen von Werbung
- (3) Sprachliche Formen und Strukturen in ihrer Funktion:
  Verwendung verschiedener Wortarten bei der Formulierung eigener Werbeslogans
- (4) Sprechen:
  Vorstellen des Werbeplakats, mit dem Ziel, vom Produkt zu überzeugen

- (1) Raum:
  Tische und Stühle anfangs in U-Form aufgrund der Hörbeeinträchtigung einer Schülerin/eines Schülers. Die Schülerin/der Schüler mit Hörbeeinträchtigung sitzt vorne neben dem Pult, in der Nähe der Lehrerin/des Lehrers, um diesen mithilfe von Mimik und Lippenlesen besser verstehen zu können
- (2) Ausstattung:
  zwei Mikrofone (1x für Lehrkraft, 1x für Schülerinnen und Schüler) und Lautsprecher für hörbeeinträchtigte Schülerin/Schüler
- (3) Inhalt:
  Kenntnisse von Werbeformen, Funktionsweisen von Werbung, Einfluss von Werbung, Aufbau von Werbeanzeigen

- Quiz mit *H5P*
- Begriffe zuordnen mit *H5P*
- Werbeplakat erstellen und präsentieren

- Differenzierung durch Teilschritte der Aufgaben
- Aufgabenstellungen, die Schritt für Schritt bearbeitet werden können

Die Online-Materialien (u. a. ein Arbeitsblatt zu den sprachlichen Stilmitteln sowie Materialien für die Erstellung der Plakate) sind abrufbar unter www.utb-shop.de/9783825254377.

Thema

Das Unterrichtskonzept richtet sich an eine siebte Klasse. In der Klasse ist eine Schülerin/ein Schüler, die/der aufgrund seiner Hörbeeinträchtigung sonderpädagogischen Förderbedarf hat. Die Schülerinnen und Schüler sollten den Umgang und das Lernen miteinander gewohnt und zum Thema Hörbeeinträchtigung sensibilisiert sein, sodass sich alle bemühen, den Lärmpegel in der Klasse zu reduzieren, indem sie sich beispielsweise stets an die Gesprächsregeln halten (vgl. LVR-Gerricus-Schule 2017: 29).

Neben den Kenntnissen der Lehrkräfte und der Schülerinnen und Schüler zur Hörbeeinträchtigung und darauf angepasste Verhaltensweisen sind auch unterstützende technische Hilfsmittel nötig (vgl. Lipkowski/Schüller 2017: 19). Zur Ausstattung des Klassenraums gehören diesbezüglich neben der Tafel verschiedene digitale Medien: ein Smartboard, Tablets/iPads für alle beteiligten Schülerinnen und Schüler sowie ein Beamer. Mit Blick auf die Hörbeeinträchtigung der Schülerin/des Schülers gehört außerdem eine Übertragungsanlage (bestehend aus zwei Mikrofonen und speziellen Lautsprechern) zur Ausstattung der Klasse. Während die Lehrkraft immer ein Mikrofon mit sich trägt, wird das zweite Mikrofon unter den Schülerinnen und Schülern weitergereicht. Diese Ausstattung ist für das Verständnis der betroffenen Schülerin/des betroffenen Schülers notwendig, da mithilfe der Übertragungsanlage das Gesprochene verstärkt an die Hörhilfe übertragen wird (vgl. LVR-Gerricus-Schule 2017: 20). Als weitere Hilfe kann – je nach Grad der Hörbeeinträchtigung – das Lippenlesen dienen, weshalb das betroffene Kind vorne sitzen sollte, was einen besseren Blickkontakt zur Lehrkraft ermöglicht. Die Tische und Stühle sind in U-Form aufgestellt, damit die betroffene Schülerin/der betroffene Schüler alle Mitschülerinnen und Mitschüler im Blick haben kann (vgl. ebd.: 30). Rupp unterscheidet zwischen vokalen körpersprachlichen Zeichen und nonvokalen körpersprachlichen Zeichen, die beide ergänzende Informationen tragen. Aus diesem Grund sind nicht allein Lautstärke, Stimmhöhe und Sprechtempo wichtig, sondern auch Mimik, Gestik und Blickkontakt (vgl. Rupp 2016: 54). Da die Schülerin/der Schüler sich auf mehrere Aspekte konzentrieren muss, sollte nicht nur auf auditive Entlastung geachtet werden, sondern auch auf visuelle, wie zum Beispiel auf gute Lichtverhältnisse im Klassenzimmer, damit das Kind seine Augen weniger anstrengen muss (vgl. Stritt 2019: 242).

Das Unterrichtskonzept steht am Ende der Unterrichtsreihe zum Thema Werbung. Das bedeutet, dass bestimmte Unterthemen rund um das Thema Werbung bereits in den letzten Unterrichtsstunden behandelt wurden. Voraussetzung für die Durchführung dieses Unterrichtskonzepts ist das Wissen darüber, wo uns Werbung begegnen kann, welche Botschaften mit Werbung vermittelt werden können und welchen Einfluss diese Medien auf die Rezipienten haben. Des Weiteren sollten den Schülerinnen und Schülern der Aufbau einer Werbeanzeige und die Funktionsweisen von Werbung bekannt sein. In der vorherigen Stunde wurden sprachliche Mittel in Werbungen thematisiert und folgende Fragen besprochen: Welche Werbeslogans kennen die Schülerinnen und Schüler schon? Was macht einen guten Werbeslogan aus? Welche Botschaften haben die ihnen bekannten Werbeslogans? Hierdurch wurde der „Umgang mit Sachtexten und Medien“ gefördert, indem die Werbeanzeigen auf Intention, Funktion und Wirkung analysiert wurden (vgl. MSW 2013: 32).

Der Gegenstand des Unterrichts lässt sich in drei Phasen unterteilen. Im Einstieg findet eine Wiederholung und in der ersten Erarbeitungsphase eine Vertiefung des erworbenen Wissens über Werbung und Werbeformen statt. Dies geschieht mithilfe von digitalen Aufgaben (*Multiple Choice*, *Fill in the Blanks*, *Drag the Words*) im *H5P*-Format, die an Tablets/iPads und am Smartboard bearbeitet werden sollen. In der zweiten Erarbeitungsphase sollen die Schülerinnen und Schüler mit ihrem Wissen aus den letzten Stunden der Unterrichtsreihe selbst aktiv werden und ein Werbeplakat gestalten.

Didaktische Intention

Der Einsatz der digitalen *H5P*-Aufgaben wurde gewählt, da dieses Format die Möglichkeit bietet, erworbene Wissensinhalte abwechslungsreich zu wiederholen und zu festigen. Dadurch steigt nicht nur die Motivation, sondern auch die Kompetenz, mit digitalen Medien umzugehen. Des Weiteren dient der Einsatz des gewählten digitalen Mediums dem Nachteilsausgleich für die hörbeeinträchtigte Schülerin/den hörbeeinträchtigten Schüler, da die richtigen Ergebnisse am Smartboard angezeigt und übernommen werden können, statt fehlende Notizen und Ergebnisse auf Blätter kopieren zu müssen (vgl. Stritt 2019: 250). Mit Blick auf die Medienkompetenzen nach Rupp haben die Schülerinnen und Schüler in den vorherigen Stunden die analytische Verarbeitungskompetenz und damit das Analysieren, Verstehen und kritische Bewerten von Medien eingeübt (vgl. Rupp 2016: 52). Das vorliegende Unterrichtskonzept soll nun die produktive Verarbeitungskompetenz fördern, indem die Schülerinnen und Schüler selbst ein Werbeformat erstellen (vgl. ebd.). Hierbei geht es darum, das erworbene Wissen – Aufbau einer Werbeanzeige, Funktionsweisen und sprachliche Mittel bei Werbeslogans – aktiv umzusetzen.

Es werden außerdem verschiedene Kompetenzen (vgl. Kernlehrplan NRW für die Realschule) angestrebt. In der ersten Erarbeitungsphase „Sprache als Mittel der Verständigung“: Die Schülerinnen und Schüler „vergleichen und unterscheiden Ausdrucksweisen und Wirkungsabsichten von sprachlichen Äußerungen“ (MSW 2013: 38). Diese Unterrichtsphase umfasst insgesamt 25 bis 30 Minuten.

In der zweiten Erarbeitungsphase „*Texte schreiben*“: Die Schülerinnen und Schüler „gestalten appellative Texte (z. B. Werbung, kritischer Kommentar, Aufruf) und verwenden dabei verschiedene Präsentationstechniken (z. B. Plakat, Folie, Bild-Text-Collage, Werbetexte (verändern), Kontrastmontagen, Gegentexte)“ (ebd.: 28). Indem die Schülerinnen und Schüler sich mit verschiedenen Wortarten für die Formulierung eines Werbeslogans beschäftigen, werden Kompetenzen im Bereich „Sprachliche Formen und Strukturen in ihrer Funktion“ gefördert (vgl. ebd.: 39).

Durch das Präsentieren in der dritten Phase sollen Schülerinnen und Schüler „intentional, situations- und adressatengerecht“ erzählen und erwerben somit Kompetenzen im Bereich „Sprechen“ (vgl. Sächsisches Bildungsinstitut 2014: 22).

Unterrichtliche Realisierung

Zum Einstieg in die Doppelstunde ist ein Quiz in Form von *Multiple-Choice-* und *Fill-in-the-Blanks*-Aufgaben geplant. Das Quiz ermöglicht die Wiederholung von Wissenselementen über die Merkmale und Funktionsweisen von

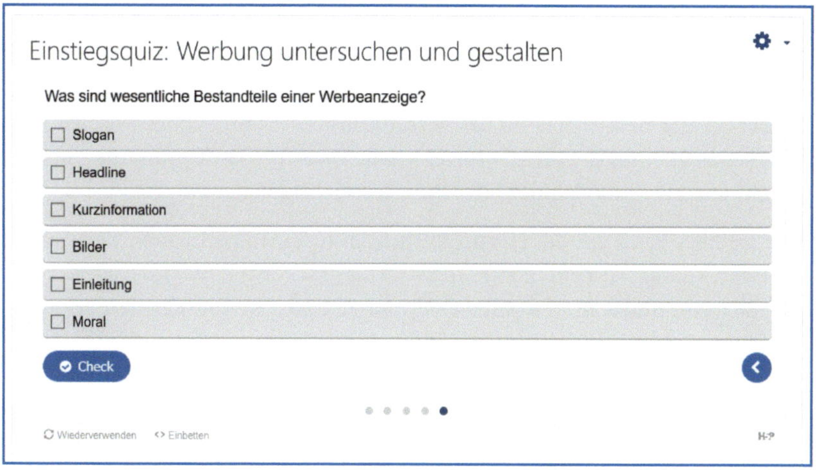

Abb. 30: Einstiegsquiz Werbung (Screenshot der H5P-Übung)

Werbung (siehe Online-Material). Es dient dabei als individuelle und unbenotete Abfrage des Wissens aller Schülerinnen und Schüler, weswegen es in Einzelarbeit erfolgen soll. Hierzu ist ein Tablet/iPad für jede Schülerin und jeden Schüler notwendig. Das Quiz kann zudem als Differenzierung für die zweite Erarbeitungsphase dienen. Diese erfolgt durch Fragen (siehe Abb. 30), um Vorwissen zu aktivieren, Interesse am Thema zu wecken und um die Vielseitigkeit des Themas zu erkennen. Mit Blick auf die Hörbeeinträchtigung der einen Schülerin/des einen Schülers ist es wichtig, eine ruhige Arbeitsatmosphäre zur Entlastung zu schaffen (vgl. LVR-Gerricus-Schule 2017: 33). Die Ergebnissicherung geschieht im Plenum, damit die ganze Klasse am Ende die richtigen Antworten abspeichern kann. Mithilfe des Smartboards öffnet die Lehrkraft das Quiz nochmals für die ganze Klasse und geht mit ihnen die Aufgaben durch. Für diese Unterrichtsphase sind 15 Minuten eingeplant.

Nach der Aktivierung und Wiederholung des im Einstieg erworbenen Wissens werden in der ersten Erarbeitungsphase die sprachlichen Stilmittel in Werbeslogans näher betrachtet. Als nächsten Arbeitsauftrag sollen die Schülerinnen und Schüler den jeweiligen beispielhaft angeführten Firmen Werbeslogans zuordnen und in diesen die sprachlichen Stilmittel analysieren. Dazu wurde im *H5P*-Format eine *Drag the Words*-Aufgabe erstellt, bei der die Begriffe (Unternehmen und Stilmittel) zum passenden Werbeslogan gezogen werden müssen (siehe Online-Material). Für die Bearbeitung der Aufgabe sind wieder Tablets und das Smartboard notwendig. Im Gegensatz zur vorherigen Phase wird nun zur Sozialform der Partnerarbeit gewechselt, da diese kooperative Lernform die soziale Integration der Schülerschaft fördert (vgl. Lipkowski/Schüller 2017: 50). Ein weiterer Vorteil dieser Sozialform ist die Förderung der kognitiven Aktivierung und der Lernprozesse in Dialogform (vgl. Esslinger-Hinz/Sliwka 2011: 120). Die Schülerinnen und Schüler können sich gegenseitig helfen und bei der Partnerarbeit kann das Verständnis besser abgesichert werden (vgl. Sächsisches Bildungsinstitut 2014: 25). Die Face-to-face-Kommunikation ist für Schülerinnen und Schüler mit Hörbeeinträchtigungen günstig.

Auch weil das Kind mit der Hörbeeinträchtigung einen geringeren Wortschatz aufweisen könnte, ist Differenzierung wichtig (vgl. Stritt 2019: 245). Diese kann beispielsweise durch die Detailliertheit der Aufgabe in Teilschritten erfolgen. Eine weitere aufgabeninterne Hilfe ist die Gestattung von Hilfsmitteln wie einem Arbeitsblatt mit sprachlichen Stilmitteln in tabellarischer Form, das jede Schülerin/jeder Schüler nutzen kann (siehe Online-Material). Die Ergebnisse werden im Plenum auf dem Smartboard festgehalten. Beim Vortragen der Ergebnisse ist es wichtig, auf die Kommunikationsbasis zu achten (vgl. Lipkowski/Schüller 2017: 51). So sollte ausreichend Zeit eingeplant werden, um Texte mehrmals vorlesen (vgl. Stritt 2019: 251) und wichtige Wörter wiederholen zu können (vgl. Sächsisches Bildungsinstitut 2014: 18). Die Schülerin/der Schüler mit einer Hörbeeinträchtigung kann Symbolkarten verwenden, um Verständnisprobleme während der Ergebnissicherung auszudrücken (vgl. ebd.: 15). Diese Aufgabe ist wichtig, da sprachliche Gestaltungselemente behandelt werden sollten, um z. B. Ironie oder Wortspiele besser zu verstehen (vgl. ebd.: 25).

Die zweite Erarbeitungsphase soll in der zweiten Hälfte der Doppelstunde anfangen und endet nach 45 Minuten. Durch die visuelle Transformation des Erlernten anhand einer Erstellung eines Werbeplakats arbeiten die Schülerinnen und Schüler produktionsorientiert. Die Klasse wird in Vierergruppen aufgeteilt. Jede Gruppe bekommt ein Produkt zugeteilt, für das sie werben soll (Urlaub, Shampoo, Stift, Limonadengetränk, Sportschuh). Die Lehrkraft stellt weiße DIN-A3-Pappe, verschiedenfarbige Bunt- und Filzstifte, Textmarker, Eddings und Glitzerstifte sowie Klebstoff, Schere und Lineale zur Verfügung. Als Anregung erhalten die Schülerinnen und Schüler passende Bilder in verschiedenen Größen, die sie ebenfalls für ihr Werbeplakat verwenden können (siehe Online-Material). Hier können die Schülerinnen und Schüler eigenverantwortlich entscheiden, wie sie die Aufgabe bearbeiten und ihre Idee dazu umsetzen wollen.

Wichtig ist der gemeinsame Arbeitsprozess in der Gruppe. Die Gruppenarbeit hat den Vorteil einer befristeten Zusammenarbeit und bietet die Möglichkeit, untereinander Wissen auszutauschen und Unklarheiten zu klären sowie die soziale Kompetenz durch die Entwicklung einer gemeinsamen Idee zu stärken (vgl. Esslinger-Hinz/Sliwka 2011: 121). Die Lehrkraft sorgt für die Rahmenbedingungen wie den Arbeitsauftrag und die Gruppenbildung, der Lernprozess hingegen liegt in der Eigenverantwortung der Schülerinnen und Schüler (vgl. Lipkowski/Schüller 2017: 52). Vor allem bietet die kleinere Gruppengröße der beeinträchtigten Schülerin/dem beeinträchtigten Schüler den Vorteil, eine Ermüdung zu verhindern (vgl. Stritt 2019: 245). Die Gruppentische bieten mehr Arbeitsfläche, vor allem aber auch einfacheren Augenkontakt für die hörbeeinträchtigte Schülerin/den hörbeeinträchtigen Schüler (vgl. Lipkowski/Schüller 2017: 52). Die Aufgaben in der Gruppe können so verteilt werden, dass sich z. B. zwei Schülerinnen bzw. Schüler mit Werbeslogans beschäftigen und die hörbeeinträchtige Schülerin/der hörbeeinträchtigte Schüler mit einer anderen Schülerin bzw. einem anderen Schüler das Werbeplakat gestaltet. Des Weiteren sollten individuelle Hörpausen während der Gruppenarbeit gestattet werden (vgl. Sächsisches Bildungsinstitut 2014: 16).

Die Ergebnissicherung erfolgt in der nächsten Stunde, indem die Werbeplakate im Klassenraum präsentiert werden, sodass jede Gruppe die Möglichkeit bekommt, die anderen Plakate zu sehen und eine Rückmeldung zu geben. Mit Blick auf die Hörbeeinträchtigung der Schülerin/des Schülers soll hier auf ein angepasstes Sprechtempo und eine angemessene Lautstärke geachtet werden (vgl. LVR-Gerricus-Schule 2017: 33). Nachdem der Lerninhalt der letzten Wochen produktionsorientiert umgesetzt wurde, ist die Unterrichtsreihe „Werbungen untersuchen und gestalten“ abgeschlossen, sodass eine Lernzielkontrolle in Form einer Klassenarbeit durchgeführt werden kann

Ergänzende Tipps und Möglichkeiten der Weiterarbeit

Thema und Format	Anknüpfend an das Thema Werbung: Beschäftigung mit Berichterstattungen in Printmedien und/oder Onlineformaten. Schülerinnen und Schüler gestalten unter Anleitung selbst ein Quiz für ihre Mitschülerinnen und Mitschüler.
Fächervernetzung	Gestaltung des Plakats in Kombination mit dem Fach Kunst. Vernetzung mit Werbeanalysen im fremdsprachlichen Unterricht.

Weitere Beeinträchtigungen	Die Nutzung von Symbolkarten statt Wortmeldungen in der ersten Erarbeitungsphase kann auch für stotternde Schülerinnen und Schüler und für Schülerinnen und Schüler mit Mutismus unterstützend sein. Die Gruppenarbeit bei der Erstellung der Plakate ist ebenfalls für lernbeeinträchtige Schülerinnen und Schüler förderlich, die von leistungsstärkeren Teampartnerinnen/-partnern Unterstützung bekommen können.
Didaktisch-methodische Überlegungen	Die Plakate können mit entsprechenden Programmen online erstellt und anschließend mit dem Beamer/Smartboard visualisiert werden. Die Schülerinnen und Schüler untersuchen die Entstehung und Funktion von Metaphern in Werbetexten (vgl. Steiner 2014: 26–29).

Ergänzende Hinweise und Möglichkeiten zum digitalen Medieneinsatz

Für die Erstellung der eigenen Werbeplakate bieten sich verschiedene Möglichkeiten der digitalen Umsetzung an. Je nach Schwerpunktsetzung und Vorerfahrung könnte die Aufgabenstellung an verschiedene Zielgruppen und Medien angepasst werden. Es wäre möglich, eine Audioumsetzung für die Radiowerbung, eine filmische Umsetzung für die Fernseh- und Internetwerbung oder sogar ein Werbespiel für die Internetwerbung zu erstellen. Hierfür könnten *Clips* und *iMovie* (IOS/iPadOS), *Video Editor* (Windows) und *Shotcut* (Windows, Mac OS, Linux) sowie *VivaVideo Pro* (Android und IOS/iPadOS) zur Videoaufnahme und -bearbeitung sowie *Audacity* (Windows, Mac OS), *AudioShare* (IOS/iPadOS) und *WavePad* (Android) für die Audioerstellung und -bearbeitung verwendet werden. Zudem könnte *Scratch* für die Erstellung kurzer Filme, Animationen und Spiele zum Einsatz kommen. Mit Blick auf Datenschutz und Urheberrecht könnte ein Exkurs zur Nutzung von recherchierten Bild- und Tonmaterialien für die Erstellung der eigenen Werbemedien ergänzt werden, insbesondere was Quellen aus dem Internet betrifft. Je nach Umsetzungsvariante könnten eigene Smartphones oder Tablets/iPads sowie Notebooks der Schule zum Einsatz kommen.

Märchen mit *Klexikon*[186] (LRS)

Miriam Weber, Laura Matysek

5

ca. 1 Doppelstunde (2 x 45 Min.)

- Förderung von Lesetechniken und -strategien
- Umgang mit literarischen Texten
- Informationsentnahme aus digitalen Plattformen

- Grundlegende Kenntnisse zu Märchen

- Think-Pare-Share
- Reziprokes Lesen

(1) **Lernzielkontrolle:**
- Gruppendiskussion im Plenum: Vorstellung der Ergebnisse
- Ergebnissicherung durch Quiz

(2) **Differenzierung:**
- durch Arbeitsmaterialien: visuelle Elemente, einfache Sprache, Tippkarten/Lernkarten mithilfe von H5P

Die Online-Materialien zu diesem Unterrichtskonzept (u. a. ein Bild-Impuls, Tippkarten, Text-Schnipsel und Textbausteine) sind abrufbar unter www.utb-shop.de/9783825254377.

Thema

Die folgende Unterrichtseinheit soll bei den Schülerinnen und Schülern eine Grundlage für das Verständnis von Aufbau und Merkmalen eines Märchen-

186 *Klexikon* (https://klexikon.zum.de/wiki) ist ein Onlinelexikon auf Basis von *MediaWiki*, das am Vorbild von Wikipedia orientiert, dabei jedoch speziell an Kinder gerichtet ist. Es enthält aktuell über 2.800 Artikel zu den zwölf Wissensbereichen „Bekannte Leute", „Berufe und Wirtschaft", „Erdkunde", „Essen und Trinken", „Geschichte", „Glaube und Denken", „Körper und Gesundheit", „Politik und Gesellschaft", „Sport und Spaß", „Sprache und Kultur", „Tiere und Natur" sowie „Wissenschaft und Technik".

textes schaffen, damit diese am Ende der Unterrichtsreihe selbstständig ein Märchen verfassen können.

Der Entwurf geht davon aus, dass die Schülerinnen und Schüler Erfahrungen im Umgang mit Tablets und *Klexikon* haben, da beides bereits fächer- und klassenübergreifend in der Schule genutzt wird. Das Konzept ist für eine Doppelstunde einer 5. Klasse konzipiert und knüpft an eine Einstiegsstunde zur Unterrichtsreihe „Märchen" an, in der das Vorwissen der Schülerinnen und Schüler zum Thema aktiviert wurde.

Hier wurde den Schülerinnen und Schülern durch folgende Fragen zunächst die Möglichkeit geboten, sich zu ihren persönlichen Leseerfahrungen zu äußern:

- Woher kennt ihr Märchen? (Grundschule, Vorlesen der Eltern, Hörspiele zum Einschlafen, Filme usw.)
- Welche Märchen kennt ihr? Welche Märchenfiguren und -orte kennt ihr?
- Welche sind eure Lieblingsmärchen? Warum?
- Was wisst ihr über Märchen? Wie fangen sie an? Wie enden sie?

Anschließend wurden die Antworten der Schülerinnen und Schüler mit einer gemeinsam erstellten Mindmap an der Tafel festgehalten. Um die persönlichen Interessen der Lernenden zu berücksichtigen und sie mitentscheiden zu lassen, kann die Lehrperson die Schülerinnen und Schüler über das in der nächsten Stunde zu bearbeitende Märchen abstimmen lassen.

Für die nun konzipierte Doppelstunde wurde das Märchen „Tischlein deck dich" von den Brüdern Grimm ausgewählt. Der Einsatz digitaler Medien soll in diesem Unterrichtskonzept dazu beitragen, alle Schülerinnen und Schüler in ihrer Lernentwicklung zu unterstützen. Dabei kommt ein Tablet für jede Schülerin/jeden Schüler zum Einsatz. Mithilfe des Tablets sollen die Lernenden Zugriff auf die Software *Klexikon* sowie auf verschiedene *H5P*-Elemente[187] erhalten.

Didaktische Intentionen

Angestrebte Kompetenzen

Der Kernlehrplan für das Fach Deutsch der Gesamtschule (Sekundarstufe I) in NRW (2014) sieht vor, dass die Schülerinnen und Schüler im Bereich „Lesen – Umgang mit Texten und Medien" Lesetechniken und -strategien erwerben sollen.

187 Nähere Informationen zu *H5P* enthält Kapitel 4.3 (siehe S. 155).

Durch das Unterrichtskonzept werden die Schülerinnen und Schüler dazu befähigt, den Aufbau eines literarischen Textes zu erfassen. Dazu sollen sie im Unterricht Verfahren zur Textstrukturierung erarbeiten.

Anhand des Märchens sollen die Schülerinnen und Schüler die elementare Struktur einer literarischen Form erfassen. Die Schülerinnen und Schüler können ein Märchen in Titel, Anfang, Problem/Hindernis, Lösung/Bewältigung und Ende gliedern. Dies machen sie an Hinweisen im Text fest.

In weiteren, an diese Einheit anknüpfenden, Unterrichtseinheiten werden die oben aufgeführten Kompetenzen vertieft. Dies kann umgesetzt werden, indem beispielsweise die Figuren und Motive behandelt werden (z. B. Wortart Adjektiv zur Beschreibung der Figuren). Da sich Inhalt und Sinn eines literarischen Textes nicht nur aus dessen Struktur ergeben, sondern weitere Eigenschaften und Deutungsebenen ebenfalls berücksichtigt werden müssen, sind weitere Kompetenzen erforderlich, um ein eigenes Märchen zu produzieren bzw. transformieren zu können.

Das Unterrichtskonzept soll Schülerinnen und Schüler mit Lernbeeinträchtigungen unterstützen. Breuer-Küppers und Bach (2016) zufolge haben Kinder mit einer Lernbeeinträchtigung „große Probleme im Umgang mit Sach- und literarischen Texten" (ebd.: 46), da es ihnen besonders schwerfällt, den Sinn eines Textes zu erfassen (vgl. ebd.). In jeder Schulstufe soll deshalb ein Teil des Deutschunterrichtes darauf ausgelegt sein, Texte zu lesen, zusammenzufassen und zu analysieren.

Eine Grundvoraussetzung für das Erreichen des oben genannten Lernziels ist es, den Sinn des Textes zu erschließen. Die Lernenden sollen den Handlungsverlauf des Märchens nachvollziehen, indem sie folgende Fragen beantworten können:

1. Wie fängt das Märchen an?
2. Was ist das Problem/Hindernis?
3. Wie wird das Problem gelöst?
4. Wie endet das Märchen?

Damit die beeinträchtigten Schülerinnen und Schüler im Bereich der Lesekompetenz gefördert werden, stellen Breuer-Küppers/Bach die Methode des Reziproken Lesens vor, die im vorgestellten Unterrichtskonzept berücksichtigt wird.

Den Schülerinnen und Schülern wird der Text in Form von vorbereiteten Textschnipseln (siehe Online-Material) vorgelegt (vgl. ebd.: 47). Zudem erfolgt die

Texterarbeitung bzw. die korrekte Gliederung des Textes grundsätzlich in Form mehrerer kleiner Schritte, in denen Hilfestellungen angeboten werden.

Kombiniert mit dieser Methode wird das kooperative Lernen genutzt. Die Schülerinnen und Schüler sollen zunächst in Einzelarbeit, anschließend in Partnerarbeit und final im Plenum die oben genannten Aufgaben bewältigen und besprechen (Think-Pair-Share) (vgl. ebd.: 28). Die Lehrperson steht während der gesamten Unterrichtseinheit als Unterstützung zur Verfügung. Ziel ist die aktive Auseinandersetzung mit dem Gegenstand mithilfe aufeinander aufbauender Sozialformen. Die Schülerinnen und Schüler sollen durch die Lehrperson Fach- und Methodenwissen aufnehmen und wiedergeben. Auch soll die selbstständige sowie praktische Auseinandersetzung das erfolgreiche Lernen der Schülerinnen und Schüler begünstigen (vgl. Ziegler 2015: 22).

Im nächsten Abschnitt soll neben Methoden und Sozialformen, die besonders auch Schülerinnen und Schüler mit einer Lernbeeinträchtigung unterstützen, die Verwendung der ausgewählten digitalen Lernmöglichkeiten didaktisch begründet werden.

Digitale Medien im Unterricht

Jede Schülerin und jeder Schüler hat ein Tablet zur Verfügung. Insofern haben die Lernenden die Möglichkeit, während der ersten Erarbeitungsphase auf digitale Lern- bzw. Tippkarten, die mit *H5P* realisiert wurden, zuzugreifen. Dieses Angebot muss nicht zwingend genutzt werden. Außerdem sollen die Schülerinnen und Schüler in der gesamten Erarbeitungsphase 1–3 auf das *Klexikon* zurückgreifen können, um damit eventuelle Verständnisschwierigkeiten zu lösen.

Der Umgang mit Medien ist angesichts der voranschreitenden Digitalisierung ein wichtiger Bestandteil des schulischen Unterrichts (vgl. KMK 2017: 3). Auch Bosse (2012) definiert Medien als wichtiges Instrument zur Teilhabe an der Gesellschaft (vgl. ebd.: 19): Aktive Medienarbeit kann „als [eine] Form des Empowerments behinderter Menschen“ (ebd.) beschrieben werden. Dieses Empowerment trägt zur Selbstständigkeit und zur Ausbildung des eigenen Selbstkonzeptes bei, da „Veränderungsprozesse sowohl auf individueller als auch auf gesellschaftlicher Ebene frei[gesetzt werden]“ (ebd.).

Auch wenn die Erweiterung der digitalen Kompetenzen nicht zentrales Lernziel der Doppelstunde ist, können die Schülerinnen und Schüler mit der Nutzung des Onlinelexikons *Klexikon* und mit vielfältigen digitalen Lernaufgaben in *H5P* lernen, digitale Plattformen selbstständig zu nutzen. So lernen sie, Recherchen zielgerichtet durchzuführen.

Schritt 1 – Einzelarbeit

Aufgabe 1

a. Lies die Text-Schnipsel (M1) zum Märchen „Tischlein deck´ dich“ in Ruhe durch. Markiere dabei Wörter, die du noch nicht verstehst.
b. Schlage deine markierten Wörter im Klexikon nach. Benutze dazu dein Tablet. Wenn du alles verstanden hast, starte mit Aufgabe 1c.
c. Schaue dir die Textbausteine (M2) an und ordne sie dem passenden Text-Schnipsel zu. Suche dabei nach Hinweisen im Text.

Du hast dafür 40 Minuten Zeit.

Brauchst du Hilfe?
Wenn du Schwierigkeiten bei Aufgabe 1c hast, schaue dir die Tippkarten (H5P) auf deinem Tablet an. Sie geben dir Tipps, wie du die Textbausteine im Text erkennen kannst.

Abb. 31: Schritt 1 des Arbeitsauftrags

Schülerinnen und Schüler mit Lernbeeinträchtigungen zeigen, wie gesagt, oft Schwierigkeiten bei der Sinnentnahme von Texten. Die digitalen Tippkarten können diesbezüglich durch die visuelle Aufmachung (z. B. durch Bilder und grafische Hervorhebungen) unterstützend wirken und einen schnellen und strukturierten Zugriff zu den elementaren Strukturen von Märchen (Titel, Anfang, Problem/Hindernis, Lösung/Bewältigung und Ende) ermöglichen.

Zur Ergebnissicherung wird den Lernenden mithilfe von *H5P* ein Quiz angeboten, da vor allem Schülerinnen und Schüler mit einer Lernbeeinträchtigung „Bestätigung, Lob und Anerkennung [brauchen]“ (Ziegler 2013: 29). Auch die Möglichkeit eines direkten Feedbacks ist durch das mit *H5P* erstellte Quiz gegeben. Das Quiz weist den Charakter eines Spiels auf, was auf die Schülerinnen und Schüler einen motivierenden Effekt ausüben kann, da es sich nicht um eine öffentlich-mündliche Überprüfung der Lehrperson handelt.

Durch das digitale Format müssen die Lernenden nicht auf weitere Arbeitsblätter und Bücher zugreifen, sondern finden die Lernunterstützungen auf ihrem Tablet.

Unterrichtliche Realisierung

Die unterrichtliche Realisierung wird beispielhaft an dem Märchen „Tischlein deck dich“ von den Brüdern Grimm erläutert.

Als Einstieg wird ein Bild (siehe Online-Material) zum Märchen als Impuls verwendet. Dies soll sowohl zur Anregung der Fantasie der Schülerinnen und Schüler beitragen als auch zur Aktivierung des Vorwissens, falls das Märchen bereits bekannt ist.

In der ersten Erarbeitungsphase werden den Schülerinnen und Schülern zunächst die für die Lösung der Aufgaben notwendigen Materialien ausgeteilt. Dazu gehören die Text-Schnipsel sowie die Textbausteine. Im Anschluss wird der Arbeitsauftrag (siehe Abb. 31) von der Lehrperson kurz erläutert und den Schülerinnen und Schülern zur Orientierung ausgeteilt. (Siehe Online-Material)

Das Arbeitsblatt, welches den Arbeitsauftrag beinhaltet, ist mit visuellen Elementen wie Piktogrammen und Hervorhebungen (Schrift, Farbe) versehen worden. Diese sollen den Kindern helfen, die Aufgaben grundsätzlich zu verstehen sowie ihre Arbeitsschritte zu planen. Zudem wurde in den Aufgaben und Erklärungen „Leichte Sprache“ verwendet, und die Aufgaben wurden kleinschrittig gegliedert.

Die Schülerinnen und Schüler setzen sich in dieser Phase selbstständig mit den Materialen auseinander und versuchen, die Aufgaben in Einzelarbeit zu bewältigen. Bei Schwierigkeiten stehen ihnen einerseits das Onlinelexikon *Klexikon*, andererseits die Tippkarten (siehe Online-Material) zur Verfügung. Die Tippkarten bieten insofern eine weitere Differenzierungsmöglichkeit, als dass die Schülerinnen und Schüler eigenständig entscheiden können, ob sie diese Hilfe in Anspruch nehmen möchten oder nicht. Lernende, die mit der Einzelarbeit schneller fertig sind, können die Tippkarten in der noch verbleibenden Zeit wiederum als Lernkarten zur Übung nutzen.

Die zweite Erarbeitungsphase findet in Partnerarbeit statt. Die Schülerinnen und Schüler nutzen die Materialien aus der ersten Erarbeitungsphase, um ihre Ergebnisse mit der Sitznachbarin/dem Sitznachbarn zu vergleichen und zu besprechen. Dabei dient die Partnerarbeit auch dazu, noch bestehende Schwierigkeiten im Team zu klären, um gemeinsam zu einem Ergebnis zu kommen.

Um dieses Ergebnis festzuhalten, kleben die Schülerinnen und Schüler die Textbausteine mit der Partnerin/dem Partner in die dazu passenden Textschnipsel und bringen diese in die richtige Reihenfolge.

Die dritte und letzte Phase der Erarbeitung dient dazu, letzte Schwierigkeiten zu lösen und das Ergebnis im Plenum festzuhalten.

Die Doppelstunde schließt mit einer Ergebnissicherung, welche durch ein digitales Quiz (siehe Online-Material) realisiert wird. Anhand des Quiz können die Schülerinnen und Schüler ihren Wissenstand überprüfen, da ein direktes Feedback erfolgt. Durch die Implementierung von Hilfestellungen innerhalb der Quizfragen können die Schülerinnen und Schüler versuchen, die Aufgabe selbst zu lösen und so selbstständig zu einem Lernerfolg zu kommen.

Ergänzende Tipps und Möglichkeiten der Weiterarbeit

Thema und Format	Vertiefung der Kenntnisse zu Märchen in Bezug auf zentrale Merkmale, Motive, Figuren, Orte. Verfassen eines eigenen Märchens. Das Konzept und das Format der Lernkarten sind auch für die Aktivierung von Merkmalen anderer Textsorten geeignet, z. B. der Kurzgeschichte oder der Fabel.
Fächervernetzung	Vernetzung mit Fächern des fremdsprachlichen Unterrichts, in denen ebenfalls Märchen und ihr Aufbau, ihre Merkmale etc. thematisiert werden. Die Lernkarten können dann für die jeweilige Zielsprache angepasst werden.
Weitere Beeinträchtigungen	Sofern der Unterrichtseinstieg online erfolgt, eignet sich das Konzept aufgrund des reduzierten Redeanteils auch für stotternde und von Mutismus betroffene Schülerinnen und Schüler.
Didaktisch-methodische Überlegungen	Motive und/oder Sequenzen des Märchens werden von den Schülerinnen und Schülern bildlich umgesetzt (produktionsorientiert) oder auch szenisch aufgearbeitet (handlungsorientiert) und ggf. per Video aufgenommen (vgl. Schafhausen 2012: 8 ff.). Typische Märchenmerkmale werden anhand von Computerspielen vertieft (vgl. Boelmann 2015: 48 ff.).

Ergänzende Hinweise und Möglichkeiten zum digitalen Medieneinsatz

Die Quizaufgaben können auch, je nach technischen Möglichkeiten, mit einer anderen Software umgesetzt werden, wie z. B. *LearningApps*, *Kahoot* oder *Quizmaker*. Als Ergänzung der Unterrichtseinheit lassen sich einzelne Szenen des thematisierten oder auch selbstgeschriebenen Märchens vertonen oder filmisch umsetzen. Da die Schülerinnen und Schüler Tablets zur Verfügung haben, bieten sich hier verschiedene Umsetzungsmöglichkeiten an. Neben einer nachbearbeiteten Audiodatei, die mit *Audacity* (Windows), *AudioShare* (IOS/iPadOS) oder *WavePad* (Android) erstellt und bearbeitet werden kann, können auch Real-, Animations- oder Stop-Motion-Filme umgesetzt werden. Dazu bietet sich für Realfilme die Verwendung von *Clips* oder *iMovie* (IOS/iPadOS), *Video Editor* (Windows) oder *VivaVideo Pro* (Android, IOS/iPadOS) sowie *Shotcut* (Mac OS, Windows, Linux) an. Für Stop-Motion-Filme bieten sich *Stop Motion Studio Pro* (IOS/iPadOS, Android) oder *Puppet Pals 2* (IOS/iPadOS) an. Außerdem könnten die Schülerinnen und Schüler auch über *Scratch* die Märchen szenisch bzw. in Comicform darstellen. Die Umsetzungsvariante als Comic oder Bildergeschichte könnte auch genutzt werden, um die Arbeit mit Texteditoren oder Bildbearbeitungsprogrammen zu schulen.

„Der Besuch der alten Dame" als Stop-Motion-Film (Mutismus)

Carina Höfener, Laura Timmer, Juliane Segler

9/10

ca. 2 Doppelstunden

- Medienkompetenz
- Produktionsorientierter Umgang mit Texten und Medien

- Sensibilisierung für das Thema Mutismus und Erfahrungen im Umgang mit mutistischen Mitschülerinnen/-schülern
- Grundlegende Kenntnisse zur Dramenanalyse
- Erfahrungen mit der App *Stop Motion Studio Pro* sowie mit Tablets

- Produktionsorientierte Methode: Erstellung eines Stop-Motion-Films
- Lernform: Gruppenarbeit

- Beispielfilme auf Youtube zur Orientierung

- Ein Filmfestival steht an und eure Klasse hat sich mit ihrem Stop-Motion-Film zum Drama „Der Besuch der alten Dame" beworben. Um die Nominierung für den besten Stop-Motion-Film des Jahres zu erhalten, dürft ihr nun eurer Kreativität freien Lauf lassen und sollt in Kleingruppen die einzelnen Szenen des Films erarbeiten. Geht dabei folgendermaßen vor:
  (1) Findet euch in Gruppen zusammen und macht euch mit der Szene, die ihr zugeteilt bekommen habt, vertraut. Sammelt erste Gedanken zur Umsetzung in einem Gruppenmanifest. Verteilt die Rollen: Kamerafrau/-mann, Sprecherin/Sprecher I und II, Erzählerin/Erzähler
  (2) Überlegt gemeinsam, wie ihr die Szene umsetzen möchtet, und haltet dies in einem kurzen Drehbuch fest. Notiert, welche Figuren und welche Requisiten ihr benötigt und wie die Figuren stehen oder sich bewegen sollen. Ihr dürft eure Szene auch modern umsetzen.

(3) Nun könnt ihr eure Ideen mit der App *Stop Motion Studio Pro* umsetzen. Wenn ihr alle Szenen fotografiert habt, denkt daran, den Ton aufzunehmen und in euren Film einzufügen.

Die Online-Materialien zu diesem Unterrichtskonzept (u. a. der Arbeitsauftrag, das Gruppenmanifest, Rollenkarten sowie eine Checkliste für Dramen) sind abrufbar unter www.utb-shop.de/9783825254377.

Technische Hilfsmittel:

(1) Tablets: Den Schülerinnen und Schülern sollten ausreichend Tablets zur Verfügung stehen, damit sie ihre Ergebnisse filmen und im Anschluss präsentieren können.

(2) App: *Stop Motion Studio Pro:* Mit dieser App können die Schülerinnen und Schüler ihre Szenen aufnehmen

Thema

Das Thema dieses Unterrichtskonzepts ist die mediale Gestaltung einer Szene des Theaterstücks „Der Besuch der alten Dame" von Friedrich Dürrenmatt aus dem Jahr 1956. Das Werk thematisiert u. a. Aspekte von Gerechtigkeit, Rache und Schuld, die zeitlos sind und das Interesse der Lernenden wecken sollen. Das Stück eignet sich für die Klassenstufen 9 und 10 und entspricht den Vorgaben aus dem Kernlehrplan NRW für das Fach Deutsch, der die Thematisierung von Dramen gegen Ende der Sekundarstufe I vorsieht (vgl. MSB 2019b: 32).

Im Rahmen des Unterrichtskonzeptes sollen die Schülerinnen und Schüler eine Szene aus dem Drama medial gestalten und umsetzen. Dazu werden sie von der Lehrperson in Vierergruppen eingeteilt, in denen sie erste Eindrücke zu der ihnen zugeteilten Szene sammeln und die zu vergebenden Rollen selbstständig festlegen. Sie nutzen dabei die angegebenen Materialien und Hilfestellungen (siehe Online-Materialien) und erstellen ein Drehbuch für die Umsetzung ihrer Szene. Zuletzt wird die Szene mit der App *Stop Motion Studio Pro* unter Nutzung der angegebenen Materialien als Stop-Motion-Film umgesetzt.

Didaktische Intention

Schülerinnen und Schüler mit Mutismus sollten nicht zum Sprechen in der Gruppe gezwungen werden. Aus diesem Grund können das Sprechen aus dem Off oder das gemeinsame Sprechen mit einer Partnerin/einem Partner ausprobiert werden. Dieses Unterrichtskonzept kann diesbezüglich insbesondere Schülerinnen und Schülern mit Mutismus unterstützen, indem elektronische Medien, Sprachaufnahmen oder schriftliche Kommunikation genutzt werden, was diesen Schülerinnen und Schülern die Teilhabe am Unterricht erleichtert, da sie ihren Text orts- und zeitunabhängig im Off einsprechen können (vgl. Lipkowski/Schüller 2019: 87 ff.).

Die Lebenswelt der Schülerinnen und Schüler ist von digitalen Medien geprägt (vgl. Orthmann/Thomas 2019: 5). Es ist Aufgabe der Schule, Schülerinnen und Schüler digital zu bilden und ihnen einen verantwortungsvollen Umgang mit Medien zu vermitteln. Studien zeigen, dass Schülerinnen und Schüler positiv auf den Einsatz von digitalen Medien reagieren und diese sie in ihrem Lernprozess unterstützen (vgl. Passey 2016: 37). Der Medienkompetenzrahmen NRW[188] bildet eine Orientierung für die digitale Bildung an Schulen. Das Bildungsziel ist es, Schülerinnen und Schüler „zu einem sicheren, kreativen und verantwortungsvollen Umgang mit Medien zu befähigen und neben einer umfassenden Medienkompetenz auch eine informatische Grundbildung zu vermitteln" (MB NRW 2019: 4).

Für das Unterrichtskonzept werden das iPad und die App *Stop Motion Studio Pro* ausgewählt, um produktionsorientiert und alltagsnah mit Schülerinnen und Schülern zu arbeiten. Die Schülerinnen und Schüler erwerben durch den Einsatz dieser digitalen Medien, mit denen sie sich im Unterrichtskonzept aktiv auseinandersetzen, grundlegende technische Anwendungskompetenzen, die der Medienkompetenzrahmen im Kompetenzbereich „Bedienen und Anwenden" verortet (vgl. ebd.: 13). Dort wird außerdem der Kompetenzbereich „Produzieren und Präsentieren" angeführt: „Produzieren und Präsentieren bedeutet, mediale Gestaltungsmöglichkeiten zu kennen und diese kreativ bei der Planung und Realisierung eines Medienproduktes einzusetzen" (ebd.: 18). Die ausgewählte App fördert diesen Kompetenzbereich, da die Schülerinnen und Schüler sämtliche Schritte von der Planung über die Produktion bis hin zur Präsentation eines Stop-Motion-Films selbst durchführen. Dabei werden verschiedene multimediale Elemente wie Fotos und Tonaufnahmen zusammengeführt, und darüber hinaus müssen auch rechtliche Rahmenbedingungen beachtet werden. Ergänzend zu den angestrebten Medienkompetenzen werden im Umgang mit dem digitalen Medium auch soziale Kompetenzen gefördert, da es sich um einen in Gruppenarbeit kooperativ zu erarbeitenden Film handelt. Auch hier kann auf einen Kompetenzbereich des Medienkompetenzrahmens NRW verwiesen werden: „Kommunizieren und Kooperieren heißt, Regeln für eine sichere und zielgerichtete Kommunikation zu beherrschen und Medien verantwortlich zur Zusammenarbeit zu nutzen" (ebd.: 16).

Des Weiteren möchte das Unterrichtskonzept die Auseinandersetzung mit literarischen Texten durch produktionsorientierte Aufgaben fördern. Im „In-

---

188 Vgl. https://medienkompetenzrahmen.nrw.

haltsfeld 2: Texte“ wird insbesondere die Kompetenz gefördert, komplexe Handlungsstrukturen und Figurenkonstellationen zu identifizieren. Dies wird dadurch umgesetzt, dass die Schülerinnen und Schüler die ihnen vorliegende Szene des Dramas in ein eigenes Drehbuch und einen Film umwandeln müssen (vgl. Kernlehrplan 2019: 33). So können sie „ihr Verständnis eines literarischen Textes in verschiedenen Formen produktiver Gestaltung darstellen und die eigenen Entscheidungen zu Inhalt, Gestaltungsweise und medialer Form im Hinblick auf den Ausgangstext begründen“ (ebd.). Im „Inhaltsfeld 4: Medien“ wird durch das Unterrichtskonzept insbesondere die Kompetenz, auf Grundlage von Texten mediale Produkte zu planen und umzusetzen, gefördert (vgl. ebd.: 36). Die eingesetzten digitalen Medien werden dabei didaktisch-methodisch als Schreib- und Produktionsmedien, als Kommunikations- und Kooperationsmedien und als Präsentations- und Visualisierungsmedien genutzt.

Insgesamt verfolgt das Unterrichtskonzept das Ziel, die Schülerinnen und Schüler durch den Einsatz eines ihnen bekannten und lebensnahen digitalen Mediums für den Umgang mit einem Drama zu begeistern, ihre Kreativität zu fördern und ihr Interesse an gestaltender Darstellung von Texten zu wecken.

Unterrichtliche Realisierung

Da es sich um die inhaltliche Erschließung des Dramas handelt, ist es sinnvoll, das Vorhaben zu Beginn der Unterrichtsreihe durchzuführen. So ist sichergestellt, dass alle Schülerinnen und Schüler auf demselben Stand sind, was die Lektüre betrifft, und es kann mit der analytischen Einheit fortgefahren werden.

Um dieses Konzept im Unterricht zu realisieren, ist es vorab notwendig, dass sich die Schülerinnen und Schüler mit der Verwendung des iPads und der App *Stop Motion Studio Pro* vertraut machen. Zudem sollten grundlegende dramentheoretische Kenntnisse bekannt sein. Die Lernenden sollen im Vorfeld genügend Zeit haben, um die Lektüre komplett zu lesen. Auch sollten der Inhalt und das Vorhaben mit den Lernenden vorab besprochen worden sein. Der Raum, in dem der Unterricht stattfindet, sollte so vorbereitet sein, dass mehrere Gruppentische aufgestellt sind. Die Materialien für die Filme sollten auf einem separaten Tisch (z. B. dem Pult) gut zugänglich ausgelegt werden. Wenn möglich, können auch mehrere Räume zur Verfügung gestellt werden.

Um das Vorhaben verständlich einzuleiten, wird zu Beginn ein YouTube-Clip von dem Kanal „Sommers Weltliteratur to go“ gezeigt, z. B. „Der Besuch der alten Dame to go“ („Dürrenmatt in 12 Minuten“). Die Eindrücke und Meinungen der Schülerinnen und Schüler zum Video werden mündlich gesammelt. Wenn keine weiteren Fragen aufkommen, stellt die Lehrkraft die Aufgabe für

M 3 - AB 1 Arbeitsauftrag

Ein Filmfestival steht an und eure Klasse hat sich mit ihrem Stop-Motion-Film zum Drama „Der Besuch der alten Dame" beworben. Um die Nominierung für den besten Stop-Motion-Film des Jahres zu erhalten, dürft ihr nun eurer Kreativität freien Lauf lassen und sollt in Kleingruppen die einzelnen Szenen des Films erarbeiten. Geht folgendermaßen vor:

4. Findet euch in den zusammengesetzten Gruppen zusammen und macht euch mit der Szene, die ihr zugeteilt bekommen habt, vertraut. Sammelt erste Gedanken zur Umsetzung in eurem Gruppenmanifest (AB 1). Verteilt die Rollen Kameramann/-frau, SprecherIn I und II, ErzählerIn.
5. Überlegt euch gemeinsam, wie ihr die Szene umsetzen möchtet, und haltet dies in einem kurzen Drehbuch schriftlich fest. Notiert euch, welche Figuren und welche Requisiten ihr braucht und wie die Figuren stehen oder sich bewegen sollen. Ihr dürft eure Szene auch bspw. modern umsetzen.
6. Nun könnt ihr eure Ideen mit der App Stop Motion Studio in die Realität umsetzen. Wenn ihr alle Szenen fotografiert habt, denkt daran, den Ton aufzunehmen und in euren Film einzufügen.

Ihr habt bis ___________ Zeit.

Abb. 32: Arbeitsauftrag

die kommenden beiden Doppelstunden vor (siehe Abb. 32). Die Gruppeneinteilung erfolgt im Anschluss durch die Lehrkraft, dabei ist wichtig, dass mutistische Schülerinnen und Schüler mit befreundeten und vertrauten Personen in einer Gruppe sind.

Sitzen die Gruppen an ihren Tischen, teilt die Lehrkraft sowohl die zu bearbeitende Szene als auch die Rollenkärtchen mit dem Gruppenmanifest aus. Die Lernenden teilen unter sich auf, wer welche Rolle im Vorhaben übernimmt. Haben sich die Schülerinnen und Schüler diesbezüglich verständigt, können sie mit der Realisierungs- und Umsetzungsplanung anfangen. Der kreativen Gestaltung der Filme sind dabei keinerlei Grenzen gesetzt. So können die Lernenden ihre Filme auch modern adaptieren. Auch das Bühnenbild dürfen die Gruppen mit den angebotenen Materialien selbst gestalten, je nachdem, welche Vorstellungen sie hierzu vielleicht bereits beim Lesen entwickelt haben.

Die Lehrkraft sollte während der kompletten Bearbeitungszeit für Fragen und Hilfestellungen zur Verfügung stehen. Ansonsten steht es den Schülerinnen und Schülern frei, auch andere Räume zum Filmen ihrer Szene zu benutzen oder möglicherweise auch nach der Schule zu Hause weiterzuarbeiten. So ist es auch für mutistische Schülerinnen und Schüler möglich, eine Sprechrolle zu übernehmen, da diese so in einer Umgebung eine Tonaufnahme erstellen können, in der sie frei sprechen können.

Nach der Bearbeitungszeit und zum Abschluss des Vorhabens sollte mindestens eine Zeitstunde dafür genutzt werden, die Ergebnisse zu präsentieren und angemessenes Feedback vonseiten der Schülerinnen und Schüler sowie der Lehrkraft zu geben. Die einzelnen Szenen können für die gesamte Unterrichtsreihe eingesetzt werden, beispielsweise kann der jeweilige Film zum Einstieg in die weiteren Szenen gezeigt werden, die behandelt werden.

Ergänzende Tipps und Möglichkeiten der Weiterarbeit

Thema und Format	Thematisierung/Vergleich verschiedener filmischer Adaptionen des Stücks. Austausch/Reflexion über filmische Mittel (Einstellungsgröße, Perspektive, Montage etc.) im Anschluss oder vor Beginn der Unterrichtssequenz. Inhaltliche Auseinandersetzung mit dem Thema „Schuld“ anhand anderer Texte (Prosa, Lyrik) und Bearbeitung als Stop-Motion-Video.
Fächervernetzung	Thematisierung von Aspekten der Schuldfrage in den Fächern Philosophie und Geschichte. Gestaltung der Kulisse für das Video im Fach Kunst.
Weitere Beeinträchtigungen	Da wenig mündliche Kommunikation erforderlich ist, Texte aus dem „Off“ eingesprochen werden können und eine Bearbeitung von Zuhause möglich ist, ist das Konzept auch gut für stotternde Schülerinnen und Schüler geeignet.
Didaktisch-methodische Überlegungen	Die Schülerinnen und Schüler schreiben Texte zu ihren Filmen (Rezensionen der anderen in Gruppen erstellten Filme und/oder schriftliche Erläuterung der eigenen Interpretation/Umsetzung). Alle Szenen/Filme werden zu einem gemeinsamen Film zusammengeschnitten und das Ganze in größerem Rahmen präsentiert. Es werden lektürebegleitende Figurencharakteristiken/Figurenbilder erarbeitet (vgl. Tanejew/Koebe/Hage 2018: 45 ff.), die als Fotocollage visualisiert werden (siehe „Ergänzende Hinweise und Möglichkeiten zum digitalen Medieneinsatz“).

Ergänzende Hinweise und Möglichkeiten zum digitalen Medieneinsatz

Aufgrund der App-Auswahl ist der Einsatz von iPads obligatorisch. Als App-Alternative wäre *Puppet Pals 2* (unter IOS/iPadOS) nutzbar. Alternativ zur medialen Umsetzung der Szene als Stop-Motion-Video ist die Erstellung eines gedrehten Films bzw. Videos mit oder ohne Audiounterstützung möglich. Dabei könnten ggf. auch andere (mobile) Endgeräte verwendet werden. Geeignete Video-Editoren wären hierzu unter IOS/iPadOS *Clips*, *iMovie* und *VivaVideo Pro*, unter Windows *Shotcut* oder *Video Editor* und unter Android ebenfalls *VivaVideo Pro*. Zur Audioerstellung und -bearbeitung sind unter IOS/iPadOS *AudioShare*, unter Windows *Audacity* und unter Android *WavePad* sinnvoll nutzbar. Als zusätzliche alternative Realisierungsmöglichkeit bietet sich die Erstellung einer Fotocollage an, dies kann als E-Book unter Verwendung von *Book Creator*, *iBooksAuthor* oder *Pictello* erfolgen. Unter Windows wäre auch die Nutzung des *Adventure Makers* eine interessante Alternative, da so eine interaktive Fotocollage als Visualierungsform realisiert werden könnte (vgl. Kap. 4.3). Die Phasen kooperativen bzw. kollaborativen Arbeitens könnten ebenfalls medial unterstützt werden. Hierbei wäre der Einsatz von *Etherpad* sowie *Flinga* denkbar. Auch die Erstellung einer kurzen Animation oder interaktiven Darstellung mit *Scratch* wäre möglich.

Projekt BalladenWiki – Balladen des Realismus (Stottern)

Kira Dannowski, Laura-Marie Schmidt, Anna Winkler, Melanie Witjes

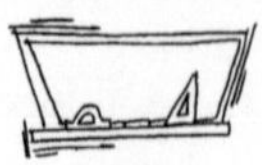

8

ca. 10 Unterrichtsstunden

- Sprachkompetenz
- Lesekompetenz
- Analysekompetenz
- kooperatives Lernen
- Sprachförderung für stotternde Schülerinnen und Schüler

- Grundlagenwissen zu Balladen
- Umgang mit Medien

- Bearbeitung eines Wikis
- Lernformen: Plenum, Partner-/Gruppenarbeit

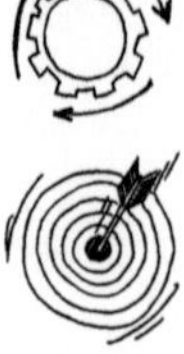

- Beschäftigung mit Arbeit an (literarischer) Epoche (z. B. Realismus)

Die Online-Materialien zu diesem Unterrichtskonzept (u. a. ein Überblick über den Unterrichtsablauf, ein Wochenplan und ein Kriterienkatalog) sind abrufbar unter www.utb-shop.de/9783825254377

Thema

Das Unterrichtskonzept ist für den Einsatz in einer achten Klasse bestimmt, in der Schülerinnen und/oder Schüler lernen, die eine Beeinträchtigung des Sprechens in Form von Stottern haben. Diese Beeinträchtigung wird im Unterrichtsentwurf konkret berücksichtigt. Es wird davon ausgegangen, dass alle Schülerinnen und Schüler der Klasse bereits Formen des freien Arbeitens beherrschen und in der Lage sind, auch komplexe Aufgaben eigenständig zu lösen. Auch sind alle in Bezug auf das Stottern sensibilisiert.

Bei der Unterrichtsreihe steht weniger die Epochenarbeit im Fokus als die interpretierende und handlungsorientierte Arbeit an literarischen Texten. Der Epochenaspekt wird am Ende der Unterrichtsreihe eingebracht und dient der Eingliederung in einen größeren Kontext, in dem die Schülerinnen und Schüler nach und nach lernen, Motive und Merkmale verschiedenen Epochen zuzuordnen.

Es sollte Grundlagenwissen zu Balladen vorhanden sein. Die Schülerinnen und Schüler können einfache Reimschemata erkennen und haben keine Probleme mit der Rekonstruktion des Inhalts. Wichtig ist, dass die Schülerinnen und Schüler ihre Arbeitsschritte dokumentieren, auch um sicherzustellen, dass jedes Gruppenmitglied Engagement zeigt und sich einbringt. Teile des Projektes wie die Audioaufnahmen können auch zu Hause durchgeführt werden.

Im Verlauf des Projekts versuchen die Schülerinnen und Schüler, Texte sinngebend vorzutragen. Des Weiteren setzen sie sich in ihren Gruppen mit der Wirkungsweise der lyrischen Texte auseinander. Gemäß dem Kernlehrplan NRW für die Sek. I der Gesamtschule sollen Lese-, Sprach- und Analysekompetenzen gefördert werden (vgl. MSW 2007: 11, 34).

Intention

Gedichte und Balladen sind bei Schülerinnen und Schülern oftmals unbeliebt, da die Auseinandersetzung mit ihnen und das mündliche Vortragen als peinlich empfunden werden. Lautes Lesen in der Gruppe kann allerdings dabei unterstützen, die Bedeutung der Gestaltungselemente, wie Metrum und Betonung, zu erfassen (Spinner 2006: 9 f.).

Das Projekt soll dazu führen, Interesse für die Werke zu entwickeln, Hemmungen in Bezug auf mündliches Präsentieren abzubauen und sich kreativ mit lyrischen Texten auseinanderzusetzen. Die Schülerinnen und Schüler sollen „sich nicht von metaphorischer und bildhafter Sprache abschrecken lassen" (ebd.: 8), sondern die „sprachliche Gestaltung wahrnehmen [und] bildhafte Äußerungen in einen Zusammenhang bringen" können (ebd.: 7). Die Wikieinträge, die von den Schülerinnen und Schülern produziert werden, dienen der Sicherung der Aufgaben im Sinne einer langfristigen Speicherung der Lösungen auf der Wikiplattform und helfen so auch Mitschülerinnen und Mitschülern beim Verständnis der Balladen. Durch die Gruppenarbeit können Gespräche über die Wahrnehmung der Ballade entstehen. Auch soll die Diskussion innerhalb der Gruppe den Schülerinnen und Schülern dabei helfen, die Handlungslogik der Texte nachzuvollziehen (ebd.: 12 ff.).

Die ausgewählten Balladen können der Epoche des Realismus zugeordnet werden. Alle drei schildern besondere Ereignisse, die durch die für Balladen typische Kombination lyrischer, epischer und dramatischer Merkmale dargestellt werden. Die ausgewählten Beispiele variieren in ihrer Länge und in Bezug auf die Schwierigkeit des sprachlichen Ausdrucks.

Der erste Text, „Herr von Ribbeck auf Ribbeck im Havelland" von Theodor Fontane, umfasst vier Strophen, die zwischen zehn und zwölf Verse lang sind. Im Vergleich zu den beiden anderen ausgewählten Balladen kann diese in Bezug auf den Umfang, die Analyse und die Interpretation als am einfachsten zugänglich eingestuft werden und eignet sich somit besonders auch für leistungsschwächere Schülerinnen und Schüler. Es finden sich einige Passagen mit Dialektformen. Dies könnte für stotternde Kinder beim Einsprechen dieser Ballade im Kontext der Vertonung problematisch sein. Hier müsste eine Zuordnung zu der entsprechenden Gruppe gut abgewogen werden.

Die zweite Ballade, „Die Brück am Tay", stammt ebenfalls von Theodor Fontane. Sie umfasst sieben Strophen, die aus acht bis elf Versen bestehen. Die Ballade weist aufgrund des Umfangs, der Motive und des historischen Hintergrunds im Vergleich zu den anderen beiden Balladen einen höheren Schwierigkeitsgrad auf. Sprachlich beinhaltet das Gedicht zwar Begriffe, welche die Schülerinnen und Schüler ggf. nicht kennen, die jedoch keine größere Hürde bei der Vertonung darstellen sollten. Daher wäre diese Gruppe für den stotternden Schüler in der Klasse geeignet und aufgrund des höheren Anspruchs für eine Gruppe aus lernstärkeren Schülerinnen und Schülern vorzusehen.

Die dritte Ballade, „Das Hirtenfeuer" von Annette von Droste-Hülshoff, beschreibt ein Heidebild aus der westfälischen Heimat der Dichterin. Das Gedicht umfasst zehn Strophen, die in ihrer Länge zwischen sechs und neun

Versen variieren. Die Ballade ist im Vergleich zu „Die Brück am Tay“ weniger anspruchsvoll in Bezug auf die Bildsprache, sie ist jedoch vom Umfang länger. Für das stotternde Kind könnte diese Ballade aufgrund der Alliterationen etwas schwieriger sein als Fontanes „Die Brück am Tay“.

Sprachfördernde Aspekte

Das Unterrichtskonzept beinhaltet verschiedene sprachfördernde Aspekte, die stotternden Schülerinnen und Schülern, aber auch allen anderen Schülerinnen und Schülern den Zugang zum Thema Balladen erleichtern sollen. Um dabei eine Differenzierung zu ermöglichen, wurden drei verschiedene Balladen mit unterschiedlichem Anspruchsniveau ausgewählt.

Die Lernenden beschäftigen sich mit einer Ballade, die ihrem jeweiligen Leistungsniveau entspricht. Die Lehrkraft ordnet hierbei den Schülerinnen und Schülern eine Ballade ihres jeweiligen Leistungsniveaus zu. Die leistungsschwächeren Schülerinnen und Schüler bearbeiten die einfachste Ballade, „Herr von Ribbeck auf Ribbeck im Havelland“ (Leistungsniveau 1), die etwas leistungsstärkeren die Ballade „Das Hirtenfeuer“ (Leistungsniveau 2) und die leistungsstärksten die Ballade „Die Brück am Tay“ (Leistungsniveau 3).

Bei der Auswahl der Ballade für das stotternde Kind ist es wichtig, dass die Ballade eine einfache sprachliche Umsetzung bei der Vertonung gewährleistet. Anfangs sollte zunächst ein motivierender Zugang zum Thema geschaffen werden, der Erfolgserlebnisse schafft.

Insbesondere durch die Partnerarbeit können stotternde Kinder Erfolgserlebnisse sammeln und Selbstvertrauen gewinnen. Hierbei wird ihnen ein kompetenter und vertrauenswürdiger Partner zur Seite gestellt, der unterstützen soll. Dadurch bekommen sie mehr Sicherheit und Selbstbewusstsein und können in einer vertrauten Umgebung angstfrei und ohne Stress arbeiten.

Die Aufgabe, die jeweilige Ballade zu vertonen und als Audiodatei aufzunehmen, bietet stotternden Kindern die Möglichkeit, das Lesen einer Ballade zu Hause zu wiederholen und das Vortragen der Ballade zu üben. Die Schülerinnen und Schüler erhalten somit mehrere Versuche, die Ballade zu vertonen, bevor sie sie hochladen. Somit wird stotternden Lernenden die Nervosität und der Druck, die Ballade beim ersten Mal direkt gut vorlesen zu müssen, genommen.

Weiteres Vorgehen:

1. Lest euch die anderen Balladen durch.
2. Eure Ergebnisse diskutiert ihr in der zweiten Stunde in einer Offline-Diskussion in eurer Großgruppe. Haltet dafür eure Ergebnisse im Kommentarbereich fest.
3. Zum Schluss diskutieren wir gemeinsam in der Klasse (offline) über die einzelnen Balladen, deren Ergebnisse und Interpretationen. Welche Ballade hat euch gefallen und welche nicht? Geht dabei auf die Gründe für eure Entscheidungen ein. Gibt es gemeinsame Motive in allen Balladen, die man dem Realismus zuordnen kann?

Wochenplan

Datum	Name	Aufgabe	Erledigt

Abb. 33: Aufgabenblatt zum Wochenplan (Auszug)

Unterrichtliche Realisierung

Der Unterricht wird in einem Format realisiert, bei dem digitale Lernformen mit traditionellem Unterricht zusammentreffen und eine sinnvolle Einheit bilden. Konkret wechseln sich, eingebunden ins klassische Unterrichtsgespräch, Einführungs- und Diskussionsphasen mit Phasen der Bearbeitung eines sogenannten Wikis ab, in dem der Hauptteil der Arbeit in einem Wochenplan abgearbeitet wird (s. u. in Phase B; das Aufgabenblatt zum Wochenplan findet sich im Online-Material (siehe Abb. 33). Da die Bearbeitung hauptsächlich im Präsenzunterricht stattfinden soll, handelt es sich nicht um ein Blended-Learning-Konzept, bei dem sich Präsenzunterricht und reine E-Learning-Phasen abwechseln.

Wikis sind „Sammlungen von WWW-Seiten, die mithilfe spezieller Content-Management-Systeme verwaltet werden und deren Inhalte von den Benutzern nicht nur gelesen, sondern auch direkt online – im WWW-Browser und ohne zusätzliche Software – geändert und erweitert werden können“ (Beißwenger/Anskeit/Storrer 2012: 7). Die Flexibilität und die Möglichkeit zu kooperativer Texterstellung (vgl. ebd.: 7) sowie der zu jeder Zeit mögliche Zugriff machen das Wiki zu einer idealen Plattform für den vorliegenden Unterrichtsentwurf, in dem die Schülerinnen und Schüler in unterschiedlichen Lernformen kooperativ Balladen bearbeiten sollen. Ferner ist durch die Nutzung der jeder Seite zugeordneten Diskussionsseiten eine Kommunikation innerhalb des Wikis möglich (vgl. ebd.: 7). Für das vorliegende Konzept soll die Software *MediaWiki* verwendet werden, von deren Funktionen ausgehend das hier geschilderte Konzept des Wikis konstruiert wird.

Für das Unterrichtskonzept werden ca. zehn Deutschstunden à 45 Minuten veranschlagt, was bei einer durchschnittlichen Zahl von vier Deutschstunden pro Woche ein Projekt über insgesamt zweieinhalb Wochen bedeutet. Bestenfalls sind die vier Unterrichtsstunden jeweils als zwei Doppelstunden im Unterrichtsplan verankert. Ist die Klasse noch nicht mit der Arbeit an Wikis vertraut, sind zusätzlich zwei Stunden als Mindestzeit zur Einführung in die Onlineumgebung zu veranschlagen (vgl. Anskeit 2012: 18). Für das hier vorgestellte Projekt wird von einer Klasse ausgegangen, die sich mit der Wiki-Arbeit bereits zu einem früheren Zeitpunkt auseinandergesetzt hat. Der hier vorgestellte Unterrichtsablauf orientiert sich an der angehängten Übersicht des Unterrichtsablaufes, einzelne Phasen werden mit den Buchstaben A bis F gekennzeichnet und im Folgenden chronologisch beschrieben. Ein Wiki-Prototyp (siehe Online-Material) gibt Auskunft über den geplanten Aufbau des BalladenWikis und die darin enthaltenen Aufgabenstellungen.

Phase A

Die erste Phase des Projektes findet im Präsenzunterricht statt. In einem Zeitrahmen von einer Unterrichtsstunde gibt es eine Einführung in das Thema Balladen. Da Balladen sowie balladentypische Merkmale wie Reimschema oder Versmaß schon aus der Arbeit an Gedichten und anderen Balladen bekannt sind, geht es in dieser Stunde insbesondere um eine Wiederholung und Reaktivierung des Wissens. Zudem wird das Projekt erläutert und die Klasse in Gruppen eingeteilt. Für die anstehende Onlinephase müssen dazu zunächst drei Gruppen gebildet werden, denen jeweils eine von drei Balladen zugeordnet wird. Dabei ist es wichtig, auf die sprachlichen Besonderheiten und den Schwierigkeitsgrad der Balladen zu achten und Schülerinnen und Schüler entsprechend – wie bereits oben geschildert – zuzuteilen. Die Großgruppen werden dann in Zweierteams unterteilt, sodass zu jeder einzelnen Ballade mehrere Zweierteams aus leistungsschwächeren und leistungsstärkeren Schülerinnen und Schülern arbeiten. Stotternde Schülerinnen und Schüler sollten dabei aus den oben genannten Gründen mit ihnen vertrauten Partnerinnen und Partnern in ein Team eingeteilt werden. Die Zweierteams sollten durchnummeriert werden, um sie ihren Bearbeitungen später zuordnen zu können. Im besten Fall wurden die Gruppen schon zuvor eingeteilt und ins Wiki eingetragen.

Phase B

Für Phase B werden fünf Unterrichtsstunden veranschlagt. In den Zweiergruppen wird ein Wochenplan im Wiki bearbeitet. Der dazugehörige Laufzettel ist dem Unterrichtsentwurf beigefügt und dient der Dokumentation der einzelnen im Wiki bearbeiteten Stationen. Die Aufgabenstellungen stehen online, sind in kurzer Form aber noch einmal auf dem Arbeitsblatt zum Wochenplan abgedruckt. Die Reihenfolge der Bearbeitung ist zwar nicht festgelegt, allerdings macht die chronologische Bearbeitung durchaus Sinn, wie im Folgenden noch dargelegt wird. Eine Zusatzaufgabe darf erst nach Fertigstellung der anderen Aufgaben bearbeitet werden, falls noch Zeit bis zum Ende des Projektes übrig ist oder die Lernenden außerhalb des Unterrichts noch Lust zur Bearbeitung des Wikis haben. Eine Übersicht aller Aufgaben sowie ein Kriterienkatalog zur Lösung aller Wochenplanaufgaben finden sich in den Online-Materialien.

Das Wiki ist dem Ablauf der Projektarbeit entsprechend strukturiert. Die Startseite des Wikis verlinkt auf die drei Balladen, denen jeweils eine eigene Seite zugeordnet ist. Auf den Seiten der Balladen ist die jeweilige Ballade mit Angabe von Entstehungsjahr und Autor eingefügt sowie Links zu je vier Unterseiten, die den Seiten der Zweierteams entsprechen. Auf diesen Seiten findet dann die tatsächliche Bearbeitung statt. Oben auf der Seite werden die Teampartnerinnen und Teampartner eingetragen, darunter findet sich noch einmal die Ballade mit Zeilennummern. Darunter sind die Aufgaben gelistet, denen jeweils eine eigene Überschrift zugeteilt ist und in die ein kurzer Erklärungstext mit Anweisungen zur Aufgabe eingebunden ist. Unter den Überschriften sollen die Lösungen der Aufgaben hochgeladen bzw. eingetragen werden.

Als erste Aufgabe ist die Erstellung eines Audioglossars vorgesehen. Die Schülerinnen und Schüler sollen in ihren Zweierteams die Ballade zunächst lesen und Begriffe, die sie nicht verstehen, recherchieren und als Audiodatei einfügen, sodass ein Glossar entsteht, in dem unbekannte Wörter und Ausdrücke nachgehört werden können. Mit bestimmten Anwendungen auf mobilen Endgeräten lassen sich solche Aufnahmen leicht und kostenlos umsetzen. Diese Aufgabe soll zum Sprechen und Recherchieren anregen und das Verständnis der Ballade sichern. Wichtig ist natürlich, dass zu jedem Audioeintrag immer der entsprechende Begriff notiert wird, um eine Zuordnung zu gewährleisten.

In der zweiten Aufgabe soll die Ballade von den Schülerinnen und Schülern entsprechend der Stimmung und der geschilderten Ereignisse in der Ballade vertont werden. Dies setzt voraus, dass sich die Lernenden die Ballade vorher aufmerksam durchgelesen und sich Gedanken zu ihrer Intention, ihrem Inhalt sowie zur sprachlichen Gestaltung gemacht haben. Das Produkt soll schließlich im entsprechenden Abschnitt der Seite hochgeladen werden. In dieser Aufgabe kommen mehrere Aspekte literarischen Lernens nach Spinner zum Tragen: Durch das Vorlesen und Hören wird Verständnis für den Inhalt der Balladen entwickelt, es werden sprachliche Besonderheiten beim Vortrag berücksichtigt und es findet eine vertiefte Auseinandersetzung mit den vorkommenden Personen statt (vgl. Spinner 2006: 8 ff.). Für Lernende mit Sprechproblemen sind beide Aufgaben geeignet, da die Aufnahmen entweder gemeinsam mit einer vertrauten Bezugsperson oder – nach Absprache mit der Teampartnerin/dem Teampartner – individuell zu Hause bearbeitet werden.

In der dritten Aufgabe wird eine formale Analyse der Ballade erstellt. Dies geschieht schriftlich in Form von Stichpunkten. Die Schülerinnen und Schüler sollen formale Aspekte der Ballade wie zum Beispiel das Reimschema, das Versmaß oder Stilmittel herausarbeiten. In der Partnerarbeit kommen die Schülerinnen und Schüler mit Blick auf das literarische Lernen nach Spinner dabei ins literarische Gespräch (ebd.: 12 f.) und schulen ihre Wahrnehmung der sprachlichen Gestaltung der Ballade (ebd.: 9).

Auch die darauffolgende Aufgabe wird wieder in Form von Stichpunkten gelöst, darin geht es nun um die Interpretation der Ballade und die Deutung einzelner gestalterischer Besonderheiten. Auch hier findet wieder ein Gespräch statt, um auch „prototypische Vorstellungen von Gattungen/Genres [zu gewinnen]" (ebd.: 13). Auch werden Aspekte der Metaphorik nachvollzogen (siehe ebd.: 11 f.).

Falls in den fünf Schulstunden bereits vor Ende alle Stationen bearbeitet worden sind, haben die Lernenden die Möglichkeit, eine Zusatzaufgabe zu erledigen, in der sie sich kreativ mit der ihnen zugeordneten Ballade auseinandersetzen können. Ihre Wikiseite gibt dazu einige Anregungen, wie beispielsweise eine Modernisierung der Ballade oder das Erstellen eines Standbilds. Dies vertieft noch einmal das Verständnis der Ballade, das für den Transfer des Inhalts in eine andere Form oder ein anderes Medium notwendig ist. Zudem findet mit dieser Aufgabe eine Differenzierung statt, da sie auf verschiedene Arten umgesetzt werden kann und nicht zwangsläufig in der vorgegebenen Zeit realisiert werden muss, sodass für langsamere Schülerinnen und Schüler kein Nachteil bei deren Nichtbearbeitung entsteht.

Phase C

Phase C wird zusammen mit Phase D in einer Doppelstunde realisiert. Jeder dieser Phasen ist dabei eine Einzelstunde zugeordnet. In Phase C werden die Ergebnisse der Wikiarbeit wikiintern und innerhalb der Balladen-Großgruppen diskutiert. Dazu wird die jeder Seite zugeordnete Diskussionsseite genutzt. In ihren Zweierteams sichten die Schülerinnen und Schüler die Ergebnisse der drei anderen Gruppen. Dabei werden auf der Diskussionsseite im dafür vorgesehenen Bereich (erkennbar wieder durch eine Überschrift und einen Anweisungstext) Kommentare darüber abgegeben, was als besonders gelungen erachtet wird und wo noch Nachbesserungsbedarf besteht. Mithilfe der Rückmeldungen können die Schülerinnen und Schüler ihre Lösungen direkt verbessern und sie mit denen der anderen Teams vergleichen.[189]

Phase D

In der auf Phase C folgenden Teilstunde wird Phase D des Projektes realisiert. Die Großgruppen finden sich zusammen und diskutieren in Präsenz über die Ergebnisse ihrer eigenen Ballade. Auch in Phase D ist es möglich, Verbesserungen vorzunehmen, da Rückfragen direkt geklärt und eine Diskussion mit mehreren Personen intensiver ausfallen kann als die schriftlichen Kommentare im Wiki. Die Diskussionen in Phase C und D kann auf Grundlage von Leitfragen erfolgen, ein Überblick über mögliche Leitfragen findet sich im Online-Material.

Phase E

In Phase E und der darauffolgenden Phase F werden – bestenfalls wieder in einer Doppelstunde – alle Balladen zusammengeführt. Phase E kann dabei, je nach Bedarf, eine Einzelstunde oder 60 Minuten der Doppelstunde einnehmen. Herausgelöst aus ihrer Großgruppe kommentieren die Zweierteams dieses Mal die Bearbeitungen der zwei anderen Gruppen. Dabei lernen sie die anderen Balladen kennen und setzen sich mit unterschiedlichen Interpretationen auseinander. Möglicherweise stellen sie so einen Zusammenhang zwischen ihrer eigenen Ballade und denen der anderen her. Zudem können sie in ihren Kommentaren eigene Deutungsansätze entwickeln. Die Diskussionen in Phase E und in Teilen von Phase F können auf Grundlage von Leitfragen erfolgen, ein Überblick über mögliche Leitfragen findet sich im Online-Material.

Phase F

Phase F dient der Zusammenführung aller Inhalte, dem Abschluss und der Ergebnissicherung. Erstmals seit Phase A arbeitet die Klasse wieder im Plenum, in dem die Ergebnisse diskutiert werden und ein Zusammenhang zwischen

189 Diese Form der Peer-Review orientiert sich an der im Rechtschreib-Planspiel „Ortho & Graf", in dem ebenfalls eine wikiinterne Diskussion der Lernendenbearbeitungen durch Schülerinnen und Schüler stattfindet und die zu einer weiteren Überarbeitung der Lösungen führen soll (vgl. Beißwenger/Meyer 2018).

den Balladen erarbeitet wird, insbesondere in Hinblick auf die Epoche und die allgemeine Gestaltung sowie die Motive von Balladen. Hier kann sich die Weiterarbeit zu verschiedenen Epochen oder auch zu Balladen anschließen. Auch eignet sich die Arbeit im Plenum zur Reflexion der Arbeitsform und zur Evaluierung des Projekts: Wie erfolgreich war die Arbeit? Was haben die Schülerinnen und Schüler gelernt? Wurde wirklich niemand zurückgelassen?

Ergänzende Tipps und Möglichkeiten der Weiterarbeit

Thema und Format	Beschäftigung mit Arbeit an (literarischer) Epoche (z. B. Realismus). Die Wikis können kontinuierlich erweitert werden. Auch ist die Verlinkung neuer Themen sowie die Erweiterung des Glossars (z. B. um rhetorische Mittel und Epochen) denkbar.
Fächervernetzung	Bei ergänzender grafischer Gestaltung der Wikis – z. B. mit eigenen Bildern – Vernetzung mit dem Fach Kunst. Die Bearbeitungen der einzelnen Gruppen lassen sich um musikalische Vertonungen, die in Zusammenarbeit mit dem Fach Musik erstellt werden, erweitern.
Weitere Beeinträchtigungen	Die Unterrichtseinheit ist auch für mutistische und lernbeeinträchtigte Schülerinnen und Schüler anpassbar und geeignet. Mutistische Kinder können von der Teamarbeit profitieren, in der die Teampartnerin/der Teampartner Sprechaufgaben übernimmt (vgl. zum Gestaltenden Vortragen: Bekes 2017: 10 ff.). Lernbeeinträchtigte Kinder profitieren von der Differenzierung im Schwierigkeitsgrad der Balladen.
Didaktisch-methodische Überlegungen	Die Gruppen erstellen und/oder bearbeiten weitere Balladen aus unterschiedlichen Epochen. In diesem Kontext können sie einen „mentalen Zeitstrahl“ entwickeln, der abbildet, wie einzelne Epochen zeitlich ungefähr anzuordnen sind (vgl. Spinner 2006: 13 ff.). Literarische Epochen können von den Schülerinnen und Schülern auch als Hörbeiträge, Radiofeatures oder Podcasts erarbeitet werden (vgl. Ihrke 2019: 42 ff.). Erstellung eigener Transformationen der Balladen, z. B. in Form von eigenen Videos (vgl. Schüller/Weber 2017: 36 ff.; vgl. auch unten: „Ergänzende Hinweise und Möglichkeiten zum digitalen Medieneinsatz“). Erarbeitung szenischer Umsetzungen von Teilen der Balladeninhalte und Vorstellung im Klassenverband.

Ergänzende Hinweise und Möglichkeiten zum digitalen Medieneinsatz

Für die kooperative/kollaborative Erarbeitung der Balladen bietet sich die Arbeit mit dem *Textlabor* (vgl. Kapitel 4.3, S. 157) an, da die Schülerinnen und Schüler so gemeinsam Fragen und Ideen anhand des Textes thematisieren können und auch die Lehrkraft einen Einblick bekommt, an welchen Stellen Verständnisprobleme bestehen. Die Erarbeitung der Balladen wird durch die Nutzung des Textlabors zudem dokumentiert und kann in allen weiteren Unterrichtsschritten weiterbearbeitet und/oder zur Reflexion über die Primärtexte und die Entstehung des Wikis genutzt werden. Als Anschluss an die Unterrichtsidee bietet sich zudem eine szenische Umsetzung der Fabeln bzw. von Teilen der Fabeln an. Diese kann (audio-)visuell als Realfilm, Stop-Motion-Film oder Animation umgesetzt werden. Geeignete Videoeditoren für die filmische Umsetzung sind *iMovie* (IOS/iPadOS) und *VivaVideo Pro (IOS/iPadOS, Android)* sowie Shotcut (Windows, Mac OS, Linux). Die Stop-Motion-Umsetzung kann unter Verwendung von *Stop Motion Studio Pro* (Android, IOS/iPadOS) erfolgen. Zur Audioerstellung und -bearbeitung sowie Vertonung der Filme/Videos sind unter IOS/iPadOS *AudioShare*, unter Windows *Audacity* und unter Android *WavePad* sinnvoll nutzbar. Mit diesen Apps kann auch die Erstellung der Hörbeiträge, Radiofeatures oder Podcasts realisiert werden (siehe „Ergänzende Tipps und Möglichkeiten der Weiterarbeit"). Zudem ist auch eine Vertonung der Ballade mit zusätzlichen Hintergrundgeräuschen oder Hintergrundmusik denkbar. Als weitere alternative Realisierungsmöglichkeit bietet sich die Erstellung einer Fotocollage an, dies kann als E-Book unter Verwendung von *Book Creator*, *iBooksAuthor* oder *Pictello* erfolgen.

„Der Froschkönig" – Förderung durch H5P-Aufgaben (LRS)

Julia Franken, Yasemin Karatas, Kristin Katschak

5/6

- flexibles Lernangebot für Freiarbeit
- individueller Zeitbedarf pro Aufgabe
- mind. 20–30 Min. Lernzeit einplanen

- Kenntnisse: Laut-Buchstaben-Zuordnung und wortbezogene Regeln
- die Schülerinnen und Schüler korrigieren und vermeiden Fehlschreibungen durch spezifische Rechtschreibstrategien.
- die Schülerinnen und Schüler erfassen Inhalte und Wirkungsweisen literarischer Texte unter Berücksichtigung einfacher sprachlicher Merkmale

Kompetenzbereich:

- Reflexion über Sprache
- Lesen – Umgang mit Texten und Medien

Aufgabenschwerpunkte:

Richtig Schreiben:

- Laut-Buchstaben-Ebene
- Wortebene
- Lösungsstrategien

- phonologische Bewusstheit
- grundlegende Kenntnisse der basalen Regeln zur Worterweiterung, Vokallänge und -kürze
- ggf. auch zur Diagnostik geeignet

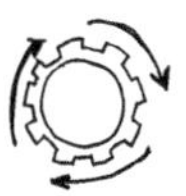

- Produktionsorientierte Methode: Bearbeitung von Aufgaben anhand von *H5P* innerhalb der Lernplattform *Moodle*

Lernform:

- Einsatz im Rahmen der Freiarbeit (z. B. Lernzeiten, Nachmittagsbetreuung)

- Differenzierung hinsichtlich der Fehlerschwerpunkte und der Schwierigkeit
- Differenzierung in Bezug auf Interesse und Lerntempo möglich (z. B. durch Wahl- und Pflichtaufgaben).
- individuelle Rückmeldung zu Fehlern im Anschluss an die Bearbeitung
- Schwerpunkt: Förderung von Schülerinnen und Schüler mit einer LRS
- Vertiefung und Förderung der Rechtschreibkompetenzen aller SuS

Alle folgenden Materialien basieren auf der Textgrundlage: „Der Froschkönig“ Brüder Grimm (1857).
Die Online-Materialien zu diesem Unterrichtskonzept (u. a. die H5P-Aufgaben) sind abrufbar unter www.utb-shop.de/9783825254377

Thema

Das folgende Unterrichtskonzept ist für die Erprobungsstufen der Sek. I konzipiert und thematisiert Märchen, hier realisiert am Beispiel des „Froschkönigs“ der Brüder Grimm. Der Fokus des Konzepts liegt auf dem Bereich der Reflexion über Sprache und zielt primär auf die Förderung von Rechtschreibkompetenzen ab. Dafür setzt das Unterrichtskonzept grundlegende Kenntnisse der Regeln zur Worterweiterung, Vokallänge und -kürze voraus und knüpft daran an. Rechtschreibung bereitet Schülerinnen und Schülern auch nach Abschluss der Primarstufe häufig Schwierigkeiten, da die Anwendung mehrerer, teilweise konkurrierender orthografischer Prinzipien erforderlich ist. Das hier dargestellte Unterrichtskonzept greift dieses Problem auf. Es eignet sich grundsätzlich zur Vertiefung und Förderung der Rechtschreibkompetenzen aller Lernenden, ist dabei jedoch besonders auf Schülerinnen und Schüler mit Lernbeeinträchtigungen im Bereich der Lese-Rechtschreib-Störung (LRS) ausgerichtet.

Zentraler Bestandteil des Konzepts sind Lückentextaufgaben zum Thema Märchen, die mit *H5P* realisiert wurden und den Schülerinnen und Schülern über die Plattform *Moodle* bereitgestellt werden. Aufgrund der thematischen Ausrichtung der Übungsaufgaben bietet sich die Einbettung in eine Unterrichtsreihe zum Thema Märchen an. Die Überprüfung des Wissens und der Kenntnisse der basalen Regeln zur Worterweiterung, Vokallänge und -kürze erfolgt hier mithilfe des Märchens „Der Froschkönig“. Bevor das Konzept umgesetzt wird, sollte das Märchen bereits inhaltlich im Plenum behandelt und Unklarheiten (z. B. spezifische Begriffe und Inhalte) geklärt worden sein. Die vier Übungen (siehe Online-Materialien)

- ergänze die Lücken (Doppelkonsonanten),
- ergänze die Lücken (ss/ß – Schreibung),
- ergänze die Lücken (Auslautverhärtung) und
- ergänze die Lücken (gemischte Fehlerschwerpunkte, LRS-spezifisches Fördermaterial)

wurden als *H5P*-Lückentextaufgabe *Advanced fill in the blanks* auf Grundlage unterschiedlicher Förderbedürfnisse erstellt. Sie behandeln typische Fehlerschwerpunkte sowie eine speziell an die Förderbedarfe von Schülerinnen und Schülern mit LRS angepasste Übungsversion mit einer Kombination der Rechtschreibregeln. Die Schülerinnen und Schüler erhalten im Anschluss an die Bearbeitung ein individuelles Gesamtfeedback sowie eine Rückmeldung zu den im Einzelnen gemachten Fehlern. Das Konzept könnte auch auf die Verwendung anderer Textsorten hin angepasst werden. Der Übungsblock kann zudem alternativ im Rahmen der Freiarbeit (z. B. in den Lernzeiten oder der Nachmittagsbetreuung) eingesetzt werden. Er ist somit als ergänzende Förderung gedacht.

Didaktische Intention

Angestrebte Kompetenzen

Das Unterrichtskonzept orientiert sich an den Kompetenzvorgaben des Kernlehrplans Deutsch für Gesamtschulen. Dabei werden die Kompetenzbereiche „Lesen – Umgang mit Texten und Medien“ und „Reflexion über Sprache“ gefördert: Die Schülerinnen und Schüler

> erfassen [...] Inhalte und Wirkungsweisen [einfacher literarischer Texte (z. B. Märchen)] unter Berücksichtigung grundlegender sprachlicher [...] Merkmale. Die SuS verfügen – aufbauend auf der Arbeit in der Grundschule – über vertieftes Wissen der Laut-Buchstaben-Zuordnung und wenden es an [...]. Die SuS beherrschen wortbezogene Regelungen [...]. Die SuS korrigieren und vermeiden Fehlschreibungen durch [...] Sprech- und Schreibproben, Fehleranalyse in Anlehnung an den jeweiligen Rechtschreibschwerpunkt. (MSB 2004: 37 ff.)

Der Schwerpunkt des Unterrichtskonzepts liegt dabei auf der „Reflexion über Sprache“ im Sinne der Förderung von Rechtschreibkompetenzen.

Digitale Medien

Digitale Medien lassen sich gewinnbringend in die Förderung individueller Lernprozesse integrieren, wenn sie auf Basis eines auf den Lernstand des Einzelnen angepassten Feedbacks eingesetzt werden. Feedback ist für Lernprozesse von besonderer Bedeutung (vgl. Hattie 2012: 251). Anders als bei einer analogen Übung kann ein automatisiertes, digital bereitgestelltes Feedback nicht nur in größerer Unabhängigkeit von der Lehrkraft und somit ökonomisch erfolgen, sondern sich ebenfalls im Hinblick auf die zeitliche Unmittelbarkeit der Rückmeldung lernförderlich auswirken (vgl. Krause 2007: 55). Darüber hinaus lässt sich ein Rückgriff auf digitale Medien dadurch begründen, dass die Schülerinnen und Schüler im Umgang mit technischen Geräten im Sinne eines Erwerbs von Soft Skills geschult werden. Ebenfalls lassen sich die digitalen Übungsaufgaben wiederholt einsetzen, was zeitliche Ressourcen einspart.

Darüber hinaus ist die motivationssteigernde Wirkung des Einsatzes digitaler Medien im Unterricht nicht zu vernachlässigen. So lassen sich insbesondere für den Einsatz von Tablets positive Effekte in Form einer gesteigerten Lernmotivation und Kreativität nachweisen (Karsenti/Fievez 2013: 11). Da es sich anbietet, die Übungsaufgaben in Vorarbeit zu einer sich anschließenden, handschriftlich auszuführenden Schreibaufgabe einzusetzen, liegt auch im Wechsel des Mediums zur späteren Aufgabe ein möglicher motivationssteigernder Aspekt.

Überlegungen zu LRS

Die im Rahmen des Unterrichtskonzepts entworfenen Übungen zielen vor allem darauf ab, Lernende mit LRS zu unterstützen. Das Störungsbild der LRS manifestiert sich in einem sehr heterogenen Fehlerbild (von Suchodoletz 2007: 20 f.). So zeigen sich beispielsweise Rechtschreibschwierigkeiten im Bereich der Konsonantenverdoppelung, Auslautverhärtung und *s*-Schreibung. Als ursächlich werden Mängel in der phonologischen Bewusstheit angenommen, weswegen die gängigen Trainingsprogramme mit Förderschwerpunkt LRS auf Maßnahmen, die eine Steigerung der phonologischen Bewusstheit vorsehen (vgl. Klicpera et al. 2017: 220 f.), beruhen. Der speziellen Förderung von Schülerinnen und Schülern mit LRS wird das vorliegende Konzept insofern gerecht, als dass für sie eine Version erstellt wurde, die die Anwendung verschiedener Rechtschreibregeln erfordert. Diese Übung ist sinnvoll, da Lernende mit LRS nicht nur eine hohe Anzahl an Fehlern, sondern vor allem auch eine große Bandbreite verschiedener Fehlerschwerpunkte aufweisen.

Die Übungen arbeiten auf Basis der phonologischen Bewusstheit. Sichtbar wird dies an den Hinweisen, die zur Bearbeitung der Übungsaufgaben bei jeder Lücke eingeblendet werden: Die anzuwendende Rechtschreibregel wird für den jeweiligen Fall aufgeschlüsselt. Die Übungen können auch an die vorausgegangene Arbeit in der Grundschule anknüpfen, um unterschiedliche Eingangsvoraussetzungen zu minimieren.

Textauswahl

Die Auswahl eines Märchentextes für das vorliegende Konzept orientiert sich am Kernlehrplan, der Märchen für die Arbeit mit literarischen Texten in der 5. und 6. Jahrgangsstufe vorsieht (vgl. MSJK 2004: 38). Inhaltlich wurde das Märchen des „Froschkönigs“ ausgesucht, da es durch den überraschenden Wendepunkt einen motivierenden Kontext aufweist, der die Schülerinnen und Schüler zum Weiterdenken und -schreiben anregt. Darüber hinaus wird der Einsatz dieses Märchens dem Erziehungsauftrag von Literaturunterricht gerecht, da eine Thematisierung von Versprechen und moralischen Werten stattfinden kann. Ein weiterer Vorteil des „Froschkönigs“ besteht in seiner Relevanz als kanonisches Werk (vgl. Uther 2008: 1).

Dies ist gerade in Hinblick auf Schülerinnen und Schüler mit LRS von Bedeutung, deren Teilsymptomatik in einem defizitären Leseverständnis besteht. Unsere Übung zielt bewusst nur auf den Teilbereich der Rechtschreibung ab. Das Leseverständnis ist im Idealfall bereits im vorherigen Unterrichtsabschnitt gesichert worden, beispielsweise in Form eines Multiple-Choice-Tests. Da sich das Schreiben einer Fortführung des Märchens im Anschluss an die Übungen anbietet, können auf diese Weise literarische Unterrichtsinhalte mit Rechtschreibübungen verknüpft werden.

Übungsaufgaben

Die Übungsaufgaben eignen sich in mehrfacher Hinsicht für eine unterrichtliche Differenzierung und können als Wahlpflichtaufgaben vorgegeben werden. So müssen die Schülerinnen und Schüler ohne LRS beispielsweise zwei Aufgaben bearbeiten, wobei sie die Fehlerschwerpunkte frei wählen dürfen. Lernende mit LRS bearbeiten hingegen die Aufgabe mit gemischten Fehlerschwerpunkten als Pflichtaufgabe. Alternativ kann auch gezielt ein Fehlerschwerpunkt gefördert werden.

Differenzierung

Die Aufgaben ließen sich in gleicher Weise auch zur Übung weiterer Rechtschreibphänomene auf Wortebene, wie etwa der vokalischen Ableitung oder Dehnung, sowie auf Satzebene, wie z. B. zur Kommasetzung, entwerfen. Bei freier Aufgabenauswahl kann thematisch nach Interesse differenziert werden. Zusätzlich ist eine Differenzierung hinsichtlich des Anspruchsniveaus möglich, wobei die Aufgabe zur Konsonantenverdoppelung (ausgenommen der *s*-Laute) die einfachste Übung darstellt, da die Regel in der Aufgabenstellung explizit genannt wird und somit auf ein deduktives Anwenden abzielt. In der Aufgabe zur *s*-Schreibung hingegen muss die Regel auf Grundlage der einzelnen Fälle im Sinne eines induktiven Vorgehens erschlossen werden. Die Aufgabe zur Auslautverhärtung weist den höchsten Schwierigkeitsgrad auf, da sie die komplexesten Anforderungen an die phonologische Bewusstheit stellt. Schließlich ermöglichen die Übungsaufgaben auch eine Differenzierung im Hinblick auf das individuelle Lerntempo. Lernende, die einen vorher festgelegten Prozentsatz richtiger Antworten eingegeben haben, können per automatisiertem Feedback ebenfalls zur anschließenden produktionsorientierten Schreibaufgabe weitergeleitet werden, während Lernende mit höherer Fehlerrate weitere Übungen durchlaufen. Denkbar wäre weiterhin eine Anpassung des Schwierigkeitsgrads durch Variation der Lücken und deren Anzahl.

Zusammenfassend ergibt sich, dass die Schülerinnen und Schüler sich anhand der Übungen bewusst und reflexiv mit Sprache auseinandersetzen, indem sie Rechtschreibstrategien anwenden, wobei die phonologische Bewusstheit gezielt gefördert wird. Des Weiteren wird durch die Arbeit am zugrundeliegenden Primärtext auch der Umgang mit literarischen Texten geübt.

Unterrichtliche Realisierung

Bezüglich der unterrichtlichen Realisierung bietet das vorliegende Konzept viel Flexibilität und ermöglicht dadurch eine Einbettung in fast jede Unterrichtsreihe, die sich mit Texten befasst. Durch die digitalen Realisierungsmöglichkeiten kann nahezu jeder Text mit *H5P* entsprechend aufgearbeitet werden. Das Material wurde als eigenständiges Fördermaterial entwickelt, sodass es flexibel an den jeweiligen Unterricht angepasst werden kann. Es eignet sich für Stillarbeitsphasen, in denen die Aufgaben in Einzelarbeit entsprechend dem individuellen Förderbedarf der Schülerinnen und Schüler nach Fehlerschwerpunkten bearbeitet werden. Darüber hinaus eignet sich das Material auch für eine Realisierung in Partnerarbeit, indem zwei Lernende die Aufgaben gemeinsam lösen. Konkrete Realisierungsformen bieten hier z. B. das Tandemlernen und Peer-Tutoring, welches nach Bruffee (1995: 87) besonders lernförderlich wirkt.

Das Märchen bzw. der alternativ im Unterricht zu behandelnde Primärtext sollte in einer Unterrichtseinheit zunächst inhaltlich eingeführt und anhand seiner typischen Text(-sorten-)merkmale und Strukturen erarbeitet werden. Wichtig ist hier vor allem, das Verständnis sicherzustellen und sprachsensible Wortschatzarbeit zu betreiben. Anschließend können die Schülerinnen und Schüler mithilfe der erstellten Materialen selbstständig oder auch in Tandemteams ihre phonologische Bewusstheit schulen und Rechtschreibregeln anwenden. Die Sozialform sollte hier entsprechend der zu fördernden Lernziele von der Lehrkraft ausgewählt werden. So ist für die Förderung von sozial-emotionalen Lernzielen eine kooperative Sozialform wie das Peer-Tutoring zu wählen, während sich bei der schwerpunktmäßigen Förderung der kognitiven Lernziele die Einzelarbeit anbietet. Hierzu müssten zunächst die Voraussetzungen der Lernenden überprüft und ggf. angepasst werden. Im Anschluss an das Training mit den vorliegenden Übungen des Unterrichtskonzepts bietet sich eine handlungs- und produktionsorientierte Aufgabe an, um die Unterrichtseinheit abzuschließen. Dazu wird das Märchen weitergeschrieben oder abgeändert, und es können Bilder und Standbilder erstellt und/oder kleine Szenen aus dem Märchen nachgespielt werden. Das bietet den Schülerinnen und Schülern einen abwechslungsreichen und ansprechenden Unterricht und ermöglicht die Förderung der im Kernlehrplan verankerten Kompetenz „Produktionsorientierter Umgang mit Texten und Medien“ (vgl. MSJK 2004: 38).

Ergänzende Tipps und Möglichkeiten der Weiterarbeit

Thema und Format	Einbettung in eine Unterrichtsreihe zum Thema Märchen. Nutzung der Übungen für weitere Prosatexte, z. B. Fabeln, Sagen, Kurzgeschichten. Das Konzept eignet sich auch zur Übung/Festigung der Rechtschreibung von Fremdwörtern.
Fächervernetzung	Die Übungen lassen sich auf den fremdsprachlichen Unterricht und die Einübung der dortigen Rechtschreibung übertragen. Auch ist eine Verknüpfung mit dem Fach Biologie und dortigen Sachtexten sowie die Verbindung des Themas mit dem Märchentext des „Froschkönigs“ denkbar: Wie verhalten sich Tiere in Märchen im Vergleich zur Realität?
Weitere Beeinträchtigungen	Da die Übungen ausschließlich online und schriftlich stattfinden und aus diesem Grund wenig mündlichen Austausch erfordern, eignen sie sich auch für Schülerinnen und Schüler, die von Mutismus und Stottern betroffen sind. Durch die freie Wahl – Partnerarbeit oder Einzelarbeit – und die Möglichkeit der thematischen Anpassung an lebensweltliche Bezüge ist das Konzept auch für Schülerinnen und Schüler mit Autismus geeignet.
Didaktisch-methodische Überlegungen	Sofern das Konzept zur individuellen Förderung genutzt wird, sollte zuvor diagnostiziert werden, was welche/r Schüler/-in wiederholen muss. Der Text und die Übungsaufgaben können zur Anregung und Motivation mit Bildern ergänzt werden. Weitere Märchen werden neu- oder umgeschrieben und in Teilen szenisch dargestellt (vgl. Koch 2015: 14 ff.).

Ergänzende Hinweise und Möglichkeiten zum digitalen Medieneinsatz

Bei der Erarbeitung des Primärtextes und damit in Zusammenhang stehenden Schreibaufgaben könnten durch die Schülerinnen und Schüler mit LRS die Apps *ClaroRead*, *SprintPlus*, *WoDy* und *Kurzweil 3000* sowie *Wortzauberer*, *Schreiben DE* oder *Abilipad* (vgl. Kap. 4.2) unterstützend eingesetzt werden. Für die Erstellung, Bereitstellung und Nutzung der Übungsaufgaben wäre alternativ zu *Moodle* und *H5P* die Nutzung von *LearningApps* (plattformübergreifend) oder *MasterTool* möglich. *MasterTool* ist als plattformunabhängige Webanwendung oder als Windowssoftware erhältlich. Insbesondere die an den hier im Zentrum des Unterrichtskonzepts stehenden Übungsblock anknüpfende handlungs- und produktionsorientierte Aufgabe bietet vielfältige Einsatzmöglichkeiten für digitale Medien. Da im Konzept die Nutzung von

Tablets vorgesehen ist, können diese auch bei der Realisierung dieser Aufgabe verwendet werden. Zur kollaborativen Fortschreibung des Märchens (oder des alternativen Primärtextes) würde sich der Einsatz von *Etherpads* anbieten. Dies ließe sich ggf. mit der Verwendung der unterstützenden Apps (s. o.) kombinieren, um den Schülerinnen und Schülern mit LRS mehr Sicherheit bei der kollaborativen Aufgabe vermitteln zu können. Zur Visualisierung und visuellen Fortsetzung der Primärtexte sind verschiedene Darstellungsvarianten denkbar. Die Erstellung einer Fotostory könnte unter Verwendung von *Book Creator*, *iBooks Author* oder *Pictello* als E-Book erfolgen. Eine Stop-Motion-Umsetzung könnte unter Verwendung von *Stop Motion Studio Pro* (IOS/iPadOS, Android) oder *Puppet Pals 2* (IOS/iPadOS) realisiert werden. Nicht zuletzt wäre auch der Dreh eines Films denkbar, für den ggf. (optional ebenfalls kollaborativ) ein Drehbuch verfasst werden könnte. Für die bei der Produktion des Films notwendige Videobearbeitung könnten die Apps *Clips*, *iMovie* (IOS/iPadOS) und *VivaVideo Pro* (IOS/iPadOS und Android) genutzt werden, Audiobearbeitungen sind mithilfe von *AudioShare* (IOS/iPadOS) oder *WavePad* (Android) möglich. Es könnten auch einzelne Sequenzen selbstablaufend in *Scratch* dargestellt werden.

Literatur

Die in diesem Band genannten Internetverweise wurden vor Drucklegung geprüft. Eine Richtigkeit der Links auf Dauer kann nicht garantiert werden.

Abraham, Ulf/Kepser, Matthis (2009): Literaturdidaktik Deutsch. Eine Einführung. 3. Aufl. Berlin: Erich Schmidt.

Aichele, Valentin (2014): Leichte Sprache – Ein Schlüssel zu „Enthinderung" und Inklusion. In: Bundeszentrale für politische Bildung (Hg.): Leichte und Einfache Sprache – ApuZ 64, H. 9–11, S. 19–25.

Albrecht-Hermanns, Marc (2019): LearningApps mit Hase und Frosch. Typische Fabelmerkmale erkennen und einüben mit Smartphone & Tablet. In: Der Deutschunterricht. Beiträge zu seiner Praxis und wissenschaftlichen Grundlegung 72, H. 1: Digitalisierung, S. 14–20.

Anskeit, Nadine (2012): *WikiWiki* in die Schule. Unterrichtsbeispiele und Praxiserfahrungen zum Einsatz von Wikis in der Schule. In: Michael Beißwenger/Nadine Anskeit/Angelika Storrer (Hg.): Wikis in Schule und Hochschule. Boizenburg: Werner Hülsbusch, S. 13–46.

Avci-Werning, Meltem/Lanphen, Judith (2013): Inklusion und kooperatives Lernen. In: Rolf Werning/Ann-Kathrin Arndt (Hg.): Inklusion: Kooperation und Unterricht entwickeln. Bad Heilbrunn: Verlag Julius Klinkhardt, S. 150–175.

Baacke, Dieter (1997): Medienpädagogik. Grundlagen der Medienkommunikation 1. Tübingen: Niemeyer.

Bahrfeck, Kerstin/Subellok, Katka/Starke, Anja (2017): Mutismus. In: Sprachtherapie mit Kindern. Hg. von Andreas Mayer und Tanja Ulrich. München: Ernst Reinhardt, S. 472–511.

Bastian, Jasmin (2017): Lernen mit Medien – Lernen über Medien? Eine Bestandsaufnahme zu aktuellen Schwerpunktsetzungen. In: DDS – Die Deutsche Schule. Zeitschrift für Erziehungswissenschaft, Bildungspolitik und pädagogische Praxis 109, H. 2, S. 146–162.

Baudisch, Winfried/Schmetz, Ditmar (Hg.) (1993): Lernbehinderung und Wege zur differenzierten Förderung. Frankfurt a. M.: Moritz Diesterweg (Sonderpädagogische Beiträge 1).

Baurmann, Jürgen/Müller, Astrid (2016): Gemeinsam lernen. Der Umgang mit Vielfalt im Deutschunterricht. In: Praxis Deutsch. Zeitschrift für den Deutschunterricht 43, H. 258, S. 4–11.

Baurmann, Jürgen/von Brand, Tilman/Menzel, Wolfgang/Spinner, Kaspar H. (2015): Methoden im Deutschunterricht. Exemplarische Lernwege für die Sekundarstufe I und II. Seelze: Kallmeyer/Klett.

Bear, George G./Minke, Kathleen M./Manning, Maureen A. (2002): Self-Concept of Students with Learning Disabilities: A Meta-Analysis. In: School Psychology Review 31, H. 3, S. 405–427.

Becker, Tabea (2019): Digitalisierung heute? Morgen! In: Mitteilungen des Deutschen Germanistenverbandes 66, H. 1: Deutschdidaktik 2000–2018. Debatten – Entwicklungen – Perspektiven. Hg. von Jan Standke und Elvira Topalovic. Göttingen: Vandenhoeck & Ruprecht, S. 85–89.

Beckermann, Thomas/Neumann, Dirk (2018): „Wir Kinder aus Bullerbü". Erarbeitung einer Ganzschrift mit LearningApps.org im inklusiven Deutschunterricht. In: tjfbg gGmbh (Hg.): Digitale Medien im inklusiven Einsatz. Berlin, S. 22–25, online unter www.inklusive-medienarbeit.de/wp-content/uploads/2018/12/Digitale-Medien-im-inklusiven-Einsatz.pdf.

Becker-Mrotzek, Michael/Linnemann, Markus (2017): Art. „Inklusive Fachdidaktik Deutsch". In: Kerstin Ziemen (Hg.): Lexikon Inklusion. Göttingen: Vandenhoeck & Ruprecht, S. 111 f.

Beißwenger, Michael (2018): WhatsApp, Facebook, Instagram & Co.: Schriftliche Kommunikation im Netz als Thema in der Sekundarstufe. In: Steffen Gailberger/Frauke Wietzke (Hg.): Deutschunterricht in einer digitalen Gesellschaft. Unterrichtsanregungen für die Sekundarstufen. Weinheim: Beltz Juventa, S. 91–124.

Beißwenger, Michael/Anskeit, Nadine/Storrer, Angelika (2012): Einleitung. In: Dies. (Hg.): Wikis in Schule und Hochschule. Boizenburg: Hülsbusch, S. 7–11.

Beißwenger, Michael/Burovikhina, Veronika/Meyer, Lena (2019): Förderung von Sprach- und Textkompetenzen mit sozialen Medien. Kooperative Konzepte für den Inverted Classroom. In: Ders./Matthias Knopp (Hg.): Soziale Medien in Schule und Hochschule: Linguistische, sprach- und mediendidaktische Perspektiven. Berlin: Peter Lang (Forum Angewandte Linguistik – F.A.L. 63), S. 59–100.

Beißwenger, Michael/Meyer, Lena (2018): *Ortho & Graf.* Ein Wiki-basiertes Planspiel zur Förderung von Rechtschreibkompetenzen in der Sekundarstufe II. In: Steffen Gailberger/Frauke Wietzke (Hg.): Deutschunterricht in einer digitalen Gesellschaft. Unterrichtsanregungen für die Sekundarstufen. Weinheim: Beltz Juventa, S. 296–330.

Beißwenger, Michael/Schüller, Liane/Burovikhina, Veronika (2020): Textbegegnungen im sozialen Medium: Erfahrungen mit einem mediendidaktischen Konzept für die kooperative Erarbeitung voraussetzungs- und aspektreicher Texte in germanistischen Seminaren. In: Katharina Staubach (Hg.): Multimodale Kommunikation in den Hypermedien und Deutschunterricht. Theoretische, methodische und unterrichtspraktische Zugänge. Baltmannsweiler: Schneider Verlag Hohengehren (in Druck).

Bekes, Peter (2010): „Extrakte des Lebens" – Kurzprosa im Deutschunterricht. In: Deutschunterricht 63, H. 2S. 4–10.

Bekes, Peter (2017): Gestaltendes Vorlesen – Vortragen. In: Deutschunterricht 70, H. 3, S. 10–13.

Berkemeier, Anne/Wilmes, Sabine (2016): Heterogenität im Deutschunterricht. In: Diana Gebele/Alexandra L. Zepter (Hg.): Inklusion: Sprachdidaktische Perspektiven. Theorie, Empirie, Praxis. Duisburg: Gilles & Franke (Kölner Beiträge zur Sprachdidaktik 11), S. 57–78.

Bertelsmann Stiftung/CHE Centrum für Hochschulentwicklung gGmbH/Deutsche Telekom Stiftung/Stifterverband für die Deutsche Wissenschaft (Hg.) (2018): Lehramtsstudium in der digitalen Welt – Professionelle Vorbereitung auf den

Unterricht mit digitalen Medien?! Eine Sonderpublikation aus dem Projekt »Monitor Lehrerbildung«, online unter www.monitor-lehrerbildung.de/export/sites/default/.content/Downloads/Broschuere_Lehrerbildung-in-der-digitalen-Welt.pdf.

Bertschi-Kaufmann, Andrea/Rosebrock, Cornelia (2009): Literalität. Bildungsaufgabe und Forschungsfeld. München/Weinheim: Juventa.

Bezirksregierung Köln (2015): Förderung von Schülerinnen und Schülern bei besonderen Schwierigkeiten im Erlernen des Lesens und Rechtschreibens (LRS). Informationsschrift zum LRS-Erlass NRW, online unter www.brd.nrw.de/Schule_Lehrkraefteausfortbildung/Lehrkraeftefortbildung/Downloads-Fortbildung/Bezirksregierung-Duesseldorf---Info-Schrift-LRS-Erlass-2017.pdf.

Bezirksregierung Münster (2019): Handreichung zur Erstellung und Weiterentwicklung eines schulischen Medienkonzeptes. Grundlagen, Standards, Arbeitshilfen Münster: Bezirksregierung, online unter www.bezreg-muenster.de/zentralablage/dokumente/foerderung/foerderbereich_gigabit/digitalpakt_schule/Handreichung-Medienkonzeptentwicklung.pdf.

Bischof, Lukas/von Stuckrad, Thimo (2013): Die digitale (R)evolution? Chancen und Risiken der Digi-talisierung akademischer Lehre. Arbeitspapier 174, online unter www.che.de/wp-content/uploads/upload/CHE_AP_174_Digitalisierung_der_Lehre.pdf.

Boelmann, Jan (2015): Märchen verstehen mit Computerspielen. In: Deutschunterricht 68, H. 4, S. 48–52.

Böhmig, Susanne (2018): Tablets in der Schule. Welche Rolle spielt Technik im Lernprozess? In: tjfbg gGmbh (Hg.): Digitale Medien im inklusiven Einsatz. Berlin, S. 6 f., online unter www.inklusive-medienarbeit.de/wp-content/uploads/2018/12/Digitale-Medien-im-inklusiven-Einsatz.pdf.

Böing, Ursula (2013): Schritte inklusiver Schulentwicklung: Erkenntnisse für die barrierefreie Teilhabe hochgradig sehbehinderter und blinder Kinder und Jugendlicher an inklusiven Bildungsprozessen. Würzburg: Ed. Bentheim.

Borsch, Frank (2015): Kooperatives Lernen. Theorie – Anwendung – Wirksamkeit. 2. Aufl. Stuttgart: Kohlhammer.

Bos, Wilfried/Eickelmann, Birgit (2014): Vorwort. In: Dies./Julia Gerick/Frank Goldhammer/Heike Schaumburg/Knut Schwippert/Martin Senkbeil/Renate Schulz-Zander/Heike Wendt (Hg.): ICILS 2013. Computer- und informationsbezogene Kompetenzen von Schülerinnen und Schülern in der 8. Jahrgangsstufe im internationalen Vergleich. Münster/New York: Waxmann, S. 7 f.

Bosse, Ingo (2012): Medienbildung im Zeitalter der Inklusion. Landesanstalt für Medien Nordrhein-Westfalen (LfM). Wuppertal.

Bosse, Ingo (2016a): Assistive Technologien im Gemeinsamen Lernen. In: Anke Schumacher/Eva Adelt (Hg.): Lern- und Entwicklungsplanung. Chance und Herausforderung für die inklusive schulische Bildung. Münster: Waxmann, S. 169–189.

Bosse, Ingo (2016b): Filmbildung als Aufgabe einer sich entwickelnden inklusiven (Literatur-)Didaktik – eine Standortbestimmung. In: Daniela A. Frickel/André Kagelmann (Hg.): Der inklusive Blick. Die Literaturdidaktik und ein neues Paradigma. Frankfurt a. M., S. 195–211.

Bosse, Ingo (2019): Digitalisierung und Inklusion. Synergieeffekte in der Schulentwicklung. In: SCHULE inklusiv. Vielfalt nutzen – Bildungsgerechtigkeit schaffen 4: Digitalisierung, S. 4–9.

Brandhofer, Gerhard et al. (2016): Das digi.kompP Kompetenzmodell. Grafik und Deskriptoren. Version 1, online unter www.virtuelle-ph.at/wp-content/uploads/2016/09/digi.kompP-Grafik-und-Deskriptoren-1.pdf.

Brandhofer, Gerhard/Wiesner, Christian (2018): Medienbildung im Kontext der Digitalisierung: Ein integratives Modell für digitale Kompetenzen. In: R&E-SOURCE. Open Online Journal for Research and Education, Ausgabe 10, S. 1–15, online unter https://journal.ph-noe.ac.at/index.php/resource/article/view/574/600.

Brandhofer, Gerhard et al. (2019): Digi.kompP. Digitale Kompetenzen für Pädagoginnen und Pädagogen. Grafik und Deskriptoren, online unter www.virtuelle-ph.at/wp-content/uploads/2020/02/Grafik-und-Deskriptoren_Langfassung_Version-2019.pdf.

Breuer-Küppers, Petra/Bach, Rüdiger (2016): Schüler mit Lernbeeinträchtigungen im inklusiven Unterricht. Praxistipps für Lehrkräfte. Ernst Reinhardt Verlag München, Basel.

Brinda, Torsten/Diethelm, Ira/Gemulla, Rainer/Romeike, Ralf/Schöning, Johannes/Schulte, Carsten et al. (2016): Dagstuhl-Erklärung: Bildung in der digitalen vernetzten Welt, online unter https://dagstuhl.gi.de/fileadmin/GI/Hauptseite/Aktuelles/Projekte/Dagstuhl/Dagstuhl-Erklaerung_2016-03-23.pdf.

Brinda, Torsten/Brüggen, Niels/Diethelm, Ira/Knaus, Thomas/Kommer, Sven/Kopf, Christine/Missomelius, Petra/Leschke, Rainer/Tilemann, Friederike/Weich, Andreas (2019): Frankfurt-Dreieck zur Bildung in der digital vernetzten Welt – Ein interdisziplinäres Modell, online verfügbar unter https://dagstuhl.gi.de/fileadmin/GI/Allgemein/PDF/Frankfurt-Dreieck-zur-Bildung-in-der-digitalen-Welt.pdf.

Brodkorb, Mathias (2013): Warum Inklusion unmöglich ist. Über schulische Paradoxien zwischen Liebe und Leistung. In: Profil, Gesellschaft für Bildung und Wissen e. V., April-H., S. 25–34, online unter https://bildung-wissen.eu/wp-content/uploads/2013/05/brodkorb_warum_inklusion_unmoeglich-ist.pdf.

Bruffee, Kenneth A. (1995): Peer tutoring and the »Conversation of Mankind«. In: Christa Murphy/Joe Law (Hg.): Landmark Essays on Writing Centers. Davis (CA): Hermagoras Press, S. 87–98, online unter http://www.nscwritingcenter.com/uploads/3/8/5/4/38540831/bruffee_peer_tutoring_and_the_conversation_of_mankind.pdf.

Brümmer, Felix/Durdel, Anja/Fischer-Münnich, Christiane/Fittkau, Jacob/Weiger, Wiebke/Altrichter, Herbert (2018): Qualitätsoffensive Lehrerbildung, Zwischenbericht der Evaluation. Hg. von Ramboll Management Consulting GmbH. Hamburg: Ramboll, online unter https://de.ramboll.com/-/media/files/rde/management-consulting/studien_handreichungen/qualitaetsoffensive_lehrerbildung_zwischenbericht_der_evaluation.pdf?la=de.

Buchem, Ilona (2018): Veränderungen in der Didaktik durch Mobile Learning. In: Claudia de Witt/Christina Gloerfeld (Hg.): Handbuch Mobile Learning. Wiesbaden: Springer, S. 43–62.

Bühler, Christian (2017): „Accessibility“ über Desktopanwendungen hinaus – Barrierefreiheit. In: Informatik-Spektrum 40, H. 6, S. 501–510.

Büker, Petra (2002): Literarisches Lernen in der Primar- und Orientierungsstufe. In: Klaus-Michael Bogdal/Hermann Korte (Hg.): Grundzüge der Literaturdidaktik. München: dtv, S. 120–133.

Bulizek, Björn/Haarmann, Julia/Kiefer, Christina/Schotemeier, Sarah (2017): Potentiale von E-Learning zur Begleitung im Praxissemester. In: Renate Schüssler/Anke Schöning/Volker Schwier/Saskia Schicht/Johanna Gold/Ulrike Weyland (Hg.). Forschendes Lernen im Praxissemester Zugänge, Konzepte, Erfahrungen. Bad Heilbrunn: Klinkhardt, S. 259–266.

Bulizek, Björn/Diehr, Frank/Reuschenbach, Ursula (2018): Digitale Vernetzung der Lernorte im Praxissemester an der Universität Duisburg-Essen (UDE). In: Lina Pilypaitytė/Hans Stefan Siller (Hg.): Schulpraktische Lehrerprofessionalisierung als Ort der Zusammenarbeit. Berlin: Springer, S. 231–235.

Bulizek, Björn/Wiesmann, Mechthild (2019): Der Universitätsverbund für digitales Lehren und Lernen in der Lehrer/-innenbildung. In: Anke Schöning/Astrid Krämer (Hg.): Schulpraktische Studien 4.0. Chancen und Herausforderungen der Digitalisierung bei der Ausgestaltung und der Begleitung von Praxisphasen im Lehramtsstudium. Leipzig: Leipziger Universitätsverlag, S. 115–126.

Bulizek, Björn/Habicher, Alexandra/Kostrzewa, Matthias/Wiesmann, Mechthild (2019): Kooperieren statt Konkurrieren. Die community of practice im Universitätsverbund digiLL. In: André Bresges/Alexandra Habicher (Hg.): Digitalisierung des Bildungssystems. Aufgaben und Perspektiven für die LehrerInnenbildung. Münster/New York: Waxmann, S. 83–92.

Bundesministerium der Justiz und für Verbraucherschutz (BMJV 2002): Gesetz zur Gleichstellung von Menschen mit Behinderungen (Behindertengleichstellungsgesetz – BGG), online unter www.gesetze-im-internet.de/bgg.

Bundesministerium der Justiz und für Verbraucherschutz (BMJV 2011): Verordnung zur Schaffung barrierefreier Informationstechnik nach dem Behindertengleichstellungsgesetz (Barrierefreie-Informationstechnik-Verordnung – BITV 2.0), online unter www.gesetze-im-internet.de/bitv_2_0.

Capovilla, Dino/Gebhardt, Markus (2016): Assistive Technologien für Menschen mit Sehschädigung im inklusiven Unterricht. In: Zeitschrift für Heilpädagogik 67, S. 4–15.

Carratero, Stephanie/Vuorikari, Riina/Punie, Yves (2017): DigComp 2.1. The Digital Competence Framework for Citizens. With eight proficiency levels and examples of use. Luxemburg: Publications Office of the European Union, online unter https://publications.jrc.ec.europa.eu/repository/bitstream/JRC106281/web-digcomp2.1pdf_(online).pdf.

Danner, Andrea (2019): Digitales Leseportfolio. Zeitgemäße Umsetzung einer vertrauten Idee. In: Deutschunterricht 72, H. 1: Digitalisierung, S. 30–35.

Demi, Anna-Lena (2018): Digitale Medien im inklusiven Deutschunterricht in der Grundschule. Am Beispiel von Scratch. In: tjfbg gGmbh (Hg.): Digitale Medien im inklusiven Einsatz. Berlin, S. 26–29, online unter www.inklusive-medienarbeit.de/wp-content/uploads/2018/12/Digitale-Medien-im-inklusiven-Einsatz.pdf.

Deutsche Telekom Stiftung (2017): Schule digital. Der Länderindikator 2017. Digitale Medien in den MINT-Fächern, online unter www.telekom-stiftung.de/sites/default/files/files/media/publications/Schule_Digital_2017__Web.pdf.

De Witt, Claudia (2013): Vom E-Learning zum Mobile Learning – wie Smartphones und Tablet PCs Lernen und Arbeit verbinden. In: Dies./Almut Sieber (Hg.): Mobile Learning. Potenziale, Einsatzszenarien und Perspektiven des Lernens mit mobilen Endgeräten. Wiesbaden: Springer, S. 13–26.

Dexheimer, Martin (2012): Der didaktische Mehrwert virtueller Lernplattformen an Schulen. Ergebnisse einer Untersuchung. In: merz. medien + erziehung 56, H. 4, S. 68–73.

Dirks, Susanne/Linke, Hanna (2019): Assistive Technologien. In: Ingo Bosse/Jan-René Schluchter/Isabel Zorn (Hg.): Handbuch Inklusion und Medienbildung. Weinheim: Beltz Juventa, S. 241–251.

Düsing, Elke (2019): Bildungsstandards und Kompetenzen für das Fach Deutsch. In: Charis Goer/Katharina Köller (Hg.): Fachdidaktik Deutsch. Grundzüge der Sprach- und Literaturdidaktik. 3., überarb. u. aktual. Aufl. Paderborn: Fink, S. 51–62.

Düsing, Elke/Köller, Katharina (2019): Bestimmungsmomente und Prinzipien des Deutschunterrichts. In: Charis Goer/Katharina Köller (Hg.): Fachdidaktik Deutsch. Grundzüge der Sprach- und Literaturdidaktik. 3., überarb. u. aktual. Aufl. Paderborn: Fink, S. 29–49.

Ebnet, Katharina/Huller, Eva C. (2017): Erklärend lernen – individuell lernen. Lernvideos im Grammatik- und Rechtschreibunterricht der Unterstufe. In: Praxis Deutsch 44, H. 265, S. 16–20.

Eggert, Dietrich (unter Mitarb. von Reichenbach, Christina/Lücking, Christina) (2007): Von den Stärken ausgehen … Individuelle Entwicklungspläne (IEP) in der Lernförderungsdiagnostik. Ein Plädoyer für andere Denkgewohnheiten und eine veränderte Praxis. 5., verb. und überarb. Aufl. Dortmund: Borgmann.

Eickelmann, Birgit/Gerick, Julia/Bos, Wilfried (2014): Die Studie ICILS 2013 im Überblick – Zentrale Ergebnisse und Entwicklungsperspektiven. In: Wilfried Bos/Dies./Frank Goldhammer/Heike Schaumburg/Knut Schwippert/Martin Senkbeil/Renate Schulz-Zander/Heike Wendt (Hg.): ICILS 2013. Computer- und informationsbezogene Kompetenzen von Schülerinnen und Schülern in der 8. Jahrgangsstufe im internationalen Vergleich. Münster/New York: Waxmann, S. 9–13.

Eickelmann, Birgit (2017): Schulische Medienkompetenzförderung. In: Harald Gapski/Monika Oberle/Walter Staufer (Hg.): Medienkompetenz. Bonn: Bundeszentrale für politische Bildung, S. 146–154.

Eickelmann, Birgit/Massek, Corinna/Labusch, Amelie (2019): ICILS 2018 #NRW. Erste Ergebnisse der Studie ICILS 2018 für Nordrhein-Westfalen im internationalen Vergleich. Münster/New York: Waxmann, online unter https://kw.uni-paderborn.de/fileadmin/fakultaet/Institute/erziehungswissenschaft/Schulpaedagogik/2019_Eickelmann_Massek_Labusch_ICILS_2018__NRW_Erste_Ergebnisse_Buchbroschuere.pdf.

Eickelmann, Birgit (2020): Lehrkräfte in der digitalisierten Welt. Orientierungsrahmen für die Lehrerausbildung und Lehrerfortbildung in NRW. Düsseldorf: Medienberatung NRW, online unter www.medienberatung.schulministerium.

nrw.de/_Medienberatung-NRW/Publikationen/Lehrkraefte_Digitalisierte_Welt_2020.pdf.

Eilmann, Julian (2015): Musikvideos mit dem Smartphone drehen. In: Deutschunterricht 68, H. 2, S. 49–52.

Endres, Brigitte Odile (2012): Kollaboratives Schreiben in Wikis. Ein Schreibprozessmodell als Diagnoseinstrument. In: Michael Beißwenger/Nadine Anskeit/Angelika Storrer (Hg.): Wikis in Schule und Hochschule. Boizenburg: Werner Hülsbusch, S. 121–148.

Erstes Gesetz zur Umsetzung der UN-Behindertenrechtskonvention in den Schulen, Artikel 1, Änderung des Schulgesetzes NRW (2013): https://recht.nrw.de/lmi/owa/br_vbl_detail_text?anw_nr=6&vd_id=14080.

Ferrari, Anusca (2013): DIGCOMP: A Framework for Developing and Understanding Digital Competence in Europe. Luxemburg: European Commission, online unter https://publications.jrc.ec.europa.eu/repository/bitstream/JRC83167/lb-na-26035-enn.pdf.

Feuser, Georg (1995): Behinderte Kinder und Jugendliche. Zwischen Integration und Aussonderung. Darmstadt: Wissenschaftliche Buchgesellschaft.

Filk, Christian (2019): „Onlife"-Partizipation für alle. Plädoyer für eine inklusiv-digitale Bildung. In: Schule digital – wie geht das? Wie die digitale Revolution uns und die Schule verändert. Hg. von Olaf-Axel Burow. Weinheim/Basel: Beltz, S. 61–81.

Fisseler, Björn (2012): Assistive und Unterstützende Technologien in Förderschule und inklusivem Unterricht. In: Ingo Bosse (Hg.): Medienbildung im Zeitalter der Inklusion. Düsseldorf: Landesanstalt für Medien Nordrhein-Westfalen (LfM).

Fisseler, Björn (2019): Art. „E-Learning". In: Ingo Bosse/Jan-René Schluchter/Isabel Zorn (Hg.): Handbuch Inklusion und Medienbildung. Weinheim: Beltz Juventa, S. 235–240.

Fitzner, Thilo (Hg.) (2002): Medienkompetenz für Lernschwächere. 2 Bde. Stuttgart: Ernst Klett.

Frederking, Volker (2010): Symmedialer Literaturunterricht. In: Ders./Hans-Werner Huneke/Axel Krommer/Christel Meier (Hg.): Taschenbuch des Deutschunterrichts. 3 Bde. Baltmannsweiler: Schneider, Bd. 2: Literatur- und Mediendidaktik, S. 515–545.

Frederking, Volker (2016): Symmedialität und Synästhetik. Die digitale Revolution im medientheoretischen, medienkulturgeschichtlichen und mediendidaktischen Blick. In: Ders./Axel Krommer/Thomas Möbius (Hg.): Digitale Medien im Deutschunterricht. Baltmannsweiler: Schneider (Deutschunterricht in Theorie und Praxis VIII), S. 3–49.

Frederking, Volker/Albrecht, Christian (2016): Digitale Medien. Theoretische Grundlagen und Begriffserklärungen. In: Julia Knopf/Ulf Abraham (Hg.): Deutsch Digital. Bd. 1: Theorie. Baltmannsweiler: Schneider (Deutschdidaktik für die Primarstufe 3), S. 9–31.

Frederking, Volker/Krommer, Axel (2018): Deutschunterricht und mediale Bildung im Zeichen der Digi-talisierung. In: Dies./Thomas Möbius (Hg.): Digitale Medien im Deutschunterricht. Baltmannsweiler: Schneider (Deutschunterricht in Theorie und Praxis 8), S. 150–184

Frederking, Volker/Krommer, Axel/Maiwald, Klaus (2018): Mediendidaktik Deutsch. Eine Einführung. 3., völlig neu bearb. u. erw. Aufl. Berlin: Erich Schmidt.

Frickel, Daniela/Andre Kagelmann (2016): Der inklusive Blick. Die Literaturdidaktik und ein neues Paradigma. Frankfurt a. M. u. a.: Peter Lang.

Friedrich, Katja (2012): Mobiles Lernen in der Schule. Das Handy als kulturelle Ressource für Bildung nutzen. In: Jürgen Lauer/Renate Röllecke (Hg.):. Chancen digitaler Medien für Kinder und Jugendliche. Medienpädagogische Konzepte und Perspektiven. Beiträge aus Forschung und Praxis. Prämierte Medienprojekte. München: kopaed (Dieter Baacke Preis Handbuch 7), S. 53–58.

Gailberger, Steffen (2010): Hörbücher und das simultane Lesen und Hören im Deutschunterricht. Befunde zu einer mehrdimensionalen Förderung von literarischen und Lesekompetenzen schwacher Schüler an der Schnittstelle von Schriftlichkeit und Mündlichkeit. In: Volker Bernius/Margarete Imhof (Hg.): Zuhörkompetenz in Unterricht und Schule. Beiträge aus Wissenschaft und Praxis. Göttingen: Vandenhoeck & Ruprecht, S. 105–134.

Garbani-Ballnik, Ornella (2009): Schweigende Kinder: Formen des Mutismus in der pädagogischen und therapeutischen Praxis. Göttingen: Vandenhoeck & Ruprecht.

Garbe, Christine (2010): Literarische Sozialisation – Mediensozialisation. In: Taschenbuch des Deutschunterrichts. Bd. 2: Literatur- und Mediendidaktik. Hg. von Volker Frederking, Axel Krommer und Christel Meier. Baltmannsweiler: Schneider, S. 21–40.

Gebele, Diana/Zepter, Alexandra L. (2016): Inklusion: Sprachdidaktische Perspektiven. Theorie, Empirie, Praxis. Duisburg: Gilles & Franke (Köbes 11).

Girsberger, Thomas (2019): Die vielen Farben des Autismus. Spektrum, Ursachen, Diagnose, Therapie und Beratung. 4. Aufl. Stuttgart: Kohlhammer.

Groeben, Norbert/Hurrelmann, Bettina (Hg.) (2002): Medienkompetenz: Voraussetzungen, Dimensionen, Funktionen. Weinheim: Juventa.

Haage, Anne/Bühler, Christian (2019): Art. „Barrierefreiheit". In: Ingo Bosse/Jan-René Schluchter/Isabel Zorn (Hg.): Handbuch Inklusion und Medienbildung. Weinheim: Beltz Juventa, S. 207–215.

Hall, Matthias/Wieland, Michael (2012): Schulische Förderung autistischer Kinder und Jugendlicher in allgemeinen Schulen und Sonderschulen. In: Hartmut Sautter et al. (Hg.): Kinder und Jugendliche mit Autismus-Spektrum-Störung. Neue Wege durch die Schule. Stuttgart: Kohlhammer, S. 165–180.

Hall, Tracey E./Meyer, Anne/Rose, David H. (2012): Universal Design for Learning in the Classroom. Practical Applications. New York: The Guilford Press.

Hattie, John (2012): Visible learning for teachers. Maximizing impact on learning. London: Routledge Taylor & Francis Group.

Heimlich, Ulrich (Hg.) (1997): Zwischen Aussonderung und Integration. Schülerorientierte Förderung bei Lern- und Verhaltensschwierigkeiten. Neuwied/Kriftel/Berlin: Luchterhand.

Heimlich, Ulrich (2020): Einleitung: Sonderpädagogische Förderung – Sonderpädagogischer Förderbedarf. In: Ders./Ewald Kiel (Hg.): Studienbuch Inklusion. Ein Wegweiser für die Lehrerbildung. Unter Mitarb. von Susanne Bjarsch. Bad Heilbrunn: Klinkhardt, S. 17–19.

Heimlich, Ulrich/Bjarsch, Susanne (2020): Inklusiver Unterricht. In: Ders./Ewald Kiel: Studienbuch Inklusion. Bad Heilbrunn: Klinkhardt, S. 248--294

Heimlich, Ulrich/Kiel, Ewald (2020) (Hg.): Studienbuch Inklusion. Bad Heilbrunn: Julius Klinkhardt.

Heimlich, Ulrich/Wember, Franz (Hg.) (2016): Didaktik des Unterrichts im Förderschwerpunkt Lernen. Ein Handbuch für Studium und Praxis. 3. Aufl. Stuttgart: Kohlhammer.

Heinen, Richard/Kerres, Michael (2015): Individuelle Förderung mit digitalen Medien. Handlungsfelder für die systematische, lernförderliche Integration digitaler Medien in Schule und Unterricht. Gütersloh: Bertelsmann Stiftung, online unter: https://learninglab.uni-due.de/sites/default/files/heinen-kerres-Studie_IB_iFoerderung_digitale_Medien_2015.pdf.

Heinz-Nixdorf Stiftung/Stifterverband (2018): [Ausschreibung] Schule in der digitalen Welt, online unter www.stifterverband.org/download/file/fid/6501.

Hennies, Johannes/Ritter, Michael (Hg.) (2014): Deutschunterricht in der Inklusion. Auf dem Weg zu einer inklusiven Deutschdidaktik. Stuttgart: Fillibach bei Klett.

Hinz, Manfred (2013): Unterricht mit Inklusion in der Sekundarstufe II. Sonderpädagogische Hilfen. 2., überarb. Aufl. Hamburg: Verlag Handwerk und Technik.

Hochstadt, Christiane/Krafft, Andreas/Olsen, Ralph (2015): Deutschdidaktik. Konzeptionen für die Praxis. 2. Aufl. Tübingen: A. Francke.

Hodson, Julia (2017): Erlkönig live. Die multimediale Interpretation einer Ballade untersuchen. In: Praxis Deutsch 44, H. 265, S. 28–34.

Hüppe, Hubert (2012): Inklusion heißt Gemeinsamkeit von Anfang an. In: Bertelsmann Stiftung, Beauftragter der Bundesregierung für die Belange behinderter Menschen, Deutsche UNESCO-Kommission (Hg.): Gemeinsam lernen. Auf dem Weg zu einer inklusiven Schule (15–18). 2., akt. u. erweiterte Auflage. Gütersloh: Verlag Bertelsmann Stiftung.

Ihrke, Timo (2019): Schon gehört? Literarische Epochen als Hörbeiträge. In: Deutschunterricht 72, H. 1: Digitalisierung, S. 42–47.

Irion, Thomas/Scheiter, Katharina (2018): Didaktische Potenziale digitaler Medien. Der Einsatz digitaler Technologien aus grundschul- und mediendidaktischer Sicht. In: Grundschule aktuell 142, S. 8–11.

Johnson, David/Johnson, Roger T. (1999): Learning Together and Alone. Cooperative, Competetive, and Individualistic Learning. 5. Aufl. Boston.

Johnson, David W./Johnson, Roger T. (2008): Wie kooperatives Lernen funktioniert. Über die Elemente einer pädagogischen Erfolgsgeschichte. In: Individuell lernen – Erfolgreich arbeiten, Friedrich Jahresheft, S. 16–18.

Kämper-van den Boogaart, Michael (2003): Unterrichtsplanung. In: Ders. (Hg.): Deutsch-Didaktik. Leitfaden für die Sekundarstufe I und II. Berlin: Cornelsen, S. 247–287.

Kämper-van den Boogart, Michael (Hg.) (2014): Medienpädagogik, Literaturdidaktik und Deutschunterricht. In: Deutschdidaktik. Praxishandbuch für die Sekundarstufe I und II. Berlin: Cornelsen.

Karsenti, Thierry/Fievez, Aurélien (2013): The iPad in education: uses, benefits, and challenges – A survey of 6,057 students and 302 teachers in Quebec (Canada). Montreal/Quebec: CRIFPE.

Kasparek, Maria (2017): Vorhang auf – press play: Digitales Theater. Wolfgang Herrndorfs *Tschick* als digitale Geschichte. In: Praxis Deutsch 44, H. 265, S. 21–27.

Kepser, Matthis (2012): Anmerkungen zur Kompetenzorientierung in der Literaturdidaktik. In: Daniela A. Frickel/Clemens Kammler/Gerhard Rupp (Hg.): Literaturdidaktik im Zeichen von Kompetenzorientierung und Empirie. Perspektiven und Probleme. Freiburg i. Br.: Fillibach, S. 67–84.

Kepser, Matthis (2013): Deutschdidaktik als eingreifende Kulturwissenschaft. Ein Positionierungsversuch im wissenschaftlichen Feld. In: Didaktik Deutsch 18, H. 34, S. 52–68.

Kern, Stefan Helge (2019a): Digitales Lernen im Literaturunterricht. In: Deutschunterricht 72, H. 1: Digitalisierung, S. 4–9.

Kern, Stefan Helge (2019b): Eine Fantasy-Erzählung mit Etherpads verfassen. In: Deutschunterricht 72, H. 1: Digitalisierung, S. 22–29.

Kern, Stefan Helge (2019c): Ein multimediales Film-Lexikon erstellen. In: Deutschunterricht 72, H. 1: Digitalisierung, S. 48–53.

Kerres, Michael (2000): Mediendidaktische Analyse digitaler Medien im Unterricht. In: Computer + Unterricht: Lernen und Lehren mit digitalen Medien 10, H. 1, S. 26–28.

Kerres, Michael (2017): Digitalisierung als Herausforderung für die Medienpädagogik: „Bildung in einer digital geprägten Welt". In Christian Fischer (Hg.): Pädagogischer Mehrwert? Digitale Medien in Schule und Unterricht. Münstersche Gespräche zur Pädagogik. Münster: Waxmann, S. 85–103.

Kerres, Michael (2018): Mediendidaktik. Konzeption und Entwicklung digitaler Lernangebote. 5. Aufl. Berlin: de Gruyter.

Kirst, Karl-Otto (2012): Wiki-Ressourcen für Schule und Unterricht: Das *ZUM-Wiki* und die *Wiki-Family*. In: Michael Beißwenger/Nadine Anskeit/Angelika Storrer (Hg.): Wikis in Schule und Hochschule. Boizenburg: Werner Hülsbusch, S. 207–230.

Klicpera, Christian/Schabmann, Alfred/Gasteiger-Klicpera, Barbara/Schmidt, Barbara (2017): Legasthenie – LRS: Modelle, Diagnose, Therapie und Förderung. Stuttgart: UTB.

Knopf, Julia/Mosbach, Johanna/Nagel, Michael (2017): Cardboards als Tor zur virtuellen Realität. Ein neues Medium für den Deutschunterricht? In: Praxis Deutsch 44, H. 265, S. 46–48.

Knopf, Julia/Müller, Christian (2017): @Instagram_User. Sinnvoller Einsatz der Plattform im Unterricht. In: Praxis Deutsch 44, H. 265, S. 42–45.

Knopf, Julia/von Brand, Tilman (2017): Deutsch per Smartphone. Unterstützender Einsatz von mobilen Endgeräten im Deutschunterricht. In: Praxis Deutsch 44, H. 265, S. 2–11.

Knopp, Matthias/Becker-Mrotzek, Michael (2018): Theoretische und empirische Perspektiven auf In-klusion. In: Didaktik Deutsch, H. 44, S. 84–100.

Knopp, Matthias/Schindler, Kirsten (2019): Kooperative Textproduktion in sozialen Medien: medientheoretische Überlegungen und schreibdidaktische Arrangements. In: Michael Beißwenger/Ders.: Soziale Medien in Schule und Hochschule: Linguistische, sprach- und mediendidaktische Perspektiven. Berlin: Peter Lang (Forum Angewandte Linguistik – F.A.L. 63), S. 215–243.

Knura, Gerda (1980): Grundfragen der Sprachbehindertenpädagogik. In: Dies. et al.: Die Pädagogik der Sprachbehinderten. Berlin: Marhold.

Kobe, Kristina (2017): Digitale Lehrwerke und Lernplattformen. In: Praxis Deutsch 44, H. 265: Deutsch per Smartphone, S. 49–51.

Kocaj, Aleksander/Kuhl, Poldi/Kroth, Anna J./Pant, Hans Anand/Stanat, Petra (2014). Wo lernen Kinder mit sonderpädagogischem Förderbedarf besser? Ein Vergleich schulischer Kompetenzen zwischen Regel- und Förderschulen in der Primarstufe. In: Kölner Zeitschrift für Soziologie und Sozialpsychologie 66, H. 2, S. 165–191.

Kocaj, Aleksander/Kuhl, Poldi/Pant, Hans Anand/Stanat, Petra (2018): Educational Placement and Achievement Motivation of Students With Special Educational Needs. In: Contemporary Educational Psychology 55, S. 63–83.

Koch, Tine (2015): Märchen schreiben und neu entdecken. In: Deutschunterricht, H. 4: Märchen interkulturell, intertextuell, intermedial, S. 14–17.

Koehler, Matthew J./Mishra, Punya (2009): What is technological pedagogical content knowledge? In: Contemporary Issues in Technology and Teacher Education 9, H. 1, S. 60–70, online unter https://tecfalabs.unige.ch/mitic/articles/koehler_mishra_2009_what_is_technological_pedagogical_content_knowledge.pdf.

Kornhoff-Schäfers, Stefanie (2019): „… dem Ozean sich eilig verzögernd zu verbinden …“ Verzögerte Gedichtbetrachtung. In: Deutschunterricht 72, H. 1: Digitalisierung, S. 10–13.

Krause, Ulrike-Marie (2007): Feedback und kooperatives Lernen. Münster: Waxmann.

Krommer, Axel/Dreier, Ricarda (2010): Medienkompetenz im symmedialen Deutschunterricht. In: Ta-schenbuch des Deutschunterrichts. Bd. 2: Literatur- und Mediendidaktik. Hg. von Volker Frederking, dems. und Christel Meier. Baltmannsweiler: Schneider, S. 669–690.

Krstoski, Igor (2018): Dokumentieren mit Book Creator. Digitale Medien in heterogenen Lernsettings. In: tjfbg gGmbh (Hg.): Digitale Medien im inklusiven Einsatz. Berlin, S. 14 f., online unter www.inklusive-medienarbeit.de/wp-content/uploads/2018/12/Digitale-Medien-im-inklusiven-Einsatz.pdf.

Krstoski, Igor (2019): Unterstützte Kommunikation. In: Ingo Bosse/Jan-René Schluchter/Isabel Zorn (Hg.): Handbuch Inklusion und Medienbildung. Weinheim: Beltz Juventa, S. 252–262.

Kruse, Iris (2016): Ästhetisches Lernen, Sprachbildung und Teilhabe. Ästhetische Objekte als Lerngegenstände im inklusiven Unterricht. In: Grundschulunterricht Deutsch 63, H. 1, S. 4–8.

Kruse, Iris (2013): Intermediale Lektüren. Ein Konzept für Zu- und Übergänge in intermedialen Lehr- und Lernarrangements. In: Gina Weinkauff/Ute Dettmar/Thomas Möbius/Ingrid Tomkowiak (Hg.): Kinder- und Jugendliteratur in Medienkontexten. Adaption, Hybridisierung, Intermedialität, Konvergenz. Frankfurt a. M.: Peter Lang, S. 178–198.

Kruse, Iris (2016): Intermedial und inklusiv. Ein kinderliterarischer Medienverbund stiftet gemeinsame literarische Erfahrungen. In: Grundschulunterricht Deutsch 63, H. 1, S. 33–37.

Kullmann, Harry/Lütje-Klose, Birgit/Textor, Annette (2014): Eine allgemeine Didaktik für inklusive Lerngruppen – fünf Leitprinzipien als Grundlage eines Bielefelder Ansatzes der inklusiven Didaktik. In: Bettina Amrhein/Myrle Dziak-Mahler (Hg.): Fachdidaktik inklusiv. Auf der Suche nach didaktischen Leitlinien für den Umgang mit Vielfalt in der Schule. Münster: Waxmann, S. 89–107.

Kultusministerkonferenz (KMK 2003): Beschluss Bildungsstandards Deutsch für den Mittleren Schulabschluss, online unter www.kmk.org/fileadmin/veroeffentlichungen_beschluesse/2003/2003_12_04-BS-Deutsch-MS.pdf.

Kultusministerkonferenz (KMK 2011): Inklusive Bildung von Kindern und Jugendlichen mit Behinderungen in Schulen (Beschluss der Kultusministerkonferenz vom 20.10.2011), online unter www.kmk.org/fileadmin/veroeffentlichungen_beschluesse/2011/2011_10_20-Inklusive-Bildung.pdf.

Kultusministerkonferenz (KMK 2012): Medienbildung in der Schule (Beschluss der Kultusministerkonferenz vom 8. März 2012), online unter www.kmk.org/fileadmin/veroeffentlichungen_beschluesse/2012/2012_03_08_Medienbildung.pdf.

Kultusministerkonferenz (KMK 2015a): Inklusion – gemeinsames Leben und Lernen, online unter www.kmk.org/de/themen/allgemeinbildende-schulen/inklusion.html.

Kultusministerkonferenz (KMK 2015b): Lehrerbildung für eine Schule der Vielfalt. Gemeinsame Empfehlung von Hochschulrektorenkonferenz und Kultusministerkonferenz (Beschluss der Kultusministerkonferenz vom 12. März 2015/Beschluss der Hochschulrektorenkonferenz vom 18.03.2015), online unter www.kmk.org/fileadmin/Dateien/veroeffentlichungen_beschluesse/2015/2015_03_12-Schule-der-Vielfalt.pdf

Kultusministerkonferenz (KMK 2017): Bildung in der digitalen Welt. Strategie der Kultusministerkonferenz (Beschluss der KMK vom 08.12.2016 i.d.F. vom 07.12.2017), online unter www.kmk.org/fileadmin/Dateien/veroeffentlichungen_beschluesse/2018/Strategie_Bildung_in_der_digitalen_Welt_idF._vom_07.12.2017.pdf.

Länderkonferenz MedienBildung (LKM 2015): Kompetenzorientiertes Konzept für die schulische Mediennutzung. LKM-Positionspapier. Stand 29.01.2015, online unter https://lkm.lernnetz.de/files/Dateien_lkm/Dokumente/LKM-Positionspapier_2015.pdf.

Lecke, Bodo (2014): Medienpädagogik, Literaturdidaktik und Deutschunterricht. In: Deutschdidaktik. Praxishandbuch für die Sekundarstufe I und II. Berlin: Cornelsen, S. 45–56.

Leonhardt, Annette (1996): Didaktik des Unterrichts für Gehörlose und Schwerhörige. Neuwied: Luchterhand.

Leßmann, Beate (2014): „Schreibzeit" – Von der Praxis zur Konzeption inklusiven Unterrichts. In: Johannes Hennies/Michael Ritter (Hg.): Deutschunterricht in der Inklusion. Auf dem Weg zu einer inklusiven Deutschdidaktik. Stuttgart: Klett, S. 169–182.

Leubner, Martin/Saupe, Anja (2006): Erzählungen in Literatur und Medien und ihre Didaktik. Baltmannsweiler: Schneider.

Leubner, Martin/Saupe, Anja/Richter, Matthias (2016): Literaturdidaktik. 3. Aufl. Berlin/Boston: de Gruyter.

Lipkowski, Eva/Schüller, Liane (2017): Perspektiven für den inklusiven Deutschunterricht. Literatur- und sprachdidaktische Praxisbeispiele zum Thema Hören und Höreinschränkungen. Münster: Waxmann.

Lipkowski, Eva/Schüller, Liane (2019): Deutschunterricht inklusiv. Literatur- und sprachdidaktische Praxisbeispiele zum Thema Sprache, Sprechen und Einschränkungen des Sprechens. Münster: Waxmann.

Lösener, Hans (2010): Poetisches Verstehen bei der Unterrichtsvorbereitung. Überlegungen zur literaturunterrichtlichen Sachanalyse. In: Iris Winkler/Nicole Masanek/Ulf Abraham (Hg.): Poetisches Verstehen: Literaturdidaktische Positionen – empirische Forschung – Projekte aus dem Deutschunterricht. Hohengehren: Schneider, S. 82–97.

Lohmann, Corinna (2018): Mit Tablets Lese- & Sprachkompetenz fördern. Chancen, Ideen und Grenzen. In: tjfbg gGmbh (Hg.): Digitale Medien im inklusiven Einsatz. Berlin, S. 18–21, online unter www.inklusive-medienarbeit.de/wp-content/uploads/2018/12/Digitale-Medien-im-inklusiven-Einsatz.pdf.

Lorenz, Ramona/Bos, Wilfried/Endberg, Manuela/Eickelmann, Birgit/Grafe, Silke/Vahrenhold, Jan (Hg.) (2017): Schule digital – der Länderindikator 2017. Schulische Medienbildung in der Sekundarstufe I mit besonderem Fokus auf MINT-Fächer im Bundesländervergleich und Trends von 2015 bis 2017. Münster/New York: Waxmann.

Lütke, Beate (2014): Sprache und Sprachgebrauch untersuchen in der Sekundarstufe I. In: Michael Kämper-van den Boogaart (Hg.): Deutschdidaktik. Praxishandbuch für die Sekundarstufe I und II. Berlin: Cornelsen, S. 202–234.

Luptowicz, Corinna/Schieder, Sandra (2017): Deine Sprache – dein Adventure. Mit dem Programm *Adventure Maker* ein digitales Lernspiel erstellen. In: Praxis Deutsch 44, H. 265, S. 12–14.

LVR-Gerricus-Schule (2017): Schülerinnen und Schüler mit Hörschädigung an der allgemeinen Schule. Hinweise und Informationen für Lehrkräfte. Düsseldorf.

Mayrberger, Kerstin (2018): Rahmenbedingungen für die Gestaltung von Lernumgebungen mit mobilen Endgeräten. In: Claudia de Witt/Christina Gloerfeld (Hg.): Handbuch Mobile Learning. Wiesbaden: Springer, S. 63–82.

Medienberatung NRW (MB NRW 2018): Digitaloffensive Schule NRW. Schule und Unterricht in der digitalen Welt. 9 Fragen, 9 Antworten zur schnellen Orientierung. Münster/Düsseldorf, online unter www.medienberatung.schulministerium.nrw.de/Medienberatung-NRW/Digitaloffensive/Broschuere.pdf.

Medienberatung NRW (MB NRW 2019): Medienkompetenzrahmen NRW, online unter https://medienkompetenzrahmen.nrw/fileadmin/pdf/LVR_ZMB_MKR_Broschuere.pdf.

Meyer, Anne/Rose, David H./Gordon, David (2014): Universal Design for Learning. Theory and Practice. Wakefield: Center for Applied Special Technology (CAST).

Ministerium für Schule, Jugend und Kinder des Landes Nordrhein-Westfalen (MSJK 2004): Kernlehrplan für die Gesamtschule – Sekundarstufe I in Nordrhein-Westfalen, online unter www.schulentwicklung.nrw.de/lehrplaene/upload/lehrplaene_download/gesamtschule/gs_deutsch.pdf.

Ministerium für Schule, Jugend und Kinder des Landes Nordrhein-Westfalen (MSJK 2014): Kernlehrplan für die Gesamtschule I – Sekundarstufe in Nordrhein-Westfalen. Deutsch. Düsseldorf.

Ministerium für Schule, Jugend und Kinder NRW (MSJK 2019): Kernlehrplan für die Sekundarstufe I Gymnasium in NRW, online unter www.schulentwicklung.nrw.de/lehrplaene/lehrplan/196/g9_d_klp_%203409_2019_06_23.pdf.

Ministerium für Schule und Bildung des Landes Nordrhein-Westfalen (MSB 2017): Arbeitshilfe: Gewährung von Nachteilsausgleichen für Schülerinnen und Schüler mit Behinderungen, Bedarf an sonderpädagogischer Unterstützung und/oder besonderen Auffälligkeiten in der Sekundarstufe I. Eine Orientierungshilfe für Schulleitungen, online unter www.schulministerium.nrw.de/docs/bp/Lehrer/Recht_Beratung_Service/Service/Ratgeber/Nachteilsausgleiche/2-Arbeitshilfe_Sek_I.pdf.

Ministerium für Schule und Bildung des Landes Nordrhein-Westfalen (MSB 2018): Medienkompetenzrahmen NRW. Schulmail vom 26. Juni 2018, online unter www.schulministerium.nrw.de/ministerium/schulverwaltung/schulmail-archiv/archiv-2018/26062018-medienkompetenzrahmen-nrw.

Ministerium für Schule und Bildung des Landes Nordrhein-Westfalen (MSB 2019a): Medienkompetenzrahmen NRW, online unter www.schulministerium.nrw.de/docs/Schulsystem/Medien/Medienkompetenzrahmen/Medienkompetenzrahmen_NRW.pdf.

Ministerium für Schule und Bildung des Landes Nordrhein-Westfalen (MSB 2019b): Kernlehrplan für die Sekundarstufe I Gymnasium in Nordrhein-Westfalen: Deutsch, online unter www.schulentwicklung.nrw.de/lehrplaene/lehrplan/196/g9_d_klp_%203409_2019_06_23.pdf.

Ministerium für Schule und Bildung des Landes Nordrhein-Westfalen (MSB 2020): Eckpunkte zur Neuausrichtung der Inklusion in der Schule, online unter www.schulministerium.nrw.de/docs/Schulsystem/Inklusion/Kontext/Eckpunkte-Inklusion/index.html.

Ministerium für Schule und Bildung des Landes Nordrhein-Westfalen (MSB: Art. „Sprache SQ“), online unter www.schulministerium.nrw.de/docs/Schulsystem/Inklusion/Eltern/2-Lexikon-der-Inklusion/26-Sprache-_SQ_/index.html.

Ministerium für Schule und Weiterbildung NRW (Hrsg.) (MSW 2007): Kernlehrplan für das Gymnasium – Sekundarstufe I (G8) in Nordrhein-Westfalen – Deutsch. Frechen: Ritterbach Verlag.

Ministerium für Schule und Weiterbildung des Landes Nordrhein-Westfalen (MSW 2013): Kernlehrplan für die Realschule im Fach Deutsch in NRW.

Möbius, Thomas/Steinmetz, Michael/Lang, Verena (2015): Tablets im Deutschunterricht. Forschungsperspektiven – Unterrichtsmodelle. München: auseinanderdividieren.

Moser, Heinz (2011): Pädagogische Leitbegriffe – Kontroversen und Anschlüsse. In: Ders./Petra Grell/Horst Niesyto (Hg.): Medienbildung und Medienkompetenz. Beiträge zu Schlüsselbegriffen der Medienpädagogik. München: kopaed, S. 41–58.

Müller, Christian (2019): Art. „Digitale Medien“. In: Handbuch Deutschunterricht und Inklusion. Hg. von Christiane Hochstadt und Ralph Olsen. Weinheim/Basel: Beltz, S. 440–456.

Müller, Frank (2018): Praxisbuch Differenzierung und Heterogenität. Methoden und Materialien für den gemeinsamen Unterricht. Weinheim/Basel: Beltz.

Mußmann, Jörg (2012): Förderschwerpunkt Sprache im inklusiven Unterricht. In: Sonderpädagogik in Berlin, H. 1, S. 4–22.

Muuß-Merholz, Jörn (2019): Digitale Schule. Was heute schon im Unterricht geht. Das Praxisbuch zum individualisierten Lernen mit digitalen Medien. Hamburg: Zentralstelle für Lehren und Lernen im 21. Jahrhundert e. V.

Netzwerk Leichte Sprache: Die Regeln für Leichte Sprache, online unter www.leichte-sprache.org/die-regeln.

Olsen, Ralph (2016): *Lust, Niemandes schlaf zu sein …* Anmerkungen zur Problematik der Textauswahl im inklusiven Literaturunterricht. In: Daniela A. Frickel/André Kagelmann (Hg.): Der inklusive Blick. Die Literaturdidaktik und ein neues Paradigma. Frankfurt a. M.: Peter Lang, S. 61–87.

Oomen-Welke, Ingelore (2015): Leichte Sprache, Einfache Sprache und Deutsch als Zweitsprache. In: Didaktik Deutsch, H. 38, S. 24–32.

Orthmann, Thomas/Thomas, Peter M. (2019): Zwischen digitaler Lebens- und Lernwelt. Wie das Medienverhalten Jugendlicher den Wandel von Schule beeinflusst. In: Wübben Stiftung (Hg.): impaktmagazin. Impulse und Beiträge aus der Wübben Stiftung zur Bildung. Zwischen digitaler Lebens- und Lernwelt. Düsseldorf, online unter https://wuebben-stiftung.de/fileadmin/media/publikationen/pdf/WS_Magazin_Zwischen_digitaler_Lebens-und_Lernwelt.pdf.

Pabst-Weinschenk, Marita (2004): Grundlagen der Sprechwissenschaft und Sprecherziehung. München: Reinhardt.

Passey, Don (2016): Zusammenarbeit, Sichtbarkeit, Einbindung und Effizienz: Fallstudie zur Verwendung interaktiver Whiteboards an einem Gymnasium in Deutschland, online unter https://eprints.lancs.ac.uk/id/eprint/87155/1/Fallstudie_der_Lancaster_University_zur_Verwendung_interaktiver_Whiteboards_an_dt_Gymnasium_final.pdf.

Pertek, Aurelia/Scheler, Stephanie (2016): Inklusions-Material. Deutsch Klasse 5–10. Berlin: Cornelsen.

Platte, Andrea (2005): Schulische Lebens- und Lernwelten gestalten. Münster: Monsenstein und Vannerdat.

Pohl, Thorsten/Steinhoff, Torsten (2010): Textformen als Lernformen. In: Dies. (Hg.): Textformen als Lernformen. Duisburg (Kölner Beiträge zur Sprachdidaktik 7), S. 5–26, online unter https://core.ac.uk/download/pdf/157772126.pdf.

Pompe Anja (Hg.) (2016): Deutsch inklusiv. Baltmannsweiler: Schneider.

Praxis Deutsch (1994): Handlungs- und produktionsorientierter Unterricht, H. 123.

Reber, Karin/Schönauer-Schneider, Wilma (2017): Sprachförderung im inklusiven Unterricht. Praxistipps für Lehrkräfte. München, Basel: Ernst Reinhardt.

Redecker, Christine (2017a): European Framework for the Digital Competence of Educators: DigCompEdu. Hg. von Yves Punie. Luxembourg: Publications Office of the European Union, online unter https://ec.europa.eu/jrc/en/publication/eur-scientific-and-technical-research-reports/european-framework-digital-competence-educators-digcompedu.

Redecker, Christine (2017b): Europäischer Rahmen für die digitale Kompetenz Lehrender: DigCompEdu. Hg. von Yves Punie (Deutsche Übersetzung des »European Framework for the Digital Competence of Educators: DigCompEdu« [s. Redecker 2017a] vom Goethe-Instituts e. V. aus dem Jahr 2019), online unter https://ec.europa.eu/jrc/sites/jrcsh/files/digcompedu_german_final.pdf.

Rieke, Bernhard (2010): Individuelle Förderung durch innere Differenzierung in der Sekundarstufe II – eine Methodenübersicht. In: Sebastian Boller/Ramona Lau (Hg.): Innere Differenzierung in der Sekundarstufe II. Ein Praxisbuch für Lehrer/innen. Weinheim/Basel, S. 50–62.

Rohs, Matthias (2013): Informelles Mobiles Lernen. In: Claudia de Witt/Almut Sieber (Hg.): Mobile Learning. Potenziale, Einsatzszenarien und Perspektiven des Lernens mit mobilen Endgeräten. Wiesbaden: Springer, S. 75–97.

Rosebrock, Cornelia/Nix, Daniel/Rieckmann, Daniel/Gold, Andreas (2011): Leseflüssigkeit fördern. Lautleseverfahren für die Primar- und Sekundarstufe. Seelze: Friedrich.

Rück, Johannes (2018a): Das Medienkonzept. Vorüberlegungen für den Medieneinsatz in Kita und Schule. In: tjfbg gGmbh (Hg.): Digitale Medien im inklusiven Einsatz. Berlin, S. 8 f., online unter www.inklusive-medienarbeit.de/wp-content/uploads/2018/12/Digitale-Medien-im-inklusiven-Einsatz.pdf.

Rück, Johannes (2018b): Book Creator. Multimediale E-Books erstellen. In: tjfbg gGmbh (Hg.): Digitale Medien im inklusiven Einsatz. Berlin, S. 16 f., online unter www.inklusive-medienarbeit.de/wp-content/uploads/2018/12/Digitale-Medien-im-inklusiven-Einsatz.pdf.

Ruijs, Nienke M./Peetsma, Thea T. D. (2009): Effects of inclusion on students with and without special educational needs reviewed. In: Educational Research Review 4, H. 2, S. 67–79.

Rupp, Gerhard (2014): Deutschunterricht lehren weltweit. Basiswissen für Master of Education Studierende und Deutschlehrer/innen. Baltmannsweiler: Schneider.

Rupp, Gerhard (2016): Der inklusive Blick auf das Lernen von Sprache, Literatur und den Umgang mit Medien – kulturwissenschaftliche Perspektiven auf die Deutschdidaktik. In: Daniela Frickel/Andre Kagelmann, (Hg.): Der inklusive Blick. Die Literaturdidaktik und ein neues Paradigma. Frankfurt a. M. u. a.: Peter Lang, S. 37–60.

Sächsisches Bildungsinstitut (2014): Gestaltung von schulischen Lehr- und Lernbedingungen für Schülerinnen und Schüler mit dem Förderschwerpunkt Hören. Handreichung für Lehrkräfte an allgemeinbildenden Schulen im Freistaat Sachsen.

Sander, Alfred (2004): Konzepte einer inklusiven Pädagogik. In: Zeitschrift für Heilpädagogik 5, S. 240–244.

Schafhausen, Helmut (2012): Märchen lesen und spielen. In: Deutschunterricht, H. 2, S. 8–13.

Schellmann, Andrea/Elrich, Maria (2012): Wikis in der Schule – ein Erfahrungsbericht aus sechs Jahren *RMG-Wiki*. In: Michael Beißwenger/Nadine Anskeit/Angelika Storrer (Hg.): Wikis in Schule und Hochschule. Boizenburg: Werner Hülsbusch, S. 263–282.

Schiefner-Rohs, Mandy & AutorInnengruppe (2018): Lehrerinnen- und Lehrerbildung für die digitale Zukunft. In: Synergie. Fachmagazin für Digitalisierung in der Lehre 6, S. 48–55.

Schirmer, Brita (2016): Schulratgeber Autismus-Spektrum. Ein Leitfaden für LehrerInnen. 4. Aufl. München: Reinhardt.

Schluchter, Jan-René (2014): Das Eigene und das Fremde im Film. Ein Praxismodell für die inklusive Filmbildung. In: Computer + Unterricht, H. 94, S. 34–39.

Schluchter, Jan-René (Hg.) (2015): Medienbildung als Perspektive für Inklusion. Modelle und Reflexionen für die pädagogische Praxis. München: kopaed.

Schmid, Ulrich/Goertz, Lutz/Behrens, Julia (2017): Monitor Digitale Bildung #3: Die Schulen im digitalen Zeitalter. Gütersloh: Bertelsmann Stiftung, online unter www.bertelsmann-stiftung.de/fileadmin/files/BSt/Publikationen/GrauePublikationen/BSt_MDB3_Schulen_web.pdf.

Schmidt, Peter (2012): Was eine autistenfreundliche Schule braucht. Reflexion der eigenen Schulzeit. In: Hartmut Sautter et al. (Hg.): Kinder und Jugendliche mit Autismus-Spektrum-Störung. Neue Wege durch die Schule. Stuttgart: Kohlhammer, S. 81–101.

Schorb, Bernd (2017): Medienkompetenz und Inklusion. In: Ingo Bosse/Jan-René Schluchter/Isabel Zorn (Hg.): Handbuch Inklusion und Medienbildung. Weinheim: Beltz Juventa, S. 65–77.

Schubert-Felmy, Barbara (2014): Auseinandersetzung mit Texten und Medien in der Sekundarstufe I. In: Michael Kämper-van den Boogaart (Hg.): Deutschdidaktik. Praxishandbuch für die Sekundarstufe I und II. Berlin: Cornelsen, S. 112–142.

Schüler, Lisa (2012): Wikis als Lerngegenstand und Lernmittel. Ein schreib- und mediendidaktisches Seminarkonzept für die Lehramtsausbildung. In: Michael Beißwenger/Nadine Anskeit/Angelika Storrer (Hg.): Wikis in Schule und Hochschule. Boizenburg: Werner Hülsbusch, S. 283–310.

Schüller, Liane (2018): Gedichte in inklusiven Lehr-Lernkontexten. „Der blaue Hund" von Peter Hacks. In: Praxis Deutsch 45, H. 272: Literatur inklusiv, S. 14–19.

Schüller, Liane/Weber, Bianca (2017): Mediale Transformationen von Gedichten. In: Deutschunterricht, H. 3: Balladen und Erzählgedichte, S. 36–41.

Schümer, Gundel/Tillmann, Klaus-Jürgen/Weiß Manfred (Hg.) (2004): Die Institution Schule und die Lebenswelt der Schüler. Vertiefende Analysen der PISA-2000-Daten zum Kontext von Schülerleistungen. Wiesbaden: Springer.

Schulz, Lea/Krstoski, Igor/Lion, Nils/Neumann, Dirk (2019): Digital-inklusiver Unterricht. Didaktische Integration digitaler Medien im gemeinsamen Unterricht. In: SCHULE inklusiv. Vielfalt nutzen – Bildungsgerechtigkeit schaffen 4: Digitalisierung, S. 10–15.

Schulze, Marianne (2011): Menschenrechte für alle: Die Konvention über die Rechte von Menschen mit Behinderung. In: Petra Flieger/Volker Schönwiese (Hg.): Menschenrechte – Integration – Inklusion. Aktuelle Perspektiven aus der Forschung. Bad Heilbrunn: Klinkhardt, S. 11–25.

Schumann, Brigitte (2019): PRIMUS-Schulen in NRW vor dem Aus. Das nordrhein-westfälische Schulministerium hat beschlossen, die fünf Schulstandorte, die im Schulversuch die Zusammenlegung von Grundschulen mit weiterführenden Schulen unter einer Schulleitung erproben, über den Versuchszeitraum hinaus nicht fortzuführen. In: Bildungsklick, online unter https://bildungsklick.de/schule/detail/primus-schulen-in-nrw-vor-dem-aus.

Schuppener, Saskia/Goldbach, Anne/Bock, Bettina M.: Leichte Sprache – ein Mittel zur Barrierefreiheit? In: Ingo Bosse/Jan-René Schluchter/Isabel Zorn (Hg.): Handbuch Inklusion und Medienbildung. Weinheim: Beitz Juventa, S. 216–222.

Schuster, Nicole (2016): Schüler mit Autismus-Spektrums-Störungen. Eine Innen- und Außenansicht mit praktischen Tipps für Lehrer, Psychologen und Eltern. 4. Aufl. Stuttgart: Kohlhammer.

Seipold, Judith (2018): Aus der Geschichte des mobilen Lernens: Strömungen, Trends und White Spaces. In: Claudia de Witt/Christina Gloerfeld (Hg.): Handbuch Mobile Learning. Wiesbaden: Springer, S. 13–41.

Senkbeil, Martin/Eickelmann, Birgit/Vahrenhold, Jan/Goldhammer, Frank/Gerick, Julia/Labusch, Amelie (2019): Das Konstrukt der computer- und informationsbezogenen Kompetenzen und das Konstrukt der Kompetenzen im Bereich ‚Computational Thinking' in ICILS 2018. In: Birgit Eickelmann/Wilfried Bos/Julia Gerick/Frank Goldhammer/Heike Schaumburg/Knut Schwippert/Martin Senkbeil/Jan Vahrenhold (Hg.): ICILS 2018 #Deutschland. Computer- und informationsbezogene Kompetenzen von Schülerinnen und Schülern im zweiten internationalen Vergleich und Kompetenzen im Bereich Computational Thinking. Münster/New York: Waxmann. S. 79–111, online unter: https://kw.uni-paderborn.de/fileadmin/fakultaet/Institute/erziehungswissenschaft/Schulpaedagogik/ICILS_2018__Deutschland_Berichtsband.pdf.

Sonnenberg, Kristin (2017): Soziale Inklusion – Teilhabe durch Bildung. Medienkompetenz als Beitrag zu sozialer und kultureller Teilhabe für Menschen mit Beeinträchtigungen. Weinheim/Basel: Beltz.

Speck-Hamdan, Angelika (2001): Heterogenität als Chance. Soziales Lernen in gemischten Gruppen. In: Annette Leonhardt (Hg.): Gemeinsames Lernen von hörenden und hörgeschädigten Schülern. Ziele, Wege, Möglichkeiten. Hamburg: Verlag hörgeschädigte Kinder, S. 48–54.

Spinner, Kaspar H. (1995) (Hg.): Imaginative und emotionale Lernprozesse im Deutschunterricht. Frankfurt a. M. u. a.: Peter Lang, S. 193–216.

Spinner, Kaspar H. (1998): Thesen zur ästhetischen Bildung im Literaturunterricht heute. In: Angelika Thäle/Judith Riegert (2014): Literarisches Lernen im inklusiven Literaturunterricht – zur Bedeutung von Textzugängen. In: Johannes Hennies/Michael Ritter (Hg.): Deutschunterricht in der Inklusion. Auf dem Weg zu einer inklusiven Deutschdidaktik. Stuttgart: Klett, S. 195–208.

Spinner, Kaspar H. (2001): Kreativer Deutschunterricht. Identität – Imagination – Kognition. Seelze-Velber: Friedrich.

Spinner, Kaspar H. (2006): Literarisches Lernen. In: Praxis Deutsch 11, H. 200, S. 6–16.

Spinner, Kaspar H. (2010a): Handlungs- und produktionsorientierter Literaturunterricht. In: Klaus-Michael Bogdal/Hermann Korte (Hg.): Grundzüge der Literaturdidaktik. 5. Aufl. München: dtv, S. 247–257.

Spinner, Kaspar H. (2010b): Handlungs- und produktionsorientierter Literaturunterricht. In: Taschenbuch des Deutschunterrichts. Bd. 2: Literatur- und Mediendidaktik. Hg. von Volker Frederking, Axel Krommer und Christel Meier. Hohengehren: Schneider, S. 311–325.

Spinner, Kaspar H. (2011): Handlungs- und produktionsorientierte Verfahren im Literaturunterricht. In: Michael Kämper-van den Boogaart (Hg.): Deutschdidaktik. Leitfaden für die Sekundarstufe I und II. 4. Aufl. Berlin: Cornelsen, S. 184–198.

Spinner, Kaspar H. (2013): Handlungs- und produktionsorientierter Literaturunterricht. In: Volker Frederking/Hans-Werner Huneke/Alex Krommer (Hg.): Taschenbuch des Deutschunterrichts. Bd. 2: Literatur- und Mediendidaktik. Baltmannsweiler: Schneider, S. 319–333.

Spinner, Kaspar H. (2015): Lesen – mit Texten umgehen. In: Jürgen Baurmann/Tilman von Brand/Wolfgang Menzel/Kaspar H. Spinner: Methoden im Deutschunterricht. Exemplarische Lernwege für die Sekundarstufe I und II. Seelze: Kallmeyer/mit Klett, S. 55–106.

Spinner, Kaspar H. (2016): Literaturunterricht zwischen Instruktion und Individualisierung. In: Michael Kämper-van den Boogaart (Hg.): Deutschdidaktik. Praxishandbuch für die Sekundarstufe I und II. 6. Aufl. Berlin: Cornelsen, S. 188–201.

Standke, Jan (2017): Gegenwartsliteratur im inklusiven Deutschunterricht. Trier: WTV.

Stecher, Markus (2011): Guter Unterricht bei Schülern mit Hörschädigung. Heidelberg: Median.

Steiner, Magdalena (2014): Metaphern in Werbetexten. In: Deutschunterricht, H. 6: Symbol und Metapher, S. 26–29.

Stifterverband (2019): Fellowships für Innovationen in der digitalen Hochschullehre NRW. Das Ministerium für Kultur und Wissenschaft des Landes Nordrhein-Westfalen und der Stifterverband vergeben Fellowships für Innovationen in der digitalen Hochschullehre an Lehrende, die an Hochschulen in staatlicher Trägerschaft oder an staatlich refinanzierten Hochschulen des Landes Nordrhein-Westfalen tätig sind, online unter www.stifterverband.org/digital-lehrfellows-nrw.

Stritt, Mirjam (2019): Unterrichtssituationen mit Kindern mit einer Hörbeeinträchtigung. In: Reto Luder et al. (Hg.): Inklusive Pädagogik und Didaktik. Bern: hep, S. 239–251.

Tanejew, Susanne/Koebe, Kristina/Hage, Eileen (2018): Kabale und Liebe für alle?! Vielfalt auf dem Weg zum Abitur produktiv nutzen. In: Praxis Deutsch 45, H. 272: Literatur inklusiv, S. 45–55.

Thevis, Monika/Wagener, Manuel (2019): Die Relevanz und Umsetzung inklusiver Medienbildung am Beispiel von Tablets. Mithilfe von Design Thinking in innovative Prozesse einsteigen und Probleme aus der Unterrichtspraxis definieren und lösen. In: André Bresges/Alexandra Habicher (Hg.): Digitalisierung des Bildungssystems. Aufgaben und Perspektiven für die LehrerInnenbildung. Münster: Waxmann, S. 157–166.

Tulodziecki, Gerhard (1997): Medien in Erziehung und Bildung. Grundlagen und Beispiele einer handlungs- und entwicklungsorientierten Medienpädagogik. 3. Aufl. Bad Heilbrunn: Klinkhardt.

Tulodziecki, Gerhard (2011): Zur Entstehung und Entwicklung zentraler Begriffe bei der pädagogischen Auseinandersetzung mit Medien. In: Heinz Moser/Petra Grell/Horst Niesyto (Hg.): Medienbildung und Medienkompetenz. Beiträge zu Schlüsselbegriffen der Medienpädagogik. München: kopaed, S. 11–39.

UN-Behindertenrechtskonvention 1. Übereinkommen über die Rechte von Menschen mit Behinderungen: Barrierefreiheit, online unter www.behindertenrechtskonvention.info/barrierefreiheit-3881.

UN-Behindertenrechtskonvention 2. Übereinkommen über die Rechte von Menschen mit Behinderungen, online unter www.behindertenrechtskonvention.info/uebereinkommen-ueber-die-rechte-von-menschen-mit-behinderungen-3101.

UNESCO (2014): Leitlinien inklusive Bildung, online unter https://www.unesco.de/sites/default/files/2018-05/2014_Leitlinien_inklusive_Bildung.pdf.

Universität Duisburg-Essen (UDE 2020): Digitale Lehr-Lern-Module für die inklusionsbezogene Lehramtsausbildung im Fach Deutsch, online unter www.uni-due.de/germanistik/litdid/schueller_stifterverband.php.

Uther, Hans-Jörg (2008): Handbuch zu den Kinder- und Hausmärchen der Brüder Grimm. Berlin: De Gruyter

Van Ackeren, Isabell (2019): Kommentar: Professionalisierungskonzepte phasen- und standortübergreifend entwickeln. Newsletter der Qualitätsoffensive Lehrerbildung, online unter www.qualitaetsoffensive-lehrerbildung.de/de/kommentar-professionalisierungskonzepte-phasen-und-standortuebergreifend-entwickeln-2176.html.

Van Ackeren, Isabell/Aufenanger, Stefan/Eickelmann, Birgit/Friedrich, Steffen/Kammerl, Rudolf/Knopf, Julia/Mayrberger, Kerstin/Scheika, Heike/Scheiter, Katharina/Schiefner-Rohs, Mandy (2019): Digitalisierung in der Lehrerbildung. Herausforderungen, Entwicklungsfelder und Förderung von Gesamtkompetenzen. In: DDS – Die Deutsche Schule. Zeitschrift für Erziehungswissenschaft, Bildungspolitik und pädagogische Praxis 111, H. 1, S. 103–119.

Vaughan, Mark (Hg.) (2003): Index für Inklusion. Lernen und Teilhabe in Schulen der Vielfalt entwickeln. Übers. von Ines Boban und Andreas Hinz. Halle (Saale): Martin-Luther-Universität 2003, online unter www.eenet.org.uk/resources/docs/Index%20German.pdf.

Verordnung über die sonderpädagogische Förderung, den Hausunterricht und die Schule für Kranke (Ausbildungsordnung sonderpädagogische Förderung – AO-SF) vom 29. April 2016, online unter https://bass.schul-welt.de/6225.htm.

Vieritz, Helmut (2015): Barrierefreiheit im virtuellen Raum. Benutzungszentrierte und modellgetriebene Entwicklung von Weboberflächen. Wiesbaden: Springer Vieweg.

Vock, Miriam/Gronostaj, Anna (2017): Umgang mit Heterogenität in Schule und Unterricht. Berlin: Friedrich-Ebert-Stiftung (Schriftenreihe des Netzwerk Bildung), online unter https://library.fes.de/pdf-files/studienfoerderung/13277.pdf.

Von Brand, Tilman (2015): Deutsch unterrichten. Einführung in die Planung, Durchführung und Auswertung in den Sekundarstufen. 4., aktual. u. erw. Aufl. Seelze: Kallmeyer/Klett.

Von Brand, Tilman (2018): Literatur inklusiv. In: Praxis Deutsch 45, H. 272: Literatur inklusiv, S. 4–13.

Von Brand, Timan (2019): Literarisches Lernen. In: Christiane Hochstadt/Ralph Olsen (Hg.): Handbuch Deutschunterricht und Inklusion. Weinheim/Basel: Beltz, S. 225–241.

Von Brand, Tilman/Brandl, Florian (2017): Deutschunterricht in heterogenen Lerngruppen. Individualisierung, Differenzierung, Inklusion in den Sekundarstufen. Seelze-Velber: Kallmeyer/Klett.

Von Brand Tilman/Pompe, Anja (2015): Inklusion im Deutschunterricht. In: Dies. (Hg.): Deutsch inklusiv. Gemeinsam lernen in der Grundschule. Baltmannsweiler: Schneider, S. 30f.

Von Suchodoletz, Waldemar (2007): Lese-Rechtschreib-Störung (LRS) – Fragen und Antworten: Eine Orientierungshilfe für Betroffene, Eltern und Lehrer. Stuttgart: Kohlhammer.

Von Suchodolenz, Waldemar (2008): Störungen des Redeflusses: Stottern und Poltern. In: Helmut Remschmidt/Fritz Mattejat/Andreas Warnke (Hg.): Therapie psychischer Störungen bei Kindern und Jugendlichen. Stuttgart/New York: Thieme, S. 244–246.

Wampfler, Philippe (2019): Spracharbeit mit Online-Tools. In: Deutschunterricht 72, H. 1: Digitalisierung, S. 36–41.

Wember, Franz B./Melle, Insa (2018): Adaptive Lernsituationen im inklusiven Unterricht: Planung und Analyse von Unterricht auf Basis des *Universal Design for Learning*. In: Stephan Hußmann/Barbara Welzel (Hg.): DoProfiL – Das Dortmunder Profil für inklusionsorientierteLehrerinnen- und Lehrerbildung. Münster: Waxmann, S. 57–72.

Wember, Frank (2013): Herausforderung Inklusion: Ein präventiv orientiertes Modell schulischen Lernens und vier zentrale Bedingungen inklusiver Unterrichtsentwicklung. In: Zeitschrift für Heilpädagogik, H. 10, S. 380–387.

Wermke, Jutta (1997): Integrierte Medienerziehung im Fachunterricht. Schwerpunkt: Deutsch. München: kopaed.

Werning, Rolf/Arndt, Ann-Kathrin (Hg.) (2013): Inklusion: Kooperation und Unterricht entwickeln. Bad Heilbrunn: Julius Klinkhardt.

Werning, Carola/Bömig, Susanne (2019): Barrierefreie Kommunikation und Sprache. In: Ingo Bosse/Jan-René Schluchter/Isabel Zorn (Hg.): Handbuch Inklusion und Medienbildung. Weinheim: Beltz Juventa, S. 272–278.

Werning, Rolf/Löser, Jessica M. (2011): Inklusive Perspektiven – zwischen Anspruch und Wirklichkeit. In: Bertelsmann Stiftung, Beauftragter der Bundesregierung für die Belange behinderter Menschen, Deutsche UNESCO-Kommission (Hg.): Gemeinsam lernen – Auf dem Weg zu einer inklusiven Schule. Gütersloh: Bertelsmann Stiftung, S. 51–66.

Werning, Rolf/Lütje-Klose, Birgit (2016): Einführung in die Pädagogik bei Lernbeeinträchtigungen. 4., überarb. Aufl. München, Basel: Ernst Reinhardt.

Wocken, Hans (1998): Gemeinsame Lernsituationen. Eine Skizze zur Theorie des gemeinsamen Unterrichts. In: Anne Hildeschmidt/Irmtraud Schnell (Hg.): Integrationspädagogik. Auf dem Weg zu einer Schule für alle. München: Juventa, S. 37–52.

Wocken, Hans/Gröhlich, Carola (2009): Kompetenzen und Einstellungen von Schülerinnen und Schülern an Hamburger Förderschulen. In: Wilfried Bos/Martin Bonsen/Dies. (Hg.): KESS 7. Kompetenzen und Einstellungen von Schülerinnen und Schülern an Hamburger Schulen zu Beginn der Jahrgangsstufe 7. Münster: Waxmann, S. 133–142.

Zabka, Thomas (2006): Typische Operationen literarischen Verstehens. In: Clemens Kammler (Hg.): Literarische Kompetenzen – Standards im Literaturunterricht. Seelze-Velber: Kallmeyer/Klett, S. 80–101.

Zentrum für Lehrerbildung der Universität Duisburg-Essen (Hg.) (ZLB 2019): Newsletter 06 vom 19. Juni 2019, online unter https://zlb.uni-due.de/neuigkeiten/newsletter/?nummer=06/2019.

Ziegler, Martina (2013): Aktivität und Teilhabe von Anfang an. Hg v. LERNEN FÖRDERN – Bundesverband zur Förderung von Menschen mit Lernbehinderungen e. V. Stuttgart.

Ziegler, Martina (2015): Aktivität und Teilhabe. Wie Kinder lernen. Hg v. LERNEN FÖRDERN – Bundesverband zur Förderung von Menschen mit Lernbehinderungen e. V. Stuttgart.

Ziegler, Martina (2019): Kinder stärken 2.0 – Wie können Kinder früh für die „digitale Gesellschaft" fit gemacht werden? In: Kinder stärken – analog und digital, H. 3 (September), S. 6–20.

Ziener, Gerhard (2008): Bildungsstandards in der Praxis. Kompetenzorientiert unterrichten. Seelze-Velber: Klett/Kallmeyer.

Zimmermann, Volker/Schneider, Sina-Marie/Schwär, Sophia (2016): Das vernetzte Klassenzimmer. Auf dem Weg zur digitalen Schule. In: Deutsch Digital. Bd. 1: Theorie. Hg. von Julia Knopf und Ulf Abraham. Baltmannsweiler: Schneider, S. 116–127

Zorn, Isabell/Schluchter, Jan-René/Bosse, Ingo (2017): Theoretische Grundlagen inklusiver Medienbildung. In: Ingo Bosse/Jan-René Schluchter/Isabel Zorn (Hg.): Handbuch Inklusion und Medienbildung. Weinheim: Beltz Juventa, S. 16–33.

Übersicht zu den Online-Materialien

Checkliste zu Urheberrecht
Checkliste zu Datenschutz mit Hinweisen für Muster-Einverständniserklärungen
Übersicht Beratungsstellen Inklusion in der Schule
Checkliste und weiterführende Ressourcen zur Gestaltung barrierefreier PDFs

Unterrichtskonzept	Seite
Fabeln mit Kahoot (Autismus)	177

Robert Bochhammer, Monique Grüter, Antonia Michen

Fotografische Fabelerzählung (PDF)

1. strukturierter Überblick der Aufgabe,
2. Unterteilung in drei Teilaufgaben zur Erleichterung der Bearbeitung

„Der Fuchs und der Storch“ (PDF)

1. Fabeltext inkl. Möglichkeit für Notizen und Formulierung einer Frage zu jedem Abschnitt

„Der Löwe und die kleine Maus“ (PDF)

1. Fabeltext inkl. Möglichkeit für Notizen und Formulierung einer Frage zu jedem Abschnitt

„Der Rabe und der Fuchs“ (PDF)

1. Fabeltext inkl. Möglichkeit für Notizen und Formulierung einer Frage zu jedem Abschnitt

„Der Tanzbär” (PDF)

1. Fabeltext inkl. Möglichkeit für Notizen und Formulierung einer Frage zu jedem Abschnitt

Werbung untersuchen und gestalten durch H5P-Elemente (Hörbeeinträchtigung)	183

Laila Aissati, Baonghi Nguyen

Arbeitsblatt zu den sprachlichen Stilmitteln

Material für Erstellung des Plakats

„Einstiegsquiz: Werbung untersuchen und gestalten – Interaktive Übung“ (H5P)

- Fragen über Werbeformen, Bestandteile einer Werbeanzeige und Funktionsweisen von Werbung
- Wiederholung des erworbenen Wissens
- Interesse am Thema wecken
- Anknüpfung an Lebenswelt der Schülerinnen und Schüler
- Motivation

Unterrichtskonzept	Seite

„Werbeslogan zuordnen – Interaktive Übung“ (H5P)

- Unternehmen und sprachliche Stilmittel den vorgegebenen Werbeslogans zuordnen
- Ausdrucksweisen und Wirkungsabsichten von Werbeslogans kennen und untersuchen

---

Märchen mit Klexikon (LRS) 191

Miriam Weber, Laura Matysek

Bild-Impuls (PDF)

- als Einstieg in die Stunde: Bild zum ausgewählten Märchen „Tischchen deck‘ dich, ...“ (Impuls; Fantasieanregung; Motivation)

Tippkarten (H5P)

- zur Unterstützung zur Zuordnung der Textbausteine zu Text-Schnipseln (Hinweise zu jeweiligen Sinnabschnitten)
- als Lernkarten

„Märchen Klasse 5 – Sicherung“ (H5P) Quiz

- Ergebnissicherung (spielerische Überprüfung des Stundeninhalts und Motivation)

Arbeitsauftrag (PDF)

- zu bearbeitende Aufgaben (Orientierung: Was soll ich machen? Welcher Arbeitsschritt folgt als nächster?)

Text-Schnipsel (PDF)

- vorgefertigte Textabschnitte zum Märchen

Textbausteine (PDF)

- zu „Text-Schnipsel“ ergänzendes Arbeitsmaterial: Gliederungselemente zu den Text-Schnipseln (Titel, Anfang, Problem, Lösung, Ende)

„Der Besuch der alten Dame“ als Stop-Motion-Film (Mutismus) 198

Carina Höfener, Laura Timmer, Juliane Segler

Drama „Der Besuch der alten Dame“ von Friedrich Dürrenmatt

Film von Sommers Weltliteratur/Youtube

„Der Besuch der alten Dame to go“ („Dürrenmatt in 12 Minuten“)

Arbeitsauftrag

- ausformulierter Arbeitsauftrag mit drei Arbeitsschritten

Gruppenmanifest

- Festlegen der Rollen und Notieren erster Ideen

Rollenkarten

- Verteilen er Rollen und Aufgaben innerhalb der Gruppe

Bewertungskriterien

- Checkliste für die Lehrkraft: Unterstützung zur Bewertung der Ergebnisse

Alle *H5P*-Inhalte finden Sie auf der digiLL-Website https://digill.de/course/digitale-medien-und-inklusion-im-deutschunterricht/ im Lernmodul „Digitale Medien und Inklusion im Deutschunterricht" unter Kapitel 5 – Arbeitsmaterialien zu den Themen „Inklusion und Digitale Medien" – H5P-Übungen.

Die PDF-Materialien können Sie auf der utb-Website unter www.utb-shop.de/9783825254377 kostenfrei herunterladen.

Glossar

Inklusion

Sofern nicht anders angegeben, sind die Erläuterungen/Begriffe an folgende Quelle angelehnt:

Kerstin Ziemen (2016): Lexikon Inklusion. Göttingen: Vandenhoeck & Ruprecht.

- **Barrierefreiheit:** Barriere als Bezeichnung aller gesellschaftlichen Phänomene und Ereignisse, die Menschen mit einer Behinderung daran hindern, am gesellschaftlichen Leben teilzuhaben.
- **Bildungsgerechtigkeit:** Verringerung von Bildungsungleichheiten bei gleichzeitiger Ermöglichung selbstbestimmter Teilhabe und Inklusion marginalisierter Gruppen.
- **Chancengleichheit:** Bezeichnet das Recht auf gleichen Zugang zu Lebenschancen und ist im Sinne eines Benachteiligungsverbotes in Art. 3, Abs. 3 GG verankert.
- **Differenz:** von lat. *differentia*, bedeutet Unterschied/Verschiedenheit. Wird teilweise synonym mit Heterogenität oder Diversität verwendet.
- **Diversität:** von lat. *diversitas*, bedeutet Vielfalt/Vielfältigkeit mit dem Fokus auf Verschiedenheit und beruht auf der Wahrnehmung von Unterschieden.
- **Exklusion:** von lat. *excludere*, bedeutet ausschließen/hindern und wird mit sozialer Ausgrenzung übersetzt. Im sozialtheoretischen und bildungspolitischen Diskurs beschreibt der Begriff soziale Selektionsprozesse und deren Ergebnisse, beispielsweise den Verlust von Teilhabechancen.
- **Heterogenität:** Hierunter wird Verschiedenheit/Ungleichartigkeit/Uneinheitlichkeit in Bezug auf Klasse oder Art verstanden. Heterogenität entsteht als Produkt sozialer Konstruktion.
- **Homogenität:** Bezeichnet die Gleichheit zwischen Eigenschaften in Hinblick auf ein Kriterium und bedarf insofern einer Bezugsnorm. Homogenität entsteht ebenfalls, wie Heterogenität, als Produkt sozialer Konstruktion.
- **Inklusion:** von lat. *inclusio*. Inklusion zielt auf die Überwindung von Marginalisierung, Diskriminierung sowie Stigmatisierung und stellt einen Prozess der Veränderung von Verhältnissen in der Gesellschaft, in Systemen, Organisationen, Institutionen und Gemeinschaften dar. Inklusion betrifft alle gesellschaftlichen Bereiche.

- **Integration und Inklusion:** Im Zusammenhang mit dem Konzept der Integration wird davon ausgegangen, dass eine Gesellschaft aus einer relativ homogenen Mehrheitsgruppe und einer kleineren Außengruppe besteht und dass diese in die bestehende Gesellschaft ‚integriert' werden muss. Das Konzept der Inklusion hingegen stellt eine Abkehr von dieser Vorstellung dar und betrachtet „alle Menschen als gleichberechtigte Individuen, die von vornherein und unabhängig von persönlichen Merkmalen oder Voraussetzungen Teil des Ganzen sind." Inklusion betrachtet somit, im Gegensatz zur Integration, wo bewusst Unterschiede wahrgenommen werden, Vielfalt und Heterogenität einer Gesellschaft als grundlegend und selbstverständlich; der Einzelne muss sich somit nicht dem System anpassen, „sondern die gesellschaftlichen Rahmenbedingungen müssen so flexibel gestaltet sein, dass sie jedem Einzelnen Teilhabe ermöglichen". (Schöb, Andrea (2013): Integration und Inklusion. URL: http://www.inklusion-schule.info/inklusion/integration-und-inklusion.html.)
- **Leichte Sprache:** Leichte Sprache zeichnet sich dadurch aus, dass sie einfach/leicht zu verstehen ist, indem beispielsweise komplexe Sätze oder Satzgefüge bewusst vermieden werden. (Bundesministerium für Arbeit und Soziales (2014): Leichte Sprache. Ein Ratgeber. URL: https://www.bmas.de/SharedDocs/Downloads/DE/PDF-Publikationen/a752-ratgeber-leichte-sprache.pdf?__blob=publicationFile.)
- **Nachteilsausgleich:** Zur Gewährleistung gleicher Chancen können Prüfungen in Abstimmung auf die Beeinträchtigung angepasst werden (z. B. schriftliche statt mündliche Prüfungsformen).
- **Partizipation:** Unter dem Begriff wird Teilhabe und Beteiligung verstanden, beispielsweise bei der Frage zur Partizipation von Menschen mit Behinderung.
- **Segregation:** von lat. *segregare*, bedeutet absondern/trennen. Unter dem Gesichtspunkt der Inklusion geht es ursprünglich um die Bezeichnung einer bestimmten Merkmalsgruppe, die in einem beobachteten Feld konzentriert auftritt, in anderen Feldern aber unterrepräsentiert ist. Diese Ungleichverteilungen betreffen u. a. sozialräumliche Verteilungen (z. B. nach Sozialstatus, Reichtum, Kriminalitätsraten, Konfession, Geschlecht, Hautfarbe).
- **Separation:** von lat. *separatio*, bedeutet absondern/Absonderung, aber auch ausschließen. Er verweist damit auf einen aktiven Prozess, der auf etwas oder jemanden hin zur Wirkung kommt. Damit steht er in Opposition zum Begriff der Inklusion und ist mit dem Begriff der Segregation (absondern/trennen) vergleichbar.
- **UN-Behindertenrechtskonvention (UN-BRK):** Sie stellt das Übereinkommen der Vereinten Nationen über die Rechte von Menschen mit Be-

hinderungen dar und ist ein Völkerrechtsvertrag, der von dem Bund und den Ländern am 26.03.2009 ratifiziert worden ist und somit für die BRD geltendes Recht darstellt.
- **Vielfalt:** Der Begriff bedeutet im erziehungswissenschaftlichen Kontext die Wertschätzung von sozialen, kulturellen und individuellen Merkmalen bzw. Differenzen pädagogischer Adressaten und Fachkräfte.

Sprache/Sprechen

Sofern nicht anders angegeben, sind die Erläuterungen/Begriffe an folgende Quellen angelehnt:

Christian Klicpera/Alfred Schabmann/Barbara Gasteiger-Klicpera (2010): Legasthenie – LRS. Modelle, Diagnose, Therapie und Förderung. 3. Aufl. München: Reinhardt

Annette Leonhardt (2002): Einführung in die Hörgeschädigtenpädagogik. 2. Aufl. München: Reinhardt.

- **Artikulation:** Lautbildung.
- **Gebärdensprache:** Gebärdensprachliche Systeme, die über eine eigenständige Lexik und Grammatik verfügen. Als Systeme sind beispielsweise die American Sign Language (= ASL) oder die Deutsche Gebärdensprache (= DGS) zu nennen.
- **Graphem:** Die kleinste Einheit in einem Schriftsystem, dem ein Phonem oder eine Phonemfolge zugeordnet ist.
- **Intonation**: Veränderung eines Tones nach Dauer, Stärke, Höhe beim Sprechen; Satzmelodie.
- **Mentales Lexikon:** innerer/mentaler Wortspeicher.
- **Morphem:** Kleinste bedeutungstragende Einheit in einem Sprachsystem.
- **Nonverbale Kommunikation:** Nicht-lautliche Kommunikation, z. B. Schriftsprache, aber auch Mimik und Gestik und alternative Ausdrucksformen wie Malen oder Tanzen. (Lipkowski, Eva/Schüller, Liane (2019): Deutschunterricht inklusiv. Literatur- und sprachdidaktische Praxisbeispiele zum Thema Sprache, Sprechen und Einschränkungen des Sprechens. Münster und New York: Waxmann.)
- **Phonem:** Kleinste bedeutungsunterscheidende Einheit in einem Sprachsystem.
- **Phonologie:** Teilgebiet der Linguistik, die sich mit der Lehre und der Funktion der Laute beschäftigt.

- **Phonologische Bewusstheit:** Hierunter wird die Fähigkeit verstanden, einzelne Bestandteile der Sprache zu erkennen sowie Wörter in Phoneme zu gliedern und auch wieder zusammenzusetzen zu können.
- **Pragmatik:** Das konkrete Anwenden von Sprache in Kommunikationssituationen. (Lipkowski, Eva/Schüller, Liane (2019): Deutschunterricht inklusiv. Literatur- und sprachdidaktische Praxisbeispiele zum Thema Sprache, Sprechen und Einschränkungen des Sprechens. Münster und New York: Waxmann.)
- **Prosodie:** Sprechausdrucksmerkmale (u. a. Dynamik, Melodie, Stimmklang).
- **Rhythmus:** Gliederung des Sprachablaufs. Diese Gliederung erfolgt u. a. durch Wechsel von langen und kurzen, betonten und unbetonten Silben, Pausen sowie Sprachmelodie.
- **Semantik:** Teilgebiet der Linguistik, das sich mit den Bedeutungen von sprachlichen Zeichen und Zeichenfolgen beschäftigt.
- **Sprachkompetenz:** Beschreibt die internen Strukturen und potenziellen sprachlichen Möglichkeiten eines Menschen. Sie sind jedoch keiner direkten Beobachtung zugänglich. (Werning, Rolf/Lütje-Klose, Birgit (2016): Einführung in die Pädagogik bei Lernbeeinträchtigungen. 4. Auflage. München: Reinhardt.)
- **Sprachperformanz:** Sprachverwendung bzw. der beobachtbare Sprachgebrauch in konkreten Sprechsituationen (Werning, Rolf/Lütje-Klose, Birgit (2016): Einführung in die Pädagogik bei Lernbeeinträchtigungen. 4. Auflage. München: Reinhardt.)
- **Syntax:** Lehre vom Aufbau des Satzes.

Fachbegriffe – allgemein und medizinisch

Sofern nicht anders angegeben, sind die Erläuterungen/Begriffe an folgende Quelle angelehnt:

Inge Kamp-Becker/Sven Bölte (2014): Autismus. 2. Aufl. München: Reinhardt.

- **Coping Strategie:** Bewältigungsstrategie. Verhaltensweisen, die intuitiv erworben oder bewusst verwendetet werden, um ein Symptom zu vermeiden oder zu verstecken. (Thum, Georg (2011): Stottern in der Schule. Ein Ratgeber für Lehrerinnen und Lehrer. Köln: Demosthenes.)
- **DSM:** siehe Klassifikationssysteme.
- **ICD:** siehe Klassifikationssysteme.
- **ICD-10**: Schlüssel für die wichtigsten tiefgreifenden Entwicklungsstörungen.

- **Klassifikationssysteme:** Ordnungen von psychischen Auffälligkeiten und Symptomen mit dem Versuch, diese zu Diagnosen zusammenzufassen. Hierbei wird zwischen zwei anerkannten Klassifikationssystemen für psychische Störungen unterschieden: **DSM** (Diagnostische und Statistische Manual Psychischer Störungen) einerseits und das **Kapitel V der ICD** (Internationale Klassifikation der Krankheiten) der WHO (World Health Organisation).
- **Komorbididtät:** Unterschiedliche psychische Störungen oder Entwicklungsstörungen treten gemeinsam auf. (Klicpera, Christian/Schabmann, Alfred/Gasteiger-Klicpera, Barbara (2010): Legasthenie – LRS. Modelle, Diagnose, Therapie und Förderung. 3. Auflage. München: Reinhardt.)
- **Korrelation:** Wechselseitige Beziehung zwischen zwei Merkmalen. (Klicpera, Christian/Schabmann, Alfred/Gasteiger-Klicpera, Barbara (2010): Legasthenie – LRS. Modelle, Diagnose, Therapie und Förderung. 3. Auflage. München: Reinhardt.)
- **Prävalenz:** Anzahl der zu einem bestimmten Zeitpunkt/in einem bestimmten Zeitabschnitt an einer bestimmten Krankheit Erkrankten in der Bevölkerung (z. B. Autismus).
- **Störungsbewusstsein:** Bei sprachlichen Beeinträchtigungen der Grad der Bewusstheit darüber, wie schwerwiegend die eigene Einschränkung ist (v. a. beim Stottern). (Lipkowski, Eva/Schüller, Liane (2019): Deutschunterricht inklusiv. Literatur- und sprachdidaktische Praxisbeispiele zum Thema Sprache, Sprechen und Einschränkungen des Sprechens. Münster und New York: Waxmann.)
- **Syndrom:** Ein Krankheitsbild, das sich aus dem Zusammentreffen verschiedener charakteristischer Symptome ergibt. (Werning, Rolf/Lütje-Klose, Birgit (2016): Einführung in die Pädagogik bei Lernbeeinträchtigungen. 4. Auflage. München: Reinhardt.)
- **Wahrnehmung:** Aufnahme von Sinnesreizen (sinnliche Wahrnehmung), beispielsweise optische/akustische Wahrnehmungen. (Leonhardt, Annette (2002): Einführung in die Hörgeschädigtenpädagogik. 2. Auflage. München: Reinhardt.)

Autismus

Sofern nicht anders angegeben, sind die Erläuterungen/Begriffe an folgende Quellen angelehnt:

Inge Kamp-Becker/Sven Bölte (2014): Autismus. 2. Aufl. München: Reinhardt
Eva Lipkowski/Liane Schüller (2019): Deutschunterricht inklusiv. Literatur- und sprachdidaktische Praxisbeispiele zum Thema Sprache, Sprechen und Einschränkungen des Sprechens. Münster und New York: Waxmann.

- **AD(H)S:** Abkürzung für Aufmerksamkeitsdefizit(hyperaktivitäts)syndrom.
- **affektive Störungen:** Gruppe von Störungen, für die entscheidende und klinisch relevante Stimmungsveränderungen charakteristisch sind.
- **Asperger-Syndrom:** Tritt mit ca. vier Jahren auf und ist weder mit einer Sprachentwicklungsverzögerung noch mit einer Lernbehinderung verbunden, es bestehen aber oft ungewöhnlich intensive Interessen.
- **Atypischer Autismus:** Manifestiert sich nach dem dritten Lebensjahr, es bestehen nicht alle für die Autismus-Spektrum-Störung typischen Symptome.
- **Autismus-Spektrum-Störungen (ASS):** Subgruppe der tiefgreifenden Entwicklungsstörungen. Die hier zusammengefassten Störungen werden somit von anderen tiefgreifenden Entwicklungsstörungen abgegrenzt. (autismus Deutschland e. V. Bundesverband zur Förderung von Menschen mit Autismus (Hg.) (2013): Inklusion von Menschen mit Autismus. 2. Auflage. Karlsruhe: von Loeper.)
- **Broader (Extended) Autism Phänotyp:** Das Auftreten von einzelnen und gemäßigteren Symptomen einer autistischen Störung bei Verwandten eines Menschen mit Autismus oder in der Allgemeinbevölkerung.
- **Echolalie:** Wiederholung von Wörtern/Wortteilen bei Säuglingen zwischen dem 9. und 15. Lebensmonat. Kann in gesteigertem Maße jedoch auf eine autistische Störung hindeuten.
- **Frühkindlicher Autismus:** Manifestiert sich vor dem dritten Lebensjahr, geht in 80% der Fälle mit einer Lernbehinderung oder geistigen Behinderung einher.
- **Reizüberflutung:** Reize aus der Umwelt werden nicht richtig gefiltert, sodass zu viele Reize durchgelassen werden.
- **Repetition:** Beschreibt im Kontext von Autismus die Neigung zur Wiederholung bestimmter Verhaltensweisen, Lebenssituationen sowie sprachlichen Äußerungen.
- **syndromaler Autismus:** Autismus in Kombination mit genetischen und/oder neurologischen Syndromen.

- **Theory of Mind:** Bezeichnet die Fähigkeit, sich in Bewusstseinsvorgänge, also Gedanken, Gefühle und Erwartungen von anderen Menschen hineinversetzen zu können. Dies geschieht anhand von Betrachtung und Wahrnehmung von Mimik, Körperhaltung, etc. des Anderen.

Hörbeeinträchtigung

Sofern nicht anders angegeben, sind die Erläuterungen/Begriffe an folgende Quellen angelehnt:

Annette Leonhardt (2002): Einführung in die Hörgeschädigtenpädagogik. 2. Auflage. München: Reinhardt

Eva Lipkowski/Liane Schüller (2017): Perspektiven für den inklusiven Deutschunterricht. Literatur- und sprachdidaktische Praxisbeispiele zum Thema Hören und Höreinschränkungen. Münster und New York: Waxmann.

- **Akustik:** Die Lehre der Schallerscheinungen und -wirkungen.
- **auditiv:** Den Gehörsinn/das Hören betreffend, ferner die Fähigkeit, Klänge, Geräusche und Sprachlaute in Bezug auf das menschliche Gehör wahrzunehmen und zu analysieren.
- **auditorisches System** (auch auditives System): Es dient der Aufnahme sowie Verarbeitung von Schallereignissen. Bestandteile dieses Systems sind äußeres Ohr, Gehörgang, Mittelohr, Innenohr sowie Hörbahn und Hörzentren.
- **AVWS (Auditive Verarbeitungs- und Wahrnehmungsstörung):** Bei einer auditiven Verarbeitungs- und Wahrnehmungsstörung sind zentrale Prozesse des Hörens gestört, bei der Laute nur eingeschränkt erkannt werden und Schwierigkeiten bestehen, diese auseinanderzuhalten. Ferner kann es zu Komplikationen beim Einordnen, dem Nachbilden und dem Merken von allem kommen, was sprachlich geäußert wird. Der Grund hierfür ist eine Störung bei der Verarbeitung des Gehörten zwischen dem Innenohr und dem Gehirn. (Audibene: AVWS – Symptome, Diagnosen & Behandlungsmöglichkeiten. URL: https://www.audibene.de/avws/.
- **binaural:** beide Ohren betreffend; für beide Ohren; mit beiden Ohren,
- **Cochlea:** Teil des Innenohrs, in dem das Hörorgan liegt; Schnecke.
- **Cochlea-Implantat:** Ein technisches Implantat, das als Prothese bei gehörlosen und ertaubten Menschen operativ eingesetzt wird.
- **Daktylologie:** von gr. *daktylos*, bezeichnet die Zeichensprache mit Hilfe der Hände.
- **Diskrimination:** Unterscheidung, z. B. von Lauten.

- **Dynamik:** Die Differenzierung der Tonstärke betreffend. Merkmal der Prosodie.
- **Grade von Höreinschränkungen:** Hinsichtlich der Wahrnehmung von Schallwellen werden die Höreinschränkungen von der Weltgesundheitsorganisation (WHO) in verschiedene Grade eingeteilt. Diese Grade reichen von WHO 0 (keine Einschränkung) bis WHO 4 (an Taubheit grenzende Schwerhörigkeit oder Taubheit).
- **Gehörlosigkeit:** Sie stellt keine gesonderte Hörstörung dar, sondern beruht auf einem hochgradigen Schallempfindungsschaden. Absolute Taubheit ist sehr selten und liegt eigentlich nur dann vor, wenn Hörnerv oder primäres Hörzentrum zerstört sind.
- **Hyperakusis:** Krankhafte Überempfindlichkeit gegenüber dem Schall. (Hörkomm: Welche Höreinschränkungen gibt es? URL: https://www.hoerkomm.de/welche-hoereinschraenkungen-gibt-es.html.
- **Inferieren:** Erschließen von verbal Nicht-Verstandenem durch Anwendung von Erfahrungswissen (vgl. Lippenlesen). Inferieren kann dabei auf Laut-, Wort- und Inhaltsebene erfolgen.
- **Kombinierte Schalleitungs-Schallempfindungsschwerhörigkeit:** Tritt zu einer Schallleitungsstörung noch eine Funktionsstörung des Innenohrs hinzu, spricht man von einer kombinierten Schwerhörigkeit oder kombinierten Schalleitungs-Schallempfindungsschwerhörigkeit oder kombinierten Mittelohr- und Innenohrschwerhörigkeit.
- **Lautsprache:** Der Begriff wird in der Hörgeschädigtenpädagogik in Abgrenzung zur Gebärdensprache verwendet.
- **Melodie:** Eine Folge von Tönen. Sie entsteht durch das Aufeinandertreffen von Rhythmus und verschiedenen Frequenzen.
- **Ohr:** Statoakustisches Sinnesorgan, das zwei Sinnesorgane kombiniert (Hör- und Gleichgewichtsorgan). Am Ohr werden die drei Abschnitte äußeres Ohr (Auris externa), Mittelohr (Auris media) und Innenohr (Auris interna) unterschieden.
- **Phonation:** Die Bildung von Stimme und Lauten.
- **Recruitment:** englisch Lautheitsausgleich. Betroffene empfinden den Anstieg der Lautheit von Schall bei zunehmendem Schalldruckpegel als subjektiv steiler. (Hörkomm: Welche Höreinschränkungen gibt es? URL: https://www.hoerkomm.de/welche-hoereinschraenkungen-gibt-es.html .)
- **Rhythmus:** Gliederung des Sprachablaufs. Diese Gliederung erfolgt u. a. durch Wechsel von langen und kurzen, betonten und unbetonten Silben, Pausen sowie Sprachmelodie.
- **Schalleitungsschwerhörigkeit** (auch Mittelohrschwerhörigkeit): Bei dieser Beeinträchtigung liegt ein teilweiser/vollständiger Verschluss des Gehör-

gangs oder eine Funktionsstörung des Trommelfells oder des Mittelohrs vor mit der Folge, dass der Schall das Innenohr nicht ungehindert erreichen kann.

- **Schallempfindungsstörungen:** Liegt eine Schädigung oder Funktionsschwäche des Innenohrs vor, spricht man von einer Schallempfindungsstörung. Oftmals sind hierbei die Sinneszellen in der Hörschnecke teilweise oder umfänglich zerstört mit dem Effekt, dass der Schall nur unvollständig über die Nervenbahnen an das Gehirn weitergeleitet werden kann.
- **Schallwellen:** Sie stellen den Gegenstand des Hörens dar und werden nach Frequenz (Tonhöhe) und Amplitude (Lautstärke) beschrieben.
- **Schwerhörigkeit (Hypakusis):** Einschränkung des Hörvermögens. Das Spektrum der Einschränkung reicht dabei von einer geringfügigen Beeinträchtigung bis zu vollständigem Hörverlust und kann vorübergehend oder dauerhaft sein. (HNO-Ärzte im Netz (hg. vom Deutschen Berufsverband der Hals-Nasen-Ohrenärzte e. V.): Schwerhörigkeit – Definition und Häufigkeit, URL: https://www.hno-aerzte-im-netz.de/krankheiten/schwerhoerigkeit/definition-und-haeufigkeit.html.)
- **Tinnitus:** Dauerhafte, subjektive Wahrnehmung von Geräuschen, Rauschen, Klingeln oder Pfeifen in den Ohren, die keine äußeren Quellen haben. (Hörkomm: Welche Höreinschränkungen gibt es? URL: https://www.hoerkomm.de/welche-hoereinschraenkungen-gibt-es.html.
- **zentrale Schwerhörigkeit:** Hierbei liegen Schäden im Bereich der Hörbahnen vor.

Lernbeeinträchtigung

Sofern nicht anders angegeben, sind die Erläuterungen/Begriffe an folgende Quelle angelehnt:

Rolf Werning/Birgit Lütje-Klose (2016): Einführung in die Pädagogik bei Lernbeeinträchtigungen. 4. Aufl. München: Reinhardt.

- **AO-SF:** Die Abkürzung AO-SF steht für „Ausbildungsordnung Sonderpädagogischer Förderung bzw. Verordnung über die sonderpädagogische Förderung, den Hausunterricht und die Schule für Kranke“ und stellt die gesetzliche Grundlage für die sonderpädagogische Förderung in NRW (und nur im Bundesland NRW) dar (vgl. § 52 SchulG – AO-SF). (Deutsches Zentrum für Lehrerbildung Mathematik: AO-SF. URL: https://pikas-mi.dzlm.de/f%C3%B6rderschwerpunkte).
- **Beeinträchtigung im (schulischen) Lernen/Förderschwerpunkt Lernen:** Vormals unter dem Begriff Lernbehinderung subsumiert. Die in den letz-

ten Jahren offiziell vorgenommene Veränderung der Terminologie wurde durch die Empfehlungen der Kultusministerkonferenz zur sonderpädagogischen Förderung in den Schulen der Bundesrepublik Deutschland 1994 festgeschrieben. Schülerinnen und Schülern fällt das schulische Lernen schwer, obgleich keine Sinnesschädigungen und/oder körperliche Funktionseinschränkungen und/oder Einschränkungen der geistigen Entwicklungen vorliegen, die die Lernschwierigkeiten erklären würden. (Deutsches Zentrums für Lehrerbildung Mathematik: Förderschwerpunkt Lernen. URL: https://pikas-mi.dzlm.de/f%C3%B6rderschwerpunkte/f%C3%B6rderschwerpunkt-lernen.

- **Hyperaktivität/hyperkinetisches Syndrom:** Wissenschaftliches Konstrukt, das eine Vielzahl unterschiedlicher, in Wechselwirkung stehender Symptome umfasst, wie beispielsweise Impulsivität, Konzentrationsstörungen, aber auch motorische Unruhe sowie Ablenkbarkeit. Hyperaktivität gehört zu den Diagnosen wie beispielsweise MCD und ADS und ist davon nicht klar abgrenzbar.
- **Intelligenzminderung:** Eine in der Entwicklung manifestierte, stehengebliebene oder unvollständige Entwicklung der geistigen Fähigkeiten, besonders beeinträchtigt sind Fertigkeiten wie Kognition, Sprache, motorische und soziale Fähigkeiten. (ICD-10: F70-F79. URL: https://www.icd-code.de/suche/icd/code/F79.-.html?sp=SIntelligenzminderung.
- **Intelligenzquotient (IQ):** Ein Maßstab der Intelligenzmessung, der 1912 von William Stern eingeführt wurde. Der Intelligenzquotient wird errechnet, indem man das Intelligenzalter durch das Lebensalter dividiert und dann mit 100 multipliziert.
- **Sprachkompetenz:** Der Begriff beschreibt die internen Strukturen und potenziellen sprachlichen Möglichkeiten eines Menschen. Sie sind jedoch keiner direkten Beobachtung zugänglich.
- **Sprachperformanz**: Sprachverwendung bzw. der beobachtbare Sprachgebrauch in konkreten Sprechsituationen.
- **Zone der nächsten Entwicklung/zone of proximal development (ZPD):** Der Begriff wurde von dem russischen Entwicklungspsychologen Lew Wygotski (1896-1934) geprägt und von verschiedenen Entwicklungspsychologen aufgegriffen. Diese bezeichnet ein Entwicklungsniveau, das etwas höher ist als das vom Kind aktuell erreichte. Mit Unterstützung durch einen Erwachsenen bzw. weiter entwickelten Menschen kann ein Kind auf einem höheren Niveau agieren als allein. Entwicklung wird somit als Lernmöglichkeit unter Anleitung verstanden.

Mutismus

Sofern nicht anders angegeben, sind die Erläuterungen/Begriffe an folgende Quellen angelehnt:

Otto Braun (2006): Sprachstörungen bei Kindern und Jugendlichen. Diagnostik, Therapie, Förderung. 3. Aufl. Stuttgart: Kohlhammer

Gerda Knura (1982): Grundfragen der Sprachbehindertenpädagogik. II. Sprachstörungen. In: Pädagogik der Sprachbehinderten. Hg. von Gerda Knura/Berthold Neumann. 2. Aufl. Berlin: Marhold; Mutismus Selbsthilfe Deutschland e. V.: Was ist Mutismus? URL: https://www.mutismus.de/mutismus/was-ist-mutismus.

- **Adulter Mutismus:** Erscheinungsform des Mutismus bei Erwachsenen.
- **Elektiver (auch Selektiver) Mutismus:** Diese Form des Mutismus zeigt sich darin, dass eine Person begrenzt bzw. zeitweise nicht sprechen kann, ohne dass organische Ursachen sie daran hindern. Ein besonderes Kennzeichen dieser Störung ist die Gebundenheit des Schweigens in bestimmten Situationen/bei Anwesenheit bestimmter Personen. Elektiver Mutismus betrifft fast nur Kinder (zwischen dem dritten Lebensjahr und der Einschulung) und wird bei Erwachsenen selten beobachtet. Da eine direkte Ursache nicht bekannt ist, kommen hier psychologische/physiologische Faktoren in Frage, die häufig in einer gegenseitigen Ergänzung (z. B. Diathese-Stress-Konfigurationen) zur Sprechverweigerung führen. Elektiver/selektiver Mutismus kann fortschreiten und zu Totalem Mutismus werden. Synonyme Bezeichnungen (u. a.): Thymogener Mutismus, Sprachlicher Negativismus, selektiver Schulmutismus, Aphrasia voluntaris.
- **Frühmutismus:** Erscheinungsform im Alter von drei bis fünf Jahren.
- **Infantiler Mutismus:** Erscheinungsform des Mutismus bei Kindern.
- **Mutismus:** Ist eine Störung der sprachlichen Kommunikation. Obgleich betroffene Personen bereits die Sprache erworben haben, sprechen sie nicht mehr, ohne dass organische Ursachen sie daran hindern. Er lässt sich unterteilen in Elektiver/Selektiver Mutismus und Totaler Mutismus.
- **Referenzperson:** Im Kontext von Mutismus eine einzelne Person, von der die Betroffenen eine Abhängigkeit entwickeln. (Lipkowski, Eva/Schüller, Liane (2019): Deutschunterricht inklusiv. Literatur- und sprachdidaktische Praxisbeispiele zum Thema Sprache, Sprechen und Einschränkungen des Sprechens. Münster und New York: Waxmann.)
- **Spätmutismus:** Erscheinungsform im Alter von fünf bis acht Jahren (vor/während Schuleintrittsphase, daher auch Schulmutismus genannt).
- **Sprechen aus dem Off:** Didaktische Maßnahme, bei der ein Rückzugsort für Kinder geschaffen wird (z. B. ein anderer Raum, ein abgedeckter Tisch), in dem sie unbeobachtet sprechen können. (Lipkowski, Eva/Schüller, Li-

ane (2019): Deutschunterricht inklusiv. Literatur- und sprachdidaktische Praxisbeispiele zum Thema Sprache, Sprechen und Einschränkungen des Sprechens. Münster und New York: Waxmann.)

- **Totaler Mutismus:** Form des **Mutismus**, die generell situations- und personenunabhängig lange andauert und somit eine völlige Hemmung der Lautsprache darstellt, ohne dass organische Ursachen betroffene Personen daran hindern. Da eine direkte Ursache nicht bekannt ist, kommen hier ebenfalls psychologische/physiologische Faktoren in Frage, die häufig in einer gegenseitigen Ergänzung (z. B. Diathese-Stress-Konfigurationen) zur Sprechverweigerung führen.

Stottern

Sofern nicht anders angegeben, sind die Erläuterungen/Begriffe an folgende Quellen angelehnt:

Otto Braun (2006): Sprachstörungen bei Kindern und Jugendlichen. Diagnostik, Therapie, Förderung. 3. Aufl. Stuttgart: Kohlhammer

Georg Thum (2011): Stottern in der Schule. Ein Ratgeber für Lehrerinnen und Lehrer. Köln: Demosthenes

Lipkowski, Eva/Schüller, Liane (2019): Deutschunterricht inklusiv. Literatur- und sprachdidaktische Praxisbeispiele zum Thema Sprache, Sprechen und Einschränkungen des Sprechens. Münster und New York: Waxmann

- **Balbuties:** Wissenschaftlicher Terminus für Stottern.
- **Blockierung, Block, Blockade:** Eines der drei Symptome (Wiederholungen, Blockierungen, Dehnungen) des Stotterns. Der Sprecherin/dem Sprecher gelingt es nicht, in den Folgelaut zu kommen; es entsteht ein abrupter Wortabbruch. Damit einhergehend ist oftmals eine körperliche Mitbewegung (vgl. **Sekundärsymptomatik**).
- **Dehnungen:** Synonym zu Prolongation und eines der drei Symptome (Wiederholungen, Blockierungen, Dehnungen) des Stotterns. Der Lautübergang zum Vokal gelingt nicht, das Hängenbleiben an einem Laut wird spannungsbegleitend gedehnt.
- **Fluency-Shaping-Konzepte:** Eine Hauptrichtung der Stotterherapie (neben Non-avoidance-Konzepten). Ziel hierbei ist eine spontane stotterfreie Rede durch eine neue Sprechweise. Als Folge verschwinden in diesem Zusammenhang Mitbewegungen, Anstrengungs- und Vermeidungsverhalten von selbst.
- **Entwicklungsstottern:** Kann im Alter von drei bis vier Jahren auftreten und ist in unreifen sprachlichen Fähigkeiten (z. B. fehlender Wortschatz,

unzureichende Artikulation) begründet. Vergeht bei 70% der Kinder auf natürliche Weise bis zur Einschulung.

- **ideopathisches Stottern:** Hierunter wird das in der Kindheit entstandene Stottern verstanden, das gemeinhin auch als Stottern bezeichnet wird.
- **klonisches Stottern:** Krampfartige Iterationen (Kloni) von Wörtern, Silben und Einzellauten.
- **klonisch-tonisches oder tonisch-klonisches Stottern:** Kombination klonischer und tonischer Symptome, die einander dominieren.
- **neurogenes Stottern:** durch Verletzungen der Nerven, die nicht genetische Ursachen haben, bedingtes Stottern.
- **Non-avoidance-Konzepte (auch Modifikationskonzepte):** Eine Hauptrichtung der Stottertherapie (neben Flueny-Shaping-Konzepten). Ziel hierbei ist es, dass Stottern erst gar nicht zu vermeiden und unangestrengt zu stottern. Der Betroffene soll in die Lage versetzt werden, dass Stottern flüssiger zu machen und zu kontrollieren.
- **psychogenes Stottern:** durch äußere Ursachen bedingtes Stottern.
- **Sekundärsymptome:** Begleitbewegungen und -erscheinungen, die als Folge oder begleitend zur Kernsymptomatik von chronischem Stottern (Wiederholungen, Blockierungen, Dehnungen) entstehen, beispielsweise vegetative Reaktionen (Schweißausbrüche, Erröten), Vermeidungsverhalten (Einsilbigkeit, Schweigen, Redeabbruch) oder Atemauffälligkeiten (Kurz- oder Schnappatmung, flache Atmung).
- **Stottern:** Hierunter wird die unwillkürliche Unterbrechung des Sprechflusses durch häufige Wiederholung oder Dehnung von Lauten, Silben, Wörtern sowie häufiges Zögern und Innehalten verstanden. Es wird nach Art der Redeunterbrechungen zwischen klonischem, tonischem und klonisch-tonischem bzw. tonisch-klonischem Stottern unterschieden.
- **tonisches Stottern:** Dehnungen/Blockierungen (Toni) beim Sprechvorgang. Damit häufig einhergehend stumme oder hörbare Versuche, Laute herauszupressen.
- **Prolongation:** Wird Synonym zur Dehnung verwendet. Darüber hinaus wird der Begriff in den Non-avoidance-Konzepten als Sprechtechnik zur Verflüssigung des Sprechens bezeichnet.
- **Voice Onset Time:** Die Zeit, die zwischen Verschlusslösung von Plosivlauten (p, t, k, b, d, g) und Stimmeinsatz vergeht. Die Länge der Zeit ist entscheidend dafür, ob der Laut als stimmhaft oder stimmlos wahrgenommen wird.
- **Wiederholungen:** Eines der drei Symptome (Wiederholungen, Blockierungen, Dehnungen) des Stotterns. Sie können auf der Laut-, Silben- sowie

Wortebene auftreten. Die Wahrscheinlichkeit einer Stottersymptomatik ist höher, je kleiner und spannungsbehafteter die entsprechende Einheit ist.

LRS

Sofern nicht anders angegeben, sind die Erläuterungen/Begriffe an folgende Quelle angelehnt:

Christian Klicpera/Alfred Schabmann/Barbara Gasteiger-Klicpera (2010): Legasthenie – LRS. Modelle, Diagnose, Therapie und Förderung. 3. Aufl. München: Reinhardt.

- **Agraphie:** Aufgrund einer Hirnschädigung bestehen große Schwierigkeiten bis zur Unfähigkeit des Schreibens und/oder des Rechtschreibens.
- **Alexie:** Aufgrund einer Hirnschädigung bestehen große Schwierigkeiten bis zur Unfähigkeit des Lesens.
- **Aphasie:** Sprachschwierigkeiten, die auf eine Schädigung des Gehirns zurückgehen.
- **Benennungsgeschwindigkeit:** Schnelligkeit, mit der Reihen von Farben, Zahlen, Gegenstände und Buchstaben benannt werden können.
- **Chorlesen:** Eine Gruppe von Schülerinnen und Schülern lesen einen Text gemeinsam laut vor.
- **Echolesen:** Zunächst liest eine kompetente Leserin bzw. ein kompetenter Leser (beispielsweise Lehrerin/Lehrer) ein Stück vor und das Kind spricht den Text dann nach.
- **Familienliteralität:** den Stellenwert der Schriftsprache und schriftlicher Medien in einer Familie betreffend.
- **Flexion**: Beugung eines Wortes, beispielsweise Flexion der Verben oder Konjugation.
- **Hörverständnis:** Betrifft sowohl das mündliche Sprachverständnis als auch das Verständnis für gehörte Texte (vorgelesen/erzählt).
- **Hyperlexie:** Eine nicht erwartete gute Lesefähigkeit, die in Abweichung zu sonstigen Leistungen steht.
- **Invented spelling:** frei erfundenes Rechtschreiben.
- **Legasthenie:** Synonym zu Leseschwäche, im Englischen wird hierfür der Begriff Dyslexie genutzt. Im ICD 10 der Weltgesundheitsorganisation (WHO) werden folgende Klassifikationen unterschieden: Lese- und Rechtschreibestörung, isolierte Rechtschreibestörung sowie isolierte Lesestörung. (Bundesverband Legasthenie und Dyskalkulie e. V.: Legastgenie – Was ist das? URL: https://www.bvl-legasthenie.de/legasthenie.html%20.)

- **Lexikalische Prozesse:** Prozesse den inneren Wortspeicher/das innere Lexikon betreffend.
- **Mentales Lexikon:** innerer/mentaler Wortspeicher.
- **Oberflächendysgraphie:** Bei dieser Rechtschreibstörung wird die Lautfolge von Wörtern zwar auf eine zulässige, jedoch orthographisch inkorrekte Art wiedergegeben.
- **Oberflächendyslexie:** Hierbei handelt es sich um eine Lesestörung, bei der die Wörter lautgetreu, jedoch orthographisch verkehrt gelesen werden.
- **Orthographische Repräsentation:** die richtige Rechtschreibspeicherung eines Wortes im mentalen Lexikon.
- **Phonem:** Kleinste bedeutungsunterscheidende Einheit in einem Sprachsystem.
- **Phonologische Bewusstheit:** Hierunter wird die Fähigkeit verstanden, einzelne Bestandteile der Sprache zu erkennen sowie Wörter in Phoneme zu gliedern und auch wieder zusammenzusetzen zu können.
- **Phonologische Dysgraphie:** Bei dieser Rechtschreibeschwäche liegen Probleme bei der Phonemanalyse sowie der Phonem-Graphem-Zuordnung vor.
- **Phonologische Dyslexie:** Bei dieser Leseschwäche liegen Probleme bei der Graphem-Phonem-Zuordnung bzw. beim Zusammenführen der Phoneme vor.
- **Pseudowörter (auch Unsinnswörter):** lose Buchstabenfolgen, die zwar aussprechbar, jedoch bedeutungslos sind.
- **Sichtwortschatz:** Wörter, welche nicht erlesen, sondern innerhalb kürzester Zeit erkannt werden.
- **Tiefendyslexie:** Lesestörung mit einer größeren Anzahl semantischer Fehler.
- **Wortspezifisches Wissen:** Wissen darüber, wie Wörter speziell geschrieben werden.

Übersicht der Quellen zum Glossar

autismus Deutschland e.V. Bundesverband zur Förderung von Menschen mit Autismus (Hg.) (2013): Inklusion von Menschen mit Autismus. 2. Aufl. Karlsruhe: von Loeper.

Braun, Otto (2006): Sprachstörungen bei Kindern und Jugendlichen. Diagnostik, Therapie, Förderung. 3. Auflage. Stuttgart: Kohlhammer.

Kamp-Becker, Inge/Bölte, Sven (2014): Autismus. 2. Aufl. München: Reinhardt.

Klicpera, Christian/Schabmann, Alfred/Gasteiger-Klicpera, Barbara (2010): Legasthenie – LRS. Modelle, Diagnose, Therapie und Förderung. 3. Auflage. München: Reinhardt.

Knura, Gerda (1982): Grundfragen der Sprachbehindertenpädagogik. II. Sprachstörungen. In: Pädagogik der Sprachbehinderten. Hg. von Gerda Knura/Berthold Neumann. 2. Auflage. Berlin: Marhold, S. 42–43.

Leonhardt, Annette (2002): Einführung in die Hörgeschädigtenpädagogik. 2. Auflage. München: Reinhardt.

Lipkowski, Eva/Schüller, Liane (2017): Perspektiven für den inklusiven Deutschunterricht. Literatur- und sprachdidaktische Praxisbeispiele zum Thema Hören und Höreinschränkungen. Münster und New York: Waxmann.

Lipkowski, Eva/Schüller, Liane (2019): Deutschunterricht inklusiv. Literatur- und sprachdidaktische Praxisbeispiele zum Thema Sprache, Sprechen und Einschränkungen des Sprechens. Münster und New York: Waxmann.

Thum, Georg (2011): Stottern in der Schule. Ein Ratgeber für Lehrerinnen und Lehrer. Köln: Demosthenes.

Werning, Rolf/Lütje-Klose, Birgit (2016): Einführung in die Pädagogik bei Lernbeeinträchtigungen. 4. Aufl. München: Reinhardt.

Ziemen, Kerstin (2016): Lexikon Inklusion. Göttingen: Vandenhoeck & Ruprecht.

Internetquellen

Audibene: AVWS – Symptome, Diagnosen & Behandlungsmöglichkeiten. URL: https://www.audibene.de/avws/.

Bundesministerium für Arbeit und Soziales (2014): Leichte Sprache. Ein Ratgeber. URL: https://www.bmas.de/SharedDocs/Downloads/DE/PDF-Publikationen/a752-ratgeber-leichte-sprache.pdf?__blob=publicationFile.

Bundesverband Legasthenie und Dyskalkulie e. V.: Legastgenie – Was ist das? URL: https://www.bvl-legasthenie.de/legasthenie.html.

Deutsches Zentrum für Lehrerbildung Mathematik: AO-SF. URL: https://pikas-mi.dzlm.de/f%C3%B6rderschwerpunkte.

HNO-Ärzte im Netz (hg. vom Deutschen Berufsverband der Hals-Nasen-Ohrenärzte e. V.): Schwerhörigkeit – Definition und Häufigkeit, URL: https://www.hno-aerzte-im-netz.de/krankheiten/schwerhoerigkeit/definition-und-haeufigkeit.html.

Hörkomm: Welche Höreinschränkungen gibt es? URL: https://www.hoerkomm.de/welche-hoereinschraenkungen-gibt-es.html.

ICD-10: ICD-Code Suche, URL: https://www.icd-code.de/.

Mutismus Selbsthilfe Deutschland e. V.: Was ist Mutismus? URL: https://www.mutismus.de/mutismus/was-ist-mutismus.

Schöb, Andrea (2013): Integration und Inklusion. URL: http://www.inklusion-schule.info/inklusion/integration-und-inklusion.html.

Dank

Für die Durchsicht einzelner Kapitelteile danken wir sehr herzlich Prof. Dr. Torsten Brinda, Tina Bulizek, Prof. Dr. Inga Gryl, Dr. Eva Lipkowski, Dr. Anja Pitton und Stefan Schmidt.

Wir danken den Studierenden für ihre Bereitschaft, ihre Unterrichtsideen für den vorliegenden Band zur Verfügung zu stellen. Auch danken wir Kira Ehlis und Jörg Oldeleer, die mit viel Engagement im Projekt mitgearbeitet und uns bei zahlreichen Arbeitsschritten unterstützt haben. Für die Überarbeitung und Erstellung einiger Abbildungen und Icons im Buch und im Lernmodul sind wir Veronique Bläske zu besonderem Dank verpflichtet.